THE MYTH OF AMERICAN IDEALISM

HOW U.S. FOREIGN POLICY ENDANGERS THE WORLD

美國理想主義的神話

著

諾姆·杭士基

NOAM CHOMSKY

奈森·羅賓森

NATHAN J. ROBINSON

譯

陳珮榆

好評推薦

「杭士基的觀點已被事實證明無誤⋯⋯。杭士基和羅賓森揭露的虛偽紀錄令人警醒，也極具說服力。任何心胸開放的讀者，在真正理解這本書的內容後，都難以再相信美國領導人為其強硬行徑所宣稱的那些正當理由。」

——史蒂芬・華特（Stephen Walt），《外交政策》（*Foreign Policy*）

「羅賓森和杭士基以平實、甚至純真的語言，講述了一段關於美國侵略與不道德行徑的全面敘事⋯⋯。對於正開始關心政治議題的青少年和年輕人來說，這本書是非常寶貴的教材⋯⋯。杭士基一向擅長把複雜的地緣政治行動轉化為最基本的互惠與平等關係；這本書從整體論點論證了美國與其他國家的互動時，始終採取支配、暴力與壓迫的立場⋯⋯。這是一本入門書，值得在讀畢後不時翻閱參考。」

——《洛杉磯書評》（*Los Angeles Review of Books*）

「要瞭解美國帝國那段沾滿鮮血的歷史，本書是必讀之作。毫無疑問，杭士基和羅賓森真正履行了知識分子的責任——揭露真相，戳破謊言。」

——《國家》（*The Nation*）雜誌

「精彩絕倫⋯⋯，如同一堂認識杭士基的入門課。」

——山姆・賽德（Sam Seder），《多數派報告》（*The Majority Report*）節目

「犀利、辛辣而誠實……，在美國充斥虛偽、謊言與掩飾的荒野中，杭士基始終是超過半個世紀以來少數的理性之聲，他是我最敬重的美國愛國英雄之一……。羅賓森同樣是一位說真話的人。」

——《新罕布夏州公報》(*New Hampshire Gazette*)

「這是對杭士基思想最清楚易懂、最有條理的介紹。他的優點在這本書中展現無遺：文筆極為清晰，諷刺犀利尖銳……。對於那些還不瞭解杭士基所揭露內容的讀者，閱讀他的作品將會讓人大開眼界，那些事實在美國主流媒體與學校中幾乎不會被討論。」

——《愛爾蘭時報》(*The Irish Times*)

「極具價值……，杭士基一次又一次指出，美國經常拒絕接受自己要求其他國家遵守的行為約束，而這種雙重標準總是導致災難性的後果。」

——《進步》(*The Progressive*)雜誌

「文筆流暢，研究詳盡……《美國理想主義的神話》是杭士基經典觀點在二〇二四年的重新詮釋……。杭士基與羅賓森對美國帝國主義所構成的威脅發出極為嚴峻的警告，而他們明確有力的行動呼籲，更不容忽視。」

——北美拉丁美洲事務協會(NACLA)

「辛辣犀利……，在最後一章中，作者對上層與下層階級之間的分析洞察入微，深入揭露當前全球菁英如何從毀滅環境的化石燃料中獲利。全書內容引人深思，提供豐富的思考素材。」

——《出版人週刊》(*Publishers Weekly*)

「這是一篇對美國外交干預背後的意識形態及其全球強權地位的強而有力批判，也是一場深入探討的論述，揭露美國傲慢地推行『散播民主』政策，不僅威脅全球和平的脆弱平衡，也進一步加劇地球環境的惡化。適合閱讀對象：杭士基的擁護者、政策專家，以及任何對美國魯莽行徑抱持疑問的讀者。」

——《百萬》（***The Millions***）

「（這本書）出版時機再適合不過。杭士基一生直言不諱地批判美國帝國主義，這次把焦點放在支持帝國擴張的種種神話，尤其是將『散播民主』（無論手段）當作純粹善行的觀念。問題在於，那些在密室裡自以為睿智正義的權貴，往往才是對世界造成最大傷害的人。」

——《文學中心》（***Literary Hub***）

「註解詳細、研究紮實……是一本非常引人入勝的書。《美國理想主義的神話》完全契合九十六歲的杭士基長年以來在政治行動上倡導的理念。這本書在他身體欠安、即將迎來九十七歲生日（十二月七日）之前問世，使其格外重要且具有深遠意義。」

——《金字塔報》（***Al-Ahram***）

導讀一

一本足以讓你的天地瞬間變色的書

傅大為，國立陽明交通大學榮譽教授

在臺灣，一個平日忙於生活、家事、學業、乃至兒女的普通人，如果你還關心點世界大事，願意偶爾透過電視與電影來看看世界各地的奇聞軼事、甚至天災人禍。如果你讀到本書的副標題「美國外交政策如何危害我們的世界？」，再翻到本書的章節目錄：如「崇高的目標與黑手黨的邏輯」、「九一一事件與阿富汗的毀滅」、「伊拉克：世紀之罪」、「神話如何捏造」；而又如果，你沒有聽過諾姆．杭士基（Noam Chomsky）、沒有一絲絲的「疑美」，那麼你一定會萬分驚訝，難道這個世界、這個美國，真如本書所說的嗎？為何它與我認識的幾乎完全不同？難道這個世界、這個美國，還有它勇敢的軍隊、雄壯的戰機和軍艦，可以透過本書的視角與證據，讓天地在一瞬間完全變了色？——從民主正義之師，瞬間成為帝國侵略的先鋒？[1] 你可願意接受這個可能使天地變色的挑戰？

神話是如何製造出來的？

與其在這篇導讀裡，馬上開始介紹此書詳細而豐富的內容，還不如先嘗試解釋，為何這個一瞬間天地變色完全是可能的。其實，有多少人、多少機構日以繼夜地建構的是一個讓我們看到、聽到的都是捏造出來的神話大觀、一個現代真實的母體（Matrix，一如《駭客任務》電影的片名）。杭士基與其合作學者愛德華．赫曼（Edward Herman），過去曾出版一本媒體政治經濟學的重要經典《製造共識》(*Manufacturing Consent*)[2]，詳細記錄與說明美國的大媒體，如何透過各種手段來「製造」美國人的共識，只聽從美國政府、軍方與跨國大公司希望人們聽到的，但是對於他們不希望人們知道的，大媒體則完全忽略。今日的美國頂級媒體，如《紐約時報》、《華盛頓郵報》等，三、四十年來日夜努力製造這種近乎虛假與誤導的共識，並對許多有良心的新聞工作者、普立茲獎得主施壓，乃至於排除他們。

我們再看看美國的造夢大工廠好萊塢，他們透過精湛的電影製造手法與編劇，把一部部賣座強片輸送至國際，為全球觀眾塑造出美國主流建制所希望世人看到的美國形象，從早期越戰時期綠扁帽的《越南大戰》(*Green Beret*)、《越戰獵鹿人》(*Deer Hunter*)，到伊拉克戰爭時海豹部隊的《美國狙擊手》(*American Sniper*)，以及近年演練轟炸敵方（應該就是伊朗）核設施的《捍衛戰士：獨行俠》(*Top Gun: Maverick*)等。這些電影所涉及的題材，每一部都是美軍對東南亞以及伊斯蘭世界的侵略與轟炸，同時激起世界各地廣泛的反戰與反美潮（如越戰時期美國國內的反戰、世界性的反對美國介入波斯灣戰爭與侵略伊拉克、更不用說伊斯蘭世界的抗議了）。但是一到了好萊塢的電影裡，我們看到的只剩下美軍的英勇、軍人的同胞愛、返國後的戰爭創傷，甚至到最後的懷疑美國政府（如相對進步的《七月四日誕生》〔*Born on the Fourth of July*〕）等這個只在美國自己圈子裡的循環，彷彿沒有世界其他文化與其他人類存在。如果他們身在外太空、與外星球的大蟑螂作戰，劇本（如《星際戰將》〔*Starship Troopers*〕中的蟲族）大概也差不多吧。而即使是為了著名的「維基解密」(WikiLeaks)而拍攝的電影《危機解密》(*The Fifth Estate*)，似乎為的是爭取新聞的第五權，但片中也對維基解密的創辦人朱利安・阿桑傑（Julian Assange）做了相當的扭曲，加深了美國及西方主流以間諜法入罪阿桑傑的暴行與偏見。

從以上現實媒體報導與虛構電影敘事這兩類例子來看，或許我們可以理解，多年來的我們，舒服地被層層包裹在美國大媒體塑造出來的共識與夢想神話裡，是完全可能的。同時，我在這篇文章裡預告，透過杭士基及其友人們多年來的毅力與努力，透過這一本書的最新綜合，讓我們一瞬間天地變色也是可能的。它讓我們看到一個更真實、更殘酷的人類世界，以及在歷史上許多人民聯合起來的努力抗爭，畢竟是存在的。在本書的導論「崇高的目標與黑手黨的邏輯」、「核威脅與氣候災難」一章、結論「霸權還是存活？」等章節裡，我們都可以看到這些人類未來的希望。

對神話的拆解與抵抗

回到今天，我們很容易看到，美國總統川普如何在美國國內與國際引起巨大的抗議。美國 B-2 轟炸機如何突然地遠渡重洋轟炸伊朗，而即使以色列不斷地對巴勒斯坦進行種族屠殺，川普仍然不斷地提供以色列軍火與經濟援助。但是本書告訴你，川普只是多年來這種美國帝國外交政策最新的一章而已。其實，過去自第二次世界大戰以來的每一任美國總統，都可以如紐倫堡大審審判納粹戰犯一樣，按照戰犯條例判定為戰爭罪犯。當年在二戰結束時，美國就是世界軍事權力的大霸主，不過，多年來，從冷戰時期蘇聯的挑戰開始，再歷經世界其他新勢力的崛起，如歐洲、日本到中東，乃至近年來的中國，都逐漸威脅著美國的世界霸權，讓美國全世界各地近八百個美軍基地，要時時警戒他們的全球勢力範圍受到侵犯。美國所花用的軍費不但是世界第一，而且比排名第二至第十名國家的軍費總和還要多出許多。也就是在美國不斷地維護其世界霸權，以及在各地遂行侵略宰制干預保護的過程中，我們才能理解，為何多年來的美國外交政策，其實不斷地危害整個世界，而且一面危害世界，另一方面卻毫不休止地企圖製造媒體的共識、夢工廠的編織，以及最後無止盡地宣傳美國理想主義的神話。

最後，讓我們來瞭解一下杭士基本人，為什麼他多年來不悔不懈地與許多朋友及年輕人合作，致力於揭發美國在世界各地的暴行與謊言，不斷地鼓勵世界各地的人們對美國暴行的抵抗？杭士基本人其實是語言學的專業，他是一位科學家，六〇年代曾在語言學領域發動科學革命，是 MIT 全校級的大教授。他也是猶太人，但他大概是最替巴勒斯坦人與穆斯林抱不平的猶太人，他與愛德華・薩依德（Edward Said）齊名，都是最深入揭露與批判以色列及其復國主義流氓暴行的知識分子。

然而，對於美國這樣的一個國家、作為它的公民，杭士基有什麼特別的義務與責任？多年來，這是他時時為念的：「一旦理解到美國試圖以武力推行霸權的後果，就有責任加以抵制。（美國）公民最基本的責任，就是抵制並限制國家暴力。」他說：「凡有行動能力者，便負有行動的責任。身處自由社會、享有豐富資源的人，至少應負責瞭解權力如何運作，並思考最基本的道德問題。」他瞭解到「許多擁有特權的人，可能不願放棄這個富裕社會為效忠權力所提供的豐厚報酬，也不願承擔誠實所需付出的代價。即使在最人道、最民主的社會中，拒絕參與危害和平的罪行，仍需要極大的勇氣」。但最後他說：「幸運的是，我們並不缺乏這樣的勇氣。世界的歷史不單單是一部充滿暴行的黑暗編年史，更是無數人奮起反抗的故事……。」

本書值得閱讀的三個理由

現在，寫到這篇導讀的最後，我終於可以來更正式、但又簡短地介紹一下這本書。

當今這個地球行星上大概是最重要的公共知識分子杭士基，與後進新銳知識分子奈森．羅賓森（Nathan Robinson）合著，於二〇二四年由紐約 Penguin Press 出版的這本新書，是在杭士基過去從上世紀五、六〇年代開始，所寫超過百本的書籍中，特別值得注意、也是最新的一本。大致上我認為有如下幾個理由。

一、**內容涵蓋廣泛**。從上個世紀的越戰、美國在伊拉克的世紀之罪，到最新的國際政治變化，包括我們熟悉的俄烏戰爭、以色列對巴勒斯坦的種族屠殺、美國所謂巨大的中國威脅與臺海情勢，兩位作者都毫不避諱地著墨（杭士基過去很少談中國，總說自己瞭解很少，但此次不同）。而且論理行文，延續了杭士基從過去到今日一貫的招牌：漫長的二十世紀悠久歷史理路的追溯、如科學分析般的冷靜客觀書寫。共同作者羅賓森在「前言」指出，此書的書寫形式，最接近杭士基過去的綜論名著《理解權力》（*Understanding Power*, 2002）一書，但該書的相關內容，已經「過時三十年」，而之後所有的新生事物，包括二戰之後的新綜合論述，都在本書一一呈現。

二、**引述詳盡**。所引用的資料一直到二〇二三、二〇二四年，兩位作者在註釋中引述詳盡，舉證歷歷，涵蓋美國從二十世紀以來危害世界各地的各個外交政策，從小國如巴拿馬、英屬蓋亞那、東帝汶，至大國如印尼與伊拉克，本書都蒐羅了最新的研究與討論。本書註釋特別豐富而詳盡，譯者已全部忠實翻譯。英文版原有詳盡的索引，出版社為此也做了簡要的版本。這是臺灣島內知識分子與學者來理解批判性的世界觀一本非常好的書。當然，基於兩位作者的語言限制，較少援引拉丁美洲與伊斯蘭世界的文獻。而關於希伯來文的資料，杭士基過去引用很多，可參考他過去討論以色列、巴勒斯坦、與美國三角關係的巨著《致命三角》(*The Fateful Triangle*, 1983)，現在大概由於杭士基年歲已高，本書所引述較少。

三、**與在地臺灣社會的國際視野與環境息息相關**。從二戰後的冷戰時代開始，臺灣的政經一直在美國的羽翼之下發展，我們總是把遙遠太平洋彼岸的美國，當作是臺灣的老大哥，而把淺淺臺灣海峽的對岸政權，當作是臺灣生存的威脅來源。這段歷史中雖然稍有轉折，但在近十多年來，臺灣政權「一面倒」向美國的趨勢，於今尤烈。可是，我們臺灣知識分子，對我們多年來一面倒的美國、對它的外交政策、它的帝國暴行的知識與理解，除了一般來自美國白宮、五角大廈的官樣文章，以及好萊塢所建構的「夢想」之外，還有多少？而我們平日所見新聞裡的儼然「國際社會」，其實只包括了美國的當權派、還有西歐與日本幾個跟著美國跑的國家觀點，頂多再加上幾個北約軍事聯盟的盟邦而已。自從我們脫離了聯合國，我們其實與今天世界上大多數的人民與國家，從非洲、中南美洲、中亞到東南亞，這些廣泛的南方國家，都是隔離甚至無知的。難怪盛傳季辛吉曾說過一句聽似奇怪的話：「作為美國的敵人，可能是危險的；但作為美國的朋友，卻是致命的」(It may be dangerous to be America's enemy, but to be America's friend is fatal.)。而目前筆者導讀的這本書，正是關心臺灣當前國際情勢、還有未來命運的知識分子，無論政治立場、無論各個階層，都需要閱讀與理解的一本可以為你的心智打開一扇窗的著作。

【導讀者簡介】

傅大為，國立陽明交通大學榮譽教授。曾與一些朋友發起「2023臺灣反戰聲明」。著有《介入與回應：女性主義科技研究與STS的一段關鍵歷史》、《STS的緣起與多重建構：橫看近代科學的一種編織與打造》等書，另有譯作《科學革命的結構》（合譯）、《世界是複數的：孔恩的最後著作集》（合譯）。

註釋

1. 包括本書的「結論」開頭還寫道：「美國的歷史格外血腥。根據某些統計，從1775年到2018年，美國有93.5%的時間處於戰爭狀態。」
2. 中文版參閱：《製造共識：媒體政治經濟學》，沈聿德譯（新北：野人文化，2021年）。

導讀二

走出神話迷霧，重新探問「美國是什麼？」

王智明，中央研究院歐美研究所研究員

「美利堅合眾國的歷史就是帝國的歷史。」[1]

—— 丹尼爾・因莫瓦爾（Daniel Immerwahr）

除了中國大陸，世界上大概沒有一個國家像美國一樣，深刻地影響著臺灣的過去與現在。從流行文化、科技新知、日常生活到廟堂政治，美國對臺灣的影響可謂是全面性和包覆性的。臺灣對美國的依賴自然也不僅止於軍事和經濟層面，而是在心理和思想上將美國視為學習，乃至無法被質疑的典範，即令歷史上臺美關係從來不總（真）是穩固平順、「堅若磐石」。姑且不論一九四六年因北大女學生沈崇被美軍強暴而引發的「反政府」、「反飢餓」、「反內戰」的學生運動，國民黨來臺後發生了一九五七年的劉自然事件、一九七一年中華民國退出聯合國、一九七二年的保釣運動、一九七九年的中（華民國）美斷交，以及二〇〇三年的反波斯灣戰爭運動，都曾在臺灣掀起過一波波短暫的疑美和反美風潮。因此近年來臺灣社會出現的「疑美論」—— 具體地說，是「棄臺論」—— 並非史無前例，但這在臺灣現代史上終究是罕見的現象。因為自一九四九年之後，臺灣始終是美國在東亞島鏈上重要的反共基地和邊境島嶼。臺灣人不是不知道美國行事霸道，對之也不是毫無懷疑和保留，但始終選擇了相信美國，相信美式的自由民主就是我們選擇的道路，或至少美國獨大的軍事力量是我們賴以生存，不被中共「解放」的保證。因此在知識上和心理上，臺灣人希望，也願意相信，「美利堅治世」（Pax Americana）就是文明的終點、臺灣的起點。至於何以致之，這無疑是一個值得深究的話題，也是閱讀本書，理解「美國是什麼」的重要開始。

美國：披著民主外衣的帝國？

諾姆・杭士基（Noam Chomsky）是美國著名的語言學家，他在一九五七年提出的「轉換生成語法」是語言學上的典範轉移之作，影響巨大。但他更為人所知的，影響也更為廣泛的是他從一九六八年的反越戰運動開始，所逐漸清晰的公眾知識分子形象，以及揭發和批評美國帝國主義行徑的公共書寫。對杭士基來說，批評美國的帝國主義、拯救美國的民主，幾乎可以說是他大半人生的志業，為此他寫作、演講不輟，著作等身。他與奈森・羅賓森（Nathan Robinson）合著的這本書——《美國理想主義的神話》（英文版出版於二〇二四年）是他近半個世紀一系列反美帝公共書寫的最新力作。[2] 在這本書中，他們提出了一個根本性（foundational）的觀點，那就是美國作為民主國家形象是製造出來的神話。因為從其外交政策的實際表現來看，美國其實是個不折不扣的帝國主義國家，即令美國向來自認不同於歐陸的老牌帝國主義，起碼自第二次世界大戰以後，從不以占領殖民地的方式建立帝國。然而，美國歷史學家因莫瓦爾指出，雖然美國官方向來不認為自己是「帝國」，但「美國一直都是州和領地的集合體」，「一直是個分治國家，分成兩個區塊，各自適用不同律法」。[3] 從這個角度來看，美國在北美大陸以外占領與兼併了阿拉斯加以及數十個加勒比海與太平洋島嶼以及無人小島，包括夏威夷群島、波多黎各、關島、威克島與美屬薩摩亞等地的事實，突顯了美國的帝國特色，即以「集結待命區、發射台、存放空間、信標與實驗室」所形成的「點畫帝國」（pointillist empire）；而其特殊之處，就「在於這個帝國持續被視而不見」。[4]

不過，「美國是否是披著民主國家外衣的帝國主義」，就美國研究這個學術領域而言，至少自一九九〇年代起，就是一個討論不斷的話題。美國研究學者艾米・卡普蘭（Amy Kaplan）在她與唐納・皮茲（Donald Pease）

合編的專書《美國帝國主義的文化》(*Cultures of United States Imperialism*)中就指出了美國文化研究向來未能直面其帝國歷史；她發現，儘管帝國主義——展現在歐洲殖民、奴隸制、美國的向西擴張、海外介入以及冷戰核武等領域——如此深刻地構造了美國這個國家的發展，但直到一九九一年波斯灣戰爭前，美國的文學與歷史學者卻向來予以否認，寧願相信美國的種種行動不同於歐洲國家，不是，也無意於帝國的事業。卡普蘭寫道，在公眾論述上，美國更傾向視自己為「世界強權」，而非「美利堅帝國」，是「單極」而非「霸權」，是「全球力量」而非「帝國主義」。[5] 這些字詞替換反映出否認的邏輯，忽視「帝國作為一種生活型態」(empire as a way of life)，不只對受美國宰制的外國人來說是如此，對因之受益、受其壓制或奮起反抗的美國公民來說亦如是。卡普蘭強調，「帝國主義並不只是由外交菁英操縱的外交政策，或受到市場力量驅動的經濟事務，而是關乎本地文化如何整合與國際關係如何協商」的問題。[6] 皮茲也指出，「作為一個進行中的文化方案，美利堅帝國主義最好被理解為霸權與反霸權在脅迫與反抗模組之間既複雜又相互依賴的關係」，在這個意義上，「老布希政權所宣示的在波斯灣戰爭後所展開的『新世界秩序』其實是在二戰之後發展出來的國家神話的再生」，即美國作為世界領袖與楷模的自我想像的再次強化。[7] 這個自我想像不只影響著美國自己，也以其外交、軍事與經濟手段重塑了二戰以來的世界。這就是杭士基和羅賓森在本書裡所要點明的「神話」，即美國關於自我、世界與價值的種種理想，固然有可取之處，但更多時候卻成為了美利堅帝國主義的粉飾。他們用簡而易懂、幾近常識的文字寫道，「任何人對他人施加權力時……都需要一種意識形態，而這種意識形態通常歸結於他們的統治是為了被統治者好的信念」，[8] 而「理智的人鮮少關注領導者所宣稱的崇高意圖……重要的是歷史紀錄」。[9] 換言之，本書告訴我們，理解美國不能只聽其言，更要觀其行，要看到美國理念與現實之間的矛盾與「雙標」。美國實際上做了什麼，要比它的領導人與政治人物說了什麼更為重要，因為這涉及美國究竟是什麼的核心問題。

對臺灣來說，「美國是什麼」這個問題無比重要，因為它同時涉及了我們對美國的判斷，以及我們對自我標舉的諸多價值——如民主、自由、平等——是否認真與信守。理解美國是什麼既是了解臺灣自己的一方明鏡，亦是判斷世局發展和走向的基礎，畢竟美國不論選擇擴張或保守，都將影響臺灣的命運。而《美國理想主義的神話》透過對美國外交行動的記錄和分析，為讀者展開了一幅較少為人知，或是向來被主流媒體隱匿的美國真相。

正義，還是「國家利益」？

這本書從兩個部分來說明美國是什麼：第一部分是「紀錄」，是從美國歷史上的諸多海外行動來檢視它所宣稱的理想主義，尤其是一九四五年之後美國多次涉入他國內政，進行顛覆和規模大小不一的戰爭：從南美洲的智利、古巴到印尼、東帝汶和伊朗，再深入一九六〇年代的東南亞戰爭（包括越南、寮國和柬埔寨）、二十一世紀初的九一一事件與阿富汗戰爭、自一九九一年起歷經兩任布希總統對伊拉克政權的攻擊和顛覆，以及至今事況仍舊不斷加劇的以巴衝突。他們也解釋了美國面對中國崛起、俄羅斯威脅，以及核武擴散和氣候災難等問題的態度和背後盤算，從來不只是為了宣揚自由民主、保衛人權那麼簡單。在每一個歷史事件當中，美國都自認站在正義的一方，但實際上卻充滿各種以「國家利益」為藉口的政治計算，其核心價值是反共，掌握重要資源以及進行全面的控制。

比方說，本書引用各種資料指出，一九六五至六六年的印尼反共大屠殺之所以發生，是因為美國的反共政策創造了暴力衝突的條件，協助並引導蘇哈托政權進行大規模的平民屠殺，以達成美國反共的地緣政治目標；[10] 關於越戰所造成的極端和大規模暴力，如美萊村的屠殺，還有波斯灣戰爭中炸毀嬰兒奶粉工廠，對伊拉克士兵和平民進行無差別轟炸與射擊等，則是美軍的戰略使然——即「不惜一切代價減少美軍傷亡，透過極大化的破壞來達成目的」；[11] 同樣的，當赤柬造成「殺戮戰場」引起舉世譴責時，美國出於戰略考量，仍願意支持赤柬作為對抗越南的便利盟友，[12] 延續中南半島的戰火。就如同在加薩的人道悲劇面前，美國依然支持以色列的軍事行動，乃至主張其占領加薩和攻擊伊朗都是「自衛行動」一樣。這些悲劇顯示，即使是像「反共」這樣的意識形態，對美國而言，也不是堅守不渝的政治信念，而是美國遂行全面控制，抑制對抗勢力的一環。

九一一之後的反恐戰爭亦出於相近的戰略邏輯。以反恐之名，美國於二〇〇一年入侵阿富汗，不只造成了阿富汗超過十五萬軍民喪生，上百萬人被迫離鄉背井，更促成了塔利班的再次崛起，最終迫使美軍在二〇二一年撤離阿富汗。[13] 作為報復和反制，美國立即凍結了阿富汗中央銀行的資產，致使阿富汗人陷入更深的貧窮與絕望。同樣以反恐為名的伊拉克戰爭亦是一場師出無名的侵略戰爭，不僅小布希政府聲稱的「大規模毀滅性武器」尋無所獲，海珊政權被推倒後的伊拉克更遭受嚴重的破壞，族群衝突撕裂伊拉克，也讓中東地區陷入動盪和不安，而造成這一切悲劇與種種「附帶損害」的小布希政權，卻逍遙法外。關鍵的是，塔利班也好，海珊也罷，最初都是美國為了自身利益而扶植的政治勢力。杭士基和羅賓森寫道：「按照教父邏輯，當海珊遵守美國的規則時，美國支持他；當他違抗時，美國反過來對付他。」[14] 最關鍵的是，反恐戰爭除了讓塔利班將自己成功塑造為反美的自由戰士外，更創造了美國將恐怖分子送往他國拘留、審訊乃至虐待，以迴避美國法律的先例；美國二戰時期針對境內日裔移民的集中拘禁，如今轉化為在古巴關塔那摩灣和烏茲別克等地的「境外監禁」。最近美國移民和海關執法局（United States Immigration and Customs Enforcement, ICE）將無證移民移送境外拘禁，其手法與邏輯與之如出一轍。[15] 反恐於是也成為違法違憲、毀壞民權的藉口。

對於以巴問題，杭士基與羅賓森則是從「美以共同」行動的角度來思考：為什麼標舉人權價值與自由民主的美國會選擇支持以色列？他們引用美國外交關係檔案指出，美國支持以色列，是因為它是中東地區唯一親西方的強大國家，而以色列的強大可以抑制阿拉伯民族主義的崛起。然而，猶太復國主義實為占領與殖民的作法，不但反映了對阿拉伯民族的無視與歧視，更像當年美國向西開拓，以種族清洗和種族隔離的方式對待原住民一樣，埋下了仇恨與暴力的種籽。即令聯合國成員國數度提案要求以色列撤兵，結束加薩戰爭，美國依然在安全理事會中一票否決了多國的共識。本書指出：「與其透過政治協議來降低緊張局勢，並讓邊境出現一個非軍事化的巴勒斯坦國，以色列寧願選擇控制境內的敵對人口，這反而使自身更加不安全」，[16] 這正是造就今日加薩悲劇的原因，也是眾人批評以色列進行「種族滅絕」（genocide）的理由。

同樣的，對於俄烏戰爭，杭士基與羅賓森儘管也抨擊普丁窮兵黷武，禍害生民，但認為烏克蘭戰爭的導火線仍在於北約擴張。他們引用國際事務專家阿納托爾・李文（Anatol Lieven）的說法指出，倘若美國積極推動與執行二〇一五年聯合國安理會一致通過的《新明斯克協議》，放棄讓烏克蘭加入北約的目標，並同意頓巴斯自治，使烏克蘭成為中立國，或許就可以避免這一場無謂的戰爭。持類似看法的還有美國經濟學家、哥倫比亞大學教授傑佛瑞・薩克斯（Jeffrey D. Sachs）以及芝加哥大學的政治學家約翰・米爾海姆（John Mearsheimer）等知名學者。[17] 當然，在西方和臺灣有不少人對此觀點嗤之以鼻，但這是建立在歷史事實上的分析和推論，有一定的合理性，因此不應被視為替普丁開脫的說詞。對此，杭士基與羅賓森鏗鏘有力地寫道：

> 就像指出伊拉克戰爭與阿富汗戰爭增加了美國遭受恐怖攻擊的風險，並不代表為恐怖主義辯護；同樣的，分析美國拒絕考量俄羅斯所聲稱的安全利益，導致暴力衝突更有可能發生，也不代表為普丁的戰爭找藉口。這場戰爭的責任當然在普丁身上，但美國應該自問：美國政策如何影響戰爭的走向？[18]

換言之，他們要求的是美國捫心自問，自己的行動如何影響了他國的安危，我們又如何看到潛藏在眼下暴力後面的歷史成因與利益算計，刨根問底，釐清責任與前進的方向。這樣的觀點理應至明，然而在當前反戰即投降，只看顏色不談道理的不理性風氣下，反而成為不受待見，乃至被多所撻伐的少數（異類）觀點。

以戰止戰，是和平的唯一方案？

在論及中國威脅的章節中，這樣的洞見更直指問題的根本：中國威脅的真正涵義是「美國將不再主宰全球」；[19] 本書指出，儘管美國聲稱「中國對臺灣的行動充滿威脅」，卻認為「自己有權推翻世界各地的政權」。[20] 這種「寬以待己，嚴以律人」的例外主義作為正是帝國主義的病症。因此，作者提出了一個理性，但顯然不同於主流意見的想法：

> 要實現持久的和平與公正解決方案，美國必須避免採取讓中國感到需要展現武力的行動，或者避免讓中國認為，如果不以武力統一臺灣就是對美國的屈辱性讓步。我們應該避免給人一種印象，彷彿美國視中國為敵人，而臺灣是對抗中國的重要盟友。同時，更應該避免與中國進行軍備競賽，讓整個區域變成一個隨時可能引爆的火藥庫。[21]

換句話說，本書認為，美國不應採取敵對衝突的姿態應對中國的崛起，更不應該將臺灣視為對抗中國的籌碼，因為那只會使得臺灣及東亞陷入戰禍。這當然不意味著一切都得順應中國，而是說美國那此看似支持臺灣自決的行動（例如二〇二二年八月美國眾議院議長裴洛西訪臺），反而會推升臺海成為戰場的風險。減緩軍備競賽，以外交折衝來緩解中美與兩岸的衝突，確保地區的和平與穩定才是上策。

或許對身處臺灣，面臨中國脅迫壓力的讀者來說，這項建議顯然不接地氣，不符實際。但其用意恰恰在於懸置，乃至掉轉以戰止戰的想法，改以降低戰爭風險作為推進兩岸和中美關係的方針。畢竟激怒或羞辱中國，視之為「境外敵對勢力」，除了情緒價值外，對於和平並無好處；相反的，本書提醒我們，敵我意識的強化，尤其是對敵人的妖魔化，最終往往是將原可以透過協商解決的利益衝突，「誇大成『關乎文明對立的史詩對決』，並將雙方描繪成水火不容的虛構敵對關係。」[22] 美國經濟學家史蒂芬．羅奇（Stephen Roach）對此也抱持相近的看法，擔心中美對彼此的不實敘事將引發更激烈的衝突。[23] 的確，反戰絕不等於投降，或是放棄備戰的準備，而是不將敵我對峙和軍備競賽當作兩方交往的前提，而改從尊重、解壓與共存的角度，探索和平之道。從以巴衝突、俄烏戰爭到中美關係，本書的批判觀點是一以貫之的。

因此，問題的核心還在於「民主」二字。但本書表述的民主，並不只是選舉投票、立憲分權這樣的形式，而在於總體危機如何面對，民之所欲如何實現這樣的根本探問。毫無疑問，核威脅與氣候災難是當下人類面臨的兩大危機，然而解決危機的權力卻被政治人物與資本家牢牢掌控。即令是如美國這樣的「民主國家」，核武器的使用與否由總統一人決定，但其影響的卻是百千萬人的性命，乃至地球的存續。廣島和長崎的歷史教訓仍歷歷在目，不容忘記。同樣的，資本主義大量生產、過度消費的發展模式造成的環境汙染與氣候變遷，其後果由地球上的所有物種共同承受，但其利益卻由少數的資本家獨享。少數政治與經濟菁英寡頭壟斷了權力，後果卻由多數人承受的狀況，就算不是獨裁，也難以說是民主的。因此，本書寫道：「若我們將民主定義為人民共同決定自己族群的未來，就能清楚看出，這種權力結構與民主精神完全不相容。」[24] 面對這樣的全球危機，我們需要的不是以戰止戰，而是合作與互助，以「更大的民主」來構思如何從源頭截斷軍事工業複合體，抑制資本主義無限擴張，制止「碳殖民主義」這類將陷地球和人類於萬劫不復的政策。

對民主的基進想像

在這個意義上，貫穿本書的核心要旨是對民主的基進想像，這正是本書第二部分的重點。「誰決定了外交政策？這些人代表哪些利益？他們的權力來自何處？」[25] 這是構築民主的根本問題，也是理解當下美國與世局的關鍵判準。民眾如何獲取真相，表達己見，合法爭取自身利益，即是民主的真諦。這有賴民眾能從國家政策和企業運作的旁觀者轉變為民主行動的參與者，並且穿透媒體的認知迷障，抵達客觀而清明的認識。本書強調，「真正有意義的民主，應該讓人民在決策過程中扮演主導角色，親自制定政策方向，確保每個人都能積極參與並充分討論」。[26] 老實說，這確實是很高遠的理想，實踐起來並不容易。但是我們不該因為理想不易實踐就否定理想，也不應該因為現實便利就接受現實。相反的，本書提出的基進民主想像不僅在西方社會（包括臺灣）已透過社會運動和公民參與有一定程度的實踐，更將理念視為對現實的針砭，提醒讀者，我們是否因為現實放棄了理想，是否讓恐懼遮蔽了良知，是否無意間讓黨派私利，乃至「國家安全」代言了自我的權益，主宰了自己的命運。如果一國之民主是以保障個人權益為基本，那麼國際社會的民主同樣也應該以所有人，而非個別國家的福祉為依歸。國際法的存在理應獲得所有成員的遵行，而不能是對我有利時才遵守，對我不利時就違抗。民主涉及的不僅是個體自由的主張，也應該具有平等的內涵，不僅在實踐上是如此，在規則的制定上亦應如此。就此而言，美國歷來為所欲為，主導規則又不遵守規則的行徑，很難令人尊重和信服。刻正進行的關稅談判亦是如此。美國是什麼，是民主國還是帝國的大哉問，再次浮現眼前。

針對這個問題，本書強調，不只要觀其行，更要破其言，亦即重新審視那些我們朗朗上口的話語：「自由」、「極權」、「安全」、「防衛」、「恐怖主義」等等，並且認真思考這些宣傳性的語言究竟如何改造我們對現實的認知，淡化或誇張了事實的真相，又如何將我們推向理想主義的對立面。

我們應該理解，國家的武力在施加於敵人之前，總是先指向了人民的內部。宮鬥劇裡說的「清君側，斬小人」就是血淋淋的政治鬥爭，「綏靖與平亂」就是征服與剿匪。一國武力之強化必然以其公民為芻狗，不僅參軍者往往出身貧寒與弱勢，軍隊和警察亦往往互為表裡。一九八九年的六四悲劇是如此，而今在加州派駐國民兵與陸戰隊逮捕抗議人士的川普美國亦如是。因此，本書主張，「抵制並限制國家暴力」是公民最基本的責任，[27] 誠實且認真面對體制所依賴的暴力，並且拒絕參與危害和平與民主的罪行。改變現狀，確實不容易，也需要勇氣，但除此之外，更別無他法。

走出神話國，尋找新方向

就此而言，美國是什麼，如何在看穿美國理想主義的神話後採取行動，就不只是美國人獨有的責任和義務。如前述皮茲所言，從帝國主義的視角理解美國的意義正在於明白「霸權與反霸權在脅迫與反抗模組之間」有著「既複雜又相互依賴的關係」。雖然不是美國的一部分，但臺灣並非在美利堅帝國的籠罩之外，而是其「點畫帝國」的部分構成，我們對美國的依賴固然有自身「國家利益」的追求，但這也意味著無形之中，臺灣或多或少參與了美國的帝國行動。二〇二五年八月三日公民團體集結於外交部大門，抗議臺灣政府捐助以色列屯墾區計畫的行動，就是一次醒覺的認識。美國於遠方鑄造的血淚與仇恨裡，實有我們的一份責任。追求民主、自由與自立的臺灣，因此首先需要看清所託何人，是否值得信賴，並在霸權與反霸權的敵我想像當中看清權力的實態，是順應還是違逆，甚或改造民意？在脅迫與反抗的拉扯中，是實現了，還是扭曲了理想與價值？捫心自問，我們的行動與選擇是否影響了他人的安危？對敵人的恐懼是否造成了對己身和民主的暴力？「臺灣有事」即是他人有事，這樣的想法是否、又如何符合公平和正義？

當然，不論在哪裡，和平共存、國家安全，究竟孰輕孰重，並不是一個容易回答的問題。但本書的啟發正在於提醒我們，這樣的提問方式或許是有問題的，是「神話」意義上的政治操作。沒有了安全，何以談和平？以巴衝突、俄烏戰爭都是迫在眼前的例證；但只考慮被神聖化了的「國家安全」，而不考慮國境內外人民實際的生存問題，例如核威脅與氣候危機、能源議題與食安問題，所謂安全與和平亦是緣木求魚。

走出神話國，回到人世間，對災難與戰亂抱持警醒，對大地上受苦的人們予以關懷和憐憫，為「更大的民主」尋找改變的勇氣與方向，是本書的期許。而這一切都得從追問「美國是什麼？」開始。

【導讀者簡介】

王智明，中央研究院歐美研究所研究員，現任亞際文化研究學會理事長。著有 *Transpacific Articulations: Student Migration and the Remaking of Asian America*、《落地轉譯：臺灣外文研究的百年軌跡》，並編有《文學論戰與記憶政治：亞際視野》（合編）等書。

註釋

1. 引自：丹尼爾・因莫瓦爾，《被隱藏的帝國：一部發生於美國之外，被忽略的美國史》，林玉菁譯（臺北：臉譜出版，2021 年），頁 446。
2. 杭士基無疑是反美帝能見度很高的公共知識分子。但除了他以外，美國知識界對美利堅帝國主義的批評有著一定的傳統。尤其自越戰之後，反對與批評美利堅帝國主義大體是左派知識分子的共識。在 1991 年的波斯灣戰爭後，美國知識界開始出現美國應該擁抱帝國主義，建立世界新秩序的呼聲，如 Niall Ferguson, *Colossus: The Price of America's Empire* (2004)，中譯本參見：《巨人：美國帝國如何崛起，未來能否避免衰落？》，葉品岑等譯（新北：廣場出版，2020 年）。但反美帝的公共書寫不絕於縷，例如 Chalmers Johnson, *Blowback: The Costs and Consequences of American Empire* (2000); *The Sorrows of Empire: Militarism, Secrecy, and the End of the Republic* (2004); *Nemesis: The Last Days of the American Republic* (2007); *Dismantling the Empire: America's Last Best Hope* (2010)；以及從女性主義視角出發的 Cynthia Enloe, *Banana, Beaches, and Bases* (1989); *Maneuver: The International Politics of Militarizing Women's Lives* (2000) 等，Cynthia Enloe 此書亦有中譯本：《香蕉、海灘與軍事基地：國際政治裡的女性意識》，堯嘉寧譯（新北：二十張出版，2025 年）。

3. 丹尼爾・因莫瓦爾，《被隱藏的帝國》，頁 14。
4. 丹尼爾・因莫瓦爾，《被隱藏的帝國》，頁 23。
5. Amy Kaplan, "'Left Alone with America': The Absence of Empire in the Study of American Culture," in Amy Kaplan and Donald E. Pease, eds., *Cultures of United States Imperialism* (Duke University Press, 1993), p. 13.
6. Amy Kaplan, p. 14.
7. Donald E. Pease, "New Perspectives on U.S. Culture and Imperialism," in Amy Kaplan and Donald E. Pease, eds., *Cultures of United States Imperialism* (Duke University Press, 1993), p. 23.
8. 參見本書 32 頁。
9. 參見本書 33 頁。
10. 參見本書 68 頁。
11. 參見本書 89 頁。
12. 參見本書 94 頁。
13. 根據美國和平研究院的統計，美國在阿富汗打了 20 年的戰爭，耗費 2.3 兆美元，造成美軍 2,324 人、美國承包商 3,317 人以及聯軍 1,144 人死亡。阿富汗則至少有 70,000 名軍警，46,319 平民以及 53,000 名的反抗鬥士喪生。因戰爭擴延至巴基斯坦，另有 67,000 人因此失去性命。見 United States Institute of Peace, "In Afghanistan, Was a Loss Better than Peace?" (November 3, 2022): https://www.usip.org/publications/2022/11/afghanistan-was-loss-better-peace。另外，根據聯合國難民署的統計，至 2023 年，流亡海外的阿富汗難民人數高達 6,400 萬人，其中伊朗收留了 4,500 萬人，在這當中高達七成是在 2021 年抵達的女性和小孩。同時，在 4,100 多萬總人口數當中，有高達

320 萬的內部流離人口。見 United States High Commission for Refugees, "Afghanistan Refugee Crisis Explained," (July 29, 2024): https://www.unrefugees.org/news/afghanistan-refugee-crisis-explained/#:~:text=After%20more%20than%20four%20decades%20of%20conflict,largest%20protracted%20refugee%20situations%20in%20the%20world。

14. 參見本書 119 頁。

15. 反恐戰爭期間，美國將落網的恐怖分子移送古巴的關塔那摩灣監禁，並傳出虐囚事件，引發全球譁然。國際社會也才理解，美國居然會將囚犯送往境外空間監禁與問訊，以迴避美國本土的法律規範。最近，美國獨立媒體 KUOW 報導，美國移民和海關執法局（ICE）亦將移民遣送第三國，而非原生國。見 Gustavo Sagrero Álvarez, "A Pierce County man expected to be deported to Vietnam. Instead, ICE routed him to South Sudan," KUOW (May 29, 2025): https://www.kuow.org/stories/pierce-county-man-expected-to-be-deported-to-vietnam-instead-ice-flew-him-to-south-sudan, accessed on June 18, 2025.

16. 參見本書 161 頁。

17. Jeffrey D. Sachs, "The War in Ukraine Was Provoked—and Why That Matters to Achieve Peace" (May 23, 2023): https://www.jeffsachs.org/newspaper-articles/wgtgma5kj69pbpndjr4wf6aayhrszm; John Mearsheimer, "Why the Ukraine Crisis Is the West's Fault: The Liberal Delusions That Provoked Putin," *Foreign Affairs* 93.5 (2014), pp. 77-89.

18. 參見本書 193 頁。

19. 參見本書 167 頁。

20. 參見本書 171 頁。

21. 參見本書 174 頁。

22. 參見本書 177 頁。

23. 史蒂芬・羅奇，《意外的衝突》，葉家興、葉嘉譯（臺北：日月文化，2024 年）。

24. 參見本書 205 頁。

25. 參見本書 221 頁。

26. 參見本書 230 頁。

27. 參見本書 268 頁。

「美國人民的主要理念是理想主義。我不能不一再強調，美國是理想主義者的國家，只有這種動機能讓他們產生強烈且持久的回應。」

——凱文・柯立芝（Calvin Coolidge）

「掌權者總是自認為擁有偉大的靈魂、具有遼闊的視野，這些遠遠超越了弱者的理解範疇；他違背上帝所有律法時，卻自詡是在為上帝效勞。」

——約翰・亞當斯（John Adams）

「我們美國人是特殊的選民，我們是當代的以色列；我們肩負著世界自由的方舟⋯⋯。上帝已經預定，人類也期待，我們這個民族成就偉大事業⋯⋯。我們是世界的拓荒者⋯⋯，被派遣穿越未曾涉足的荒野，為我們這片新大陸開闢一條新道路。」

——赫爾曼・梅爾維爾（Herman Melville）

《白外套》（暫譯）（*White Jacket*）

目次

前言

奈森・羅賓森，本書共同作者

我第一次接觸諾姆・杭士基的作品是在高中時代，當時有位朋友把他的書《霸權還是存活》和《失敗的國家》送給我。這些是我首次正式接觸左派政治的入門書，對我來說是一個改變人生的經歷。在布希年代，美國適逢戰爭狂熱之際，杭士基的理性聲音受人歡迎，他揭穿了愛國沙文主義的宣傳，揭露了美國戰爭造成的人員傷亡。他提出許多其他人鮮少問及的問題，呼籲眾人關注媒體從未提及的事實。透過閱讀杭士基的著作，我學會了質疑傳統觀念，深入分析政府文件和主流媒體。

數十萬人也同樣受到他的教導和啟發，特別是因為杭士基眾所周知的耐心，願意與社會大眾互動，回覆上千封信函與電子郵件。他改變了無數接觸過他的著作、聽過他的演講或與他互動過的人的生活。許多人都有這樣的軼事：他們發電子郵件給杭士基詢問問題或請教建議，卻驚喜地收到他親筆回覆的長信。我也是這樣認識他的。雖然已不記得我第一次發給他的電子郵件內容，但我仍然記得收到他認真的回信時那份喜悅。

我於二〇一五年創辦了一本左派雜誌《時事》（*Current Affairs*），為杭士基所代表的人本自由意志社會主義者（humanistic libertarian socialist）世界觀提供了一個發聲平台。得知他成為我們初期訂閱者之一時，我激動不已。他向來大力支持獨立的左派媒體，稱讚無數小型出版社的書籍，並推薦較不知名的作家作品。他透過公開背書支持我們的作品，並將《時事》文章轉寄給他的通訊對象，進一步提升了我們的影響力。

二〇一八年，我前往圖森（Tucson）採訪，他當時在亞利桑納大學任教。採訪結束後，他載我在校園裡逛逛，我被他花了那麼多時間找停車位的情景所震驚。看著一位思想與柏拉圖和馬克思相提並論的人，全神貫注在尋找車位，感覺很不真實。二〇二二年，就在杭士基指出，美國對烏克蘭戰爭負有高度責任後，我們所做的另一次採訪引起了廣大關注。即使年過九旬，他依然能以尖銳的異議激發各界對外交政策正統觀點的強烈反應。

我一直希望將杭士基的一些理念整理成冊，更井然有序地呈現。於是二〇二二年，我問他能否一起合作出書。我向他解釋，我想匯編他對美國如何在全球運用權力，以及我們國家的暴力如何被自我吹捧的神話所掩蓋的有用見解。這本書會從他所有著作中提煉觀點，介紹他對美國外交政策的主要批判，包括他對那些為我們國家極端且可惡的軍事主義辯護所使用的敘事和宣傳手法進行解構。[1] 他爽快地同意了這個出書計畫，我們花一年時間來回溝通章節內容。首先，我整理了他在各種訪談、文章、自序、引言、書信、辯論和書籍中提到的相關內容。接著，我與他一起將這些內容編輯成清楚的立場陳述，補充詳細的說明和更多證據，並融合他的額外評論、修訂和改寫。

能夠與我心目中一位知識巨擘在重大計畫上密切合作，當然是令人愉快且榮幸的事，但在整理本書的過程中，那份喜悅卻被許多主題的沉重所抵銷，因為我們明白，這些內容並非單純的學術興趣，而是關係到緊迫且嚴峻的威脅。本書不只是試圖澄清事實，更是一位接近其社會運動生涯尾聲的人，對群眾行動的呼聲。

杭士基從來不是一個犬儒主義者。他或許會批評用理想主義言論掩飾追求權力的偽善者，但他自己依然是真誠的理想主義者。他支持在全球傳播自由與民主的理念，因此，他痛恨曲解這些概念的人。他相信普通人的道德和智慧，拒絕接受只有特殊天賦或洞察力才能理解全球事務的想法。

他認為我們不應該接受充滿戰爭和環境破壞的未來。我們能夠且必須為世界和平的未來奮鬥。杭士基懷抱著一個願景，其中部分受到無政府主義的啟發，那就是建立一個去中心化的民主體制，讓普通人能真正參與政治，而不是由少數權貴圈子來決定重要事務。閱讀杭士基的著作或許會讓人感到不安，因為書中充斥著暴行和剝削，但值得記住的是，這些看似悲觀的框架背後，隱藏著他對人類深切的愛、對暴力的憎恨，以及他對世界能變得與今日不同的堅定信念。

導論

崇高的目標與黑手黨的邏輯

每個統治強權都編織自己的故事來合理化其統治。沒有人會把自己當作歷史上的反派，宣稱自己懷有良善的意圖和人道的原則是他們一貫的說詞。即便是海因里希・希姆萊（Heinrich Himmler），在描述屠殺猶太人時也聲稱，納粹只是「出於對我們人民的愛，才執行這項最艱難的任務」，因此「我們的內心、靈魂或品格沒有任何缺陷」。希特勒本人也說，占領捷克斯洛伐克，只是為了「促進全體的和平與社會福利」，藉由消除種族衝突，讓所有人都能在文明德國的善意監護下和睦共處。歷史上最殘酷的罪犯，往往自詡為人類最偉大的英雄。[1]

殘暴的帝國征服始終被包裝成文明化的使命（civilizing missions），出於為了當地住民的利益著想而執行。一九三〇年代日本侵略中國期間，即使日軍犯下南京大屠殺這種罪行，當時日本領導人仍堅稱他們的使命是為中國人民打造一個「人間天堂」（earthly paradise），保護他們免受所謂中國「土匪」（bandits，即抗日勢力）的威脅。裕仁天皇在一九四五年的投降宣言中強調：「我們對美國和英國宣戰，完全是出於確保日本自我保護及東亞穩定的真誠渴望，絕無侵害他國主權或領土擴張的意圖。」已故巴勒斯坦裔美國學者愛德華・薩依德（Edward Said）指出，總有一類人準備拿出似是而非的理論來為統治辯護：「每一個帝國在其官方論述中都宣稱，自己與其他帝國不同，其處境特殊，肩負著啟蒙、開化、帶來秩序與民主的使命，並且只有情況不得已才會動用武力。」[2]

幾乎任何大屠殺或侵略罪行，都能透過訴諸於崇高的道德原則來合理化。一七九四年，馬克西米連・羅伯斯庇爾（Maximilien Robespierre）為法國的恐怖統治辯護時聲稱：「恐怖不過是迅速、嚴厲且強硬的正義；因此，它是美德的表現。」掌權者通常以利他、無私且慷慨的形象示人。已故的左派記者安德魯・科普金（Andrew Kopkind）曾指出：「政治家普遍有一種傾向，想要把他們最醜陋的使命包裝成仁慈之舉。」要採取明知違背道德的行動並不容易，因此人們必須說服自己所做的是正確的，他們的暴力行徑是有正當理由的。任何人對他人施加權力時（無論是殖民者、獨裁者、官僚、配偶或老闆），都需要一種意識形態，而這種意識形態通常歸結於他們的統治是為了被統治者好的信念。[3]

美國領導人總是以神聖的國家原則為傲，這套論述從立國以來就始終如一。美國是「山丘上的光輝城市」（shining city on a hill），是全世界的榜樣，是一個致力於自由和民主的特殊「不可或缺的國家」。[4] 美國總統是「自由世界的領袖」。正如歐巴馬（Barack Obama）所說，美國「現在是、將來也仍然是世界上有史以來最偉大的自由力量」。喬治・沃克・布希（George W. Bush，以下稱「小布希」）則形容美國是一個「肩負使命的國家，而這個使命來自我們最基本的信念。我們無意支配他人，也沒有建立帝國的野心。我們的目標是民主和平」。美國政府品德高尚。它可能犯錯，但不可能犯罪。犯罪需要惡劣意圖，而我們並沒有。美國總是被他人欺騙。它可能愚蠢、天真且懷有理想主義，但絕不邪惡。[5]

關鍵是，美國的行動並不是依據社會上支配團體（dominant groups）的自身利益，只有其他國家才這麼做。一九六九年，外交大使查爾斯・波倫（Charles Bohlen）在哥倫比亞大學解釋：「說明（美國）政策的一個困難之處在於，我們的政策並非源自任何國家的物質利益⋯⋯，而這點與過去其他國家的大多數外交政策不同。」在國際關係的討論中，基本原則是我們是善良的 ——「我們」指的是政府（根據極權原理〔totalitarian principle〕，國家與人民為一體）。「我們」是仁慈的，追求和平與正義，儘管實踐上可能失誤。「我們」的良善受到無法達到我們崇高境界的惡棍的阻撓。英國牛津與耶魯大學的著名歷史學家麥可・霍華德（Michael Howard）對「主流正統觀念」（prevailing orthodoxy）做了精闢的總結，他說：「二百年來，美國幾乎完整無缺地保留了啟蒙運動的原始理想⋯⋯，尤其是這些價值的普遍性」，儘管美國「並沒有因二戰以來的成就、慷慨和善意而享有應得的世界地位。」[6]

美國是獨特國家的這個事實，不僅幾乎所有政治人物經常重申，重要學者和公共知識分子也一再強調。哈佛大學政府學系教授塞繆爾・杭亭頓（Samuel Huntington）在權威期刊《國際安全》（*International Security*）中寫道，與其他國家不同的是，美國的「國家認同」是「由一套普世的政治與經濟價值觀所定義」，即「自由、民主、平等、私有財產與市場」。因此，美國有一項神聖的責任，要維護其「國際主導地位」(international primacy)，以造福全世界。在重要的左派自由知識期刊《紐約書評》(*The New York Review of Books*) 中，卡內基國際和平基金會 (the Carnegie Endowment for International Peace) 前會長如實陳述：「美國對國際安全、全球經濟成長、自由和人類福祉的貢獻如此顯而易見，並且明顯是為了他人的利益，以至於美國人長期以來都相信美國是一個不同類型的國家。」在其他國家推動自己的國家利益時，美國則「努力促進普世原則」。[7]

不過，這些主張通常沒有提供任何證據。因為這些主張被視為定義上的真理，所以根本不需要證據。甚至有人採取這樣的立場，認為就美國這個特殊案例，事實本身並不重要。現實主義國際關係理論的創始人漢斯・摩根索 (Hans Morgenthau) 提出了標準觀點，指出美國擁有「超越一切的目的」(transcendent purpose)：不只在國內，而且要在全球各地創建和平與自由，因為「美國必須捍衛且促進其目的的舞台已經變成全球性的」。身為一名謹慎的學者，他承認歷史紀錄與這個「超越一切的目的」根本不符。然而，他堅持認為，我們不應該被這種差異所誤導。我們不應該「將現實的濫用與現實 (reality) 本身混淆」。現實是那個尚未實現的「國家目的」，這個目的透過「歷史的證據，以及我們思考的方式」顯現出來。實際發生的事情只是「現實的濫用」。[8]

不用說，即使是壓迫、犯罪和進行種族滅絕的政府，往往也會用美德的語言來掩飾其暴行，因此，不應該認真看待這些政府詞令。我們沒有理由期待美國人對自我欺騙有獨特的免疫力。如果那些作惡者和正義使者永遠自稱是在行俠仗義，那麼國家敘事就沒有檢驗真理的價值。理智的人鮮少關注領導者所宣稱的崇高意圖，因為那只是各國的普遍現象。重要的是歷史紀錄。

大家普遍相信，美國致力於促進民主和人權（有時稱為「威爾遜式理想主義」〔Wilsonian idealism〕或「美國例外論」〔American exceptionalism〕）。但事實符合以下理論：美國與其他強權國家非常相似。它追求的是國內主要群體的戰略和經濟利益。[9] 實際上，這說明美國通常幾乎完全忽視道德原則和法治，除非遵守這些原則和法律符合美國菁英的利益。政壇領袖之間幾乎沒有證據表明存在真正的人道關懷，即使存在，也只在不違背國內菁英利益的範圍內才會付諸實行。美國的外交政策幾乎從未依據其所宣稱的理想來制定，實際上反而更符合亞當・斯密（Adam Smith）所謂在「世界上每一個時代」中「人類統治者的卑鄙格言」，即「一切只為了自己，而不為他人。」[10]

我們也可以稱這種現象為「黑手黨教條」（Mafia Doctrine）。其邏輯非常簡單且完全合理：教父的話就是法律。誰違抗教父就會受到懲罰。教父有時會表現出寬宏大量的樣子，但他絕不容忍異議。如果某個小店主沒繳保護費，教父會派出他的手下，不只是去拿回那筆他可能根本不在乎的錢，而是要把小店主打得半死，這樣其他人就不會有不服從的想法。但教父們也常常自我說服，認為自己是仁慈且善良的。[11]

我們也可以把這種暴力特權稱為「第五自由」（Fifth Freedom），也就是富蘭克林・羅斯福（Franklin D. Roosevelt）在提出他有名的四大自由時所遺漏的；四大自由分別為：言論自由、信仰自由、免於匱乏的自由和免於恐懼的自由。美國一直聲稱，在其他自由的基礎上，還有一項基本自由：大致說來，就是支配的自由（the freedom to dominate），即採取任何行動來確保現有的基本權利得以保護和提升。維護這種自由是美國政府在全球行動中的運作原則。當四大自由與第五自由產生衝突時（這種情況經常發生），四大自由便會輕易地被拋在一旁，幾乎不會受到重視。[12]

我們可以翻開歷史的一頁，來看看這種黑手黨邏輯是如何運作的。以下是一九五八年美國國家安全會議規劃小組（the National Security Council Planning Board）準備的一份文件節錄，討論中東地區出現的問題。該文件提出了美國當時面臨的一個問題，並針對可能採取的兩種立場進行論述：

問題：美國是否應準備支持，或在必要時協助英國動用武力，來維持對科威特和波斯灣的控制？

一、贊成此舉的理由：穩定的石油來源對於西歐持續的經濟存活力極為重要。此外，英國主張，如果無法以合理條件獲得來自科威特和波斯灣地區的石油，英國的金融穩定將受到嚴重威脅；如果英國失去該地區對英國的大量投資，以及英鎊失去波斯灣石油提供的支持，也會導致英國經濟遭受重大影響。如果埃及總統納薩（Gamal Abdel Nasser）取得對波斯灣石油生產區域的主導權，西方國家要以合理條件獲取石油的途徑可能會受到嚴重威脅。唯一能保證西方國家繼續以合理條件獲得波斯灣石油的方法，就是堅持維持現有的石油開採權，並準備在必要時以武力捍衛現有的地位。

二、反對此舉的理由：如果必須動用武力來保護這個地區（或者即使只是公開表明有使用武力的意願），與激進的泛阿拉伯民族主義進行協調的努力將大打折扣，美國與其他中立國家的關係也將受到負面影響。這樣的協調反而更有助於確保繼續獲取科威特和波斯灣石油。[13]

請注意，裡面完全忽略了科威特人民的利益，他們實際上被視為不存在的人，或者用喬治．歐威爾（George Orwell）的詞彙來說，是「非人」（unpeople ／ unperson*，經過馬克．柯蒂斯〔Mark Curtis〕重新詮釋過的概念）。[14] 也請注意，這裡也完全沒有提到任何權利的討論。美國有什麼權利動用武力幫助英國維持對科威特和波斯灣的控制？英國又有什麼權利保留這種控制權？從道德角度來說，答案當然是「完全沒有」。但我們卻把這樣的前提視為理所當然，認為只要是為了追求我們的「利益」，就可以隨時隨地使用武力。因此，唯一需要討論的是，武力是否真的符合我們的利益。（例如，阿拉伯民族主義者可能會因此對我們心生反感。）不道德的行為會帶來公關問題，但這種不道德性卻無關緊要。同樣的，像「教父」這樣的人物可能會擔心過度使用武力會影響到某些重要的關係。但他之所以保持克制，並不是出於道德考量。[15]

另舉一個例子，在約翰．甘迺迪（John F. Kennedy）猛烈攻擊古巴的高峰期，美國的討論主要集中在這些行動對美國的實際影響，對於被攻擊人民的權利則完全不予考慮。拉丁美洲問題專家豪爾赫．多明格斯（Jorge Domínguez）在檢視內部文件之時指出：「在這些將近千頁的文件當中，只有一次有美國官員提出過類似且微弱的道德質疑，反對美國政府支持的恐怖活動。」某位國安會成員表示：「隨機發動襲擊、造成無辜人員喪生……，可能在某些友好國家引發負面輿論。」這種考量在古巴飛彈危機（Cuban Missile Crisis）的內部討論中也存在，比如羅勃．甘迺迪（Robert Kennedy）

---

* 這是來自喬治．歐威爾的小說《一九八四》書中的概念，指稱那些因政治或意識形態原因被「消失」的人。——編註

警告，全面入侵古巴會「導致非常大量人員死亡，我們將因此承受各方猛烈責難」。這種態度一直延續至今，只有極少數例外。重點始終是「美國的利益」。[16]

然而，「國家利益」這個詞本身就是一種委婉說法，通常指的是少數富有的國內菁英的利益。美國工人階級，這些戰死在沙場中的人，他們的「利益」並沒有在這些殺害他們的戰爭中得到任何保障。政府花錢購買軍事武器，也不符合他們的利益，這些經費原本可以用來修繕校舍。其實，當美國的海外行動攤在陽光下接受社會輿論的評斷時，往往引起「國民」的強烈反感，而這些行動卻聲稱是為了他們的「國家利益」。因此，精密的宣傳體系必須把社會大眾蒙在鼓裡，因為如果真相大白，眾人會立刻發現，他們對「利益」的看法與美國菁英階層完全不同。

下次聽到關於「俄羅斯」或「伊朗」做了什麼時，我們也應該記住這一點。極權主義者希望我們認為，國家只有一個聲音，並且擁有一個「國家利益」。儘管把國家行動說成整個國家的行為是慣例，而且在討論政策時也在所難免，但這種講法終究會誤導他人。普丁（Vladimir Putin）把數千名反戰抗議者扔入監獄，他們和統治者一樣，都有資格代表俄羅斯。[17] 這就是為什麼將本書解讀為主張「美國是恐怖主義且具有破壞性」的說法是錯誤的，尤其是如果把「美國」理解成所有美國人的集合體，那這種解釋就不正確。因為在美國，許多人已經走上街頭，冒著生命與生計的風險，反對政府的行為 —— 前提是他們有機會得知政府在做什麼。

帝國大戰略的原則：我們擁有這個世界

當代美國戰略的基本原則在二戰期間已經成形。隨著戰爭接近尾聲，美國的戰略規劃者十分清楚，戰後美國將成為世界上的主導力量，占據史上少有的霸權地位。在戰爭期間，美國的工業生產成長超過三倍；同時，其主要對手要麼被大大削弱，要麼幾乎被摧毀。美國擁有當時世界上最強大的軍事力量，牢牢掌控了西半球和海洋。高層規劃者與外交政策顧問決定，在新的全球體系中，美國應該「擁有不容置疑的權力」，並「限制」任何可能阻礙其全球布局的國家「行使主權」。[18]

邱吉爾（Winston Churchill）的言論準確反映出這種主流觀點，他認為「治理世界的工作必須交給已經滿足的國家」，因為富裕國家沒有「再追求更多的動機」，而「如果治理世界的工作落入渴望更多的國家的手中，則總會存在危險。」標準石油公司的雷歐·韋爾奇（Leo Welch）也表達了類似的抱負，他說美國需要「承擔起這個被稱為世界的公司的多數股東責任」，並且不只是暫時的，而是一項「永久性義務」。[19]

從一九三九年到一九四五年，美國外交關係協會（Council on Foreign Relations）與國務院進行了全面研究，最終制定出一項名為「廣大區域」（Grand Area）計畫的政策。廣大區域指的是任何從屬於美國經濟需求的地區，並且被視為「掌控世界的戰略必要」。一位規劃者若有所思地說：「過去的大英帝國不會再現，因此美國可能必須取而代之。」另一位則坦言，美國「必須培養一種全球秩序重整的心態」。廣大區域至少應包括西半球、遠東以及前大英帝國，當時我們正處於拆解並接管勢力的過程中。在理想情況下，它還應該涵蓋西歐、南歐以及中東的產油地區；事實上，若有可能，應包含所有地區。針對廣大區域中的特定地區以及負責組織和管理該區域的國際機構，都制定了詳細的計畫。[20]

喬治·肯楠（George Kennan），國務院規劃局局長，也是二戰後秩序的主要設計者之一，他在一九四八年一份重要規劃文件中扼要地敘述了這個基本思路：

> 我們擁有全球約百分之五十的財富，卻只有百分之六·三的人口……。在這種情況下，我們無法不成為別人嫉妒和怨恨的對象。在未來的日子裡，我們真正的任務是構思一種關係模式，使我們能夠維持這種懸殊的地位……。我們不必欺騙自己，以為現在還能享受利他主義和全球慈善的奢侈……。我們應該停止談論模糊且不切實際的目標，例如人權、提升生活水準和民主化。距離我們需要直接以權力概念來應對的日子不遠了，屆時，我們越不被理想主義口號所束縛就越好。[21]

政策規劃局進一步承認，為達成這些目標，「首要需求」是「迅速實現全面重整軍備的計畫」—— 當時和現在一樣，都是「實現美國軍事和經濟優勢的綜合性政策」的核心成分。從一九四〇年代的規劃文件到小布希、歐巴馬、川普和拜登政府發布的《國家安全戰略》（*National Security Strategies*）文件中，這種軍事和經濟優先的政策隨處可見。在執行這種政策的過程中，不僅忽視民主和人權，還經常以極大的力度積極反對這些價值。[22]

美國規劃者明確規定了世界各地在美國主導的全球體系中的功用。正如喬治・肯楠率領的國務院政策規劃局在一九四九年所述，東南亞的「主要功能」是「日本和西歐的原物料來源和市場」。中東是「一個極為重要的戰略力量來源，也是世界歷史上最重要的物質獎賞之一」，同時「在外國投資領域中，可能是世界上最豐富的經濟獎賞」。這表示任何其他國家都不得干涉，而「民族主義」（由自己人民控制國家資源）被視為一項嚴重的威脅。正如美國國務院一九五八年的一份備忘錄所指出：「在激進民族主義控制的近東，西方獲取該地區的資源時常面臨風險。」[23]

美國中央情報局（CIA）歷史學家傑拉德・海恩斯（Gerald Haines）解釋，拉丁美洲政策是為了「發展更大且更有效率的供應來源，以滿足美國經濟需求，同時擴大美國出口市場，並為美國資本投資創造更多機會」，然而，當地的發展只能在「不干擾美國利潤和支配地位」的情況下進行。關於拉丁美洲，戰爭部長亨利・史汀生（Henry Stimson）曾表示：「我認為要求我們在這邊擁有自己的一小片區域，並不過分。」早在之前，美國總統塔夫脫（William Howard Taft）就預見「這一天不遠了」，屆時「整個半球實質上將屬於我們，因為憑藉我們的種族優越性，它在道義上已經是我們的」。[24]

拉丁美洲國家提倡一種被美國國務院官員形容為「新民族主義哲學」的理念，這種理念「擁護的是目的在於實現更全面的財富分配，並提升廣大人民生活水準的政策」。另一位國務院專家報告指出：「拉丁美洲人堅信，發展一個國家資源，首要受益者應該是該國人民。」然而，這種優先次序與華府的計畫完全背道而馳。這個問題在一九四五年二月的西半球會議上達到白熱化程度，美國提出了《美洲經濟憲章》（*Economic Charter of the Americas*），呼籲「消除所有形式」的經濟民族主義。一個國家資源的首要受益者必須是美國投資者及其當地合夥人，而不是「該國人民」。除非出現不太可能的情況，導致優先服務特定利益集團的政策意外促成這些結果，否則不會有「更全面的財富分配」或提升「廣大人民生活水準」。[25]

這個治理全球的基本任務至今依然存在，包括：將其他全球權力中心控制在由美國管理的「整體秩序框架」內；維持對世界能源供應的控制；禁止不可接受的獨立民族主義；防止美國國內民眾過多干涉。[26]

直視苦難：戰爭受害者所面臨的暴力現實

追求支配地位所付出的人類代價，大多數都沒有媒體報導，或者沒有深入探討，因此社會大眾也不瞭解。戰爭被淡化處理。如同亞當．斯密所指出的，對於那些遠離戰場、只把衝突當作抽象概念或一堆統計數據的人來說，戰爭甚至可以成為一種「娛樂」。對於那些安穩生活在「偉大帝國」中的人，斯密說，「透過報紙閱讀自己艦隊和軍隊的戰績」是令人振奮的，和平反而可能讓他們感到失落，因為這「終止了他們的娛樂，並破滅了長期戰爭帶來征服感與國家榮耀的無數幻想」。[27]

有關外交政策的討論，往往是冷靜、抽象且不帶情感的。女權學者卡羅．柯恩（Carol Cohn）在調查專門策畫核戰的「國防知識分子」社群時，對他們「過度使用抽象和委婉語言感到震驚，這些話語過於平淡，無法讓說話者或聽眾真實觸及核子浩劫背後的殘酷現實」。她發現這些人「討人喜歡且值得敬佩」，但仍「不斷被他們在咖啡壺旁不經意談論如何毀滅世界的話語感到驚嚇」。抽象和委婉的表達也讓我們不必直視受害者的眼睛。受害者在我們的意識中被抹去，沒有發聲的機會。[28]

親眼目睹戰爭的人都知道，戰爭多麼可怕，連「恐怖」或「痛苦」這類詞彙都無法傳達嚴重程度。艾希莉．班菲德（Ashleigh Banfield），因發表批評伊拉克戰爭的言論而被國家廣播公司（NBC）解僱，她在那場演講中提到，美國民眾不理解戰爭的真實情況，因為他們所看到的都是精心挑選過的畫面，這些畫面無法呈現平民傷亡的真相。譬如，駐美軍部隊的記者可能會拍攝士兵用 M16 突擊步槍對一棟建築物掃射的場景，卻不會顯示「那些子彈落在哪裡」或迫擊砲彈爆炸時的真實情況。她說：「相信我，迫擊砲彈爆炸可不是只有一團煙霧。」但美國人看到的，就是那團煙霧，結果是「這場戰爭中的許多恐怖情景完全被忽略了」。美國人從未看到美國無人機空襲婚禮場面，或是孩子被美國坦克輾壓的畫面。他們也很少聽聞這些殘酷場景目擊者的描述或那些哀悼受害者家屬的聲音。[29]

克里斯・赫吉斯（Chris Hedges）在《紐約時報》擔任戰地記者數十年，他寫道：

> 如果我們真的看到戰爭，看到戰爭如何摧毀年輕人的身心，就會難以接受戰爭的神話。如果我們不得不站在阿富汗或烏克蘭遭殺害學童血肉模糊的屍體旁，聽著他們父母哀號，那些關於解放阿富汗女性或為阿富汗和烏克蘭人民帶來自由的陳腔濫調，就會顯得無比荒謬……。電視報導帶給我們的是軍武的視覺衝擊，卻隱藏了子彈、坦克炮彈、鐵片炸彈和火炮的真實後果。我們嘗到了一絲戰爭的興奮快感，但卻被保護起來，看不到戰爭的真相，它的氣味、噪音、混亂，最重要的是那種壓倒一切的恐懼。[30]

戰爭的傷亡從來不會出現在美國軍隊的召募宣傳廣告中，唐納・川普甚至公開表示，他不希望「傷兵」出現在他的閱兵典禮中，因為他們不好看。戰爭必須被徹底粉飾。[31]

宣傳與神話製造迷霧

在美國，即使暗示這個國家可能犯下嚴重罪行，都會被當作是丟臉且不愛國的行為。舉例，當莎曼珊・鮑爾（Samantha Power）於二〇一三年被提名美國駐聯合國大使時，她在參議院聽證會上被迫否認之前可能暗示美國總統「犯下」或「支持」罪行的任何言論。她向參議員馬可・盧比歐（Marco

Rubio）* 承諾：「我永遠不會為美國道歉，」並申言美國是「世界的燈塔」。鮑爾普遍被視為美國外交政策的批評者，但她僅表示「身為不完美的人類，有時會做出一些事後希望能有所不同的事」，並以美國未介入盧安達大屠殺為例。盧比歐繼續追問她，要求她確保完全否認任何可能暗示美國曾犯下罪行的說法：

參議員盧比歐：所以我會將盧安達的情況定調為美國「默許」的罪行。那麼你提到美國「犯下」或「支持」的罪行有哪些？

鮑爾女士：再次強調，參議員，我認為美國是地球上最偉大的國家。我們無需為任何事情道歉。

參議員盧比歐：那麼，你現在腦海中沒任何我們犯下或支持的罪行？

鮑爾女士：我不會為美國道歉。如果任命通過，我會非常自豪地代表美國的立場。

參議員盧比歐：我明白了，不過你是否認為美國犯下或支持過罪行呢？

鮑爾女士：我認為美國是地球上最偉大的國家，我真的這麼認為。

參議員盧比歐：所以關於我國有沒有犯下或支持罪行的問題，你的回答就是，美國是地球上最偉大的國家？

鮑爾女士：美國是人權的領導者，也是人類尊嚴的領導者。大家都知道，我們之所以成為如此強大的人權領導者，其中一個原因就是我們會承認錯誤，而錯誤難免發生，比如伊拉克阿布賈里布（Abu Ghraib）監獄事件。沒有人為此感到驕傲。幾乎所有在世界各地服役的美國士兵都是以深厚的榮譽感和尊嚴執行任務的。我們追究責任。這樣做是因為我們相信人權。我們相信國際人道法，並且遵守這些法律。我們，與其他國家不同，是一個堅持自己原則的國家。[32]

---

* 美國政治人物，於 2011 年至 2025 年擔任美國參議院議員，自 2025 年 1 月起出任美國國務卿。——編註

的確，美國某些政治菁英坦承，在政策制定過程中，基本的道德考量並不存在，甚至認為只要符合國家利益，任何殘暴行為都是正當的。來自阿肯色州的共和黨參議員湯姆．柯頓（Tom Cotton）在他的外交政策綱領中明確表示：「美國戰略的目標是確保美國人民的安全、自由與繁榮。」對他來說，某件事對美國是否有利，遠比是否符合法律、民主或道德更重要。只要能讓美國受益，傷害別人便是正當的。柯頓直言，美國應該支持那些有助於美國利益的獨裁政權，毫不避諱指出：「沒有人會把吳廷琰（Ngô Đình Diệm）、蘇慕薩（Somoza）、伊朗國王或穆巴拉克（Hosni Mubarak，這些曾獲美國支持的獨裁者）當成「安貧小姊妹會」（Little Sisters of the Poor）的成員……。但最重要的，不是一個國家是否民主，而是這個國家是否親美或反美。」[33]

然而，即使像柯頓這樣公開擁護「只要對美國有利，獨裁政權也無妨」原則的人，也沒有考慮到暴力在現實中的樣貌。他習慣以美好的自由等抽象詞彙，包裝自己的觀點，並樂見公眾對這些政策的受害者視而不見，或至少不去深思其後果。

如果將本書的核心主張誤解成「美國是世界上最糟糕的國家」或「美國要對所有問題負責」，這樣的解讀看似簡單，但其實不合邏輯。批評美國政府的人常被貼上「仇美」或「先怪美國」的標籤。[34] 然而，本書的核心主張其實相對審慎：美國並沒有特別邪惡，不比其他許多統治大國更壞。[35] 美國只是特別強大，並且深陷於一種危險的虛假神話之中。作為全球超級大國，美國帶來的風險是獨特的；當一個強國偏離道德標準時，影響會比一個弱國更大。

美國絕不是歷史上第一個同時擁有物質利益、強大科技能力，卻又漠視底層人民痛苦和不幸的大國。傲慢的自我妄想在民族國家的歷史中十分常見，且相當危險，因為這種心態會妨礙國家誠實面對自己的行為。沒有人會因為分析俄羅斯、法國或坦尚尼亞的政治行為而感到不安，即使這些分析質疑他們的動機，並將他們的行動解釋為基於長期利益，這些利益可能隱藏在官方言詞之下。然而，相信美國的動機是單純的，不需要分析，已成為不可置疑的信仰。天真和自以為是的悠久傳統，扭曲了我們的思想史，應該作為對世界的警惕，提醒世人應該如何謹慎解讀美國當前所聲稱的真誠和善意之詞。

儘管如此，為什麼要專注於美國的罪行，不是俄羅斯或中國的罪行呢？這並不是說他們沒有犯下重大罪行，而是基於一個非常簡單的道德觀點：譴責他人的錯誤卻忽視自己的過失，沒有什麼道德意義。此外，我們對於自己行為的可預見後果負有責任，而不是對他人行為的可預見後果負責。

因此，美國人應該主要批評自己政府的行為，因為這是他們有責任監督的政府，也是他們最有能力影響其行為的政府。即便我們得出的結論是，美國只對世界上百分之二可避免的暴行負責，我們還是應該優先批評美國政府，因為這是我們能直接施加影響的政府。

不應有爭議的一項道德真理就是普遍性原則：我們應該用對待他人的標準來要求自己，甚至應該對自己要求得更加嚴格。德爾菲神殿裡刻了這一句著名的格言：「認識你自己。」（Know thyself）以下這個簡單的問題，有助於評估美國的行為：如果這件事是由我們的競爭對手而非我們自己實行的，我們會如何判斷？如果我們認真看待這個問題，就不難發現，有些事如果是他人所為，我們就會譴責為嚴重罪行。

因此，來嘗試應用基本的道德標準。如果我們譴責恐怖主義，那麼我們也應該評估美國的作為，看看這些行動是否構成恐怖主義，而不是理所當然地認為恐怖主義都是他人所為。如果我們反對侵略戰爭，並認為那些從事侵略行為的人應該被送去海牙國際法院，那麼我們也應該看看，是否願意將這個標準套用在自己身上。讓我們用另一個假設來檢驗「美國是個致力於人道主義與民主的國家」這個命題，這個假設就是「美國和歷史上幾乎所有的統治勢力一樣，遵循的是黑手黨教條／惡行準則」。讓我們好好審視那些引導美國決策和行使權力的利益與意識形態，並勇敢面對我們所發現的真相。

這些觀點不單是學術討論。正因為美國的政策決定影響深遠而且如此危險，改變這些決策才是最緊迫的道德任務。

一般權力系統

要打破主流的二分思維並不容易，這種觀念認為我們必須站在某一邊，不是支持美國，就是為其對手辯護。[36] 然而，如果我們希望達到一個由人民自我管理，而非被他人統治的世界，我們必須看清全球民族國家常有的非法特徵。

我們調查任何國家的外交政策時，首先會發現一套官方理論，這套理論通常將國家政策描繪成出於光榮的動機，雖然偶爾會失敗，但主要是因為邪惡敵方的陰謀所致。例如，冷戰期間，蘇聯的宣傳聲稱其致力於和平、民主與人權，將蘇聯的姿態描述為防禦性的，並指出美國帝國主義是全球混亂和苦難的主要根源。美國的官方理論則是蘇聯的翻版。

冷戰被視為兩個對立體系之間的競爭，一些左派人士誤以為蘇聯是一個更優越且更平等的社會形態。然而，美國和蘇聯之間的相似性和它們的差異一樣重要。兩國都是超級大國，但民眾都缺乏實質的控制權。兩國的統治意識形態（馬列共產主義與自由市場資本主義）很大程度與這個社會實際的運作方式不符。[37] 兩國的權力結構都是金字塔形，頂端是少數的關鍵決策者，而廣大民眾位於底層。一九九〇年代「世界產業工人」（Industrial Workers of the World）的一張經典海報，顯示出「資本主義體系的金字塔」，雖然簡化了現實，但仍大致準確。位於金字塔頂端是領導者（「我們統治你們」），而底層是工人，他們「供養所有人」並「為所有人工作」。許多國際衝突涉及頂端族群的利益，但衝突中的痛苦與犧牲則完全落在底層民眾身上。

本書目的在於說明美國在全球如何實際運用權力、對許多無辜人民帶來什麼後果，以及美國的外交政策目前對全人類未來構成什麼風險。為了達成這個目標，我們必須深入分析那些充滿私利的神話，並仔細檢視大量事實證據。要瞭解美國領導人秉持的是什麼價值觀，唯一的方法就是觀察他們的行為，而非聽信他們的言詞。這裡，我們發現了一個令人不安的紀錄，包括推

翻不合己意的外國政府、支持歷史上最專制的獨裁政權、公然違反國際輿論和既有國際法，並發動非法戰爭，帶來災難性的全球人道危機。這些行為紀錄涵蓋了干預選舉、核威脅、氣候犯罪以及赤裸裸的暗殺行動，若是發生在其他國家，早就被貼上「恐怖主義國家」的標籤。

我們將從記錄美國過去半世紀以來對全球的行為開始，期望透過詳盡的事實重述，顯示出其言論與實際行動之間的巨大差距。書中的各章節無意呈現出相關事件的完整歷史，而是要證明國家神話如何凌駕於真相之上。這些罪行並非遙遠的歷史，親身經歷過的人至今仍健在，儘管他們的聲音無人聽見，傷口依舊在流血。

接下來，在篇幅較少的第二部分中，我們將探討這些事件中的共通點。我們會分析那些讓人道德盲目、自我吹捧，以及確保人們無法從錯誤中學習的手法。首先，我們將檢視美國的內部權力結構如何解釋其在國際上的行為。我們會發現，所謂的「國家利益」其實並未造福美國絕大多數民眾，反而讓他們被蒙在鼓裡，無法參與真正有意義的決策。接著，我們將討論美國與國際法的關係，以及戰後歷任總統為何不願讓美國遵守自己要求他國遵守的規則。最後，我們會分析媒體與國家宣傳如何透過「製造共識」（manufacturing consent）來營造對美國政策的支持。

我們最後將回顧當前世界所面臨的最迫切風險，以及透過群眾運動的共同努力，來避免災難的可能性。現今人類面臨的重大危機，包括氣候災難與核戰的威脅，這些問題關係到整個物種的未來。我們面臨的挑戰是，如何在這個人類史上最危險的時刻，履行作為全球最強大國家所應承擔的道德責任。

在全球各地的調查中，民眾普遍認為美國對世界和平與民主的威脅，比俄羅斯或中國還要大。對於那些長期遭受美國侵略的國家來說，這些事實早已顯露無遺。當他們聽到美國總統高談闊論美國對人道價值的承諾時，往往只會嗤之以鼻。[38]

然而，對於生活在美國的人來說，看穿「崇高意圖」（Noble Intent）的美國神話非常重要。在外交政策方面，統治菁英集團的利益比基本道德原則更重要，而「美國例外論」是虛構之事。關鍵問題在於，這是危險的虛構之事。美國理想主義的神話常被用來為其行為辯護，這些行為已造成無數的死亡和破壞，也阻礙了我們追究戰爭罪犯的責任。如今，這個神話讓許多美國人無法看清自己國家政策正威脅著全人類的安全。

不過，情況是可以改變的。我們可以採取行動。無論是「世界秩序」還是「國內秩序」，都基於現有權力結構所做的決策，而這些決策是可以被改變的，這些制度也可以修正或替換。那些從現有國家與私有權力組織中受益的人，必然會將現狀描繪成不可避免的結果。但我們沒有理由相信他們的說詞。尤其是在主導全球事務的富裕國家中，公民們即使在現有體制內，也能輕易採取行動，創造替代方案。這些體制不是刻在石板上無法更改的。

第一篇

紀錄：
行動中的理想主義

PART 1

The Record: Idealism in Action

「大國隨心所欲，小國任人宰割。」

—— 修昔底德（Thucydides）

第一章

規訓全球南方

一九七三年九月十一日，皮諾契特（Augusto Pinochet）將軍奪取智利政權，推翻了民選總統阿言德（Salvador Allende）。皮諾契特是近代史上殘暴不仁的獨裁者之一，他進行大屠殺和酷刑，安排刺殺計畫追捕逃往海外的異議人士，囚禁了數萬人，終結了智利的一代民主。按人口比例換算，若皮諾契特的恐怖統治發生在美國，相當於有十五萬人死亡、上百萬人遭受酷刑，而且總統被推翻和選舉制度瓦解。史上第一起「九一一事件」純屬國家恐怖行動。

美國前國家安全顧問兼國務卿亨利．季辛吉（Henry Kissinger）在回憶錄中坦承了美國在促成這個結果中所扮演的角色。他認為阿言德的左派政府對「美國在西半球的地位構成了永久性挑戰」。季辛吉駁斥了外界對美國干涉他國選舉或策畫政變合法性的質疑，寫道：「我無法接受美國被禁止在外交和軍事干預之間的灰色地帶採取行動的說法。」他回憶起阿言德首次當選時，理查．尼克森（Richard Nixon）怒不可遏，表示「必須全力以赴，設法阻止阿言德上台：即便只有一成希望也要嘗試」。尼克森的中央情報局鼓勵並資助一樁陰謀，計劃殺害智利陸軍總司令史奈德（René Schneider）將軍，因為史奈德忠於國家憲法，被視為政變成功的障礙。尼克森下令「應該刪減對智利的援助，限制經濟直到智利『哀嚎』」，也就是，要讓智利人民的生活盡可能變得難熬，來懲罰他們投錯了票。[1]

彼得．科恩布魯（Peter Kornbluh）在其著作《皮諾契特檔案》（*The Pinochet File*）中，引用由國家安全檔案館出版發布的解密文件，揭露美國政府如何從阿言德當選的那一刻起便試圖破壞和摧毀他，並在政變後大力支持皮諾契特，同時不斷對外否認在智利政變中的角色。尼克森政府實施「隱形封鎖」（invisible blockade），且「國安會紀錄清楚顯示，尼克森政府迅速、低調且以政治手段終止對智利的多邊及雙邊援助」，一旦阿言德上台，就把由此造成的經濟混亂歸咎於阿言德的政策。季辛吉於一九七四年在參議院作證時提供了不實證詞，聲稱「美國無意動搖或顛覆」阿言德，但他私下建議的行動方案卻「可能導致（阿言德政權）倒台或被推翻」。季辛吉清楚地向尼克森解釋為何不能讓阿言德成功：「我不明白為什麼我們要坐視不管，看著一個國家因人民的不負責任而走向共產主義體制。這些問題過於重要，不能讓智利選民自行決定。」阿言德對美國利益構成了「一些非常嚴重的威脅」，其中包括可能損失「美國在智利的投資（總計約十億美元）」，但更重要的是，如果他的國家繁榮發展，將為世界帶來「示範效應」（model effect）。一個「成功的馬克思主義政府典範」將在其他地區具有「先例價值」（precedent value），而「類似現象的模仿性擴散」可能「顯著影響世界格局，並動搖我們自身的地位」。尼克森甚至直言：「我們對智利最擔心的，是阿言德可能鞏固政權，讓世界看到他的成功。」[2]

因此，阿言德正式就任幾天，尼克森便召集國安會，商討如何「讓他倒台」。一九七〇年，中情局一封電報指出，「透過政變推翻阿言德是既定且持續的政策，」並承諾「將動用一切合適的資源，施加最大壓力來實施這一目標」，同時警告「這些行動必須秘密且安全地執行，以確保美國政府和美國方面的痕跡徹底隱匿」。[3]

史蒂芬・斯崔特（Stephen M. Streeter）根據美國檔案進行全面研究，得出結論：「尼克森政府的最大目標是透過憲法手段或推動軍事政變，阻止阿言德上台」，而「最低目標則是懲罰智利，以免其他拉丁美洲國家效仿智利的社會主義道路」。一旦阿言德倒台，尼克森政府立即擁護皮諾契特軍政府，季辛吉告訴皮諾契特，他終結了智利民主，「為西方立下了大功」。[4]

阿言德的問題在於，他樹立了一個「好榜樣」的威脅。如果他成功推行獨立民族主義和左派經濟政策，將激勵其他國家採取類似路線，可能會削弱美國的勢力。因此，阿言德必須下台。

第二次世界大戰結束後，像喬治・肯楠這樣的戰後規劃者意識到，西方工業社會的重建對美國企業的繁榮發展極為重要，這樣它們才能夠進口美國的產品並提供投資機會。

然而，恢復傳統秩序是關鍵，即確保企業掌握主導地位，勞工階級被分裂和削弱，並將重建的負擔全部加諸於工人階級和窮人身上。主要的障礙來自反法西斯運動。因此，美國積極在世界各地鎮壓這些運動，並且往往寧願讓前法西斯分子或納粹同夥上台掌權。[5] 有時候需要極端的暴力手段，而有時候則透過較為溫和的措施，如顛覆選舉或拒付急需的食物等。

美國規劃者承認，戰後歐洲的「威脅」並非蘇聯的侵略，儘管杜魯門政府讓社會公眾認為情況如此。肯楠在一九四七年總結道：「威脅我們的不是蘇聯的軍事力量，而是蘇聯的政治力量。」歷史學家梅爾文・萊夫勒（Melvyn Leffler）指出：「蘇聯的力量與美國相比微不足道，因為它是一個「精疲力竭、滿目瘡痍的國家」，因此，美國官員「並未預期蘇聯會進行軍事侵略」。真正的威脅在於「極端民族主義的復興或獨立中立主義的發展」。這些規劃者將「安全定義為權力之間的相互關係」，並將「權力定義為對資源的控制或獲取」，按照這種邏輯，任何對美國資源控制的威脅，都被視為對國家安全的威脅。[6]

如萊夫勒所寫，戰後世界各地的人民「渴望更加公正與平等的社會與經濟秩序」，他們要求「改革、國有化和社會福利」。他們如今「期望政府保護他們免受商業波動起伏、資本家貪婪以及偶發自然災害的影響」，並認為這是「對他們為過去的犧牲和克服的艱難應得回報」。

例如，在義大利，由共產黨領導的工人和農民運動在戰爭期間抵擋了德國六個師，並解放了北義大利。隨著美國軍隊向義大利推進，他們驅散了這支反法西斯反抗軍，並恢復戰前法西斯政權的基本架構。中央情報局擔心共產黨在一九四八年關鍵的義大利選舉中可能合法獲得權力，因此採取了許多手段，包括恢復昔日的法西斯警察、打壓工會以及扣留援助等。然而，當時並不清楚是否能打敗共產黨。國安會第一份備忘錄（NSC 1，一九四八年）列出了一系列若共產黨贏得選舉，美國將採取的行動。其中一項計畫行動是軍事介入，透過提供軍事援助支持義大利的地下活動。儘管已知這樣做「可能會把義大利推入血腥的內戰，並嚴重危及第三次世界大戰的爆發」，美國仍然願意考慮支持政變以阻止左派的崛起。他們假設擁有無視民眾意願的權利。[7]

自一九四八年到一九七〇年代初期，選舉干預活動一再進行，中情局投入了超過六千五百萬美元給特定的政治黨派及其附屬組織。前中情局官員馬克．懷亞特（F. Mark Wyatt）承認：「我們把一袋袋的錢送到特定的政治人物手中，以支付他們的各項開支。」[8] 事實上，從一九四六年到二〇〇〇年，美國在全球各地進行了逾八十次的選舉干預行動。《紐約時報》國安特派員史考特．夏恩（Scott Shane）指出，這些行動，包括散播假新聞和向青睞的候選人提供「裝滿現金的皮箱」，至今仍在進行，並提到「中情局近年來可能在影響外國選舉上所做的事情仍是機密，可能要幾十年後才會揭露」。夏恩引述一位前中情局官員的話，證實「這一點從未改變」，另一位則表示：「我希望我們能繼續這樣做。」儘管普丁企圖干預美國總統選舉一事曾引起巨大恐慌，但美國自身這些行動的正當性卻從未公開討論過。[9]

在希臘，納粹撤退後，英軍進駐該國，扶植了一個腐敗的政權，引發了新一波抵抗。然而，隨著戰後英國國力衰退，已無力持續掌控局勢。一九四七年，美國介入並支持一場鎮壓臨時政府的血腥戰爭，導致多達十六萬人喪生。這場戰爭伴隨著酷刑、數萬希臘人被政治流放、對囚禁的左派人士展開「再教育」（reeducation）計畫，並徹底摧毀工會以及任何獨立政治運動的可能性。許多希臘人為了生存被迫移民。這場行動的受益者是美國投資者和納粹同夥，主要受害者則是共產黨領導的反納粹抵抗運動中的工人和農民。美國成功鎮壓希臘當地人民的模式成為越戰的典範，正如阿德萊．史帝文生（Adlai Stevenson）於一九六四年在聯合國所解釋的：「越南的情況與一九四七年的希臘和一九五〇年的韓國相同。」雷根（Ronald Reagan）的顧問在討論中美洲時也套用相同的模式，這種模式隨後在許多其他地區重複出現。[10]

在日本，華府於一九四七年發起所謂的「逆轉政策」（reverse course），終止了麥克阿瑟將軍軍事政府早期推動的民主化進程。「逆轉政策」打壓工會和其他民主力量，清除近三萬名懷疑有左派傾向的公務員、企業員工和教職人員，將日本牢牢置於曾支持日本法西斯主義的企業勢力手中。（美國甚至掩蓋了日本的戰爭罪行。）正如歷史學家約翰．道爾（John Dower）和平田哲男（Hirata Tetsuo）所總結的，雖然「占領時期積極推動的赤色清洗（Red Purge）是反共政策的一部分……，但實際上這是一場勞工與資本家之間的對抗」。道爾指出，隨著時間推移，美國「逐漸拋棄了原先『非軍事化與民主化』的理想」，並「越來越公開與日本社會中的保守派甚至右派分子結盟，包括那些與日本戰敗密切相關的人士」。」[11]

一九四五年，美軍進入韓國，解散了當地的人民政府（主要由反抗日本的反法西斯分子組成），並利用日本的法西斯警察以及在日本占領期間與之合作的韓國人，開始殘酷的鎮壓。在韓戰之前，南韓約有十萬人被殺害，其中包括三到四萬人死於濟州島一場農民起義的鎮壓行動中。這場大屠殺「美國責無旁貸」（以歷史學家布魯斯．康明思〔Bruce Cumings〕的話來說），是由南韓軍隊和警察在美國指揮下執行的。一位現年八十三歲的濟州島大屠殺倖存者在二〇二二年被問及對美國的期望時表示，他只需要「真誠的道歉，願意過來握住我雙手的誠意」。他至今仍在等待。[12]

「良好示範」的威脅

美國戰略的目標是防止任何對「美國權力、地位和威望」的挑戰，這是深受敬重的自由主義資深政治家迪恩．艾奇遜（Dean Acheson）於一九六三年所提出的觀點。最脆弱、最貧窮的國家往往會引發最大的恐慌。畢竟，如果一個微不足道且無影響力的國家敢於挑戰美國，這將暴露美國其實是隻「紙老虎」。正如麥克．格羅（Michael Grow）在《美國總統與拉丁美洲干預：冷戰中的政權更迭》（*U.S. Presidents and Latin American Interventions: Pursuing Regime Change in the Cold War*）一書中所示，那些被視為「威脅」的國家，對美國的安全或經濟利益根本沒有實際威脅。然而，它們卻可能引起其他地方進一步的反抗，進而破壞美國的「信譽」。[13]

舉個小例子：英屬蓋亞那（British Guiana），甘迺迪政府批准了中央情報局的一項秘密行動，意在影響該國的選舉。這項行動的目標是阻止有社會主義傾向的牙醫契迪．賈根（Cheddi Jagan）及其政黨贏得選舉。他們無法容忍「第二個古巴」，即西半球再出現另一個左派政府。解密的文件和歷史紀錄顯示，中情局被授權投入大量資源來顛覆民主。美國試圖阻止英屬蓋亞那脫離英國獨立，以拖延社會民主的出現。美國的行動還包括煽動暴力和騷亂，有報導指出美國官員和一般民眾參與了煽動謀殺、縱火、炸彈攻擊的活動，並製造出普遍的恐懼氛圍。國務卿狄恩．魯斯克（Dean Rusk）告訴英國，他「得出一個結論，我們無法容忍一個在賈根統治下的獨立英屬蓋亞那」。人們理所當然地認為，美國有權決定我們可以「容忍」哪些領導人。重要的歷史學家史蒂芬・拉貝（Stephen Rabe）研究了美國對英屬蓋亞那的干預，總結了這場可怕的後果：「摧毀一個民選政府、破壞民主選舉程序、摧毀一個貧窮國家的經濟，以及煽動種族戰爭。美國所支持的邪惡種族主義者福布斯・伯納姆（Forbes Burnham），讓蓋亞那成為一個危險、殘酷的地方，讓大多數印度裔人民每天活在惡夢中。」英屬蓋亞那對美國沒有任何經濟意義，也毫無「國家安全」的威脅。這場干預完全是黑手黨的邏輯：**我們（美國）說了算**。羞辱那些敢於抬頭的人，是帝國心態中根深蒂固的元素。[14]

或許可以看看剛果民主共和國，這個資源豐富的巨大國家，也是當代最恐怖的故事之一。剛果於一九六〇年獨立後，在總理帕特里斯・盧蒙巴（Patrice Lumumba）的領導下原本有機會成功發展。但西方國家完全無法接受。中情局局長艾倫・杜勒斯（Allen Dulles）已決意，除去盧蒙巴是秘密行動「緊迫且首要目標」，因為美國的投資可能會受到內部文件所稱的「激進民族主義者」的威脅。中情局試圖「永久處置」盧蒙巴。在比利時軍官的監督下，盧蒙巴被謀殺，實現了艾森豪（Dwight D. Eisenhower）總統希望他「掉進滿是鱷魚河裡」的願望。艾曼紐・傑拉德（Emmanuel Gerard）和布魯斯・庫克利克（Bruce Kuklick）在他們對這起謀殺事件的權威研究中總結說，「歐洲人和美國人慫恿非洲人囚禁盧蒙巴，並確保對他判處死刑」，因為「西方無法想像一個在經濟和政治上能夠自立自足，並且類似於歐洲國家的非洲國家」，而且「盧蒙巴渴望的偉大是西方所無法容忍的」。這並不是唯一的案例。美國對後殖民時期非洲的干預，範圍廣泛且隱密。蘇珊・威廉姆斯（Susan Williams）在《白色惡意：中情局與非洲的隱秘再殖民》（*White Malice: The CIA and the Covert Recolonization of Africa*）中寫到，非洲獨立的那些年「也是中情局對非洲進行強烈且快速滲透的年代」，而紀錄顯示「中情局在非洲的活動規模和範圍令人難以置信」。剛果最終被交給美國的寵兒，凶殘且腐敗的獨裁者莫布杜・塞塞・塞科（Mobutu Sese Seko）。斯圖亞特・里德（Stuart Reid）在《盧蒙巴陰謀》（*The Lumumba Plot*）一書中指出，因為「一位看似親蘇的領導人被除去，換上了一位看似親美的領導人」，「在華府的眼中，剛果是成功的案例」。[15]

發動越戰也是出於確保統治地位的需求。越南民族主義者不願接受這種壓制，因此必須擊潰他們。這個以農民為主要人口的國家從來就不是威脅，而是他們可能樹立一個危險的榜樣，展現民族獨立，啟發該地區的其他國家。當時真正的恐懼在於，如果中南半島地區人民實現了獨立與正義，泰國人民可能會效仿，而一旦他們成功，馬來西亞也會跟隨其腳步，不久之後印尼可能也會追求獨立，屆時美國的「廣大區域」將大大受損。

這表示，所謂的「骨牌理論」在某種程度上確實有其道理。當然，骨牌理論公開宣稱的內容荒誕至極，暗示如果不在越南打敗共產主義，這股勢力將會蔓延到美國本土。真正的威脅在於「良好示範」。從一九四〇年代末的迪恩・艾奇遜起，美國規劃者們都警告說「一顆爛蘋果，壞了一整籃」（"one rotten apple can spoil the barrel"），指的是社會與經濟發展的「腐敗」可能會蔓延開來。因此，像是英屬蓋亞那、格瑞那達（Grenada）或寮國這樣的小國都必須加以控制。

所謂的安全論點太荒謬，顯然並不是因為這些國家具備什麼寶貴到不能放棄的資源價值，而是出於一種「骨牌」效應的擔憂。然而，根據「爛蘋果理論」，越是弱小、資源越少的國家，威脅反而越大。正如喬治・赫伯特・沃克・布希（George H. W. Bush，以下稱「老布希」）政府針對「第三世界威脅」的國家安全政策評論所解釋的，「實力懸殊的敵人」不只必須被打敗，而且要迅速徹底地擊潰，否則就會「顯得尷尬」，甚至可能「削弱政治支持」。雖然「實力懸殊」的敵人不會構成真正威脅，但仍必須徹底粉碎，以儆效尤。如果連邊緣且貧困的國家都能走上獨立道路，其他國家也可能會跟進。[16]

若要建立一個符合美國投資者需求的全球體系，就必須確保其中的各個部分不會偏離正軌。智利可能傳遞出錯誤的訊息，讓其他國家的選民產生想要掌控自己國家的想法，這是無法接受的。美國國務卿約翰・福斯特・杜勒斯（John Foster Dulles）曾形容拉丁美洲人是「不聽話的孩子，行使著大人的特權與權利」，需要「嚴厲且權威的管束」。（他還建議艾森豪總統，為了更有效控制這些不聽話的孩子，可以「稍微拍拍他們的肩膀，讓他們以為我們關心他們」。）歷史學家兼拉丁美洲人權研究權威拉爾斯・舒爾茨（Lars Schoultz）總結指出，建立「國家安全體系」的目標在於，「透過剝奪多數民眾的政治參與權，來永久消除對現有社會經濟特權結構的潛在威脅」。[17]

有時候，這種立場會被毫不掩飾地表達得一清二楚。一九五四年，美國策劃推翻瓜地馬拉的民主政府時，一位國務院官員指出，該國的「土地改革是一種強大的宣傳武器」，而其「廣泛的社會計畫，致力於幫助勞工與農民」，對於其他社會嚴重不平等的中美洲國家「極具吸引力」。因此，瓜地馬拉被視為「對宏都拉斯與薩爾瓦多穩定的威脅」。[18]

換句話說，美國追求的是「穩定」，也就是確保「上層階級與大型外國企業的安全」。若這個目標能藉由形式上的民主手段達成，那再好不過。若是無法，就必須在這類「良好示範」影響他國之前，消滅其「對穩定的威脅」。這也解釋了為什麼即使是再小的國家，也可能被視為重大威脅。

古巴：讓人頭痛的小共和國

在古巴推翻了美國力挺的獨裁者富爾亨西奧・巴蒂斯塔（Fulgencio Batista）後，這座小島隨即遭到全球超級大國的惡意攻擊。斐代爾・卡斯楚（Fidel Castro）於一九五九年初掌權。不到一年，一九六〇年三月，美國暗中決定推翻卡斯楚。一九六一年，新上任的甘迺迪政府發動了入侵豬玀灣（Bay of Pigs）的行動，派出一支準軍事部隊試圖推翻古巴政府，結果卻以一場令美國難堪的失敗收場。

這次行動的失敗讓華府陷入一片恐慌。當時任職於國務院的查斯特・鮑爾斯（Chester Bowles）回憶，高層官員的普遍反應是「情緒激動，幾近狂暴」:「（卡斯楚）不能這樣對我們。我們一定要給他一個教訓。」甘迺迪隨即展開了一場戰爭，試圖將「世界上最可怕的恐怖」帶到古巴。他的胞弟羅伯特・甘迺迪（Robert Kennedy）負責指揮這項行動，尋找能夠「從事間諜活動、破壞，並在島內引起混亂」的古巴人。古巴專案小組（Cuba Task Force）也發起了一場行動，旨在「摧毀對經濟極為重要的目標」。[19]

中情局多次暗殺卡斯楚的陰謀，如今已成為眾所皆知的笑話（包括會爆炸的雪茄、有毒的潛水裝等）。然而，若是其他國家一心想要謀殺某一國家元首，都會被視為恐怖國家。實際上，還有更瘋狂的犯罪計畫出爐，中情局曾「建議美國特務劫持美國飛機或炸毀美國目標，然後將攻擊嫁禍給古巴，製造入侵的藉口」。雖然這項計畫從未執行，但其他各式各樣的恐怖行動卻層出不窮。例如，有一次行務中，「一支七人小隊炸毀了鐵路橋，眼看著火車出軌，還燒毀了糖倉。」一位中情局官員後來表示：「我們幾乎做了任何能想到的事」，包括在糖裡投放汙染物，甚至將「無色無味、無法追查的化學物質加入運往古巴的潤滑油中」以損害柴油引擎。正如凱思·波連德（Keith Bolender）在其發人深省的著作《來自另一方的聲音：對古巴恐怖主義的口述歷史》（*Voices from the Other Side: An Oral History of Terrorism Against Cuba*）中所述：「半個世紀以來，古巴人民幾乎忍受了所有能想像到的恐怖主義形式」，包括對平民目標的炸彈襲擊、攻擊村莊，甚至生物恐怖主義。他寫到：「這些被指控的行為，大多是古巴裔美國反革命分子所為——據稱，其中許多人受過美國政府機構的訓練、資助和支持。」[20]

一九六二年，甘迺迪下令對古巴實施全面禁運。該禁運公然違反國際法，甚至包括對藥品和食品的禁運。美國高層官員在內部解釋：「古巴人民必須為這個政權負責。」因此，美國有權懲罰他們，並進一步聲稱：「如果（古巴人民）挨餓，他們就會將卡斯楚趕下台。」甘迺迪認為禁運將加速卡斯楚的下台，因為「飢餓的古巴人民越來越不安」。美國國務院一位高層官員於一九六〇年闡述了這項策略。「只要古巴人民因經濟困境和生活艱難而產生不滿和失望，就有可能讓卡斯楚下台……所以應迅速採取一切可行手段，削弱古巴的經濟活力，（以）帶來飢餓、絕望，最終推翻該政權。」這些經濟措施將「使古巴人民體會到偏向共產主義所需付出的代價」。美國雖然在外交上成功孤立了古巴，但一九六一年試圖組織其他拉丁美洲國家響應甘迺迪的行動時卻未能成功，這或許是因為一位墨西哥外交官所指出的問題：「如果我們公開宣稱古巴威脅到我們的安全，四千萬墨西哥人會笑破肚皮。」[21]

薩利姆·拉姆拉尼（Salim Lamrani）在他對禁運政策的權威研究中指出，禁運措施一向嚴苛。美國對拒絕協助孤立古巴的國家施加「強大外交壓力」，甚至威脅將扣留經濟援助。一九九九年，美國國務院成功施壓，阻止一家牙買加公司在古巴興建大型飯店綜合設施。瑞典公司愛立信（Ericsson）因為維修古巴的設備遭罰款一百七十五萬美元，而美國財政部也對一家出售大麥的美國公司處以一百三十五萬美元罰款。（拉姆拉尼再次指出，這違反了國際法，因為即使在戰爭期間，也不允許妨礙食品貿易。）禁運政策的影響，毫無疑問，極為深遠。[22]

禁運對當地醫療系統的影響尤其嚴重，導致基本醫療物資的極度匱乏。國際特赦組織（Amnesty International）指出：「禁運造成的營養不良現象，主要影響婦女和兒童，並導致水質不佳及藥品短缺的情況。」一九九二年，美國國會通過了《古巴民主法案》（*Cuban Democracy Act*, CDA），該法案由自由派民主黨人發起，並獲得柯林頓總統的大力支持。美國世界衛生協會（American Association of World Health）經過一年的調查後發現，美國對古巴的經濟制裁升級，已造成「悲慘的人道災難」，引發「嚴重的營養不良」和「數萬人罹患毀滅性的神經病變」。只有在古巴政府維持著「一個被普遍認為是第三世界最佳典範」的醫療體系，才得以勉強避免「人道災難」。聯合國人權理事會也指出，禁運直接「限制古巴公民享有基本人權」。然而，在現行的理論框架中，這些並不算作人權侵犯；相反，外界說法是，制裁的目的是為了**反制**古巴侵犯人權的行為。[23]

菁英階層幾乎無人對此表示抗議，這一點尤為顯著。儘管世界其他地區，甚至多數美國民眾都反對美國對古巴的政策，歷屆政府仍以極端的執著維持這些非法而殘酷的政策。拉爾斯．舒爾茨在二〇〇九年的研究中指出，美國「過去半世紀以來，不單是拒絕與哈瓦那建立正常的外交和經濟關係，更是在這五十年裡大部分時間公開且積極地試圖推翻該島政府；或者用今日『援助自由古巴委員會（Commission for Assistance to a Free Cuba）』委婉的說法，就是試圖『加速古巴的轉型』。」[24]

古巴究竟對美國犯了什麼罪？又是什麼原因引發了如此歇斯底里的反應、集體性的懲罰、數十年來對明目張膽的恐怖行動的支持？為何美國不惜違反國際法，無視全球輿論，企圖摧毀這個小小的島國？拉姆拉尼指出，對外解釋在數十年間不斷變化。起初，美國指責卡斯楚將美國在古巴的資產收歸國有（也就是把古巴的財富還給古巴）。接著，古巴與蘇聯的關係成為新的藉口。（這個說法本身站不住腳，因為這種結盟關係某程度上正是美國政

策促成的結果）。之後，美國指控古巴支持「全球南方」（Global South，南方國家）的解放運動。冷戰結束後，長期以來對古巴採取嚴厲政策的正當理由不再存在，政策制定者便聲稱對古巴的人權問題深表關切。（這種說詞顯得可笑，因為美國依然一如既往地支持著世界各地侵犯人權的政權。）[25]

事實上，從美國國務院的歷史文獻中，我們可以清楚得知，所謂的「古巴威脅」（Cuban threat）其實指的是「成功的反抗」（successful defiance）。卡斯楚不屑迎合美國投資者的利益，並致力於推行財富再分配政策（redistributionist policies）。如果這種模式成功，便可能蔓延開來，對全球的「美國利益」（即美國的商業利益）構成威脅。甘迺迪在競選期間曾擔心：「卡斯楚上台所憑藉的貧困、不滿情緒以及對美國的不信任，幾乎在每個拉丁美洲國家中悄然醞釀著。」尼克森則在一九五九年與卡斯楚會晤後的備忘錄中明確表示，「令我最擔心的」不是卡斯楚「對共產主義的天真態度，而是他幾乎奴性般順從多數人的主流意見 —— 烏合之眾的聲音」。卡斯楚「似乎執著於一個觀念，即無論當時的民意如何，他都有責任去貫徹」。[26]

身為拉丁美洲使節團團長的亞瑟・史列辛格（Arthur Schlesinger Jr.）向甘迺迪報告，古巴革命的風險在於「卡斯楚鼓舞人們親自掌控命運的思想蔓延」。他指出，這種思想在整個拉丁美洲廣受歡迎，因為「土地和其他國家資源的分配極度偏向有產階級……，（而）受到古巴革命激勵的貧困和弱勢群體，現在正要求獲得體面生活的機會」。中央情報局也觀察到：「卡斯楚的影響力之所以巨大，是因為拉丁美洲的社會和經濟狀況普遍引發對統治權威的反抗，並鼓勵對激進變革的訴求。」[27]

美國試圖控制古巴的行動可以追溯到一八二三年的《門羅宣言》（*Monroe Doctrine*），該宣言主張華府有權支配整個西半球。約翰・昆西・亞當斯（John Quincy Adams）告知其內閣同僚，美國的力量會日益增強，而英國的影響力將逐漸衰退，因此古巴（乃至整個西半球）將如同蘋果從樹上掉落般，依「政治引力」（political gravitation）的法則自然落入美國的掌控之中。正如歷史學家艾達・費瑞（Ada Ferrer）所記載，美國宣稱自己擁有「實施永久性間接統治」的權利，並且可以「不經邀請即對古巴進行軍事干預」。確實，如凱思・波連德所解釋的，美國深信「擁有古巴是自然的、命中註定的，也是實現重要國家期望的關鍵」。在美國的宣傳中，古巴人始終被描述成無法掌控自己國家的形象，並被形容為「無助的女人、毫無防備的嬰兒、需要指引的孩子、無能的自由鬥士、無知的農民、不知感恩的小人、沒教養的革命分子、散播病毒的共產主義者」。[28]

到一八九八年，亞當斯的政治引力法則開始發揮作用，美國得以發動所謂的「解放古巴」（the liberation of Cuba）軍事行動，但實際上，這是一次阻止古巴從西班牙統治下真正解放的干預，並將古巴轉變為歷史學家歐內斯特．梅（Ernest May）和菲利普．澤利考（Philip Zelikow）所謂美國的「實質上的殖民地」（virtual colony）。古巴在關塔那摩灣（Guantánamo Bay）的主要港口自一九〇三年以來便淪為美國實質上的殖民地，根據當年古巴在槍口威脅下簽署的條約，美國得以長期占領該地。而近年，美國更進一步違反該所謂條約的條款，將此地用作扣留營，拘押逃避美國支持的軍政府恐怖統治的海地人，並作為對疑似曾經或意圖對美國不利者進行酷刑的場所。[29]

這個「實質上的殖民地」終於在一九五九年獲得解放，但幾個月後，攻擊隨之展開，透過武力鎮壓和經濟封鎖懲罰這個國家及其人民。這個「該死的小共和國」曾激怒種族擴張派的西奧多．羅斯福（Theodore Roosevelt），讓他甚至揚言「要把這片土地上的人民徹底抹去」。直到今天，古巴人仍拒絕接受自己的角色是侍奉「主人」，而非追求獨立自主。拉姆拉尼總結出：「古巴人民至今仍遭受的經濟封鎖提醒我們，美國在和平時期對一個從未威脅其國家安全的國家採取戰時手段，顯然尚未放棄其舊有的殖民野心，企圖將古巴納入美國的體系。」[30]

我們這片小天地

對付病毒的方法是將其消滅，並為所有可能的受害者接種疫苗。古巴雖然存活下來，卻未能實現其令人畏懼的潛力。拉丁美洲則因「接種」了殘酷的獨裁政權而被徹底控制，例如一九六四年巴西政變後建立的軍事政權。美國大使林肯．戈登（Lincoln Gordon）發電報回國，將這場由將軍們發動的「民主叛亂」形容為「自由世界的重大勝利」，並欣喜地表示，這將「為私人投資創造極為有利的環境」。透過清除華府眼中的另一個卡斯楚，這些將軍實現了「二十世紀中葉自由的最具決定性的一場勝利」。直到一九八五年，巴西仍在軍事統治之下。[31]

一九五四年，美國國家安全會議的一份政策聲明坦率地闡述了美國的基本原則。文件指出，「拉丁美洲正出現一股民族主義政權的趨勢，主要依靠對廣大民眾的訴求來維持統治」，美國對此深感憂心，尤其是對「反美情緒」及「民眾對於立即改善低下生活水準的呼聲日益高漲」感到不安。因此，美國的官方政策是「阻止該地區向激進和民族主義政權的方向發展」。民族主義對拉丁美洲而言是禁區，因為這表示政府會優先考慮本國人民的利益，而非美國的利益。美國的任務是確保這些國家「以私人企業體系為基礎發展經濟」，並「營造有利於私人投資的政治與經濟環境」，同時培養軍隊，使其「理解並以美國目標為導向」。美國在拉丁美洲政策的目標包括：「促進西半球團結以支持我們的全球政策」、「有序的」發展、透過建立軍事力量「保障西半球安全」、消除共產主義的「威脅」、確保美國獲得原物料、爭取其他地區對我們外交政策的支持，以及「按照美國標準統一拉丁美洲的軍事組織、訓練、教義與裝備」。請注意，這份聲明中完全缺乏任何關於自治與公民自由的理想主義言論。[32]

「共產主義者」（Communist）是美國政治信仰（political theology）中經常使用的詞彙，以一九四九年美國國務院情報報告的話來說，指的是那些堅信「政府應對人民福祉富有直接責任」的人。或如約翰·福斯特·杜勒所言，「共產主義者」是那些對「總想掠奪富人的窮人」有吸引力的人。美國認為共產主義的主要威脅在於，它可能促使各國轉變經濟結構，「減少這些國家配合西方工業經濟的意願和能力」。（這個觀點基本上是正確的，也是美國政治論述中對「共產主義」非常實用的操作型定義。）因此，在這樣的背景下，難怪約翰·甘迺迪會說：「薩爾瓦多這類軍民結合型政府是最有效遏制共產主義滲透拉丁美洲的手段。」[33]

這種模式已經形成。以瓜地馬拉為例，民主資本主義總統哈科沃·亞本茲（Jacobo Árbenz）推行了一些令美國憂心的民族主義政策：擴大投票權、允許工人組織工會，以及將未開墾的土地分配給窮人。這些舉措自然引發了恐慌。中情局在一九五三年的一份備忘錄中形容瓜地馬拉的情勢「不利於美國利益」，原因在於該國受到「共產主義影響……其影響以激進的社會改革主張與民族主義政策為基礎」。這些「激進」政策包括「打擊外國的經濟利益，特別是聯合水果公司（United Fruit Company）」，而這一行動卻「獲得了幾乎所有瓜地馬拉人的支持或默許」。政府正致力於「動員那些過去在政治上保持沉默的農民」，同時削弱大地主的權力。更糟的是，一場「強大的民族運動」已經形成，目標是「將瓜地馬拉從過去的軍事獨裁、社會落後和『經濟殖民主義』中解放出來」。土地改革的成功更威脅到鄰國的「穩定」，因為鄰國那些受苦受難的人民無法對此視而不見。歷史學家葛雷・格倫丁（Greg Grandin）指出，亞本茲「受到極大的歡迎」，並且擁有「將政治民主理想延伸至社會領域的授權」。簡言之，對美國而言是一場危機。[34]

因此，中情局運用「心理戰的所有最新技術」，成功策劃了一場政變。瓜地馬拉的民主自此終結，該國隨後淪為西半球最為血腥的殺戮場之一。[35]

一九五四年，瓜地馬拉的民主遭政變摧毀後，該國開始由一系列殘暴的軍事領袖統治，並迅速陷入內戰。在這段期間，如同區域史家克絲汀・韋爾德（Kirsten Weld）所指出，「為了維持美國的影響力、保護美國的商業利益，以及遏制全球『共產主義』」，美國派駐瓜地馬拉的顧問「教唆並鼓勵當地菁英消滅任何呼籲社會變革的聲音」。美國對此心知肚明，正如一九六八年國務院的一份備忘錄所承認的那樣，瓜地馬拉的安全部隊將「一如既往，不是用來保護國家免於共產主義的奴役，而是作為寡頭壓制合法社會變革的工具」。[36]

到了一九七七年，瓜地馬拉的人權侵害問題惡化到卡特政府表面上宣布切斷對該國的軍事援助。（事實上，從一九七八年到一九八〇年，卡特政府以「重視人權」為名，透過國務院的軍事援助計畫和對外軍售計畫，實際上向瓜地馬拉提供了數百萬美元。）雷根政府甚至不再假裝關心瓜地馬拉的人權問題，雷根熱情地支持該國的軍事獨裁者，說李歐斯・蒙特（Ríos Montt）「遭受不公的指責」，並形容他是「極具個人誠信」且「全心全意致力於瓜地馬拉民主」的人。即便國際人權組織已經記錄瓜地馬拉軍隊的大屠殺行徑，雷根仍承諾恢復軍事援助。事實上，瓜地馬拉政府在美國軍事與情報單位的密切合作下，進行了美洲現代史上最慘烈的種族滅絕之一。最終，李歐斯・蒙特被判處八十年徒刑，這是全球首位因種族滅絕罪在自己國家被定罪的前國家元首。瓜地馬拉記者高道伊（Julio Godoy）說：「讓人不禁懷疑，白宮裡是否有人在祭拜阿茲特克神祇，要獻上中美洲人民的鮮血作為供品。」[37]

要完整記錄美國在西半球支持殺戮者的歷史，恐怕可以寫成好幾卷書。[38] 正如葛雷・格倫丁所說：「冷戰結束時，由華府訓練、資助、裝備並煽動的拉丁美洲安全部隊，已經實行了血腥的恐怖統治——數十萬人被殺害，數十萬人遭受酷刑，數百萬人被迫流亡，這個地區至今尚未完全復原。」例如，在玻利維亞，總統胡安・荷西・托雷斯（Juan José Torres）於一九七一年被將軍烏戈・班瑟（Hugo Banzer）推翻。托雷斯成立了一個代表工人階級（包括農民、學生、教師、礦工等）的人民議會（People's Assembly），這是他讓華府無法接受的一項「激進」政策。季辛吉擔心托雷斯會是「極端民族主義者、左翼分子，並且反美」，因此迅速下令中情局「立即展開行動」剷除托雷斯。班瑟的政變得到了美國的支持，上台後更獲得大量美國軍事援助（光第一年就收到六千三百萬美元）。班瑟政權逮捕並酷刑折磨了數千人，一百五十五人無故「失蹤」，迫使一萬九千人流亡國外。然而，這些暴行並未阻止美國大使歐內斯特・錫拉庫薩（Ernest Siracusa）讚揚班瑟，稱他是「有吸引力」、「具同情心」的「典型天主教家庭男人」，並聲稱他「無意」進行壓迫統治。[39]

托雷斯於一九七六年在「禿鷹行動」（Operation Condor）中被綁架並殺害。這是一項持續數十年的國家恐怖主義計畫，並獲得美國的支持。根據一九七六年美國國務院的一份備忘錄，「禿鷹行動」是拉丁美洲各右派軍政府之間的合作，目標是「搜尋並消滅」被視為「恐怖分子」或「顛覆分子」的人士。備忘錄還指出，所謂「顛覆活動」幾乎涵蓋了「所有反對政府政策的人」。禿鷹行動的權威專家約翰・丁格斯（John Dinges）引用解密檔案指出，美國與這些「經營酷刑營地、棄屍場和焚屍爐的大規模殺戮者關係密切，甚至讓他們將恐怖行動帶到美國街頭（此處指皮諾契特的特務在華盛頓特區暗殺流亡經濟學家奧蘭多・萊特利爾〔Orlando Letelier〕的事件）」。丁格斯指出，這些軍政府「不僅被引導相信，甚至在秘密會議中被直接告知，美國的人權政策只是表面功夫，僅具公開宣傳與戰術性質，而美國實際上支持那些推翻民主並屠殺數千名本國公民的政權」。[40]

在阿根廷，一九七六年的一場軍事政變推翻了時任總統伊莎貝爾·裴隆（Isabel Perón），為豪爾赫·拉斐爾·魏德拉（Jorge Rafael Videla）將軍的軍事獨裁統治鋪路，此政權被稱為「國家重組進程」（National Reorganization Process）。這次政變得到了美國福特政府的默許與支持。魏德拉將任何「以思想方式鼓動他人反對我們西方與基督教文明」的人都冠以「恐怖分子」之名，並以真正的恐怖手段回應這種虛構的「恐怖」。正如史蒂芬·拉貝所描述，阿根廷安全部隊曾「在拉普拉塔市（La Plata）綁架七名高中生，並殺害其中六人，只因他們抗議取消學生市內公車補助」，以及「殺害下半身癱瘓人士，荷塞·利伯里奧·波布萊特（José Liborio Poblete），因為他撰寫請願書，呼籲企業雇用一定比例的身障人士」。魏德拉統治期間，美國與阿根廷保持密切的外交關係，這從國務卿季辛吉多次正式訪問阿根廷即可看出。拉貝指出，季辛吉公然「認可」獨裁政權的「國家恐怖主義」，他對阿根廷外交部長表示：「我們理解你們必須建立權威」，只要求「若有必要採取行動，請盡快完成」。[41]

馬拿瓜的隱患

一九八〇年代，美國對中美洲的政策展現出殘酷的一面，常以防止共產主義擴散為藉口，極力打壓任何左派或群眾運動。在桑定民族解放陣線（Sandinistas）推翻蘇慕薩獨裁政權後，美國對尼加拉瓜的干預行動更是極其惡劣的例子。起初，美國試著維持「沒有蘇慕薩的蘇慕薩主義」（*Somocismo* without Somoza）現狀，意圖保留獨裁體制，只是更換掌權者。時任大使勞倫斯·佩蘇洛（Lawrence Pezzullo）希望「經過謹慎的規劃，我們有更大的機會保留足夠的國民警衛隊（Guardia Nacional, GN，蘇慕薩惡名昭彰的民兵）來維持秩序，並在蘇慕薩下台後牽制桑定民族解放陣線」。卡特政府顧問茲比格涅夫·布里辛斯基（Zbigniew Brzezinski）宣稱：「我們必須證明，美國仍是決定中美洲政治結果的決定性力量，並且不允許其他勢力干涉。」當這個計畫失敗後，卡特政府試圖將蘇慕薩的國民警衛隊作為美國在該地區的權力基礎。[42]

在雷根執政期間，這項策略升級為針對尼加拉瓜的大規模殘酷行動。美國發動了一場以經濟戰為輔的恐怖戰爭，目的是動搖桑定政府的穩定。桑定政府承諾改善人民生活，並積極推動全民參與發展。正是這種承諾威脅到美國的霸權，因為它在該地區樹立了一個成功、獨立且左派政府的典範。季辛吉曾解釋：「如果我們無法掌控中美洲」，其他地區就會質疑「我們能否維持全球均勢。」雷根宣稱尼加拉瓜對「美國國家安全」構成「異常的威脅」，並承認美國人民可能會疑惑：「如此小的國家怎麼會造成那麼大的威脅？」但他堅持，我們不能「忽視馬拿瓜的隱患」，否則它將「擴散，並成為整個新世界的致命威脅」。[43]

正如拉丁美洲研究學者湯瑪斯・沃克（Thomas W. Walker）和克莉絲汀・韋德（Christine J. Wade）所指出：「桑定革命最重要的長期目標，是改善尼加拉瓜受壓迫多數人民的生活條件」，然而，「惡劣的國內經濟情況，以及從前獨裁者及其同夥遺留下來的大量國際債務」，使這一目標變得格外艱難。儘管如此，桑定政府在某些領域取得了顯著進展，包括減少營養不良、降低房租，並推行全國掃盲運動（National Literacy Crusade），讓識字率大幅提升（並因此榮獲一九八〇年聯合國教科文組織〔UNESCO〕頒發的同類型最佳計畫獎）。然而，正如沃克與韋德所指出的，「由美國支持的代理戰爭及其相關經濟侵略」摧毀了「農村學校、診所、糧倉、托兒中心以及其他基礎發展項目」。在一九八〇年代後期，與戰爭相關的開支耗費了國家預算的一半以上，無可避免地導致社會福利計畫無法獲得急需的資源。[44] 歷史學者葛雷・格倫丁深入檢視了雷根時代的政策對尼加拉瓜的影響。他指出，到一九八四年，使用美國提供的「酷刑手冊」的反叛軍組織（Contras）已經「殺害、折磨……，並殘害了數千名鄉村平民」。最後戰爭結束時，已有數萬名尼加拉瓜人喪生。[45]

在鄰近的薩爾瓦多（El Salvador），美國長期支持那些實施嚴酷壓迫、

酷刑和殺戮的獨裁者。然而，到一九七〇年代末，當地出現了所謂的「群眾組織」（popular organizations），包括農民協會、合作社、工會、由教會主導的聖經研習小組，這些團體後來演變成自助團體。這種發展被視為對民主的威脅。

一九八〇年二月，薩爾瓦多大主教奧斯卡・羅梅羅（Óscar Romero）致信美國總統卡特，懇求他不要向統治該國的軍政府提供軍事援助。羅梅羅在信中表達了對美國考慮提供新軍事援助一事的深切擔憂。他表示，如果援助成真，「貴國政府不僅無法促進更多的正義與和平，反而會加劇對群眾組織的不公與壓迫，而這些群眾組織長期以來始終在為最基本人權的尊重而奮鬥著」。[46]

幾個星期之後，羅梅羅大主教在主持彌撒時遭暗殺。這起暗殺一般認為是新納粹分子羅伯托・達布伊松（Roberto d'Aubuisson）所策劃（還涉及無數其他暴行）。在羅梅羅遇害的兩個星期前，即一九八〇年三月七日，薩爾瓦多宣布進入緊急戒嚴狀態，並正式展開對平民的全面鎮壓（美國仍繼續提供支持並介入）。首次大規模攻擊是蘇姆普爾河（Rio Sumpul）大屠殺，這是一場由宏都拉斯和薩爾瓦多軍隊偕同執行的軍事行動，導致約三百到六百人慘遭屠殺。事件中，嬰兒被碎屍萬段，婦女遭受酷刑後溺死，屍體殘骸數日間陸續被發現漂浮於河中。農民是這場戰爭的主要受害者，還有工會組織者、學生、神職人員或任何被懷疑為民眾利益奔走的人。[47]

在卡特總統任期的最後一年到雷根總統上任初期，由於美國的介入與對薩爾瓦多軍方的支持，薩爾瓦多的死亡人數急遽攀升。正如美國全國公共電台（NPR）所總結的：「雖然美國決策者宣稱有必要在薩爾瓦多建立民主政府，但事實上，華府資助的是一支腐敗的軍隊，以綁架、酷刑和屠殺無辜平民而惡名昭彰。」他們還引用了當時駐薩爾瓦多的記者維克多・阿巴洛斯（Victor Abalos）的話：「垃圾堆裡總是不斷發現屍體，……不分老少、男女——對許多人來說，生命變得很廉價。」由於教會抱持「優先選擇窮人」（preferential option for the poor）的理念，神職人員成為政府特別懷疑的對象，甚至連《聖經》也被視為顛覆性書籍，教堂外還曾出現傳單，上面寫著：「做個愛國者，把神父／牧師殺掉。」[48]

阿特拉卡特爾營（Atlacatl Battalion）的參與顯示了美國介入的程度，

這個由美國成立、訓練並提供裝備的準軍事組織以極端暴力行徑聞名，包括謀殺、強姦和酷刑。該組織於一九八一年三月成立，當時美軍派遣反叛亂專家前往薩爾瓦多提供協助。自成立伊始，阿特拉卡特爾營便積極參與大規模屠殺。一名美國教官曾形容該組織的士兵「特別凶狠……，我們總是很難讓他們抓俘虜，而不是砍下耳朵」。在一九八一年十二月，該組織參與了一場被稱為「莫佐特大屠殺」（El Mozote massacre）的行動。在這場暴行中，超過一千名平民遭到屠殺、強姦、甚至被焚燒。雷根政府對大屠殺的相關報導不屑一顧，右派媒體則將其斥為「宣傳」，而《紐約時報》甚至調離了揭露此事的記者。記者馬克・赫茲加德（Mark Hertsgaard）解釋說，這些大屠殺報導之所以對政府構成威脅，是因為它們「否定了支持美國政策的道德基礎」，暗示「美國在中美洲支持的並非民主，而是壓迫」。[49]

美國在一九八〇年代於中美洲的作為是一場重大悲劇，不只是因為造成駭人聽聞的性命傷亡，更因為當時薩爾瓦多、瓜地馬拉和尼加拉瓜曾經出現邁向真正民主的契機。這些努力本來可能成功，或許會為那些面臨相似問題的國家帶來寶貴的經驗。然而，這些威脅最終被成功扼殺，民主的可能性被徹底粉碎。[50]

建設性的屠殺：印尼與東帝汶

在一九六五年至一九六六年間，印尼共產黨被清剿，美國中情局的分析報告稱這起事件是「二十世紀最嚴重的大屠殺之一」。由於施暴者在隨後數十年中一直掌控政權，從未進行過真正的調查，因此死亡人數始終無法精確統計。一般認為約有五十萬人喪生，但實際數字可能高達一百萬。印尼共產黨曾是全球最成功的左派政黨之一，也是當地唯一具有群眾基礎的政黨。然而，在短短時間內，該黨被徹底殲滅，獨立民族主義領袖蘇卡諾（Sukarno）被迫下台，取而代之的是殘暴獨裁者蘇哈托（Suharto）。[51]

在《殺戮的季節：一九六五至六六年印尼大屠殺史》（*In The Killing Season: A History of the Indonesian Massacres, 1965-66*）一書中，作者傑弗瑞・羅賓遜（Geoffrey Robinson）詳述了這場大屠殺的更多細節。他指出，

受害者「絕大多數是貧困或中下階層的人，包括農民、種植園工人、工廠工人、教師、學生、藝術家、舞者以及公務員。他們的生活環境多半是在鄉村、種植園，或是省城和市鎮郊區的破舊甘榜*（kampung）裡」。當時，他們在「遍布整個群島的……屠殺場」中遭到殺害，凶器「包括匕首、鐮刀、開山刀、劍、冰錐、竹矛、鐵棒及其他日常工具」。行徑極其殘暴。樊尚・貝文斯（Vincent Bevins）表示，目擊者形容當時的場景是「駭人至極的畫面，暴力如爆發般席捲，恐怖程度令人僅僅談起就情緒崩潰，甚至開始質疑自己的理智」。[52]

在美國，即使這些暴行已被揭露，印尼政府仍然受到讚揚。這場如盧安達屠殺般殘酷的行動，被視為自由世界的勝利，因為屠殺消滅了獨立的左派反對勢力，確保印尼政府的親西方立場。《時代》雜誌稱印尼共產黨被殲滅是「多年來西方在亞洲收到的最好消息」；《大西洋月刊》（*The Atlantic*）則告訴讀者，蘇哈托「在打擊共產黨時，只是做了他認為對印尼最好的事情」，並稱他是「清廉的」領導者。《紐約時報》甚至顯得異常興奮，將這場事件形容為亞洲「一道新的曙光」。《紐約時報》指出，儘管美國「在越南面臨政治困境」，但「亞洲其他地方出現了更具希望的政治進展」。該報坦言這是一場「大屠殺」，但同時強調，「這片龐大且具戰略意義的群島，已不再由那些對美國懷有強烈敵意的人掌控。」[53]

美國不只是接受了這場浩劫，甚至積極協助屠殺的進行。這一事實在當時便已為人所知。《紐約時報》的報導提到，儘管「華府謹慎地避免公開邀功……，但若沒有美國在越南展現的實力，這場政變或許根本不會發生；即使發生，若無間接得到美國的秘密援助，這場政變也無法持續下去」。後續的證據進一步證實了美國介入的程度。美國大使館的電報曾請求提供秘密援助，以「強化我們希望在當前政治權力的殊死鬥爭中獲勝那一方的力量」，並提到「可能需要小型武器和裝備來對付印尼共產黨（the Communist Party of Indonesia, PKI）」。美國甚至向印尼軍方提供了幾千名共產黨員名單，完全知道這些人將被暗殺。[54]

事實上，正如羅賓遜所言，自一九四〇年代以來，美國便「全力破壞印

* 「甘榜」是馬來語，意指村落或城市周邊貧窮地區的簡陋住宅區。——譯註

尼共產黨的影響力，試圖削弱或推翻蘇卡諾總統的政權」，且長期鼓勵軍方奪取政權。貝文斯總結這段歷史紀錄：「自一九五〇年代起，美國的策略便是設法摧毀印尼共產黨，不是因為它以非民主的方式奪取政權，而是因為它在印尼極受歡迎。」這場大屠殺是美國多年來試圖消滅左派勢力、將印尼置於軍事統治之下的結果。一九五八年，美國駐雅加達大使館在報告中指出，「共產黨不可能透過普通民主手段在選舉中被擊敗」，因此，「由警察和軍方逐步消滅共產黨，隨後取締共產黨，可能會在不遠的未來實現」。同一天，美國參謀首長聯席會議（The Joint Chiefs of Staff）敦促：「必須採取行動，包括必要時的公開措施，以確保反共派的成功，或壓制蘇卡諾政府中的親共勢力。」[55]

曾任美國駐雅加達大使館政治官員的羅伯特・馬騰斯（Robert Martens）毫不避諱地承認，提供共產黨員名單有助於清剿行動的實施：

> 這對軍方來說確實是極大的幫助。他們可能殺了很多人，我的手上可能也沾滿了鮮血，但這並非全然壞事。有時候，必須在關鍵時刻果斷出手。[56]

霍華德・費德斯皮爾（Howard Federspiel），當時是美國國務院的印尼問題專家，他在一九九〇年評論道：「只要那些被屠殺的是共產黨員，沒有人在意……。沒有人因此感到激憤。」國家安全檔案館印尼／東帝汶檔案計畫主任布拉德利・辛普森（Bradley Simpson）根據證據指出：「美國及其盟國認為，徹底消滅印尼共產黨及其平民支持者，是印尼重新融入區域政治經濟體系的必要前提。」因此，「華府竭盡全力鼓勵並協助軍方主導對疑似印尼共產黨成員的屠殺，而美國官員唯一的擔憂，是對共產黨手無寸鐵支持者的清洗可能還不夠徹底。」傑弗瑞・羅賓遜指出，西方國家並非「無辜的旁觀者」，而是發起了一場「協作行動，協助摧毀印尼共產黨及其附屬組織的政治與實體結構」，並推動蘇哈托上台。那些聲稱「暴力是國內政治力量的產物，外國勢力幾乎或完全無法干預」的說法是「不正確的」，因為「西方列強不只鼓勵軍方對左派採取強硬行動，還助長了包括大規模屠殺在內的全面性暴力，並幫助軍方鞏固其政治權力」。[57]

因此，美國政府煽動並支持這場被中情局稱為二十世紀最嚴重暴行之一的事件，並對此負有直接責任。[58] 這起事件幾乎從未被提起，貝文斯點出了原因：美國「策劃了暴力衝突的條件」，並「協助並引導其長期合作夥伴進行大規模平民屠殺，以達成美國的地緣政治目標」。如此醜陋的真相，對於任何希望繼續相信美國在世界上扮演善良或積極角色的美國人來說，幾乎無法接受。貝文斯反思說：「這些事實與我們對冷戰的認知、對身為美國人的理解，乃至全球化進程的看法，存在著強烈衝突，因此，選擇忽視它成為更簡單的方式。」

換句話說，這個故事揭露的真相過於赤裸，以至於無法為人所知，於是它便被掩蓋了。這些事件最終被丟入喬治・歐威爾所謂的「記憶洞」（memory hole）裡，像是二十世紀初數十萬菲律賓人遭屠殺、美洲原住民被種族滅絕，以及其他不適合出現在官方歷史中的事件一樣，逐漸被遺忘。

美國對蘇哈托政權的支持與援助，在滅絕行動成功後持續了數十年。一九七五年，蘇哈托侵略剛從葡萄牙獲得獨立的東帝汶，推翻左派政府，並展開長達數十年的占領，期間奪去了數十萬人的生命。民眾被驅趕至建築物或空地，遭到集體屠殺。聯合國安理會下令印尼撤軍，但未能奏效。當時的聯合國大使丹尼爾・派翠克・莫尼罕（Daniel Patrick Moynihan）解釋了這次失敗。在他的回憶錄中，他對於使聯合國「無論採取什麼措施都完全無效」感到自豪，因為「事情正如美國所希望的一樣發展」，並且「努力促成這樣的結果」。而在東帝汶遭入侵期間，擔任中情局駐雅加達大使館的高級官員的菲利普・利希提（C. Philip Liechty）坦承，美國向蘇哈托亮了「綠燈」，並提供他軍隊所需的「一切資源」。當大量平民死亡的消息傳出後，中情局試圖「盡可能掩蓋真相」。[59]

一九七八年，吉米・卡特（Jimmy Carter）宣稱，只要他擔任總統，「美國政府將在全世界持續推動人權」，並且「地球上沒有任何力量能讓我們放棄這項承諾。」他還表示，人權是「我們外交政策的靈魂」。然而，卡特卻加大了對印尼的軍援，而這些武器最終被用來鎮壓東帝汶的抵抗勢力。美國的官方立場由國務院向國會表達，稱「我們已向（印尼方面）明確表示，我們理解他們所面臨的局勢，理解他們所感受到的壓力，以及他們對正在發生的戰鬥和可能引發不穩定局勢的擔憂」。但事實上，除了印尼自身的侵略行動外，並無其他戰鬥發生。而這場侵略行動（如美國國務院所承認的）「約有百分之九十的裝備來自我們（美國）提供的資源」。[60]

最終，這場衝突導致約二十萬人喪生，按人口比例計算，成為繼大屠殺以來最嚴重的屠殺之一，三分之一的人口死亡，其中許多人因饑荒而喪命。撰寫《東帝汶獨立》（*The Independence of East Timor*）一書的學者柯林頓．費南德斯（Clinton Fernandes）指出：「對印尼而言，摧毀抵抗勢力的軍事目標凌駕於一切考量之上；而對西方政府來說，與蘇哈托政權維持良好關係是首要任務。」儘管「美國提供給印尼的戰機是造成大規模傷亡的主要因素」，西方世界幾乎沒有任何抗議，媒體報導也極為稀少。約翰．皮爾格（John Pilger）談及東帝汶時表示：「地球上或許有地方看起來更加偏僻，但沒有任何地方像東帝汶一樣，遭到如此殘暴勢力的玷汙與摧殘，又被『國際社會』徹底拋棄，而這些國際主導者卻共同參與了二十世紀最嚴重但未被承認的罪行之一。」[61]

幾十年來，美國總統始終站在蘇哈托這邊，即使一九九一年幾百名支持東帝汶獨立的示威者遭屠殺，並引發國際媒體廣泛報導之後，這種關係仍未受到影響。《紐約時報》一九九五年的一篇文章解釋了柯林頓政府與蘇哈托維持友好關係的原因，提到當時「內閣會議室擠滿了高層官員，準備歡迎他」。文章指出，蘇哈托「很懂得如何討好華府」，透過一系列手段如「放鬆經濟管制」、「向外國投資者開放印尼市場」。《紐約時報》引述一位資深政府官員的話，稱蘇哈托是「我們自己人」（our kind of guy），並將他與不受華府歡迎、態度強硬的卡斯楚做對比（畢竟，卡斯楚是一名獨裁者）。國家安全檔案館指出，「柯林頓政府直到蘇哈托政權垮台前，始終維持對他的支持」，包括阻止對印尼勞工問題的調查，「並持續視印尼軍方為穩定的基石」。即使蘇哈托的軍隊在鎮壓反對其政權的抗議活動時濫殺無辜，美國的立場依然不變。在蘇哈托「殘暴鎮壓反蘇哈托的學生抗議，並綁架支持民主的活動人士」後，比爾．柯林頓在一通私人電話中告訴蘇哈托：「您的領導為印尼及其人民帶來了空前的經濟成長與繁榮。我深信，您能克服目前的困境。」[62]

柯林頓明確表態，鎮壓民主反對勢力並不會妨礙美國的持續支持。即使蘇哈托累積了涉及屠殺、酷刑與其他暴行的駭人紀錄，他仍是美國所謂的「自己人」。然而，蘇哈托犯了一個錯誤：失去對局勢的控制，並對推行國際貨幣基金組織（IMF）的嚴苛方案猶豫不決。一九九八年，時任美國國務卿瑪德琳・歐布萊特（Madeleine Albright）終於要求蘇哈托辭職，以「保全他的政治遺產」並促進「民主過渡」。數小時後，蘇哈托將權力移交給自己欽點的副總統。蘇哈托在失去美國支持後迅速下台，充分證明，如果美國願意，任何時候都能輕易制止蘇哈托對東帝汶的暴行。[63]

成功的反抗：伊朗

第二次世界大戰後，民族主義浪潮在伊朗興起。這股運動逐漸聚焦於穆罕默德・摩薩台（Mohammad Mosaddegh）身上，他是一位極具魅力的傳統自由主義者，其領導風格吸引了伊朗各個社會階層的支持者。一九五一年，摩薩台出任首相，並全力推動伊朗石油產業的國有化，當時該產業長期被英國壟斷。然而，到了一九五三年，美國與英國達成共識，認為摩薩台必須下台。最終，他的議會政權在一次政變中被推翻，取而代之的是更順從西方的國王禮薩・巴勒維（Reza Pahlavi）重新掌權。中央情報局最終承認，這次政變「是在中情局指揮下進行的，是美國外交政策的一部分，並經由政府最高層策劃與批准」。[64]

歷史學家羅漢・阿勒凡迪（Roham Alvandi）和政治學家馬克・蓋西歐羅威斯基（Mark J. Gasiorowski）指出：「英國和美國都公開否認參與了一九五三年的政變，目的是避免讓巴勒維國王尷尬，或危及與伊朗的密切政治與經濟關係。」即便後來出現無可辯駁的證據，美國政府依然繼續否認或淡化其在政變中的角色，「這種態度甚至延續到美國政府最高層級」。此外，還有一種擔憂：「如果美國民眾因此對中情局在一九五三年介入伊朗的行動感到內疚，可能會更不願支持美國未來在伊朗的干預行動。」事實上，如果美國民眾意識到伊朗對美國不滿的根源，便可能對這個官方敵人產生同情，將帶來潛在風險。因此，必須防止民眾瞭解關於美國外交政策的真相。然而，在國內，如國務院官員安德魯・基爾戈（Andrew Killgore）所述，這次政變「被認為是中情局史上最輝煌的一次勝利」，更是一場「美國的偉大國家勝利」，因為「我們改變了整個國家的歷史走向」。[65]

接下來的二十六年裡，巴勒維國王在美國的支持下繼續掌權，儘管他以囚禁、酷刑折磨和處決異見人士的高壓手段統治國家，並因此被國際特赦組織譴責為嚴重侵犯人權的主要責任者。這場政變的其中一個結果是，美國的石油公司獲得了伊朗百分之四十的石油開採權，成為美國全面接管全球主要能源儲備的一部分。此外，美國還協助巴勒維國王推動核能計畫，培訓伊朗的核能工程師，美方官員強烈主張核能將有助於伊朗的發展。（然而，後來伊朗成為美國公開的敵人，美國立場就轉變了，認為伊朗不可能有正當的和平時期用途來發展核能。）[66]

《紐約時報》對伊朗受到的教訓表示滿意，認為這對伊朗人以及任何可能試圖效仿其獨立民族主義路線的國家具有警示作用：

> 擁有豐富資源的低度開發國家，現在有了一個深刻的實例，那就是其中若有國家因狂熱的民族主義而失控，將不得不付出極為慘重的代價……。或許指望伊朗的經驗能夠完全阻止其他國家出現像摩薩台那樣的領袖是不切實際的，但至少這次經驗可能會增強那些更理性、更具遠見領袖的力量。[67]

一九七九年，伊朗人進行了另一項被認為是非法的行動：他們推翻了美國扶植和支持的暴君，並選擇了一條獨立的道路，不再聽從美國的指令。卡特政府一度考慮支持軍事政變（但基於實際考量放棄了這一計畫），並試圖「盡可能保留巴勒維國王政權的體制」，正如中東分析家馬漢・阿貝丁（Mahan Abedin）所言，然而，這項策略很快就宣告失敗。[68]

一九八〇年代，美國對伊朗的敵對行動持續升級。薩達姆・海珊（Saddam Hussein）領導的伊拉克在美國的大力支持下入侵伊朗。這場戰爭造成數十萬人喪生，給伊朗帶來毀滅性的災難，海珊甚至在戰爭中使用了化學武器（同樣在美國的支持下）。雷根政府不但誣賴伊朗以化學武器攻擊庫德族，還阻撓國會對海珊的化學戰提出任何譴責。戰爭結束後，老布希總統任內的五角大廈甚至邀請伊拉克的武器科學家前往美國，接受製造炸彈的專業培訓，對伊朗構成了嚴重威脅。這些事件可能已經被美國大眾遺忘，但伊朗人民卻銘記在心。[69]

而今，「伊朗威脅」已成為西方世界的偏執。毫無疑問，伊朗是一個基本教義政權，且人權紀錄極其惡劣，但那不是問題的重點。畢竟，世界上沒有比沙烏地阿拉伯更極端的基本教義派政權。沙烏地阿拉伯是一個傳教型國家，致力於全球宣揚極端的瓦哈比派（Wahhabi）、賽萊菲派（Salafi）伊斯蘭教。在葉門，沙烏地政府需要為我們這個時代最可怕的人道危機之一負責，他們造成了大規模饑荒，並使用美國提供的武器轟炸平民目標，包含襲擊載滿學童的校車。（美國甚至為沙烏地飛機的轟炸任務提供空中加油。）此外，沙烏地政權還使用骨鋸殘忍地殺害並肢解了《華盛頓郵報》專欄作家賈邁．哈邵吉（Jamal Khashoggi）。儘管如此，沙烏地阿拉伯依然成功維持與川普和拜登政府的良好關係，沙烏地王儲穆罕默德．本．沙爾曼（Mohammed bin Salman）甚至與拜登友好擊拳。拜登選擇「翻過這一頁」，無視哈邵吉未婚妻的請求，淡化這起謀殺案的影響。更甚的是，拜登政府在法庭上試圖阻止哈邵吉家屬對沙烏地領導人提起的訴訟。美國總統對沙烏地專制政權的熱情擁抱，早已粉碎了所謂「人權」或「民主」是判定一國是否為敵對國家的標準這一假象，也表明伊朗成為敵國的地位與其政府的壓迫行為毫無關係。[70]

目前有關伊朗的恐慌，主要集中在其可能發展核武器的問題。但我們需要注意幾個事實。首先，目前尚無確鑿證據表明伊朗正在研發核武器。美國國會研究處指出，「美國官方評估認為，伊朗已於二〇〇三年底停止核武器計畫，且未曾恢復。」其次，伊朗位於三個擁核國家的鄰近地區——以色列、印度和巴基斯坦，而這些國家均受到美國支持，且拒絕簽署《核不擴散條約》（*Treaty on the Non-Proliferation of Nuclear Weapons*, NPT）。最後，伊朗經常遭到美國和以色列的武力威脅，擁有核威懾力對伊朗而言可能是合理的選擇。[71]

以色列軍事歷史學家馬丁．范．克里維德（Martin Van Creveld）曾寫道：「全世界都親眼目睹美國如何攻打伊拉克，結果證明這場戰爭完全沒有任何正當理由。如果伊朗人不嘗試研發核武，那才真是瘋了。」尤其是在伊朗不斷遭受攻擊威脅的情況下，而這些威脅明顯違反《聯合國憲章》。情報專家湯瑪斯·鮑爾斯（Thomas Powers）指出，美國主流媒體很少討論伊朗為什麼可能希望擁有核武，反而普遍假設「這個國家由宗教狂熱分子掌控，如果他們擁有核彈，就會瘋狂地加以使用」。然而，鮑爾斯認為，伊朗可能想要核武的原因與其他國家無異：用來嚇阻攻擊（deter attack）。他表示：「核武作為強制外交（coercive diplomacy）的工具幾乎毫無用處，但在阻止大規模或威脅政權生存的攻擊方面，卻極為有效。目前沒有證據顯示伊朗的動機與此不同，反而伊朗有充分理由擔心，遭受攻擊的可能性是真實存在的。」鮑爾斯提到美國總統公開討論攻擊伊朗的悠久歷史，並指出美國入侵伊拉克的事件表明，這些威脅應該被認真看待。擁有核武器的國家「不可能輕易受到威脅」，所以伊朗政權可能基於理性判斷，認為核武可以「拯救伊朗，免於步上鄰國的後塵」。在考慮「伊朗威脅」時，我們也應該思考針對伊朗的威脅及兩者的對比。伊朗並未暗殺以色列的科學家或實施破壞行動，但以色列卻對伊朗採取了這些行為。以色列總理班傑明·尼塔雅胡（Benjamin Netanyahu）曾聲稱，伊朗「必須面臨一個具威懾力的核威脅」，但隨後改口，或許是想起以色列的核武器非法且應當保密。[72]

自一九七九年以來，美國斷斷續續地透過嚴厲的制裁手段打擊伊朗民眾。人權觀察組織（Human Rights Watch）警告，制裁措施「對伊朗人民的健康權與獲得基本藥品的權利構成了嚴重威脅，並幾乎可以肯定已導致多種記錄在案的藥物短缺問題，從癲癇患者缺乏重要藥物，到癌症患者化療藥物供應有限等情況」。川普政府明確表示，制裁的目的就是對伊朗人民進行集體懲罰，而非意外後果，當時的國務卿麥克·龐培歐（Mike Pompeo）甚至誇口稱：「（美國的制裁）使伊朗人民的處境更加惡化，我們堅信這將促使他們起身反抗，改變政權的行為。」拜登政府基本延續了這一政策，雖然他慷慨地允許伊朗使用部分屬於自己的石油收入，但整體方向並未有顯著改變。[73]

二〇一四年，伊朗與聯合國安全理事會五個常任理事國以及歐盟達成協議，限制伊朗核計畫的發展。核武控制專家對此協議表示讚賞，認為其成功「降低了這個動盪地區引發核競賽的風險」。二〇一七年，美國確認伊朗遵守了協議，而國際原子能總署（International Atomic Energy Agency, IAEA）也確認伊朗履行承諾，並得出結論：「自二〇〇九年以來，沒有可信的跡象顯示伊朗從事與製造核爆炸裝置相關的活動」。然而，二〇一八年，川普宣布退出該協議，並重新實施原已解除的制裁，導致這項協議徹底瓦解。伊朗多次呼籲美國重回協議，並承諾「只要美國回歸，我們將在一小時內重新加入」。然而，二〇二二年，被問及是否會重返協議時，拜登的伊朗特使回應：「我們不會浪費時間在這上面。」拜登提名的副國務卿柯特·康貝爾（Kurt Campbell）則表示：「這不在討論範圍內。」取而代之的是，美方強調「我們必須在外交和國際層面孤立伊朗」。美國認為伊朗違反了協議，必須受到懲罰，儘管事實上，是美國先破壞了這項協議。

美國視伊朗為「全球最嚴重的恐怖主義支持國」。經常提及的一項罪行是伊朗利用網路攻擊的行為，美國國務院在《國家恐怖主義報告》（*Country Report on Terrorism*）中警告，伊朗「擁有強大的網路攻擊能力，並支持針對外國政府和私人機構的網路攻擊」。根據美國國家情報總監辦公室（Office of the Director of National Intelligence）二〇二三年的《年度威脅評估報告》（*Annual Threat Assessment*）指出：「伊朗日益增強的專業能力及其進行激進網路行動的意願，使其成為美國與盟國網路和資料安全的重大威脅。伊朗採取伺機而動的網路攻擊策略，令美國的關鍵基礎設施更容易成為攻擊目標。」[74]

當一個國家被指控有「侵略性」或「攻擊性」行為時，往往美國本身也從事類似的行為。事實上，正如前美國國土安全部反恐政策副助理部長湯瑪斯·沃瑞克（Thomas Warrick）在二〇一三年所解釋的，「伊朗是在二〇一〇年六月『Stuxnet』惡意軟體曝光後，才開始發展網路攻擊能力，該款惡意軟體的目標是伊朗的西門子工業控制系統（Siemens industrial control systems, ICS）」。「Stuxnet」是「全球首個已知的網路武器」，由美國和以色列情報部門聯手開發，並在歐巴馬政府時期被投放於伊朗，用以削弱該國的核計畫。時任白宮武器管制與大規模毀滅性武器協調員的蓋瑞·沙摩爾（Gary Samore）幾乎直接承認美國曾利用「Stuxnet」攻擊伊朗，他表示：「我們很高興他們的離心機出了問題」，並強調美國「正在全力以赴讓他們的情況更加棘手」。伊朗多次遭受「Stuxnet」和其他網路武器的攻擊，包括二〇一九年某個不明「國家實體」對其銀行系統發動的攻擊。[75] 歐巴馬總統在上任的最初幾個月內「秘密下令對控制伊朗主要核濃縮設施運作的電腦系統展開愈加精密的攻擊，顯著擴大了美國首次持續使用網路武器的範圍」。川普政府也承認曾多次對伊朗發動網路攻擊。[76]

伊朗政府的確向一些組織提供武器並支持其進行可怕的暴行。在這一點上，他們的行為與其他國家，包括美國自己無異。但試想一下，如果伊朗在墨西哥城國際機場暗殺了美國的第二高官或是一名重要將領，同時還殺害了美國支持的一個盟國軍隊的主要指揮官呢？這無疑會被視為一種戰爭行為，甚至是極其嚴重的恐怖罪行。然而，這正是美國對伊朗將軍卡西姆・蘇雷曼尼（Qassim Soleimani）所做的，在巴格達機場暗殺他。聯合國法外處決特別報告員（The United Nations special rapporteur investigating extrajudicial and summary executions）譴責這起行動，指出此舉「可能侵蝕規範敵對行為的國際法律」，並警告說，如果其他國家效仿美國的行為，恐將導致災難性的「全球衝突」（global conflagration）。儘管這次暗殺明顯違反了國際法，並公然侵犯了伊拉克的主權，但在美國國內卻獲得廣泛讚譽。（對川普持批評態度的共和黨人士甚至表示，這「終於是一件值得讚揚的事。」）此外，美國消費者甚至可以在電玩遊戲《決勝時刻》（*Call of Duty*）中模擬這次暗殺行動。作為一個無視國際社會意見的流氓超級大國，美國似乎根本不在乎國際規範的約束。[77]

人權的政治經濟學

喬治・肯楠在一次為拉丁美洲大使們舉行的簡報中指出，美國政策的一大核心關切是「保護我們的原物料」。那麼，我們需要保護這些原物料免受誰的威脅呢？主要是擁有這些資源的國家人民。至於要如何防止當地民眾對這些資源構成威脅？肯楠認為必須採取無情的手段。他直言，答案「可能令人不快」，但我們「不應對當地政府實施的警察鎮壓行動有所遲疑」。他進一步表示，這樣的作法「並不可恥」，因為「共產主義者基本上都是叛徒」，因此「與其讓一個寬鬆、放任且被共產主義者滲透的自由政府掌權，不如支持一個強勢政權」。（值得注意的是，在當時，「共產主義」這個詞被廣泛用來形容所有不服從美國指令的人，無論他們是否真正信奉共產主義。）[78]

同樣地，艾森豪總統的秘密行動小組在《杜立德報告》（*Doolittle Report*）中建議，面對一個「宣稱目標是統治全球的死敵」，我們必須採取一種「本質上令人厭惡的哲學」，即「不守任何規則」，並且「過往可接受的人類行為準則不再適用」。唯一的目標是「顛覆、破壞和摧毀」敵人。美國長期以來都在遵循肯楠和杜立德的這些原則，拋棄了「人權、提升生活水準和民主化等模糊且不切實際的目標」。總體而言，美國的政策原則是，只要符合美國「國家利益」，侵犯人權的行為就可以接受，反之則不然，即使是以「重視人權」著稱的卡特總統，在其任內仍然支持了那些與美國結盟的惡劣人權侵犯者。拉爾斯．舒爾茨的一項研究顯示，美國的援助「往往更傾向於流向那些對其公民施行酷刑的拉丁美洲政府」。這與一個國家需要多少援助毫無關係，關鍵在於該國是否願意為維護財富和特權的利益服務。[79]

這並不是為古巴、伊朗或一九八〇年代桑定政府的人權紀錄辯護，而是顯示出所謂原則的空洞。在過去的幾十年中，美國軍事援助的主要接受國是以色列和埃及。儘管埃及正處於歷史上最嚴酷的獨裁政權之一，但拜登政府依然拒絕遵循美國法律中禁止對人權侵犯者提供援助的規定，並繞過這項要求，繼續向埃及提供武器。以色列則維持著種族隔離制度，已遭到國際人權組織的普遍譴責。這些紀錄比空洞的言詞更具說服力。[80]

對獨裁政權的支持模式至今依然持續，即使是那些表面上聲稱致力於人權的民主黨總統。舉例來說，二〇二三年，包括國際特赦組織和人權觀察組織在內的多個人權組織聯名致函拜登政府，懇求救援阿卜杜哈迪．哈瓦加（Abdulhadi al-Khawaja）的生命。阿卜杜哈迪．哈瓦加是波斯灣人權中心（Gulf Centre for Human Rights）和巴林人權中心（Bahrain Center for Human Rights）的共同創辦人，現年六十二歲。他被巴林的獨裁政府囚禁了十二年，在此期間「遭受極為嚴重的身體、性虐待和心理折磨」。他的健康狀況惡化，且被剝奪了必要的醫療照顧。阿卜杜哈迪．哈瓦加與其他數百名政治犯一同發起了絕食抗議。由於巴林的獨裁政權以極端殘暴著稱，這類異議行為極為罕見。[81]

在人權組織致拜登政府的信中，他們懇求總統利用美國在巴林的影響力，促使釋放阿卜杜哈迪·哈瓦加。然而，他們的信件似乎徒勞無功。拜登政府樂於與巴林簽署新的安全協議，並承諾在巴林與其他國家發生軍事衝突時，提供防衛支持。昆西國家事務研究所（Quincy Institute for Responsible Statecraft）指出，美國對巴林的防衛承諾沒有充分的正當理由。巴林政權並未面臨外部威脅；相反，「巴林政權所面對的安全威脅，並非來自外部侵略，而是來自內部的衝突，這種衝突源自一個不受歡迎的遜尼派政權對大部分什葉派民眾的壓制。」[82]

拜登政府在宣布與這個獨裁政權簽署的「全面安全整合與繁榮協議」（comprehensive security integration and prosperity agreement）時，炫耀這項合作將涉及「加強嚇阻，包括擴大防禦與安全合作、提升互操作性以及增強共同情報能力建設」。然而，聲明的最後僅用一小段文字提及人權，簡單表示兩國將繼續「就普世價值、人權和基本自由進行建設性對話」。[83]

對於阿卜杜哈迪·哈瓦加的女兒瑪麗亞姆·哈瓦加（Maryam al-Khawaja）而言，拜登對巴林獨裁政權的擁護無疑帶來了沉痛的失望。她在接受美國全國公共電台採訪時表示，隨著父親的健康狀況持續惡化，美國政府至今在人權問題上的態度僅止於「空談」。這項安全協議「激怒並讓巴林的維權人士以及其他批評波斯灣君主國的人士感到失望，該政權曾在二〇一一年阿拉伯之春期間鎮壓了一場席捲全國的起義」。[84]

顯然，拜登政府根本不關心反對巴林獨裁政權的訴求。對巴林說出「美國不會在你們繼續囚禁政治犯的情況下與你們建立軍事合作關係」，其實是非常容易的事。然而，美國一直努力加強與波斯灣國家的關係，以對抗中國和俄羅斯，爭取全球主導地位。在這樣的背景下，巴林維權人士的人權問題顯然不如保持大國競爭中的優勢來得重要。

美國顯然並不反對人權侵犯，這一切都取決於施害者是誰。雖然拜登簽署了一項法案，制裁中國打壓維吾爾族人的行為，但他卻毫不猶豫地與沙烏地阿拉伯的獨裁者穆罕默德·本·沙爾曼擊掌問好，並不斷向以色列提供武器，助其繼續摧毀被困在露天監獄中的加薩人。一旦我們意識到這些理想是選擇性運用時，我們便能探問，究竟是什麼決定了在某些情況下是否採取這些理想。一般而言，美國反對那些我們希望制衡的國家所犯的罪行和暴力，卻支持那些我們珍視的夥伴和盟友所犯的罪行和暴力。由此可見，美國只有一個標準：凡是符合我們所認為的利益，便是好的；凡是損害我們利益的，便是不好的。[85]

第二章

東南亞戰爭

越南戰爭的歷史，正是殘酷且自私的暴力如何被包裝成無私行動的典型案例。二〇一七年，知名紀錄片導演肯．伯恩斯（Ken Burns）推出了《越南戰爭》（*The Vietnam War*），一部由美國公共電視台（PBS）製作的十集紀錄片系列。片中旁白總結道，這場戰爭「是由一群出於善意的人，在命運般的誤解、美國的過度自信以及冷戰時期的誤判下發動的」。戰爭持續進行，則是因為歷任總統做出了一連串「悲劇性決策」，試圖在困境中「勉強應對」。

一九七五年，安東尼．路易斯（Anthony Lewis）在回顧這場戰爭時，定調其性質是「好心辦壞事」（blundering efforts to do good），最終演變成一場「災難性的錯誤」（disastrous mistake）。同樣地，哈佛大學歷史學者費正清（John King Fairbank）將這場戰爭形容為一場「災難」，並認為其起因「主要是過度的正義感和自以為是的無私善意」。《新聞週刊》（*Newsweek*）則感嘆：「美國建國時所懷抱的崇高期待與美好理想⋯⋯在美國未能實現其在中南半島地區的意圖後，遭受了沉重的打擊。」如今，民主黨新星彼得．布塔朱吉（Pete Buttigieg）稱這場戰爭為「注定失敗的叢林冒險」，並提到格雷安．葛林（Graham Greene）小說《沉靜的美國人》（*The Quiet American*）中那位天真的主角，他的「好意與無知」讓他在越南成為一大負擔。（「我從未見過一個人因為動機純良而釀成如此多麻煩。」）然而，也有人認為這樣的批評對美國而言過於苛刻。例如，馬克斯．黑斯廷斯（Max Hastings）在其著作《越南啟示錄：一九四五—一九七五》（*Vietnam: An Epic Tragedy, 1945-1975*）中指出，在批評美國政府處理戰爭的問題上，「自由派美國採取了近乎自虐的態度」。[1]

事實上，越南戰爭的真實故事並不是一段帶著「崇高動機」追求無用目標的故事，而是為了無法辯護的理由所犯下的罪行。

一九六一年，丹尼爾．艾茲柏格（Daniel Ellsberg）以五角大廈工作小組成員的身分前往越南，他得出的主要結論是：「我們不太可能在那裡取得成功。」根據艾茲柏格的消息來源，若沒有美國持續且不斷增加的軍事援助，美國支持的南越獨裁者吳廷琰無法維持政權。一旦美國停止提供支援，吳廷琰政權必然會崩潰。對於當時還是「忠誠的冷戰鬥士」的艾茲柏格而言，這是令人不安的消息，因為這表示美國要麼接受越南建立共產政府，要麼無限期支持一位不得民心的統治者。[2]

起初，艾茲柏格質疑的是美國政策的智慧，而非其道德性。他認為美國支持吳廷琰政權的在戰略上是愚蠢的作法，並對美國能否在越南「占上風」的前景感到悲觀。儘管如此，他仍相信這項政策出於善意，並在隨後幾年間持續抱有這樣的信念，即使美國後來對南越發動了全面入侵，以維持親美政府的執政。在當時，甚至在許多方面直到今天，有關這個議題的可接受辯論範圍，受到一邊的「鷹派」和另一邊的「鴿派」所局限。鷹派認為，只要投入足夠的努力，美國就能成功「保衛南越」、「控制民眾」，從而建立「美式民主」；而鴿派則懷疑，這些崇高目標能否以合理的代價實現。一些人，比如年輕的艾茲柏格，質疑美國是否能「成功」。但他們並未考慮美國是否應該「成功」。

直到艾茲柏格開始參與編寫後來著名的「五角大廈文件」（Pentagon Papers），一份關於美國在越南決策過程的內部機密研究，他才意識到自己的看法是錯誤的。透過研究一九四〇年代和一九五〇年代的戰爭起源，他逐漸明白，將這場戰爭視為「善意的錯誤」並不符合歷史事實。歷史紀錄顯示，這場戰爭「從一開始就是錯誤的」、是「罪行」、是「邪惡的」，而且「完全沒有一絲合法性」。

儘管美國政府長期以來宣稱是在保護「自由、獨立的南越」免於「共產主義北越的侵略」，但事實上，美國從一開始就在試圖阻止越南的獨立與自由。若要維持「高尚的失敗」（Noble Mistake）的說法，就必須忽視這場戰爭最初如何爆發的根本事實。一九四五年，美國反對越南脫離法國獨立，並資助法國進行殘酷的軍事行動，試圖保住其殖民地。法國戰敗後，美國接手法國的角色，阻撓了所有試圖為越南帶來民主的提案。艾茲柏格寫道，他對美國多年來「外交上支持法國對這個已宣布獨立、且擁有全民支持的前殖民地的主權要求」感到深深不安。事實上，「我們曾極力敦促法國繼續進行反獨立運動的軍事鬥爭，並幾乎全額資助了這場戰爭。」

一九四五年九月二日，胡志明在河內的巴亭廣場（Ba Dinh Square）宣布越南擺脫法國殖民統治，正式獨立。他的演講清楚地指出越南的獨立訴求與美國革命理念共同之處，展現了他對湯瑪斯·傑佛遜（Thomas Jefferson）言詞的深入研究。他說：「人生而平等」，但「八十多年來，法蘭西帝國主義者打著自由、平等、博愛的旗幟，踐踏了我們的祖國，壓迫了我們的人民」。他列舉了法國的罪行：「他們剝奪了我們人民所有的民主自由……他們建造的監獄比學校還多。他們無情地屠殺我們的愛國者；他們讓我們的起義倒在血泊中……，他們掠奪了我們的稻田、礦山、森林和原物料。」胡志明的這番控訴，列舉了對殖民統治者的具體指控，這種修辭結構讓美國人聽來十分熟悉，因為刻意模仿了美國的《獨立宣言》。（不過，傑佛遜在《獨立宣言》中對英王喬治三世的某些指控，如「他曾鼓動我們內部的叛亂」〔指英國承諾解放奴隸〕，以及「引誘我們邊界的居民——殘暴的印地安野蠻人」，在道德上並不那麼具說服力。）[3]

胡志明因此宣告越南自由獨立，並斷絕與法國的所有聯繫。他呼籲美國提供支持，援引美國一向倡導的民族自決原則。早在一九一七年，他曾試圖爭取美國總統伍德羅·威爾遜（Woodrow Wilson）支持越南獨立，但未能成功，到了一九四六年，胡志明直接向美國總統哈利·杜魯門（Harry Truman）請求援助。他在一封電報中寫道，法國正「積極準備在河內發動突襲和軍事侵略」，並懇切呼籲：「因此，我懇求您本人以及美國人民緊急干預，支持我們的獨立，並協助使談判更符合《大西洋憲章》和《舊金山憲章》的原則。」此外，他在另一封信中警告，除非美國願意「採取行動阻止這場流血衝突和非法侵略」，否則「數百萬人將因此受苦」。[4]

然而，胡志明的請求沒有得到任何回應。美國不僅未支持越南脫離法國獨立，反而繼續協助法國重新征服越南。很快，美國以「美元，而非法郎……支付了越南戰場上幾乎所有炸彈和子彈的費用」。即使曾將美國對越南戰爭的道德不安感形容為「自由主義的受虐狂傾向」（liberal masochism）的馬克斯·黑斯廷斯，也承認：「越南人民的利益……，在哈利·杜魯門總統的優先事項中排名極低。」事實上，根本不在考量範圍內。根據當時法國外交部長喬治·皮杜爾（Georges Bidault）的說法，美國甚至非正式地向法國提出，若有助於擊敗越南人，將提供兩枚原子彈協助作戰。[5]

美國支持法國的動機在於對東南亞戰略資源的擔憂，因為這些資源對美國當時正在建構的全球體系具有重要意義。艾森豪曾向邱吉爾透露他的擔憂：「法國無法單靠自身完成這項任務⋯⋯。如果他們失敗，而中南半島地區落入共產主義者之手，這將對我們和你們的全球戰略地位造成災難性影響，並導致整個亞洲和太平洋地區的權力平衡發生重大變化。」美國決策者對他們的政策非常清楚，知道自己在支持法國殖民主義並反對越南的自決。早在政策初期，美國國務院就觀察到，胡志明已成為「絕大多數人心目中民族主義和自由鬥爭的象徵」。到一九四八年九月，國務院對「我們無法提出任何實際可行的解決方案來處理中南半島地區問題」深表遺憾，並指出「一個令人不安的事實：共產主義者胡志明是中南半島地區最強大且或許是最有能力的人物」。[6]

當越南民族主義者在一九五四年最終擊敗法國殖民統治者時，美國迅速取代法國的角色，繼續對抗本土的民族主義。根據結束法國與越南獨立同盟會戰爭的《日內瓦停火協議》（*Geneva Agreement*），越南原應於一九五六年透過選舉實現統一。然而，這項協議很快就被美國和吳廷琰破壞，因為各方都認為，選舉將導致越南在越盟的領導下完成統一。歷史學家喬治・凱亨（George Kahin）指出：「美國情報機構一致認為，吳廷琰在任何全國選舉中都註定會落敗。」越盟之所以同意這項決策，是因為他們得到保證：「越南控制權的爭奪將從軍事層面轉移到政治層面，而越盟領導人深知，他們在政治領域的優勢不僅超過法國及其越南合作者，甚至比他們在軍事領域的優勢更加明顯。」艾森豪在他的回憶錄中也承認，如果舉行選舉，「可能有百分之八十的民眾會投票支持共產主義者胡志明。」美國支持的南越陣營多次強調，「坦白說，我們現在還不足以在純粹的政治層面與共產主義者競爭。」因此，南越政權拒絕接受《日內瓦停火協議》的政治安排，並拒絕舉行原定的選舉。[7]

吳廷琰被林登・詹森（Lyndon Johnson）稱為「亞洲的邱吉爾」，他透過大量暴力控制南越人民，美國則在各方面都全力支援。一份於一九七二年為五角大廈準備的研究報告明確指出：「毫無疑問，針對真正的共產黨員、被懷疑是共產黨員，以及同情他們的村民，犯下無數的罪行和毫無意義的鎮壓行為。效率的表現形式是殘酷，且完全漠視頑強敵人與潛在朋友之間的區別。」記者大衛．霍瑟姆（David Hotham）在一九五九年寫道，吳廷琰「徹底鎮壓了所有形式的反對勢力」，而他之所以能這樣做，「完全仰賴來自太平洋彼岸的大量美元援助」。霍瑟姆進一步指出：「吳廷琰的主要支持者不在自由越南，而是在北美。」歷史學家克里斯蒂安．艾比（Christian Appy）表示「很少有美國人瞭解吳廷琰的殘酷統治，也不清楚他在一九五九年設立巡迴法庭後變得更加專制。巡迴法庭在全國各地審理案件，草率處決任何被認為威脅國家安全的人」，包括使用斷頭台斬首異議分子。這種國家主導的恐怖統治引起新一波的反抗。到了一九五九年，南方的越盟（Viet Minh）幹部獲得河內授權，可以採取武力進行自衛。這波反抗行動威脅到美國扶植的南越政權，並加速其崩潰，因為該政權此前已殺害數萬人，並使大部分農民與城市菁英對其疏遠。[8]

甘迺迪政府將南越的戰爭進一步升級。在一九六一年至一九六二年間，美國軍隊開始直接對農村社會（當時約占全國總人口的百分之八十五）展開攻擊，進行大規模轟炸和噴灑除草劑。自由派歷史學家史坦利．卡諾（Stanley Karnow）指出，整體計畫是「將農民趕進武裝圍欄，藉此切斷民族解放陣線（National Liberation Front，越共）的支持」。數百萬人被迫遷入難民營（「戰略邑」〔strategic hamlets〕），在鐵絲網內接受所謂的「保護」，以遠離游擊隊的影響，然而，美國也承認，農民對這些游擊隊的支持其實是自願的。[9]

儘管美國媒體仍聲稱南越政府具有民主正當性，但這個政府幾乎沒有任何努力去偽裝其缺乏民主基礎的事實。然而，腐敗且無能的吳廷琰未能滿足美國的期望，因此甘迺迪政府批准了一場政變，最終導致他被暗殺。吳廷琰的一位早期接任者向記者透露，他是在自己的美國顧問告訴他即將成為新國家元首時才得知此事，顧問告訴他：「西貢即將發生政變，而你將擔任總統。」馬斯韋爾．泰勒（Maxwell Taylor）將軍坦率地表示，有必要「建立一個相對滿意的政府」，如果不滿意，我們可以更換政府，無論是文人政府，還是「軍事獨裁」。美國安插了兩位曾與法國殖民政府合作的南越領導人，阮高祺（Nguyễn Cao Kỳ）和阮文紹（Nguyễn Văn Thiệu），他們執政的唯一資格，就是願意繼續戰鬥並避免達成政治和解，符合美國的條件。這個非民選政府能夠維持政權，完全是因為它的目標與美國政府一致。[10]

各方普遍承認，美國扶植的政府缺乏實質的民眾支持。美國政府知名學者道格拉斯·派克（Douglas Pike）在其著作《越共》（*Viet Cong*）一書中指出：「除了民族解放陣線，南越從來沒有一個真正以群眾為基礎的政黨。」公認最瞭解南越局勢的美國官員約翰·保羅·范恩（John Paul Vann），於一九六五年寫道：「目前南越政府沒有民眾支持的政治基礎」，因為現有政府只是「法國殖民政府體制的延續，越南上層階級取代了法國殖民者。」[11]

由於美國政府在南方無法建立任何政治基礎，遂決定擴大戰爭規模。美國持續阻撓一切和平解決的嘗試，包括越南南方民族解放陣線（NLF）提出使南越、寮國和柬埔寨成為中立地帶的提議。在找不到沒有其他避免政治解決的方法後，美國發動了一場波及整個中南半島地區的毀滅性戰爭，而南越始終是美軍攻擊的重災區。

到一九六五年美軍地面入侵時，南越已有超過十五萬人喪生。記者伯納德·佛爾（Bernard Fall）指出，多數死於「美國裝甲車、凝固汽油彈*、噴射轟炸機，甚至嘔吐性毒氣的無情碾壓」，或成為美國扶植政權實行國家恐怖主義的受害者。從一九六五年一月開始，美國還雇用了約三十萬名南韓傭兵，這些傭兵在南越犯下了殘忍暴行。到一九六七年，即便痛恨共產主義的佛爾也不得不承認：「越南作為一個文化與歷史實體……，正面臨滅絕的威脅，農村在全球史上最大規模的軍事機器打擊下，正在逐漸消亡。」[12]

尼克森非但沒有結束戰爭，反而使戰爭升級，成為「歷史上最狂轟炸機」。他曾誓言，「若有必要，將用核武摧毀這該死的國家」，並要「徹底轟炸北越」。美軍發起了一項「加速平定計畫」，實際上是大屠殺行動，摧毀了越南南方民族解放陣線和殘存的農村社會，並造成數萬人死亡。尼克森幾乎不掩飾這場戰爭的真實目的並非幫助越南人民或阻止侵略，反而視其為美國「信用」的測試。他宣稱：「我們不會容忍屈辱，也不會接受失敗。」克里斯蒂安·艾比評論說，尼克森「聽起來像是一名在中場休息時，懇求節節敗退的球隊為了尊嚴而奮戰的絕望教練」。事實上，戰地記者瑪莎·蓋爾霍恩

---

* 凝固汽油彈（napalm）是燒夷彈的一種，不僅會對敵人造成物理傷害，還會造成心理創傷。——編註

（Martha Gellhorn）抵達越南後，對於越南戰爭竟被當作一場運動賽事來描述感到震驚，她發現美軍軍官的言談「毫無人性，彷彿在描述一場生死攸關的橄欖球賽，一邊是英雄隊，一邊是惡魔隊，以『屍體數量』和『殺傷比例』來計算比分」。這場以盡量殺害愈多越南人民為「目標」的比賽，稱它作反人類罪行還更貼切。[13]

地面戰爭

在回顧這段歷史時，我們常常只談論「越南發生了什麼」，卻未必真正理解越南實際發生了什麼。我們可以討論戰爭背後的政治決策，但往往無法體會受害者的真實處境。因此，我們有必要更深入探討我們實際做了什麼。

最嚴重的傷害來自天空，大規模的空中轟炸行動，將越南的大片國土變成了月球表面。像「快速行動」（Speedy Express）和「大膽的水手」（Bold Mariner）這樣巨大的恐怖行動，專門摧毀支持反抗勢力的民間據點。在長達七年的時間裡，美國和南越的飛機執行了三百四十萬次作戰任務。從一九六五年到一九六八年，美國每小時向北越投下三十二噸炸彈。二千五百萬英畝的農田遭受密集轟炸，並且在整個東南亞（包括寮國和柬埔寨）投下了七百萬噸炸彈，其中包括四十萬噸凝固汽油彈雨。這比第二次世界大戰期間所投下的炸彈總量還多三倍，這些炸藥的總威力超過了六百四十顆廣島原子彈。在廣治省（Quang Tri），「全省三千五百個村莊中，只有十一個未遭轟炸」，而該省首都區的轟炸密度達到「每平方公里投下三千顆炸彈」。美國空軍參謀長柯蒂斯．李梅（Curtis LeMay）曾誓言要將北越「炸回石器時代」，他可不是開玩笑的。一位北越士兵表示，即便在一公里外，「B-52 的爆炸聲仍震耳欲聾，讓許多在叢林中的居民永久失聰」。炸彈坑「巨大無比 —— 寬達三十英尺，深度幾乎與其寬度相等⋯⋯。最初幾次經歷 B-52 轟炸時，感覺⋯⋯自己彷彿置身末日」。[14]

不僅無數平民喪命，持續的轟炸更為大多數民眾帶來揮之不去的恐懼。那些傷殘或失去親人的人，終其一生都飽受痛苦與創傷。整個城鎮化為廢墟；農場被夷為平地；婦女、兒童和老人被燒成灰。化學武器，包括數千噸的CS催淚瓦斯和七千萬公升的有毒落草劑與除草劑，像橙劑（Agent Orange）和較少人知的藍劑（Agent Blue），也被作為一項蓄意策略，用以摧毀越南農民的作物。生物學家亞瑟・威斯汀（Arthur Westing）指出，「前所未有的大規模、持續使用除草劑作為化學戰手段，針對南越的田地與森林……，不僅造成大面積的作物毀壞，還對內陸與沿海的森林生態系統帶來了直接且廣泛的損害，同時使暴露於化學物質的人出現多種健康問題。」生物學家E・W・費佛（E. W. Pfeiffer）則指出，落草劑摧毀了越南一半的紅樹林，「到處都不見任何活的綠色植物」，只剩下「一片死寂的灰暗景象」。河內大學的生物學家杜桂（Do Quy）寫道，在「以前所未有規模的環境蓄意破壞，作為軍事策略」之後，許多地方「曾經涼爽、潮濕、溫和且肥沃，如今卻變成了土地被壓實、養分沖刷殆盡的荒地，氣候乾燥且炎熱」。[15]

那些會致癌和造成先天缺陷的落葉劑，被噴灑在「越南南方五分之一的叢林、三分之一以上的紅樹林，以及稻米作物上」。近五百萬越南人接觸到這些有毒化學物質，但破壞農作物本身就是極其惡劣與殘酷的行徑，目的是藉由摧殘支持叛軍的貧困農民的土地來餓死叛軍。正如蘭德公司（RAND Corporation）在一九六七年的報告中所指出的：「平民百姓幾乎完全承擔了摧殘農作物計畫的後果。」[16]

這場破壞宛如世界末日。尼克・圖斯（Nick Turse）引用了兩位南越將軍的話指出，美國的武力攻擊導致「許多村莊被徹底摧毀……，房屋被夷為平地，無辜百姓喪生，無數人流離失所，稻田荒廢，多達一半的鄉村人口逃離家園」。支持戰爭的歷史學家岡特・萊衛（Guenter Lewy）指出，早在一九六二年，一些地區的村莊便「遭到密集砲火與空襲轟炸，目的是將當地居民逼入戰略邑」。用轟炸手段「逼迫居民」進入「安全區域」似乎充滿矛盾，但這基於美國的一種理論：只要轟炸讓越共區域的居民認為撤離符合自身利益，他們就會被說服搬遷至友好陣營。圖斯指出：「房屋被付之一炬，整個村莊被夷平，百姓被迫住進擁擠不堪的難民營或骯髒破敗的都市貧民窟，缺乏水、食物與住所。」[17]

記者尼爾・希恩（Neil Sheehan）證實，摧毀村莊和製造難民並非意外，而是美國指揮官威廉・魏摩蘭（William Westmoreland）所批准的政策。希恩解釋道：

美國人稱這種行徑為「製造難民」⋯⋯，透過轟炸與砲擊強迫人們離開家園。有一天，我跟著魏摩蘭上將外出，我問他：「上將，看到這麼多平民受傷、村落被轟炸和砲擊，你不會感到不安嗎？」他回答：「是啊，尼爾，這確實是個問題，但這樣不是讓敵人失去了人口資源嗎？」我心想：「你這個冷血無情的混蛋，你完全清楚自己在做什麼。」[18]

最終，美國的評估人員得出結論：「強迫將人囚禁在鐵絲網內，並不是贏得他們忠誠和支持的第一步。」但魏摩蘭卻公開宣稱，讓村民無家可歸或將他們關進難民營，可以確保游擊隊無法占領他們的村莊。他還聲稱：「為了阻撓共產黨人的計謀，必須將『魚』從『水』中移走，或者乾脆把『水』抽乾，使『魚』無法生存。」他所說的「水」指的就是村民。截至一九六七年，這項政策已經造成一百萬人成為難民。[19]

即使是如萊衛這樣堅定支持戰爭的歷史學家，也無法否認這些基本事實。事實上，儘管萊衛的著作表面上強力為美國政策辯護，但其內容揭露了美國對越南的毀滅性破壞，程度令人震驚。他引用了一位美國軍官的評估，稱「以空前未有、極為奢侈的火力替代人力，是越戰中美國軍事戰術的一大特徵」。（實際上，當魏摩蘭被問到他打算如何贏得這場戰爭時，他並未提出具體的軍事戰略，而是僅回答「火力」。）這種「極為奢侈的火力運用」反映了美國自第一次世界大戰以來奉行的一句格言：「消耗彈藥，不消耗人力。」也就是說，不惜一切代價減少美軍傷亡，透過極大化的破壞來達成目的。然而，儘管「風險最小化」的哲學聽起來無害，結果卻是駭人聽聞。[20]

例如，指揮飛機從空中投下凝固汽油彈雖然是有效降低美軍風險並「消耗炮彈」的方式，但這種手段毫無疑問會導致平民的大規模屠殺。正如肯．伯恩斯與傑佛瑞．沃德（Geoffrey Ward）在《越南戰爭》紀錄片附書中所述，凝固汽油彈是「有效的武器——一個一百二十加侖的鋁製燃料罐就可以使長一百五十英尺、寬五十英尺的區域被火焰吞噬，使用它拯救了無數美國人和南越軍（ARVN）的生命，但也讓難以計數的越南平民喪命或面目全非」。萊衛指出，官方的交戰規則規定，只有在「絕對必要」的情況下才能對村莊使用凝固汽油彈，但他也承認，「在實際操作中，這條規則似乎並未限制這類武器的使用」。[21]

將當地居民去人化（dehumanization）的作法，大大助長了這種破壞行徑。曾服役於越南的美軍士兵的證詞證實，從基本訓練開始，「就有人告訴我們不要叫他們為越南人，統統叫他們『小黃種』（gooks）或『死黃鬼』（dinks）」。至於越共，「他們被比作動物。他們不允許你把越共當成人來看待……還有人告訴我們，對他們不能有任何憐憫或猶豫」。[22]

針對越南的攻擊中有一個重要的種族主義基礎，這極大地助長了操控與破壞行為。譬如「東方人」（Orientals）本質上是低等動物，不像敏感的西方人那樣會感覺到痛苦，他們只尊重武力，這種偏見對政策產生了深遠影響。美國新聞署駐西貢負責人約翰．梅克林（John Mecklin），一位批判但支持美國介入越戰的人，曾寫道，越南農民的推理能力「僅略高於美國六歲小孩的程度」，他們含糊地用幾百個詞彙相互交流。魏摩蘭公開流露出種族主義觀點，認為「東方人」的思維方式使得這些殺戮並不算什麼：「東方人不像西方人那樣珍視生命。在東方，生命是充裕的，也是廉價的。按照東方哲學的說法，生命並不重要。」因此，將婦女和兒童活活燒死在他們的居所裡，並不需要讓美國人的良心感到不安。[23]

士兵幾乎沒有接受任何越南語或越南文化的訓練。一名特種部隊上校曾解釋，為什麼駐越美軍不需要學習越南語：「你不需要懂那些小黃種的語言，因為他們遲早得死。我們要幹掉這些混帳。」由於當地人被一概視為「小黃種」，導致軍隊在區分平民與戰鬥人員時往往極為草率。圖斯指出，越戰期間平民傷亡數字居高不下，其中一部分原因是軍中流傳著一條不成文的「小黃種規則」（有時公開討論，有時默認執行）：只要屍體是「小黃種」，就無須為殺害行為負責，即便死者是平民，甚至明顯違反交戰規則。圖斯引用一名海軍陸戰隊員對同袍說的話：「不用在意，那只是幾具死掉的小黃種。這些傢伙死得越快，我們就能越早回家。」曾參與越戰的退伍軍人提姆．歐布萊恩（Tim O'Brien）在小說《士兵的重負》（*The Things They Carried*）中，記錄了這種去人性化的語言：一名遭凝固汽油彈燒死的越共護士被稱為「焦脆生物」，越南嬰兒則被叫做「烤花生」或「脆餅」。[24]

「沒人在乎越南人，」一位不願具名的士兵直言。若有平民被殺，軍方通常不會多做追究，因為死者往往被算作敵軍陣亡，依照當時的潛規則：「只要是死掉的越南人，它就是越共。」（注意此處使用的是「它」）就連萊衛也不得不承認，「很明顯，許多被通報為越共陣亡的死者，實際上只是手無寸鐵的村民。」[25]

這場戰爭中最令人不安的現象之一，就是美軍領導階層將「屍體數量」視為首要目標的策略。魏摩蘭刻意發動消耗戰，試圖以盡量殺更多的人來削弱越南南方民族解放陣線和北越軍隊士兵的士氣。前線指揮官們承受著極大的壓力，被要求盡量殺死更多的越南人。「屍體數量就是一切」，而「無差別殺戮的壓力幾乎無法抗拒」。甚至還有「殺戮比賽」，士兵們會因殺敵數量最多而獲得休假或啤酒的獎勵。上級軍官會說「把屍體數量提高，不然就滾蛋，上校」。一位西點軍校的老兵回憶起聽過指揮官闡述的策略：「他希望一個月幹掉四千個這些小混蛋，到下個月底時幹掉六千個。」軍官的升遷有時與屍體數量有關，甚至「許多高層軍官為他們的部隊設立『產量配額』」。[26]

如同著名的戰爭回憶錄作家菲利普．卡普托（Philip Caputo）所述，這場戰爭中似乎沒有傳統的軍事戰略目標，例如占領領土。唯一目標就是大規模殺戮。他想起有人告訴他：

> 你們的任務就是殺越共。就是這樣。你們不是來占領山頭，也不是來攻下城鎮，更不是從 A 點移動到 B 點再到 C 點。你們是來殺越共的，越多越好。

但卡普托說，問題是「如何區分越共與平民呢？」如果有人逃跑，就會被視為「他（或甚至她）是敵人的直接證據」，因為「如果他們喜歡我們，就不會逃跑」。[27]

越戰期間，越南驚人的死亡人數並非意外，而是政策的結果。當我們瞭解美國如何發動戰爭，美軍槍殺數百名平民的美萊村屠殺（My Lai massacre）就不再是謎團。美萊村事件不僅不是意外，但即使是意外也令人震驚，因為戰爭策劃者的目標就是執行大規模的血腥屠殺。這就是那場被冠上「好心辦壞事」的戰爭的真實面貌。

「附帶戰場」：寮國與柬埔寨

「越南戰爭」這個名稱具有誤導性，因為這場戰爭同樣對鄰近國家造成了巨大破壞。在寮國，美國攻擊寮國的共產勢力以及北越軍隊，並於一九六四年至一九七三年間執行了五十八萬次轟炸任務，「平均每八分鐘就有一架戰機投彈，持續近十年之久」。在寮國，每個人平均承受了一噸炸藥，戰爭最終造成該國十分之一人口喪生。到戰爭結束時，「美國戰機已在這個人口不到三百萬、面積約為賓州兩倍大的內陸國家投下了兩百零九萬三千一百噸的炸彈。」寮國因此成為世界史上遭受轟炸最嚴重的國家，甚至超過二戰期間日本和德國被轟炸的總和。[28]

正如人類學家暨寮國問題專家莉亞．贊尼（Leah Zani）所指出，對美國的規劃者來說，寮國的行動「被視為成功的」，因為雖然這次行動未能阻止共產政府掌權，但卻「顯著妨礙了新上任的共產政權建立基礎設施和社會體系的能力」，並顯示「美國能在缺乏社會大眾或國會支持的情況下，以最少的地面部隊持續長期的衝突」。記者喬舒亞．科藍茲克（Joshua Kurlantzick）表示，「對美國總統和中情局來說，寮國行動非常成功，甚至成為一種新型大規模秘密戰爭的範本。」這場「以低成本進行的戰爭，讓寮國的共產勢力多年來陷入幾乎停滯的狀態」，它「成為機構準軍事行動的典範，也是總統單方面宣戰、然後秘密下令大規模攻擊，通常使用空中武器的一種新方式」。[29]

寮國至今仍是世界上受戰爭影響最嚴重的地方之一。五十年多來，未爆彈不斷奪走人命，在轟炸停止後，已有超過兩萬名寮國人喪生（更多人因爆炸而傷殘）。受害者中近一半是兒童。單是二〇二一年，就發生逾六十起爆炸事故。當然，殺戮和傷殘只是破壞的一部分，還有生活在四處隱藏炸彈的土地上所帶來的心理創傷和恐懼。小學生甚至必須學習如何分辨各種類型的炸彈，以避免撿起炸彈。[30]

二〇一三年，《紐約時報》刊登了一篇題為〈一名女子致力讓寮國擺脫數百萬顆未爆彈傷害〉（"One Woman's Mission to Free Laos from Millions of Unexploded Bombs"）的報導，文章描述寮裔美國女子錢納法．卡姆旺薩（Channapha Khamvongsa）如何「全心投入清除仍埋藏在她祖國的數百萬顆未爆彈」。報導指出，由於卡姆旺薩女士的遊說，美國每年清除未爆彈的經費增加了一千兩百萬美元，儘管這筆增額仍然不足。《紐約時報》提到，卡姆旺薩女士「在看到難民繪製的轟炸圖畫集後受到啟發而採取行動，這些畫作是佛瑞德．布蘭夫曼（Fred Branfman）收集的」。該圖畫集呈現出受害者的痛苦，這些人是住在偏遠地區、與越戰毫無關係的貧窮農民。然而，《紐約時報》的報導並未提及布蘭夫曼所揭露的重要事實。文章重述了對寮國轟炸的標準解釋：告訴我們，目標是北越軍隊，尤其是很大一部分經過寮國的胡志明小徑（Ho Chi Minh Trail）沿線，以及北越的寮國共產盟友。實際上，布蘭夫曼寫道，「最讓人驚駭的發現」是「林登．詹森將飛機轉移到寮國，根本沒有任何軍事理由」。美國駐寮國大使館副館長蒙蒂格爾．史特恩斯（Monteagle Stearns）一九六九年十月在參議院外交委員會作證時表示：「有這麼多飛機空在那兒，總不能讓它們閒著沒事幹吧。」[31]

到二〇二三年，《紐約時報》報導卡姆旺薩女士的行動已經十年，但清除的未爆彈數量仍不到百分之一。按照目前的清除速度，「還需要再花一百年，才能讓寮國擺脫（未爆彈的）威脅」。未來幾代的寮國孩子仍然需要學習辨識炸彈的圖表，以避免被炸傷或喪命。只因為當年的那些飛機需要「找點事情做」。[32]

一九七〇年，尼克森總統致電國家安全顧問季辛吉，指示他升級對柬埔寨的非法轟炸行動。季辛吉將命令傳達給亞歷山大．海格將軍（Alexander Haig），表示總統要求發動一場「對柬埔寨的大規模轟炸行動，任何會飛的東西都轟炸，任何會動的目標都摧毀」。在各國的歷史檔案中，要找到帶有如此明顯種族滅絕意圖的聲明幾乎不可能。表面上，這些轟炸和寮國一樣，是針對從柬埔寨境內活動的北越軍事單位。然而，數百萬噸的炸彈被投下。我們知道，「在許多情況下，柬埔寨的村莊在數小時內遭受數十次轟炸」，導致「近乎全毀」。一位美國官員當時表示：「無人生還。」根據預估，這次轟炸導致柬埔寨平民死亡人數在五萬至十五萬之間，但專家泰勒．歐文

（Taylor Owen）和班・基爾南（Ben Kiernan）指出，實際死亡人數「肯定更高」，因為當時估算所依據的炸彈投放量，僅為實際投放量的五分之一。[33]

這場轟炸「將普通的柬埔寨人推向了紅色高棉（Khmer Rouge，赤柬）的懷抱，紅色高棉起初只是一個革命成功機會渺茫的共產叛亂組織」。紅色高棉官員奇・多（Chhit Do）後來描述轟炸如何成為招募工具：「人們因為『恐懼和接近崩潰』的精神狀態，而願意相信他們被告知的一切。正是由於對轟炸的不滿，他們才不斷地與紅色高棉合作。」基爾南得出結論認為，如果沒有美國對柬埔寨的經濟和軍事破壞，紅色高棉「不可能取得政權」。「美軍 B-52 轟炸機對柬埔寨鄉村的地毯式轟炸」，「可能是波布（Pol Pot）上台最關鍵的一個因素」。波布政權隨後展開大屠殺，在短短幾年間殺害了一百七十萬人。[34]

在美國，紅色高棉的「殺戮場」引起了廣泛的關注，但較少提及美國對紅色高棉的支持。茲比格涅夫・布里辛斯基曾表示，在紅色高棉政權掌權期間，美國「鼓勵中國人支持波布」，並對中國與泰國對紅色高棉的援助「睜一隻眼閉一隻眼」。季辛吉則說，紅色高棉執政時，「我們會與他們交好。他們是凶殘的暴徒，但我們不會因此退縮。」[35]

在波布政權被推翻且其殘暴行徑的規模曝光後，美國仍支持紅色高棉在聯合國保有席次，並「反對調查或起訴紅色高棉的種族滅絕罪行或其他反人類罪」。直到一九八九年，「美國拒絕任何將紅色高棉政權定性為種族滅絕的嘗試，理由是這會妨礙和平進程」。這完全是出於冷酷的戰略考量：美國認為紅色高棉是對抗越南政府的便利盟友。[36]

當被問及他在柬埔寨所扮演的角色時，季辛吉對於有人質疑他感到困惑：「也許是我想像力不足，但我看不出這其中有什麼道德問題。」然而，其他人顯然想像力更豐富。被廢黜的柬埔寨國王諾羅敦・施亞努（Norodom Sihanouk）直接將紅色高棉的崛起歸咎於季辛吉與尼克森，並表示「必須對柬埔寨悲劇負全責的只有兩個人」，那就是尼克森與季辛吉，他們「創造了紅色高棉」。[37]

同樣，報告過紅色高棉暴行的神父弗朗索瓦・蓬紹（François Ponchaud）對於準備審判紅色高棉官員的法庭持懷疑態度。蓬紹認為，審判程序具有選擇性且虛偽。他提到美國對紅色高棉的支持，並問道：「那麼對於這個永遠不會被審判的國際殺手美國，又該怎麼說呢？」[38]

戰爭的評估

美國在一九四五年至一九七五年間，先支持、後直接發動的東南亞戰爭，是二十世紀的一大罪行。這個世界上科技最發達的超級強權，幾乎動用了所有毀滅性武器（核武雖然未使用，但多次被考慮），來對付一個小國的農村百姓。每有一名美國人在戰爭中喪生，就約有四十名越南人死亡。

這場戰爭常被視為美國的失敗，但更準確地說，可算作某程度上的勝利。不利的一面是，美國支持的附庸政權（client regimes）垮台了；有利的一面則是，整個地區已成廢墟，成功獨立發展的「病毒」不會再「感染」其他地區。回顧當時，詹森總統的顧問沃爾特・羅斯托（Walt Rostow）曾評論：「雖然詹森的行動可能比必要的代價更高昂」，但最終他「挽救了東南亞，並使我們今天仍能掌控亞洲的權力平衡。」[39]

記錄與分析越南戰爭中的各種暴行固然重要，但最終整場戰爭本身就是罪行。這場戰爭並非出於任何崇高的動機。美國領導人完全清楚，他們的行動既不是為了越南人民的利益，也不是為了捍衛任何可以稱之為「民主」的價值。這是一場因害怕失去影響力與蒙受失敗恥辱而發動的戰爭。對越南的政策遵循了二戰後全球秩序的基本原則框架。戰後，美國拒絕承認越南的獨立，先是支持法國重新征服殖民地的努力，接著全面接手，最後發動了一場大規模侵略行動。在戰爭的高峰期，美國派遣了五十萬士兵，試圖扶持一個不受歡迎、專制且親美的政府掌權。當美國選擇與法國站在同一陣線時，就已充分瞭解，他們是在對抗民族主義勢力，而且自己的代理政權經不起政治競爭。和平手段從來都不在選項之內。

美國民眾被告知，他們參與戰爭是為了保護南越這個自由國家免於北越的侵略。然而，事實上，他們參戰的目的是為了在南越強行建立一個專制的附庸政權，並顛覆越南民眾的意願。美國民眾被告知，他們是在與共產主義的北越軍隊作戰，但實際上，他們經常主要是在與南越人作戰。在美國媒體中，有關北越的轟炸行動被廣泛討論，但對南越更為猛烈的轟炸卻被忽視，因為承認我們正在轟炸自己聲稱「捍衛」的國家，會讓官方的戰爭理由難以自圓其說。入侵和占領南越的行為，若是由美國的敵人所為，我們會理所當然地譴責其為「侵略」。因此，美國所謂的「保衛南越」，其實與蘇聯在一九八〇年代所謂的「保衛阿富汗」並無二致。

根據「五角大廈文件」，美國國防部的戰爭目標：「百分之七十是為了避免美國蒙受羞辱性的失敗……百分之二十是為了阻止南越（及其周邊地區）落入中國之手，百分之十是為了讓南越人民享有更好、更自由的生活方式。」然而，這樣的說法對美國來說過於寬容。百分之十是嚴重高估美國對越南人民關心程度。美國的政策完全無意為南越人民帶來「更好、更自由的生活方式」；美國明知道這場戰爭讓他們的生活更加惡劣、不自由，卻仍然進行下去。美國摧毀了越南的農村社會，屠殺大量農民，並將倖存者趕進集中營。[40]

即使國家克制沒有執行某些暴行，人命損失也從未被納入考量。一九六六年，美國國防部助理部長約翰．麥克諾頓（John McNaughton）曾提議摧毀水閘和水壩以製造大規模饑荒，但這個想法被否決，理由是「針對人口目標進行攻擊」會在國內外引發「適得其反的憎惡情緒」。尼克森總統曾對季辛吉在轟炸中對平民傷亡的關切態度表示斥責：「你他媽的總是在擔心平民，我根本不在乎。我才不管！」季辛吉的回應則是，他擔心的是「不希望全世界因此把你視為屠夫而對你群起反對」。季辛吉關心的並非越南人的生命，而是其他國家可能展現的道德譴責，這是一種現實的政治考量。事實上，季辛吉在授權實施最殘酷的戰爭罪行時毫無顧忌，尼克森認為他的左右手在乎「平民」，則完全是錯誤的判斷。[41]

越戰退伍軍人爾哈特（W. D. Ehrhart）回到美國後加入了反戰運動，他表示，戰爭戰經歷徹底改變了他對美國在世界角色的看法。他回憶道，童年時期，「我看著約翰．韋恩（John Wayne）和奧迪．墨菲（Audie Murphy）的電影長大」，因此在越南時，「我真心以為越南人民會張開雙臂歡迎我們」，因為他認為自己是在拯救他們脫離共產主義。然而，事實上，他發現越南人「恨我」，而且很快明白了原因：「高中時期，我堅信是越共恐嚇越南人民，強迫他們為反抗美軍而戰，否則就會被處死。但我在越南逐漸明白，越共根本不需要這麼做。只需要讓美軍巡邏隊通過一個村莊，無論村莊被摧毀成什麼樣，越共就能招募所需的新兵。」近距離目睹戰爭徹底瓦解了他「對這個世界和國家的所有信念」，因為他發現「我們被灌輸的那些關於國家的說詞，原來全是神話」，事實上，「西方世界只是在試圖恢復對第三世界的殖民支配」。爾哈特說，他懷抱著對美國的種種敘事前往越南，但這些幻想「與這個國家的真實情況完全脫節」。[42]

在美國，很少有人敢於正視他們的國家對越南、寮國和柬埔寨造成的真實傷害。吉米・卡特（後來因推動和平而獲得諾貝爾和平獎）拒絕為這場戰爭道歉，理由是「毀滅是相互的」。卡特進一步解釋，因為美國參戰時「既無意占領領土，也無意將美國意志強加於他人」，所以不需要「承擔罪責」。[43]

當然，這場破壞並非「相互的」—— 美國人並沒有遭到越南轟炸機摧毀他們的城鎮與城市。然而，戰爭的事實挑戰了人們熟悉的關於美國仁慈與對自決與正義承諾的觀念。這套信仰體系的動搖，威脅到國家從事顛覆、暴力與恐怖行為的自由，這是國家無法容忍的。因此，必須重塑真實的歷史，讓國家能夠行使權力，而不受反對聲音的阻礙。

第三章

九一一事件與阿富汗的毀滅

二〇〇一年九月十一日恐怖攻擊發生後不久，時任美國總統小布希提出了一個著名的問題：「為什麼他們恨我們？」小布希給出自己的簡單答案：「他們恨我們的各種自由 —— 恨我們的宗教自由、言論自由、投票自由、集會自由，以及容忍彼此意見相左的自由。」然而，一九九七年，攻擊案的真正首腦奧薩瑪．賓拉登（Osama bin Laden）在接受美國有線電視新聞網（CNN）記者訪問時，對「為什麼他們恨我們」這個問題給出了不同的答案。他的解釋完全沒有提到「自由」或「投票權」。相反地，賓拉登表示，他發動聖戰是因為「美國政府……直接或透過支持以色列占領巴勒斯坦，犯下了極其不公、殘暴且犯罪的行為」。他說，「提到美國，首先浮現在我們腦海的是那些在最近卡納（Qana）爆炸事件中受害的無辜孩子，他們的四肢被炸斷，頭顱與手臂殘缺不全。」[1]

大多數美國人可能不記得一九九六年發生在黎巴嫩的卡納大屠殺。當時，以色列國防軍（Israel Defense Forces, IDF）炮擊了一座聯合國基地，該設施收容了八百名平民 —— 這些人先前已被以色列國防軍命令撤離家園。在這場攻擊中，一百零六名平民死亡，其中一半是兒童，另有一百二十人受傷，包括四名聯合國工作人員。事發一年後，美聯社的一篇報導呈現了這場悲劇的一角：「七歲的莉娜．塔基（Lina Taqi）步履蹣跚，左臂行動不便，幾乎不說話。她的父親已經去世。」「一年前，以色列砲火襲擊了一座擠滿平民的聯合國維和基地時，莉娜只是無數破碎生命中的一員。」她八歲的妹妹在襲擊中遇難，只留下「破碎的睡衣」。莉娜頭部因彈片的創傷接受了長達六個月的治療，但她的四肢再也無法恢復正常功能。據她的母親描述，莉娜夜裡會醒來，「顫抖、迷茫且產生幻覺，有時還會失禁」。[2]

聯合國秘書長軍事顧問進行的調查得出結論，認為以色列對聯合國基地的襲擊不太可能是失誤。國際特赦組織的調查則發現，儘管已事先通知以色列國防軍該基地的位置且有平民在內避難，「以色列國防軍仍然蓄意攻擊聯合國基地。」事實上，參與該次砲擊行動的以色列砲兵部隊士兵後來向媒體承認，「沒有人將這件事當作是意外」，並表示「這是戰爭」，而受害者「只不過是一群阿拉伯人」。聯合國大會採取了一項象徵性的措施，投票通過向以色列收取聯合國基地遭受損害的財務賠償。然而，美國和以色列是唯二反對這項決議的國家。以色列拒絕支付賠償，聲稱是黎巴嫩人自己導致了這些損失。[3]

九月十一日恐怖攻擊後，賓拉登在一封公開的〈致美國的信〉（“letter to America”）中，再次針對「為什麼我們與你們作戰和對抗？」這個問題提出了類似的理由。他表示：「答案非常簡單……因為你們攻擊我們，並持續攻擊我們。」賓拉登首先提到美國對以色列占領巴勒斯坦的支持，以及那裡發生的「壓迫、暴政、罪行、殺戮、驅逐、破壞與摧毀」。他說：「巴勒斯坦湧出的鮮血必須以同樣方式進行報復。你們必須知道，巴勒斯坦人民並不是孤獨地哭泣；他們的婦女不會孤單地成為寡婦；他們的孩子也不會孤單地成為孤兒。」賓拉登列舉了其他不滿，多數與美國的外交政策有關：「利用你們的國際影響力與軍事威脅，以微薄的價格竊取我們的財富與石油」、「支持俄羅斯在車臣對我們的暴行」、支持「印度在克什米爾對我們的壓迫」，以及透過經濟制裁致使伊拉克兒童喪命。[4]

賓拉登指責美國虛偽，批評美國宣稱擁有大規模毀滅性武器（weapons of mass destruction, WMDs）的權利，卻否認其他國家享有同等權利，而且美國人是「最不尊重國際法決議與政策的一群人……，卻想選擇性懲罰其他違反相同規範的人」。他質問：「你們這些高喊自由口號的人，究竟犯下了多少壓迫、暴政與不公義的行為？」在列出對美國外交政策的不滿後，賓拉登進一步譴責美國的道德。他抱怨美國「用工業廢棄物與氣體破壞了大自然」，並拒絕簽署《京都議定書》。他指責美國「把女性當消費品剝削」，並對美國人接受「柯林頓總統在白宮辦公室的不道德行為」以及容忍毒品、賭博與性交易表示厭惡。（賓拉登並未提及共和黨在推動他認可的保守社會議程所做的堅定努力。）

賓拉登的信件顯然充滿偏執，且帶有明確反猶太主義色彩。（他聲稱「猶太人已經控制你們的經濟，並將你們變成他們的奴隸」，這正是「班傑明．富蘭克林曾警告你們提防的事情」。然而，富蘭克林所謂的警告——

「猶太人對美國是一大威脅」—— 早已被證實是偽造的。[5]）他對襲擊平民的辯解也毫無說服力。他聲稱，在民主國家，普通公民須對政府的行為負責，因此認為將他們視為政府政策的代表是合理的。（然而，他無視美國政府利用宣傳手段隱瞞政策，以使公民無從瞭解的事實。）賓拉登還聲稱，他的復仇行為得到了神的支持，援引古老的復仇原則：「凡毀滅我們村莊與城鎮者……，我們就有權毀滅他們的村莊與城鎮。」然而，儘管賓拉登毫無疑問是狂熱的殺人兇手，但從他所有的公開言論可以看出，九一一事件並不能只歸咎於暴力的宗教狂熱。他的主要論點是，九一一是一次合理的復仇行動，他針對美國的暴力行為是為了報復美國所做的暴力行為。

賓拉登的殘酷極端主義手段屬於邊緣行為，完全無法代表穆斯林世界。然而，其他人也對美國懷有不滿情緒。在小布希表示「他們恨我們的自由」幾天後，《華爾街日報》發表了一系列報導，認真探討這個問題，並採訪了全球各地的穆斯林，瞭解他們對美國的看法。受訪者多為菁英專業人士，通常對美國持友好態度，但普遍認為「毫無節制的美國權力正在扶植令人痛恨的壓迫性政權」。對美國的不滿源於「美國的雙重標準，一方面支持以色列占領阿拉伯土地，另一方面卻因為一些在穆斯林看來本質相同的行為，對伊拉克實施經濟制裁和軍事打擊」。美國之所以「在穆斯林世界的各個社會階層中引發強烈憤怒」，是因為其外交政策「很少實現其自詡的理想」。[6] 因此，「即使是富裕的商人也越來越厭倦他們所認為的美國雙重標準。」一位卡達工程師表示：「我們對於美國人本身沒有意見，但這些統治者得到了美國人的支持。」

喬治城大學穆斯林與基督徒理解中心（Center for Muslim-Christian Understanding）主任約翰．艾斯波西多（John Esposito）指出：「這並不是文明之間的衝突，而是與美國外交政策有關的衝突。」艾斯波西多表示，穆斯林世界的許多人，包括那些「經常與美國往來的商人」，都希望這些攻擊能促使美國重新審視中東政策。同樣地，《金融時報》的大衛．加德納（David Gardner）在二〇〇五年報導中提到，穆斯林世界的許多人認為，九一一事件使「西方及其在阿拉伯世界的專制附庸政權無法繼續忽視助長對他們盲目憤怒的政治體制」。[7]

小布希不是唯一一個選擇較為安慰人心的說法，並製造一個解釋以讓美國人避免深入檢視自身政府政策的人。二〇〇一年九月十六日，《紐約時報》記者謝爾蓋．施梅曼（Serge Schmemann）解釋，攻擊者的行為是出於「對西方所珍視的自由、寬容、繁榮、宗教多元化和普選權等價值觀的憎恨」。在這些「基本教義派」眼中，美國是一個充滿「縱慾、腐敗、貪婪與離經叛道」的國度，而雙子星大樓則是「罪惡之城索多瑪與蛾摩拉」的象徵。然而，內文卻完全沒有提及關於攻擊者列出的實際訴求。[8]

理解恐怖主義的根源並不代表認同它。事實上，最堅決反對恐怖行為的人，往往會更努力去探究其成因，以防止未來發生更多暴力事件。

二〇〇一年九月十一日發生的駭人暴行，在國際事務上是前所未見的事件。自一八一二年美英戰爭以來，美國本土從未遭受攻擊。（珍珠港事件是經常被拿來比較的例外，但珍珠港當時僅是一座殖民地前哨的軍事基地。夏威夷直到近二十年後才成為美國的一州。拿珍珠港與九一一事件相提並論，就像英國占領印度期間某軍事基地遭擊與倫敦本土遭襲的差異。）美國長期以來習慣對其他國家的人民施暴，而非成為攻擊的對象。

九一一事件原本可以當作犯罪案件來處理，這樣的作法既合理，也符合慣例。對於違法行為，入侵肇事者所在國家並非典型的回應方式。當愛爾蘭共和軍（IRA）在倫敦發動炸彈攻擊時，沒有人呼籲空襲西貝爾法斯特（West Belfast）（或波士頓，因為愛爾蘭共和軍的大量資金來自那裡）。同樣，當奧克拉荷馬市（Oklahoma City）爆炸案的元兇被發現是與極右民兵組織有關的白人至上主義者時，也沒有人提議摧毀愛達荷州或蒙大拿州。當時的處理方式是追查兇手，將其逮捕並送上法庭接受審判，最終依法定罪。

小布希政府並未採取這樣的作法。他們沒有專注於追查並懲罰真正的罪犯，而是發動了一場「全球反恐戰爭」，從美國及其盟國入侵阿富汗開始，並逐步擴大規模，最終導致數百萬人喪生。[9] 根據布朗大學的「戰爭代價計畫」（Costs of War Project），九一一事件後的戰爭直接造成將近一百萬人死亡，間接導致三百六十萬至三百八十萬人喪生，並讓三千八百萬人被迫離鄉背井——這是自二戰以來最大規模的流離失所危機。[10]

攻擊發生後，小布希政府要求當時在阿富汗執政的塔利班政權立即將賓拉登引渡到美國。塔利班回應，如果美國能夠提供相關罪證，他們願意讓賓拉登接受審判。然而，小布希拒絕了，也不考慮塔利班提出的將賓拉登交給中立第三國的方案。他說，這項要求沒有商量的餘地，不會提供證據（事實上，當時他並沒有任何證據），也拒絕進行任何協商。歷史學家卡特・馬爾卡西安（Carter Malkasian）指出，小布希並未指示國務卿克林・鮑爾（Colin Powell）「與塔利班建立對話管道以尋求解決方案，而這原本是避免戰爭的常規外交途徑。」[11]

事實上，早在九一一事件發生之前，塔利班就曾主動接觸美國，提議讓賓拉登在「中立的國際組織」監督下接受審判，但美國政府對此毫無興趣，也未做出任何回應。負責一九八〇年代美國在阿富汗秘密行動的中情局前站長米爾頓・比爾登（Milton Bearden）在九一一事件後告訴《華盛頓郵報》，塔利班早已多次向美國釋放訊息，表示他們「想要除掉」賓拉登，甚至可能有意「設局讓美國逮捕他」。然而，美國卻以威脅回應這些訊號。實際上，塔利班與賓拉登之間的關係「矛盾重重」，塔利班甚至多次將賓拉登軟禁。[12]

華府並未與塔利班展開引渡談判，反而立即要求巴基斯坦切斷「為阿富汗平民運送大部分糧食和其他物資的卡車車隊」，同時，這也導致救援人員被迫撤離，並大幅減少糧食供應。正如國際危機組織（International Crisis Group）的薩米娜・艾哈邁德（Samina Ahmed）所指出的，這使得「數百萬阿富汗人……面臨嚴重的饑荒風險」。儘管人道救援組織強烈抗議，並警告美國若對該國發動攻擊將帶來嚴重後果，但當時關於這類行動對阿富汗人民的人道影響，卻幾乎未被深入討論。[13]

二〇〇一年十月的第一週，小布希發動「持久自由行動」（Operation Enduring Freedom），下令以「強大密集的巡弋飛彈與遠程轟炸機攻擊阿富汗」，企圖摧毀塔利班政權。他宣稱：「塔利班會付出代價」，並強調這次行動是「精確打擊」。然而，許多恐怖主義研究學者並不認同這種作法，他們警告勿輕易採取「快速的軍事打擊」，並建議應以「謹慎的警察行動」來應對。在《外交事務》（*Foreign Affairs*）期刊上，軍事歷史學家麥可・霍華德（Michael Howard）提出了一項明智的建議，認為應該「在聯合國的主持下，以警察行動對付這個犯罪組織，將其成員逮捕並送交國際法庭接受公平審判，若罪名成立，則應依法判刑」。然而，新保守派作家羅伯特．卡根（Robert Kagan）指出，布希「想要的是復仇」。時任國務卿的克林．鮑爾認為，總統「就是想殺人」。事實上，布希九月二十日於橢圓形辦公室會見宗教領袖時坦言：「我很難抑制自己內心的復仇渴望。」[14]

美國對這個世界上最貧窮的國家之一發動攻擊，如軍事歷史學家卡特．馬爾卡西安所描述的，美軍動用了「F-15E 攻擊戰鬥機、艦載型 F-18C 戰機、黑色 B-2 隱形轟炸機，以及服役四十年的越戰時代 B-52G/H 轟炸機……。此外，還派出螺旋槳驅動的 AC-130『幽靈』空中炮艇，該機配備一百五十公釐口徑的加農砲、二十五公釐口徑的加特林機槍與四十公釐口徑的加農砲……宛如一座空中炮兵陣地。同時，美軍還出動了當時最新的掠食者（Predator）無人機」。不久後，美軍便發現可轟炸的目標所剩無幾，因為「塔利班幾乎沒有固定總部，也缺乏基礎設施」。資深中東記者派翠克．柯布恩（Patrick Cockburn）評論道：「美國從未解釋，為何要在阿富汗或伊拉克使用本來為第三次世界大戰設計的武器，來攻擊那些仍停留在中世紀的村莊 —— 這種作法必然會造成大量平民傷亡。」[15]

轟炸開始後，塔利班再次提出願意就交出賓拉登進行談判，但條件是美國必須停止轟炸阿富汗。（他們已經放棄了先前要求美方提供賓拉登罪證的條件。）塔利班將美軍的轟炸行動稱為「恐怖攻擊」，而阿富汗平民的死亡人數很快超過了九一一事件中約三千人的死亡人數。根據人權觀察組織在十月底發布的報告，美軍對偏遠阿富汗村莊的轟炸極為殘酷，當地居民「堅稱該地區並無塔利班或蓋達組織據點」。一名四十歲的母親在美軍「精確打擊」的轟炸行動中失去了丈夫和六名子女。美軍的炸彈還擊中了聯合國及國際紅十字會的設施，導致多名工作人員喪生，並「幾乎完全摧毀了國際紅十字會的唯一物資儲備中心」，該中心存放著原本要供應給五萬五千名殘疾阿富汗人的食物和毛毯。值得注意的是，美軍在轟炸前早已獲得這些設施的地點資訊，但仍然發動攻擊。[16]

當時駐阿富汗的美國全國公共電台（National Public Radio, NPR）記者莎拉．查耶斯（Sarah Chayes）表示，美軍的轟炸對原本應該獲得解放的阿富汗平民造成深刻的心理創傷，她訪問的阿富汗難民「除了轟炸的恐懼之外，無法思考或談論其他事情」，甚至因驚恐而「近乎崩潰」。她描述自己每天都聽見阿富汗民眾的哀號，懇求她轉告小布希總統，「求你了，請停止轟炸」。然而，當時的美國媒體卻不願報導關於戰爭的負面消息。美國有線電視新聞網的一名記者甚至透露，他曾被告知不得拍攝平民傷亡畫面。而美國全國公共電台的一位編輯則指控查耶斯「散播塔利班宣傳」，甚至認為她的消息來源肯定是「支持賓拉登的人」。[17]

肆意屠殺無辜平民，顯然與「反恐戰爭」背道而馳。事實上，這就是恐怖行動。然而，美國官員對此卻表現得極為冷漠。一座村莊遭到「AC-130空中炮艇的猛烈掃射」，數十名平民因此喪生。事後，五角大廈的一名官員冷淡地表示：「那些人會死，是因為我們希望他們死。我們擊中了我們想擊中的目標。」（時任國防部長的唐納・倫斯斐（Donald Rumsfeld）則回應：「我無法處理那個村莊的問題。」）另一座村莊在十月遭到兩千磅炸彈徹底摧毀，目標原本是塔利班，卻未擊中，反而奪走了一百名無辜平民的性命。[18]

阿富汗的反塔利班勢力對這場轟炸極為震驚。反塔利班勢力主要領袖之一阿卜杜勒・哈克（Abdul Haq）強烈反對，批評美國「只是想炫耀武力」，卻「完全漠視阿富汗人的苦難和我們會失去多少人命」。哈克認為，美軍的轟炸實際上妨礙了反塔利班勢力的行動。他並不是唯一這樣想的人。二〇〇一年十月，數百名部落長老與其他反塔利班的阿富汗領袖齊聚一堂，全體一致要求停止轟炸，並聲明這些攻擊針對的都是無辜百姓。儘管他們痛恨塔利班，仍主張應採取其他方式來推翻該政權，而非透過屠殺與破壞。媒體報導稱，「部落長老、伊斯蘭學者、意見分歧的政治人物與前游擊隊指揮官之間展現了難得一見的團結」。他們在許多議題上意見分歧，但一致「敦促美國停止空襲」，並向國際媒體呼籲停止「對無辜百姓的轟炸」。他們認為，可以採取其他方式推翻可惡的塔利班政權，無需再造成更多的傷亡與破壞即可實現目標。[19]

阿富汗主要的婦女權利組織——阿富汗婦女革命協會（Revolutionary Association of the Women of Afghanistan, RAWA）於二〇〇一年十月十一日發表聲明，強烈反對美國對阿富汗的「大規模侵略」，指出這場攻擊將讓無辜平民血流成河。聲明呼籲，應透過「阿富汗人民的起義」來「根除塔利班與蓋達組織這一禍害」，而非依賴外國侵略者的殘暴襲擊。他們還表示：「儘管美國聲稱只會攻擊塔利班與蓋達組織的軍事與恐怖基地，精準打擊且符合比例原則，但我們過去七天所目睹的一切毫無疑問地證明，這場入侵將奪走我們國家無數婦女、男子、兒童和老幼的生命。」[20]

美國國防部長唐納・倫斯斐否認美國應對任何平民死亡負責，理由是「這場戰爭不是我們發動的」。他表示：「這場戰爭中每一名傷亡者，無論是無辜的阿富汗人還是無辜的美國人，都應歸咎於蓋達組織（按原文）和塔利班」。然而，這番話顯然荒謬至極：塔利班並未攻擊美國，而美國主動發動了這場戰爭則明顯違反國際法。對於未經授權就入侵一個主權國家屬於犯罪行為的說法，時任美國總統小布希嗤之以鼻，輕蔑地說：「我不在乎國際法學者怎麼說，我們就是要揍他們一頓。」（根據相關國際法律標準，只有在遭受武裝攻擊時，自衛行為才是正當的，且須經過聯合國安全理事會的批准。然而，美國並未尋求安理會的同意，儘管「很可能」會獲得批准，這或許是因為小布希政府不願接受美國在動用武力前必須服從更高權威的原則。）事實上，這場入侵根本沒有正當理由。按照倫斯斐的邏輯（發動戰爭的一方需為所有傷亡負責），所有因美軍攻擊而造成的暴力後果，都應由美國承擔責任。[21]

塔利班在六週內就被推翻，並表示願意投降。然而，倫斯斐卻表示：「我們不談判投降。」在同年十一月召開、旨在為阿富汗建立政治解決方案的波恩會議（Bonn Conference）中，塔利班被排除在談判之外。戰後阿富汗政府的高級顧問馬蘇姆・斯坦納克塞（Masoom Stanekzai）後來稱未讓塔利班參與談判是「歷史性錯誤」，而歷史學者卡特・馬爾卡西安則認為，「當時的氛圍壓倒了更為明智的外交策略」。美國代表團領導人表示，當時的氛圍是：「他們已經戰敗了，為什麼還要讓他們參與？」倫斯斐甚至「否決了與塔利班達成和平協議的可能性」，並警告阿富汗新總統哈米德・卡賽（Hamid Karzai），任何讓塔利班參與的「協議」都將「違背美國利益」。馬爾卡西安指出，這種「狹隘且僵硬的作法違反了讓對立陣營加入戰後政治安排的外交智慧」，並為之後的長期戰爭埋下了伏筆。當卡賽提起塔利班早前釋出的和談試探時，小布希政府直接禁止談判，甚至向阿富汗政府提供了一份「黑名單」，列出禁止對話的對象。[22] 美籍阿富汗裔外交官扎勒米・哈里扎德（Zalmay Khalilzad）認為：「如果美國在二〇〇一年十二月願意與塔利班對話，這場戰爭很可能成為美國歷史上最短的戰爭之一，而非最長的戰爭。」曾在阿富汗工作的美國外交官陶德・格林特里（Todd Greentree）則表示，美國違反了「阿富汗的戰爭傳統」—— 即「當一方獲勝時，敗方應該放下武器，並與勝方和解」。[23]

當然，小布希政府幾乎沒有深思熟慮推翻塔利班後的實際後果。歷史學者馬爾卡西安指出，當時美國並未對阿富汗的重建、經濟發展或制度建設進行「重大投資」。美國大使萊恩・克羅克（Ryan Crocker）則形容國防部長倫斯斐的態度是：「我們的任務就是殺掉壞人……，（一旦）壞人死了以後，誰還管接下來會發生什麼？」這場戰爭根本不是為了給阿富汗帶來民主或婦女權利，這些口號不過是事後用來粉飾這場災難的說詞。[24]

事實上，小布希很快就對阿富汗失去了興趣。美國入侵伊拉克的計畫，早在二〇〇一年九月十一日當天就已經開始。就在恐怖攻擊發生當天下午，倫斯斐要求中情局「盡快提供最可靠的情報」，以便「判斷是否有足夠條件同時攻擊 S.H.（海珊），而不只是 UBL（賓拉登）」。當二〇〇二年三月有人問小布希關於追捕賓拉登的進展時，他回應：「說真的，我並不怎麼在乎他。」但他後來否認自己說過這句話。他的態度顯示，只要賓拉登不再「掌控阿富汗」，賓拉登就不再是優先目標。（當然，事實上賓拉登從未「掌控阿富汗」，塔利班甚至覺得他是一個麻煩人物，還曾主動提出將他交出。）[25]

當小布希將注意力轉向伊拉克時，阿富汗戰爭立刻被認為無關緊要，其任務也變得模糊不清。（事實上，這場戰爭從未有過明確目標，唯一目的是透過殺害看似嫌犯的人來為九一一受害者復仇。）根據倫斯斐的一份備忘錄，倫斯斐問小布希總統是否要與法蘭克斯將軍（General Franks）和麥克尼爾將軍（General McNeill）會面時，小布希回答：「麥克尼爾將軍是誰？」倫斯斐只好解釋：「他是負責阿富汗戰事的將軍。」小布希則說：「嗯，那我不需要見他了。」[26]

美國投入了大量資金到阿富汗。經通膨調整，這筆花費甚至超過二戰後「馬歇爾計畫」（Marshall Plan）對西歐的援助。有一段時間，「美國政府投入阿富汗的資金，幾乎與這個尚未開發國家的經濟產出相當」。但正如記者克雷格・惠特洛克（Craig Whitlock）所描述的，這些錢幾乎等同於直接燒掉：「美國官員將鉅額資金浪費在阿富汗人根本不需要或不想要的專案上。許多資金最終流入價格過高的承包商或貪腐的阿富汗官員口袋，而美國資助的學校、診所和道路，有些因施工品質低劣或缺乏維護而荒廢，有些甚至根本未建成。」事實上，「大部分美國資金最後都進了美國承包商的口袋，幾乎從未流入阿富汗經濟體系」。

惠特洛克指出，美國用這筆錢建立的，其實是一個「貪腐且無能的阿富汗政府，完全依賴美軍維持生存」。貪腐問題嚴重到聯合國統計發現，截至二〇一二年，全國一半人口必須透過賄賂才能獲得基本服務，每年賄賂金額高達數十億美元。根據世界政治研究所（Institute of World Politics）的報告，許多地方武裝勢力「利用其在政府與美軍中的權勢與靠近核心權力的優勢，來控制道路、獲取高額合約，並將自己塑造成地方霸主，有時甚至同時與國際部隊和塔利班合作，以牟取最大利益」。[27]

二〇〇九年，羅德里克．布雷思懷特（Rodric Braithwaite）在《金融時報》報導，「本應支持『聯軍』推動和平與重建的阿富汗記者、前聖戰者（Mujahideen）、專業人士及在聯軍相關體系內任職的人」，事實上「卻對『聯軍』及其政策徹底失望」。因此，毫不意外地，許多人選擇加入塔利班，因為他們認為美軍是不合法的入侵者，而阿富汗政府只是美國的傀儡。[28]

惠特洛克指出了一個根本問題：「美國放任貪腐猖獗，進一步摧毀了本就搖搖欲墜的阿富汗政府的正當性。他們試圖扶持這個政權，但法官、警察局長和官僚紛紛收受賄賂，導致許多阿富汗人對民主失望，轉而支持塔利班來維持秩序。」由美軍訓練的阿富汗地方警察（Afghan Local Police）成了「不受監管的民兵組織，肆意剝削當地百姓」，並「迅速因殘暴行為而聲名狼藉，遭到人權組織投訴」。他們甚至被形容為「阿富汗最令人痛恨的機構」。一名官員估計，「大約百分之三十的阿富汗警察新兵攜帶政府配發的武器叛逃，『設立私人檢查哨』，對民眾進行搶劫」。除了這些掠奪百姓的警察，還有許多「幽靈」警察 —— 也就是虛報名冊以騙取薪資的警員。惠特洛克提到，美國政府的審計報告顯示，「雖然阿富汗的軍隊和警察在報告上看似規模龐大⋯⋯，但其中有很大比例根本是虛報的名額，或者是根本沒來上班的幽靈職缺」，因為「阿富汗指揮官誇大人數，騙取美國納稅人支付數百萬美元薪資，從中牟取非法利益」。

《紐約時報》記者戴克斯特．菲爾金斯（Dexter Filkins）指出，這些問題並不是秘密，美國政府內部所有人「都知道阿富汗政府剝削成性」，甚至稱其為「VICE」亦即「垂直整合的犯罪企業」（vertically integrated criminal enterprise）。但記者派翠克・柯布恩也提醒，有些貪腐行為源自絕望：「阿富汗警察每月薪資僅約一百二十美元……他們養家的唯一辦法就是收賄。」阿富汗士兵與警察的工作也極其危險。曾有一段時間，每天約有三十名至四十名軍警陣亡，導致「阿富汗政府選擇隱瞞確切數字，以免嚴重打擊士氣」。二〇一九年，研究人員得出結論：「在整場戰爭期間，共有超過六萬四千名阿富汗軍警喪生，約為美國與北約軍隊陣亡人數的十八倍。」[29]

美國全國公共電台記者莎拉・查耶斯指出，「阿富汗人的安全顧慮」與「外國人的安全顧慮」截然不同。美國與北約軍隊擔心的是「前塔利班分子」，而「阿富汗人擔憂的是美國所扶植的政府對他們的真實掠奪」。查耶斯批評那些認為阿富汗人尚未準備好迎接民主的說法，指出阿富汗人真正渴望的只是一個有能力、不會剝削他們的政府。她說，他們不僅「強烈渴望」民主，還「希望能真正參與塑造國家未來的過程」，但「由於美國扶植的軍閥（如古爾・阿迦・謝爾扎伊，Gul Agha Shirzai）掌權，他們幾乎沒有任何獲得民主的機會」。查耶斯直言，美國的政策實際上是「民主的絆腳石」。[30]

她強烈批評美國支持阿富汗最殘暴的軍閥之一 —— 阿卜杜勒・拉希德・杜斯塔姆（Abdul Rashid Dostum）。杜斯塔姆曾將數百名塔利班戰俘悶死在貨櫃中。阿富汗突厥委員會（Turkic Council of Afghanistan）成員阿克巴爾・拜（Akbar Bai）形容杜斯塔姆是「全球最殘暴的劊子手與罪犯」，指控他「性侵多名受害者，包括男性、女性及年幼孩童」，甚至被指控在前妻撞見他與未成年少女發生性行為後，下令殺害前妻。然而，杜斯塔姆卻成為「美國在阿富汗的人馬」，並接受美國中情局的資助。在美國支持的阿富汗政府中，他最終爬上副總統之位。但他在任內極具爭議，使得歐巴馬政府不得不禁止他入境美國。最後，杜斯塔姆「因涉嫌下令保鑣強暴一名政治對手，甚至使用突擊步槍施暴，在阿富汗面臨刑事指控」，最終逃離該國。[31]

正如惠特洛克所揭露的，許多真相都被刻意隱瞞，未對外公布。阿富汗重建特別督察長指出，政府的所有聲明中都瀰漫著「虛偽的氣息」。這種作法始於小布希政府時期，但惠特洛克指出，歐巴馬政府的官員「更進一步，誇大並捏造誤導性，甚至完全虛假的數據」。二〇一一年，時任國務卿的希拉蕊・柯林頓（Hillary Clinton）向參議院表示，「大多數阿富汗人的生活變得更好」，並引用數據佐證，例如就學率提高、嬰兒死亡率下降，數十萬名農民「接受培訓並獲得新種子與農業技術」，還有十萬筆小額貸款提供給阿富汗女性。然而，「政府審計官員後來發現，歐巴馬政府引用的嬰兒死亡率、預期壽命及就學率等數據，許多都是不準確或未經驗證的」。特別督察長指出，政府「明知這些數據存在問題」，卻仍選擇使用，目的是營造一種虛假的進步形象。惠特洛克表示，「即使傷亡數字和其他數據看起來不利，白宮和五角大廈仍設法扭轉局勢，使其看起來對美國有利」，他們總能將任何結果包裝成勝利。例如，自殺式炸彈攻擊被解釋為「叛軍勢力太弱，無法正面作戰」；而美軍死亡人數增加，則被說成是「美軍正積極對敵作戰的證明」。[32]

二〇一〇年，「維基解密」（WikiLeaks）公開《阿富汗戰爭日誌》（*Afghan War Logs*），揭露了美國及其盟軍過去未曾報導的諸多暴力事件，讓大眾得以窺見戰爭的殘酷真相。《衛報》指出，許多所謂「針對塔利班武裝分子」的精準打擊，實際上往往是「以平民為代價的血腥錯誤」。例如，有一次，「美軍巡邏隊……向一輛巴士掃射機槍，導致車上十五名乘客傷亡」。此外，還有許多報導聲稱擊斃塔利班武裝分子，但實際上卻是殺害了無辜的平民。[33]

在阿富汗戰爭中，還發生了更極端的暴行。例如，一名美國陸軍士官在坎達哈省（Kandahar）屠殺了十六名村民。一名澳洲士兵則被指控謀殺一名阿富汗少年，並在法庭上吹噓：「我朝那混帳的頭開槍……，炸開他的腦袋瓜，那是我見過最美的畫面。」二〇一五年，戰爭中發生一起最駭人聽聞的事件——美軍一架AC-130空中炮艇（代號「鐵鎚」〔Hammer〕）轟炸了昆都茲（Kunduz）無國界醫生醫院，導致病患在床上被活活燒死，共四十二人死亡。（無國界醫生組織在事發前，曾向美軍提供該醫療中心的GPS坐標。）[34]

更進一步羞辱與疏遠阿富汗人的，是酷刑。根據新聞調查網站《攔截》（*The Intercept*）記者詹姆斯·黎森（James Risen）的報導，美國設立了秘密酷刑室，「對阿富汗人以及從中亞、非洲和中東地區押來的外國囚犯施以虐待」。他們「雙臂被吊起長達兩天，被猛力撞向牆壁」，或「被迫赤裸躺在防水帆布上，身上被澆淋數加侖的冰水」，至少有一人因極端低溫而喪命。

黎森指出：「美國在阿富汗的酷刑制度，至今無人被追究責任。」[35]

無人機攻擊的運用，更進一步帶來了恐怖的後果。《紐約時報》報導，即使在美國政府內部，也無法確定無人機殺死的人究竟是誰，「而所有獨立調查都發現，平民死傷遠遠超過政府承認的數據」。曾擔任美軍無人機操控員的布蘭登・布萊恩（Brandon Bryant），後來成為無人機戰爭的反對者，他表示，有一次擊殺一名小孩的畫面「深深烙印在我的腦海裡」。他認為「平民死亡人數遠高於政府的估算」，因為政府官員「根本是在自欺欺人，不願面對這些攻擊的影響」。被無人機攻擊的對象，包括數十名松子農民，以及一場婚禮上的賓客。每當這類慘劇發生，美國政府官員總是堅稱「精準攻擊命中目標」，而對村民指控導彈炸死部落酋長，或炸毀部落長老會議的說法充耳不聞。（但並非所有人都因此受害 —— 美國國防承包商從中賺得鉅額利潤，無人機產業也因此蓬勃發展。）[36]

美國對阿富汗人民犯下的暴行，確實助長了塔利班的支持度。黎森指出，美軍與阿富汗部隊曾發動「夜襲」（night raids），也就是「他們在深夜闖入民宅，殺害或俘虜屋內的人」，這種行動引發了極大的憤恨，「有時導致整個村莊轉而支持塔利班」。記者阿南德・戈帕爾（Anand Gopal）已確認有十一名塔利班領導人曾經離開該組織，卻「因為美軍或阿富汗政府的騷擾」而重返塔利班。馬爾卡西安也提到，「美軍過度激進且缺乏情報的反恐行動激怒了阿富汗人民，迫使許多前塔利班成員再次訴諸暴力。」[37]

歷任美國總統在繼續戰爭的同時，不斷否認事實。惠特洛克指出，歐巴馬表面上結束戰爭，實際上卻沒有真正停止軍事行動。到了川普執政期間，這場戰爭「在美國國內變得較不受關注」，但「戰場上的騷亂卻達到前所未有的程度，阿富汗平民的傷亡人數創下新高」。川普升級了無差別攻擊，並投下「炸彈之母」（Mother of All Bombs），此舉引發爭議，這是戰場上使用過威力最強的傳統炸彈，不僅炸死了多名 ISIS 戰士，還奪走了一名教師及其年幼兒子的性命，這起事件讓前阿富汗總統哈米德・卡賽譴責美國，指控其「非人道且極為殘暴地利用我們的國家作為新型致命武器的試驗場」。為了擺脫美國在阿富汗的沉重負擔，川普最終與塔利班簽署協議，承諾如果塔利班停止攻擊美軍與盟軍，美國就撤離。然而，這項協議並未邀請阿富汗政府參與（一名美國官員表示：「誰在乎他們是否同意？」），反倒為塔利班重新掌控這個國家鋪好了路。[38]

和川普一樣，拜登只想趕快撤出阿富汗，承受政治風險後便翻頁前進。他下令快速撤軍，但這場撤退卻一片混亂，拋棄了許多曾經是美軍核心盟友的阿富汗人。《紐約時報》記者戴克斯特・菲爾金斯直言，這種作法顯然「不可原諒」，甚至可稱為「犯罪」，因為這些阿富汗人「曾為我們而戰，冒著生命危險，許多人因此喪命，而我們卻把數千人丟下不管」。但他最後認為，拜登政府根本不覺得「值得」投入更多心力或資源，畢竟自二〇〇一年以來，美國總統一直認為阿富汗人的生命無關緊要。[39]

二〇二一年，在阿富汗戰爭持續二十年後，美軍發射了最後一枚飛彈，結果炸死了一名人道救援工作者和七名兒童。美國軍方一開始聲稱這是「正義之擊」（righteous strike），表示已擊中攜帶炸彈的恐怖分子。然而，《紐約時報》經過深入調查，揭露政府撒謊，五角大廈才改口稱這次殺戮是「悲劇性的錯誤」。最終，卻沒有人因此受到懲罰。[40]

美國對無辜阿富汗人的殘暴、美國官員厚顏無恥的宣傳，以及施暴者完全不受懲處的現實，這是一個再典型不過的美式戰爭結局。

美國戰爭結束後，阿富汗的情況慘不忍睹。二〇二一年底，世界糧食計劃署（World Food Program, WFP）警告，阿富汗百分之九十八的人口吃不飽，無法獲得足夠的食物，數百萬人面臨饑荒。到了二〇二三年九月，世界糧食計劃署甚至表示，他們的資源瀕臨枯竭，被迫在「飢餓與餓死的人之間做抉擇，數百萬個家庭每天為了下一餐四處奔波、艱難求生」。阿富汗的新聞報導令人心碎——童工數量大幅增加，許多孩子被送去工作養家，例如在垃圾堆中翻找可回收物品。有些父母甚至被迫賣掉其中一個孩子，才能養得起其他孩子。更駭人聽聞的是，為了活命，有些人不得不賣掉自己的器官，甚至是孩子的器官。[41]

這場災難的罪魁禍首，正是美國。二〇二一年八月，當塔利班接管阿富汗後，美國立即凍結了阿富汗中央銀行九十億美元的資產，「形同於切斷了阿富汗與許多外國銀行的聯繫，導致阿富汗中央銀行無法動用外匯儲備以維持國家的現金流」。拜登政府甚至宣布，要把阿富汗人的資金拿出一半，發放給九一一事件受害者的美國家屬 —— 儘管阿富汗人民與九一一事件毫無關聯。這根本是赤裸裸的竊取。《彭博社》記者露絲．波拉德（Ruth Pollard）指出：「問題在於，這筆錢並不屬於美國，而是阿富汗的。」《紐約時報》則婉轉指出：「美國政府在境內霸占他國資產的行為，極為罕見。」[42]

阿富汗主要的婦女組織代表聯名寫了一封公開信給拜登，強烈譴責這項決策的不公，指出：「美國試圖重新分配的這筆資金，本屬於阿富汗人民，而阿富汗人民不該為蓋達組織恐怖分子或塔利班的行為負責。」此外，這些代表們也強調：「由世界上最強大的國家決定最貧困國家的資源分配，極度不公平。」[43] 並進一步表示：「每年有數千名阿富汗人在美國及其盟友所稱的『反恐戰爭』中喪生」，而「在阿富汗經歷史上最嚴重的人道危機之際，剝奪阿富汗人民的資金，絕對是最冷酷無情且最不恰當的回應。」[44]

阿富汗美國大學的奧拜杜拉．巴希爾（Obaidullah Baheer）對這項決策感到極度憤怒，原因再明顯不過：「如果阿富汗要長期生存，就必須建立可持續發展的經濟，而聯邦儲備金是經濟的根基。」「終結阿富汗飢餓」（End Afghan Starvation）組織的創辦人納瑟．沙哈萊米（Naser Shahalemi）對當前慘烈的人道危機感到震驚。他表示：「阿富汗人民正在挨餓，卻無法動用屬於自己的資金。他們無法使用金融卡，也無法存取自己的銀行帳戶……，因為制裁，他們自己的錢被鎖住了……，這實在太荒謬了，這筆資金本該用來幫助阿富汗人民。」（然而，拜登政府無視這些請求，依舊拒絕釋放這筆資金。）[45]

國際危機組織的勞雷爾．米勒（Laurel Miller）指出，美國的政策「對平民造成了災難性影響」。她表示：「西方國家立即採取行動孤立新政權，促使阿富汗局勢徹底崩解。」國際救援委員會（International Rescue Committee）的大衛．米勒班（David Miliband）指出：「當前的人道危機可能導致阿富汗的死亡人數，遠超過過去二十年的戰爭。」馬克．魏斯布洛特（Mark Weisbrot）則認為：「拜登政府並未真正結束戰爭，而是以另一種方式延續，結果造成更多暴力與動盪。」[46]

美國不但沒有協助阿富汗人脫離這場由我們一手促成的地獄，拜登政府甚至拒絕了超過九成阿富汗人的人道簽證申請。拜登政府對阿富汗難民與烏克蘭難民設定了不同標準。例如：「與阿富汗人不同，烏克蘭人申請人道簽證時，不必支付五百七十五美元的行政費用、不需提供疫苗接種證明，也無須本人接受美國領事館的面談。」（民調顯示，阿富汗難民較不受歡迎，部分原因或許是媒體的報導方式，將烏克蘭人描繪為「文明的」難民，且「外貌與我們更相近」。）[47]

如果我們對道德還有最起碼的認真態度，就應該問自己：美國在對阿富汗做了這一切之後，對阿富汗人民的虧欠是什麼？如果我們真的相信自己所宣稱的，「美國是世界上推動自由的最大力量」，那我們應該如何行動？

或許，我們可以從幾項顯而易見的改變開始。拒絕阿富汗難民的簽證申請，完全不合道德。勞雷爾．米勒建議：「可以逐步解除對塔利班的制裁（仍保留對某些個人的制裁和武器禁運）；資助農村發展、農業、電力及地方治理等特定國家功能；恢復中央銀行的運作，使阿富汗重新與全球金融體系接軌。」制裁是在懲罰阿富汗人民，而非其政府的罪行，根本毫無正當性可言。[48]

阿富汗戰爭常被描繪成一場高尚的失敗，又一次美國立意良善卻最終失敗的案例。拉吉夫．錢德拉塞卡蘭（Rajiv Chandrasekaran）寫道，對歐巴馬而言，阿富汗是「正義之戰，是一場始於世貿雙塔倒塌而展開的戰爭，而非基於錯誤情報和誇大的大規模毀滅性武器威脅而發動的戰爭」。但事實上，美國攻擊阿富汗是一場毫無正當性的重大罪行。阿富汗人民或其專制的塔利班政府既未策劃，也未執行九一一恐怖攻擊（事實上，塔利班當時曾公開譴責恐攻事件，並呼籲將兇手繩之以法）。[49]

那麼，美國為何要攻擊阿富汗？小布希希望在九一一事件後「大秀軍事肌肉」。麥可．霍華德將此形容為，美國因「國家榮譽受辱」而產生的「宣洩情緒」與「復仇」的慾望，而這種慾望無法透過「漫長且縝密的警方調查」得到滿足。[50] 在美國外交政策的歷史上，反擊和展現實力的慾望並非罕見的動機。這更接近黑手黨式的邏輯，透過極端暴力來展示實力，以威嚇潛在對手。

為何美國要留在阿富汗？部分原因是，沒有任何一位美國總統願意承認「失敗」，即使越來越明顯的是，美國扶植的阿富汗政府無法獲得必要的民意支持，難以獨立存續。派翠克．柯布恩在二〇一二年觀察到：「對華府與倫敦而言，問題在於他們已使得太多人喪生於阿富汗，花費太多金錢，如果沒有一些可以粉飾成勝利的東西，他們很難撤軍。」無論戰爭的「真正」動機為何，從小布希到拜登，美國總統從未真正致力於改善阿富汗人民的福祉。[51]

仍有人為美國決策者的「崇高意圖」辯護。卡特・馬爾卡西安雖然承認，美國拒絕與塔利班進行外交對話，或無視推翻塔利班政權造成的可怕後果，但他仍將這場戰爭描繪成「殘酷的權衡」，在美國與阿富汗人民利益之間的取捨。他說：「這是無心之過。我們重燃了阿富汗的內戰，為了能讓我們在家裡睡得更安穩。」換句話說，美國選擇犧牲阿富汗人的安危，以換取自身的安全感。

摧毀世界上最貧窮的國家之一，只是為了「睡得更安穩」，這樣的控訴或許已經夠嚴厲，但馬爾卡西安還是錯了。如果小布希政府真心想「保護美國免受另一場恐怖攻擊」，那應該追查最初恐怖攻擊的犯罪網絡。然而，美國選擇了復仇，發動了一場非法戰爭，奪走了數千名無辜人民的生命。在阿富汗人的生命和美國人的安全之間做「取捨」極其醜陋，但實際上根本不存在這樣的取捨。小布希很快就對賓拉登失去了興趣，因為美國已經成功大秀軍事實力。這場戰爭的破壞並非「無心之過」── 武裝無人機不會自行發動攻擊，這一切源於美國對受害者人性的漠不關心。

最令人痛心的是，那些試圖為阿富汗戰爭罪行辯護的人可能會指出，在塔利班缺席期間，阿富汗在婦女權利與基礎建設方面確實取得了進展，但如果美國從未入侵阿富汗，塔利班今天或許根本無法掌權。到二〇〇一年，塔利班已經失去了民眾的支持。派翠克・柯布恩指出：「塔利班的殘暴統治，以及對人民私生活的極端控制，早已讓他們失去民心，變得不受歡迎」，因為「即便只是喜歡放風箏這種無害的娛樂，都可能遭到毆打甚至監禁。」然而，塔利班之所以能夠捲土重來，其中一個關鍵因素，是他們成功塑造自己成為反抗美國占領的自由戰士。阿卜杜勒・哈克曾堅持認為，美國的轟炸行動其實削弱了阿富汗境內反塔利班的抵抗勢力。如果美國沒有介入，這些反抗力量或許最終能夠建立一個擁有民意支持的政府。美國很可能是阿富汗人民長期受塔利班壓迫的主要原因。[52]

第四章

伊拉克：世紀之罪

美國在二〇〇三年至二〇一一年間對伊拉克發動的戰爭，至今仍是本世紀最致命的侵略戰爭，甚至可能是過去三十年來最嚴重的罪行之一。[1] 正如小布希曾因口誤無意間說出的那樣，這場戰爭「完全沒有正當性，且極為殘暴」。至少五十萬名伊拉克人在戰爭中喪生，其中約三十萬人死於暴力——有些人在聯軍的空襲中被炸得四分五裂，有些人在檢查站遭到槍擊，還有許多人死於因美軍入侵與占領所引發的叛亂活動中，自殺式炸彈攻擊者所發動的襲擊。[2]

此外，醫療體系的崩潰也導致許多人死亡——許多醫生因同事被殺害或綁架而紛紛逃離伊拉克，導致醫療資源極度短缺。伊拉克的兒童死亡率與嬰兒死亡率飆升，營養不良與饑荒問題進一步惡化。數百萬人流離失所，美軍的轟炸更在當地留下大量有毒物質，導致「先天畸形、不孕與生育困難」的問題激增。這場戰爭甚至造成了一個「孤兒世代」，幾十萬名兒童失去父母，許多人流落街頭，成為無家可歸的孤兒。伊拉克的基礎建設瓦解，圖書館與博物館遭洗劫，大學體系被摧毀。多年來，自殺式炸彈攻擊幾乎是巴格達日常生活的一部分，而每起暴力死亡事件都伴隨著大量人員因此受傷，或承受心理創傷。二〇〇七年，紅十字會曾表示，「有些母親懇求幫忙清理街上的屍體，好讓孩子在上學途中不會親眼目睹這些恐怖景象」。在美軍占領伊拉克短短十六個月內，急性營養不良的比例翻了一倍，達到與非洲蒲隆地（Burundi）相同的水準，遠高於海地或烏干達，這相當於「約四十萬名伊拉克兒童罹患『消瘦症』（wasting），這種疾病特徵為慢性腹瀉與嚴重蛋白質缺乏」。[3]

一些曾經大力支持戰爭的人，如今選擇了沉默；有些則乾脆扭曲事實，對過去的紀錄撒謊。（新保守派人士威廉・克里斯托〔William Kristol〕在二〇一五年聲稱：「我們在二〇〇八年成功地讓戰爭畫下了相對圓滿的句點。」）其他人則公開表達對戰爭的懊悔，但仍將這場戰爭包裝成一場出於崇高理想的錯誤。舉例來說，很難找到比安德魯・蘇利文（Andrew Sullivan）在二〇〇二年和二〇〇三年時發表的挺戰言論更為極端的表述，他曾寫道：「如果我們在這麼長的時間後仍無動於衷，讓邪惡得逞，喪失對自身道德正義的信心，那我們將無法符合任何對基督徒義務的理解。」

蘇利文說得很清楚：「這場戰爭是正義之戰。我們並非戰爭的發動者，是薩達姆・海珊在十二年前引發了這場戰爭。」（美國總是將自身行動視為防禦性措施，因此即便薩達姆・海珊從未攻擊美國，仍聲稱是他「發動」了戰爭。）蘇利文認為當時刻不容緩：「指責我們急於發動戰爭是荒謬的謊言，刻意遺忘事實，公然否認歷史。」面對外界對戰爭非法性的批評，蘇利文堅稱：「我們必須放棄將聯合國作為國際事務的工具。」事實上，缺乏國際社會的支持，恰恰證明美國是少數真正擁有道德責任感的國家之一。由此可見，「只有美國、英國和少數幾個國家，願意犧牲生命來執行全球秩序。」[4]

然而到了二〇〇七年，當這場戰爭徹底摧毀了原本應被「解放」的伊拉克後，蘇利文開始改口，說明自己是被愚弄的無辜受害者，因對邪惡的強烈憎恨而失去了理智。他表示，自己當初「過於天真」，並且「被打擊伊斯蘭邪惡的渴望所蒙蔽」，他坦承在得知「許多人在倫斯斐所製造的混亂中遭到殺害、酷刑折磨或殘害」時，憤怒不已。

蘇利文如今開始關心那些在戰爭中被殺害、酷刑折磨或殘害的人，這或許值得肯定（儘管戰爭會造成大規模傷亡完全是可預見的後果，並且早已多次被警告）。然而，和許多後來意識到這場戰爭無法辯護的人一樣，蘇利文選擇退守到一種立場，認為這場戰爭雖然「魯莽」，但依然「高尚」且「可以辯護」，只是「（小布希）政府實在太無能又傲慢，才導致無法有效執行」。

與越戰的情況類似，許多表面上批評伊拉克戰爭的人，真正批評的其實是戰爭的執行方式，而不是戰爭本身。美國《華盛頓郵報》專欄作家大衛・伊格內修斯（David Ignatius）在談到國防部副部長保羅・沃佛維茲（Paul Wolfowitz）時，遺憾地指出他那種值得欽佩且堅守原則的理想主義，最終卻與人性的缺陷格格不入。伊格內修斯認為，以道德標準來看，美國推翻伊拉克政府的理由「無可指摘」，但這場戰爭帶來的教訓是：「將外交決策過度道德化是危險的。」他認為，「沃佛維茲式的理想主義」雖然「令人欽佩」，但卻是「一廂情願」，應該「以理性務實的判斷來評估如何保護美國的利益」。[5]

在伊格內修斯的敘述中，伊拉克戰爭是「當代最理想主義的戰爭」，其唯一目標是將民主帶到伊拉克及整個中東地區，而正是這種理想主義，使得戰爭注定失敗。

同樣地，前美國總統歐巴馬雖然認為這場戰爭「思慮不周」且「戰略錯誤」，但他並未質疑發動戰爭者的善意。事實上，在主流批評聲音中，很少聽到將這場戰爭定性為：一國試圖透過暴力謀求區域控制的侵略罪行。相反地，許多批評都將焦點放在戰爭對美國的代價，幾乎隻字未提伊拉克及其周邊國家所承受的苦難。[6]

如果要探究這場戰爭的責任，我們最好先釐清戰爭到底做了什麼，以及這一切背後的真正動機。

自一九七〇年代海珊掌權以來，美國對他的態度保持如一，與對待其他獨裁者的方式無異。只要能幫助美國實現中東戰略目標，海珊的殘暴統治就可以容忍；當他挑戰美國利益時，則無法接受。美國的立場雖然隨時間有所變化，但並非基於海珊是否對美國人民構成威脅（事實上，從他掌權到倒台，對美國的安全根本沒有威脅），也不是因為他對伊拉克人、庫德族和伊朗人犯下的暴行（美國甚至在海珊犯下最嚴重罪行的時期，仍樂意提供他武器和援助）。相反地，按照教父邏輯，當海珊遵守美國的規則時，美國支持他；當他違抗時，美國便反過來對付他。最終，海珊被推翻，原因與許多「政權更迭」行動如出一轍：他的統治阻礙了美國在該地區的勢力，他的反抗必須被鎮壓，以儆效尤。

海珊在一九七九年全面掌控伊拉克，很快便成為美國的重要棋子。[7] 一九八〇年，他發動對伊朗的戰爭，這場戰爭持續到一九八八年，最終導致多達一百萬人喪生。當時，美國急於懲罰剛剛完成革命的伊朗，因此全力支持海珊的侵略行動。一九八二年，雷根政府意識到「伊拉克是伊朗與波斯灣油田之間唯一的屏障」，於是將伊拉克從「支持恐怖主義國家名單」中移除（伊拉克因支持過巴勒斯坦激進組織等團體，而在一九七九年被列入該名單）。美國隨後提供了後勤支援、軍事情報和價值超過五億美元的軍事設備，協助海珊進行這場公然違反國際法的戰爭。更令人震驚的是，美國疾病管制與預防中心（Centers for Disease Control and Prevention, CDC）甚至向海珊提供了炭疽菌、西尼羅病毒和肉毒桿菌等病原體樣本，他隨後利用這些樣本發展生化武器。此外，一九八八年，美國陶氏化學公司（Dow Chemical Company）仍「向伊拉克出售價值一百五十萬美元……的殺蟲劑，儘管外界懷疑這些化學物質將被用於化學戰」。[8]

美國甚至直接參與了這場戰爭，炸毀伊朗的鑽油平台與艦艇，以美國總統雷根的話來說，就是要「讓伊朗人對魯莽行為的代價不抱任何幻想」。（然而，國際法院最終裁定，美國這些舉動「無法被合理解釋為保護美國基本安全利益的必要措施」。）除此之外，美軍還擊落了一架伊朗民航班機，造成機上兩百九十人全數罹難，其中包括六十六名嬰幼兒與孩童。當美國有機會為這場悲劇表達歉意時，時任美國副總統的老布希卻強硬表示：「我永遠不會為美國道歉。我不在乎事實如何……，我不是那種會替美國道歉的人。」[9]

伊拉克的戰爭手段震驚全球。海珊的軍隊使用化學武器，使伊朗士兵遭受極其殘酷的折磨。根據伊拉克官方記錄，他們自一九八一年開始使用化學武器。自第一次世界大戰的毒氣攻擊以來，世界上從未如此大規模地使用化學武器，美國政府對此心知肚明。當聯合國安理會試圖譴責伊拉克使用芥子氣（mustard gas）時，美國阻擋了這項決議。即便美方知道伊拉克準備使用化學武器，美國國防情報局（Defense Intelligence Agency, DIA）仍「秘密提供詳細情報給伊拉克，包含伊朗軍隊的部署、戰略計畫、空襲目標及炸彈破壞評估」。根據《外交政策》（*Foreign Policy*）於二〇一三年證實，一九八八年，「美國透過衛星影像發現伊朗即將突破伊拉克防線，獲得戰略優勢」，於是「美方情報人員將伊朗軍隊的位置提供給伊拉克，明知海珊的軍隊會使用化學武器進行攻擊，包括致命的神經毒劑沙林」。事實上，美國中情局還刻意掩蓋伊拉克使用化學武器的證據，希望伊朗無法拿出確切證明。根據《外交政策》的報導，「美國高層官員持續接獲有關大規模神經毒氣攻擊的情報」，而內部文件更揭露了「美國官方等同於承認，自己涉及了歷史上最殘酷的化武攻擊之一」。[10]

美國國防情報局一名高級官員證實：「伊拉克在戰場上使用化學武器，

並未被視為重大的戰略問題。」（換句話說，美國只關心戰略利益，道德與法律問題無關緊要。）事實上，美方認為使用化學武器「對付軍事目標，在伊拉克為求生存的戰爭中無可避免」，而且伊拉克已將化學武器「納入任何大規模軍事行動的火力部署計畫中」。一名曾參與相關計畫的老兵不以為意地說：「這只是另一種殺人的方式，用子彈還是光氣（phosgene），並沒有什麼差別。」諷刺的是，到了二〇〇三年，「小布希卻不斷引用伊拉克在兩伊戰爭期間使用毒氣的紀錄……作為『推翻伊拉克政權』的正當理由。在庫德族慘遭毒氣屠殺的週年紀念日，布希宣稱這起事件證明海珊「無惡不作」，因為他「毫無憐憫與羞恥地屠殺了數千名男子、婦女和兒童」。[11]

然而，小布希卻隻字未提美國在這些罪行中的共謀角色，也毫無意願追究他父親任內協助並掩蓋這些罪行的官員。海珊之所以能夠發動這些化學武器攻擊，部分原因正是美國不僅幫助他獲取武器，還對國際社會撒謊，掩飾他的罪行。國際危機組織的約斯特．希爾特曼（Joost Hiltermann）在二〇〇三年撰文指出，美國對一九八八年哈拉布賈大屠殺（Halabja massacre）應承擔重大責任，當時海珊使用化學武器屠殺數千名庫德族人。美國「完全清楚兇手是伊拉克，卻指控伊朗（當時伊拉克的敵國）應對這場攻擊負部分責任」，而「這種驚人的詭辯，導致國際社會未能下定決心，強烈譴責伊拉克如同恐怖攻擊世貿中心一樣令人髮指的行為」。希爾特曼認為，「美國政府如今將這場屠殺當作推翻伊拉克政權的藉口」，充滿虛偽和諷刺，因為當年那些來自老布希政府的官員，不但未曾因支持伊拉克大規模毀滅性武器計畫而被追究責任，「反而默許伊拉克使用化學武器」，「對伊拉克最殘忍的暴行視而不見，甚至公開撒謊掩蓋事實」。[12]

海珊摧毀了他的國家，建立了一個如噩夢般的極權國家。那些曾經遭受他政權迫害的受害者，其故事令人毛骨悚然，難以想像。然而，海珊的行為得到了美國的保護與支持。一九九〇年，美國國會「取消了巴格達政府用來購買美國的小麥、大米、木材和牛隻，以及輪胎和機械等商業商品的七億美元貸款保證」。一位共和黨參議員評論道：「我無法相信這個國家的任何農民會願意把自己的產品以補貼形式賣給一個使用化學武器、拷打並處決孩童的國家。」或許沒有任何農民願意這麼做。然而，布希政府認為，限制措施無助於「我們在與伊拉克關係中想要達成的目標」。當美國之音（Voice of

America）的一篇社論譴責了海珊對人權的侵犯後，布希政府對此表示「遺憾」，但仍將海珊視為「該地區的穩定力量」。[13]

然而不久之後，海珊犯了一個關鍵的錯誤。海珊此前的行動一直未受懲罰，但他入侵科威特卻踩到了美國的紅線。不清楚海珊是否知曉美國反對這次入侵，因為當時美國駐伊拉克大使曾告訴他：「我們對於阿拉伯之間的衝突沒有任何意見，像是你們與科威特的邊界爭端，」而且「這件事與美國無關……。我們唯一的希望是這些問題能儘快解決。」[14]《紐約時報》在入侵期間報導，老布希讓海珊認為他「幾乎沒有理由擔心美國會對他的軍隊入侵（科威特）之舉做出強硬回應」。但中央情報局分析師肯尼思．波拉克（Kenneth Pollack）指出，這次入侵「對美國在波斯灣地區的主要目標構成了嚴重威脅，這些目標包括確保石油的自由流通，以及防止敵對勢力在該地區建立霸權」。[15]

批評者指出，老布希政府當時似乎決定以戰爭威脅作為回應，忽略了外交選項。當美國準備動用武力時，《紐約時報》報導稱，海珊正考慮「撤出科威特的大部分地區，只保留一小部分領土」的可能性。《紐約時報》指出，對於老布希政府而言，這樣的讓步是一種「噩夢般的局面」（一位政府官員的說法），因為這會讓美國陷入「似乎不值得開戰」的情況。《紐約時報》還提到，老布希試圖說服海珊，部分撤軍「毫無嘗試的價值」。美國擔心某些盟國「仍對開戰持保留態度，……而海珊的讓步可能符合這些國家的心意」。外交談判之所以是一場噩夢，不僅因為它可能讓海珊保留非法獲得的利益，還會讓美國看起來像是「只會吼叫但不會咬人的紙老虎」。如果我們不「咬人」，我們就會失去國際信譽。[16]

老布希總統曾多次拿海珊與希特勒相提並論，並以慣用的「慕尼黑協定」比喻為缺乏外交努力辯護。海珊提出了多項關於從科威特撤軍的建議（同時指出美國最近也入侵了巴拿馬），但這些提議都被美國忽視，其中之一提到「所有的占領問題」應該「同時解決」，也就是說，以色列應該與伊拉克遵守同樣的標準。儘管阿拉伯聯盟通過一項決議，警告外部干涉並譴責入侵科威特，老布希仍決心要藉由武力給海珊一個教訓，表明老布希所說的「我們說了算」。義大利天主教週報《星期六》（*Il Sabato*）甚至表示，老布希應該獲得「諾貝爾戰爭獎」，因為他堅持使用武力而非談判。一九九〇年二月，《印度時報》（*The Times of India*）將老布希駁回伊拉克撤軍提議形容為「可怕的錯誤」，並顯示西方國家追求一個「強國間達成協議，共享阿拉伯地區戰利品」的世界秩序。該報指出，我們看到了「西方文明最醜陋的一面：對支配的無限渴望，對高科技軍事力量的病態迷戀，對『異國』文化的冷漠，以及令人震驚的民族沙文主義（jingoism）」。[17]

老布希政府還利用宣傳手段來激起民眾支持。一家公關公司散布虛假消息，稱伊拉克士兵曾在科威特一家醫院將嬰兒從保溫箱中扯出來，丟到地上致死。（這類殘暴故事是塑造敵人為新希特勒的核心手段。）政府迅速改變立場，將海珊譴責為屠夫和瘋子，因為他犯下了我們一直以來默許甚至支持的種種暴行。[18]

波斯灣戰爭本身是一場噩夢。當時美國總統老布希曾保證，若與美國爆發衝突，海珊會被「狠狠修理」，因此他對伊拉克展開了大規模火力攻擊。「中東觀察組織」（Middle East Watch）的調查發現，「盟軍簡報官和老布希政府發言人宣稱精準空襲能成功，但這些安慰話語與實際情況大相逕庭，盟軍在人口密集區域的轟炸造成了慘重傷亡」。美方需對數起重大暴行承擔責任。其中，美軍對巴格達防空避難所的攻擊導致四百名平民死亡，婦女和兒童被燒得面目全非。美軍還轟炸了一家嬰兒奶粉工廠，並謊稱該設施生產化學武器。美軍在「死亡公路」（Highway of Death）上設陷阱困住撤退中的伊拉克士兵，並發動猛烈轟炸，這條公路因此得名，因為空襲後沿路遺留無數焦黑的車輛和屍體。士兵甚至被命令射殺「任何移動的目標」，即便只是「載著大頭菜的貨車」。[19] 美軍還動用推土機將伊拉克士兵活埋於壕溝中，造成數千人死亡。[20]

老布希政府在伊拉克採取了多起被視為恐怖主義的行動，蓄意破壞民間基礎設施。根據一九九一年《華盛頓郵報》的報導，某些目標「遭到轟炸，主要意圖是在戰後對伊拉克施加影響，而非影響戰爭進程」，其目的是「摧毀或損壞巴格達無法在沒有外援的情況下修復的寶貴設施」。該報導指出，這種「對民間設施的損壞」，多被宣稱為「附帶損害」且屬無意，但實際上這些行為是經過精心計算的結果。[21]

攻擊撤退中的士兵、防空避難所，以及發電和水處理設施，並以虛構的藉口發動這場戰爭，這些行為可能被認為是不道德的，甚至構成犯罪。然而，美國媒體卻將波斯灣戰爭塑造成一場道德上的勝利。老布希對戰爭的結果深感滿意，因為他認為「感謝主，我們徹底擺脫了越戰症候群」。（「越戰症候群」是指越戰結束後，美國普遍對動用武力的抗拒心理。）他表示，美國現在「重新建立了國際威信」。[22]

當美國在科威特完成目標後，老布希鼓勵伊拉克人民起身推翻海珊政權。他說：「伊拉克人民應該讓海珊下台」，這樣才能「促使伊拉克重返熱愛和平的國際大家庭。」隨後，巴斯拉（Basra）、卡爾巴拉（Karbala）和納傑夫（Najaf）等地相繼爆發起義，來自「二十多個伊拉克反對派團體的代表向美國尋求支援」。但他們未獲得任何幫助，因為老布希政府暗中決定，相比未知的替代者，削弱的海珊對美國更有利。[23]

老布希政府並非特別希望海珊繼續掌權。他們認為，任何獨裁者都能符合要求。《紐約時報》首席外交記者湯瑪斯．佛里曼（Thomas Friedman）表示，對於華府而言，「最佳局面」是「一個沒有海珊的鐵腕伊拉克軍政府」，這樣的政權將能以與海珊相同的手段統治國家。然而，這場起義可能會讓國家落入錯誤的人手中。美國外交關係協會（Council on Foreign Relations）的中東研究主任瑞秋．布朗森（Rachel Bronson）指出：「政府感到不安，因為我們不知道誰會接手。」因此，即使伊拉克反抗者認為美國會支持他們，老布希政府卻袖手旁觀，任由海珊「動用凝固汽油彈、集束彈（cluster bombs）和飛毛腿飛彈（Scud missiles）鎮壓反叛者，並針對什葉派清真寺、墓地和宗教學校發動攻擊，使其成為主要目標」。正如克林．鮑爾所解釋的：「我們的實際意圖是讓巴格達保有足夠的力量，以便能夠繼續對抗仍對美國懷有深仇大恨的伊朗。」《紐約時報》記者艾倫．科維爾（Alan Cowell）報導指出，華府和中東盟友「一致認為，無論這位伊拉克領袖犯下了什麼罪行，他仍然比那些遭受他壓迫的人，更能為西方和該地區提供穩定的希望」。[24]

海珊對這場起義的殘酷鎮壓導致數萬人喪生。也就是說：海珊不僅在作為受到美國重視的盟友和貿易夥伴時犯下最惡劣的罪行，甚至在他被趕出科威特後，美國仍選擇袖手旁觀，任由他殘殺反叛的伊拉克人民，甚至拒絕讓他們使用繳獲的伊拉克武器。這就是所謂的理想主義的實踐。[25]

在一九九〇年代的剩餘時間裡，伊拉克受到經濟制裁和空襲的抑制。到了九〇年代中期，制裁帶來的毀滅性後果促使聯合國啟動「以油換糧」（Oil-for-Food）計畫，以減輕制裁的影響，允許伊拉克將部分石油收入用於社會用途。負責該計畫的外交官丹尼斯．哈利戴（Denis Halliday）在兩年後辭職以示抗議，直指制裁構成種族滅絕，並稱其為一種「國家恐怖主義」。接任的漢斯．馮．史波內克（Hans von Sponeck）也以制裁違反種族滅絕公約為由選擇辭職，並抗議說：「儘管已有大量證據顯示伊拉克社會結構迅速崩解，國際間也認識到此制裁政策明顯懲罰了錯誤的對象，對伊拉克的制裁卻依然延續。」[26]

史丹佛大學的政治學者麗莎．布雷德斯（Lisa Blaydes）在其著作《鎮壓狀態：薩達姆．海珊統治下的伊拉克》（*State of Repression: Iraq Under Saddam Hussein*）中指出，這些制裁是「有史以來對發展中國家實施的最嚴格的財政和貿易限制之一」，再加上波斯灣戰爭的影響，這些制裁為「伊拉克人民帶來嚴重的人道危機」，使該國退化至「前工業時期」的發展水準。這些制裁導致了「整個國家的系統性貧困」，其影響等同於「持續十五年的戰爭或自然災難」。布雷德斯認為：「從一九九〇年到二〇〇三年，這是美國三屆政府一貫的政策 —— 對伊拉克造成最大的經濟損害。」而伊拉克平民的犧牲，「從來不是美國政策的考量，除非它成為美國政府的政治負擔。」[27]

二〇〇三年三月，歷史上自詡最強大的軍事力量發動了一場侵略，對象是一個極為弱小的國家，這個國家不僅完全沒有大規模毀滅性武器（這是入侵的藉口），甚至連一支能夠提供有效防禦的軍隊都沒有。伊拉克軍隊在短短幾週內徹底瓦解，而美國媒體則幸災樂禍地嘲笑伊拉克發言人關於「成功

阻擋侵略者」的聲明。[28]

美國之所以成功，部分原因在於積極運用極端暴力。整場入侵與占領過程殘暴而笨拙。人權觀察組織譴責「美國和英國地面部隊尤其大規模使用集束彈」，並指出如果不使用這些武器，「本可避免數百名平民在戰爭中傷亡」。人權觀察報告稱，「美英地面部隊共發射了近一萬三千枚集束彈，散布了近兩百萬枚小型炸彈」，這些未爆炸的彈藥如今依然「散落在大地上，隨時等待誤踩的受害者」。一名美國上校曾對《紐約時報》直言：「越殘忍，戰爭結束得越快。對我們來說，當最後一個願為薩達姆·海珊而戰的人倒下，眼睛上爬滿了蒼蠅，這場戰爭就算徹底結束了。」[29]

在輕易粉碎伊拉克的國家機構之後，伊拉克「威脅」美國的說法也被證實純屬虛構。隨後，美國開始建立一個新殖民政權，但迅速耗盡了伊拉克人在推翻獨裁者後僅存的善意。小布希總統任命了保羅·布雷默（L. Paul Bremer），一位對伊拉克一無所知的哈佛企業管理碩士，像帝國總督一樣統治這個國家。布雷默立即著手消除「薩達姆主義」，解散了軍隊和警察，使國家陷入無政府狀態，並禁止復興黨（Ba'ath party）黨員擔任公職，徹底排除任何具備管理能力的官員。[30] 小布希政府更將「聯盟臨時管理當局」（Coalition Provisional Authority）的職位交給了共和黨的忠實支持者，這些人不熟悉伊拉克文化，也不會講當地語言。大部分人甚至從未踏出美國一步，拿到的第一本護照就是為了前往伊拉克。[31]

美軍以暴力解決問題。他們在搜索過程中洗劫或摧毀民宅，一見動靜便開槍射擊。伊拉克退伍軍人反戰聯盟（Iraq Veterans Against the War）在「酷寒戰士」（Winter Soldier）活動訪談中的證詞，揭露了美軍對伊拉克民眾普遍的去人性化態度和暴力行為，令人感到不安。曾在伊拉克服役三次的下士傑森·沃許本（Jason Washburn）回憶，有一次他們看到一名女性提著一個巨大的袋子，「似乎朝我們走來」，「我們把她炸得四分五裂」，事後才發現袋子裡裝的只是日常雜貨。其他退伍軍人的證詞也描述了類似的情景：

> 「我的上級明確告訴我，只要有人靠近我到讓我不適的距離，而對方又不聽從指示立即移動，我就可以開槍射擊。考量到我不會說阿拉伯語，我的上級普遍態度是『他們死好過我們

死』……。（某次，我們的指揮官）下令將街上所有人都視為敵方戰鬥人員。我清楚記得那天下午的情況，我們轉過一個街角時，一名手無寸鐵的伊拉克男子從門口走出來。我記得走在我前面的海軍陸戰隊員舉起步槍，瞄準了這名手無寸鐵的男子。然後，可能是出於某種心理作用，我的大腦選擇性忽略了實際的開槍過程，因為接下來我記得的是，自己正跨過那名死去男子的屍體，進入他剛剛走出的房間進行清理。那是一間儲藏室，裡面堆滿阿拉伯版的奇多（Cheetos）。那裡除了我們的武器外，什麼武器都沒有。幾週後，指揮官告訴我們，有超過一百名敵軍『被擊斃』，而這個數字據我所知也包含了那些僅僅在街道上行走而被射殺的平民。」——傑森・韋恩・勒米厄（Jason Wayne Lemieux），美國海軍陸戰隊中士。

「有一次，上級下令射擊所有的計程車，因為敵人正使用計程車作為交通工具。在伊拉克，任何一輛車都可以是計程車，只需要把車身漆成白色和橙色。一名狙擊手反問：『抱歉？我剛剛聽錯了嗎？射擊所有計程車？』中校回應：『沒錯，士兵，射擊所有計程車。』接著整個城鎮陷入一片火光，各單位開始對車輛開火。這是我第一次體驗戰爭，那一刻也為接下來的部署奠定了基調。」——哈特・維吉斯（Hart Viges），美國陸軍第八十二空降師步兵技術兵。[32]

針對伊拉克人民的罪行非常普遍。美國接管了薩達姆・海珊惡名昭著的阿布賈里布（Abu Ghraib）監獄，卻在那裡對囚犯（「被拘留者」）施以肉體和性虐待、酷刑，甚至謀殺。美國看守人員「用掃帚柄和螢光燈管毆打和性侵囚犯，逼迫他們吃馬桶裡的東西，抓他們撞牆，對他們撒尿、吐口水，強迫他們穿上女性內衣，用狗鍊牽著走，讓他們睡在濕冷的地板上，派狗攻擊他們，朝他們身上潑灑化學物質，剝光他們的衣服，把他們當成動物騎乘」。小布希政府最初試圖壓下來這些虐待報告，隨後試圖將責任推卸到基層士兵身上。然而，後來曝光，這些所謂的「強化審訊技術」的授權，直接來自時任國防部長唐納．倫斯斐。[33]

和越戰一樣，許多暴行的發生是因為美國士兵年輕、攜帶重武器，卻充滿恐懼，對自己所駐守的國家一無所知，也無法分辨平民與叛亂分子（甚至不願意多加分辨）。記者戴克斯特．菲爾金斯報導，他遇到兩名剛從激烈交火中回來的年輕士兵，他們坦白說：「我們只是瘋狂地射殺人。我們就是不停地殺人。」當叛亂分子混入平民之中時，「我們就連平民也一起射殺了。」其中一名士兵回憶，他開槍射殺了一名女子，因為有一名叛亂分子站在她的身後，他表示：「那女的擋到路了。」菲爾金斯講述：「這名士兵對這件事並沒有特別感到困擾。」[34]

美國全國公共電台記者安娜．葛瑞兒（Anne Garrels）回憶美國對待伊拉克人的方式，助長了反美叛亂的興起。她指出，「軍隊對伊拉克文化完全缺乏理解」，導致原本「持觀望態度」的伊拉克人轉而反對美國人。她說「占領」在當地的管理極度失當，「令人難以置信」，並提到「一再發生」無辜平民被神經緊繃的美國士兵屠殺的事件。傑森．伯克（Jason Burke）在《九一一戰爭》（*The 9/11 Wars*）一書中也提到占領者「適得其反的舉措」：「任何陪同（美國）軍方參與突襲行動的人，都能明顯看到美軍戰術對當地民眾造成的影響。」在搜索叛亂分子時，美軍「用炸藥將嫌疑人家門炸得門框脫落，翻箱倒櫃，並強迫大批男性頭上套著袋子蹲伏在烈日下數小時，等待『審查』」。[35]

二〇〇四年針對法魯賈（Fallujah）的攻擊尤其令人髮指。戰後，伊拉克醫生阿里．法迪爾（Ali Fadhil）表示，他發現整座城市「完全被摧毀」，宛如一座「鬼城」。醫生們報告說，美軍攻擊開始時，整個醫療團隊被困在主要醫院內，並按照美軍命令「被綁起來」：「沒有人能進入醫院，傷者只能在城裡失血而死。」在被摧毀的民宅鏡子上用口紅寫下的一段訊息，道出了入侵者的態度：「該死的伊拉克和每一個伊拉克人。」[36]

基督和平工作團（Christian Peacemakers Team）在巴格達的成員喬．卡爾（Joe Carr）於二〇〇五年五月二十八日抵達法魯賈時，發現這裡的情況與他先前在以色列占領的巴勒斯坦地區有著令人痛心的相似之處：進入城市的幾個檢查點需要等候數小時，這些檢查多半是為了騷擾而非安全；在滿目瘡痍的廢墟中，農產品經常遭到破壞，「食品價格因為檢查站而大幅上漲」；救護車載送傷患接受醫療時被阻擋；還有其他形式的隨機暴行。他說，美軍「摧毀了整片鄰里，大約每三棟建築就有一棟被摧毀或嚴重損壞」。攻擊後，僅剩一間提供住院治療的醫院倖存，但占領軍阻擋人們前往醫院，導致法魯賈及周邊農村地區許多人死亡。被摧毀家園的家庭中，只有約四分之一獲得了某些賠償，但通常只有重建所需材料費用的一半甚至更少。[37]

美國對伊拉克的所作所為，從未有過、也可能永遠不會有一份全面而有意義的檢討與清算。我們僅有的資訊，往往來自於非法洩密，例如雀兒喜・曼寧（Chelsea Manning）勇敢揭露的二〇〇七年影片，畫面顯示美國直升機飛行員向平民開火（並殺害）包括兩名路透社記者在內的人時，還在大笑。一些悲劇是意外，儘管這類意外在不顧平民傷亡的人使用重型火力時幾乎無可避免。[38] 一些悲劇則是蓄意的。然而，這場戰爭本身就是最大的罪行。[39]

對外宣稱的理由與真實解釋

小布希政府對於戰爭的公開理由，建立在無數的謊言之上，這些謊言不斷透過官員和媒體重複宣傳。政府利用恐懼來威嚇美國大眾，讓他們以為如果不立即入侵伊拉克，紐約市很快就會迎來一場「核爆蕈狀雲」。荒謬的謊言一次次地被提出，例如副總統迪克・錢尼（Dick Cheney）聲稱：「毫無疑問，薩達姆・海珊現在擁有大規模毀滅性武器」，並且「毫無疑問，他正在囤積這些武器，用以攻擊我們的朋友、我們的盟友以及我們自己。」但事實上，錢尼心知肚明，不僅有人對此提出質疑（當時一些更誠實的官員已經坦承如此），更沒有任何可信的理由可以支持這些說法。[40]

一些接觸過第一手情報的官員，對於這些嚴重的事實扭曲感到震驚。安東尼・辛尼將軍（General Anthony Zinni）回憶說：「我簡直太震驚了，無法相信副總統居然會說出這種話。你知道嗎？和中情局合作研究伊拉克大規模毀滅性武器問題的過程中，我在蘭利（Langley，中情局總部）聽過的所有簡報裡，我從未見過一份可靠的證據可以證明有武器計畫正在進行。」英國軍情六處（MI6）首長在一份惡名昭彰的備忘錄中指出，「事實被扭曲以符合政策需求。」小布希政府的反恐協調官理查德・克拉克（Richard Clarke）則表示：「一直以來，似乎我們入侵伊拉克是不可避免的⋯⋯。這是一種執念（*idée fixe*），一種僵化的信念，像是早已成為共識，無論事實如何，都無法動搖這個決定。」[41]

關於海珊是否擁有大規模毀滅性武器，已知的事實多次被扭曲。[42] 例如，小布希曾公開宣稱：「國際原子能總署發布了一份報告⋯⋯指出他們（伊拉克人）距離研發出核武只差六個月。我不知道我們還需要什麼其他證據。」然而，國際原子能總署隨後證實，並未發布過這樣的報告。事實上，早在兩年前，克林・鮑爾就曾表示，海珊「在大規模毀滅性武器方面沒有任何重要能力」，且「無法對鄰國構成傳統軍事威脅」。同樣在二〇〇一年四月，國家安全顧問康朵麗莎・萊斯（Condoleezza Rice）也表示：「我們已成功阻止他獲取武器。他的軍事力量尚未重建。」同年，中情局的一份報告也指出：「我們沒有任何直接證據顯示伊拉克在（波斯灣戰爭後）重新啟動其大規模毀滅性武器計畫。」[43]

為了向公眾推銷戰爭的必要性，布希、錢尼、鮑爾、萊斯等人發表了數百則虛假聲明。一份國會報告統計出兩百三十七條「誤導性」的言論，這些言論與當時已知事實不符。為了阻止人們仔細審查這些事實，他們堅稱這個威脅具有「特殊的緊迫性」，根本沒有時間進行討論。他們聲稱伊拉克「對美國構成了重大威脅」，甚至「威脅到每一個美國人」。這些說法的目的是在美國社會中製造恐懼與恐慌，並將任何質疑政府推動戰爭的人抹黑成危險且不愛國的人。任何試圖調查政府聲明的舉措，都會描繪成拿人命開玩笑。倫斯斐曾說，可能會發生「使用大規模毀滅性武器的九一一事件」。二〇〇二年十一月，他更警告：「如果薩達姆・海珊拿到他的毀滅性武器」，使用或將武器交給蓋達組織，可能會導致十萬人喪命。[44]

小布希和其他政府官員明知道伊拉克並未參與九一一恐怖攻擊，但他們仍試圖說服美國公眾相信蓋達組織與薩達姆・海珊之間存在聯繫，藉此提高對缺乏正當理由的戰爭的支持度。政府官員在公開演講中頻繁將「蓋達組織」和「薩達姆・海珊」的名字放在一起，但刻意避免直接聲稱海珊策劃了九一一攻擊，因為他們清楚這與事實不符。國防部甚至炮製了「另類情報評估」來反駁情報界的共識——即蓋達組織與海珊之間並無聯繫。副總統錢尼堅稱：「有大量證據表明蓋達組織與伊拉克政府之間存在聯繫。」然而，事實上，大量證據顯示情況完全相反。[45]

當有人指出小布希試圖引導美國人把對九一一攻擊的憤怒指向海珊時，小布希否認這種指控，聲稱：「我從未說過九一一事件與海珊之間有直接的聯繫。」然而，小布希確實以暗示的方式，反覆營造出這種印象。在向國會申請授權對伊拉克動武時，小布希告訴國會：「對伊拉克使用武力符合美國及其他國家對國際恐怖分子及恐怖組織採取必要行動的原則，包括那些策劃、授意、實施或協助了二〇〇一年九一一恐怖攻擊的國家、組織或個人。」此外，在小布希宣稱伊拉克戰爭勝利的「任務完成」（Mission Accomplished）演講中，他提到已經「移除了蓋達組織的盟友」，並將此視為「自二〇〇一年九一一事件以來反恐戰爭」的一部分。[46]

一些相對誠實的鷹派人士直言不諱地承認，這些說詞純粹是騙局。肯尼思・波拉克在他二〇〇二年主張戰爭的著作《威脅風暴：入侵伊拉克的理由》（*The Threatening Storm: The Case for Invading Iraq*）中，提醒讀者不要誤以為入侵伊拉克的理由是為了阻止蓋達組織。他坦承，情報顯示「伊拉克並未參與二〇〇一年九月十一日的恐怖攻擊」，而海珊「大多避開與蓋達組織的關係，因為他擔心這樣的聯繫會將他捲入一場與美國的戰爭，而這場戰爭並非由他挑起。」[47]

以「與蓋達組織有聯繫」作為戰爭理由的正當性進一步受到質疑，因為小布希早在九一一事件發生之前就已經開始計劃對伊拉克發動戰爭，而當時他的政府並未關注蓋達組織（這種忽視也為九一一事件的發生埋下伏筆）。時任財政部長保羅・歐尼爾（Paul O'Neill）證實，在二〇〇一年初的內閣會議中，政府已在討論如何入侵伊拉克並推翻海珊。他說：「整個會議的基調就是設法完成這件事。總統說：『去給我想個辦法。』」歐尼爾還揭露了九一一事件發生前的文件，如〈後薩達姆伊拉克計劃〉（"Plan for Post-Saddam Iraq"）以及五角大廈的〈伊拉克油田合約的外國競爭者〉（"Foreign Suitors for Iraqi Oilfield Contracts"）。事實上，小布希政府的多位未來高層早在一九九八年就曾公開表示，他們認為美國應該「採取策略，推翻薩達姆・海珊政權」。[48]

當入侵開始後，將薩達姆・海珊視為美國威脅的想法，很快就被認為荒謬可笑。他的軍隊迅速潰散，而逃亡中的海珊不久便躲藏在一處農場的狹小「蜘蛛洞」（spider hole）* 內。認為伊拉克威脅美國的說法，就如同當年雷根將尼加拉瓜形容為美國國家安全威脅一樣荒謬。事實上，這是一個貧窮且分崩離析的國家。然而，歷史告訴我們，無論情勢多糟，美國的干預總能讓情況更加惡化。

隨著開戰的核心論點被揭露為荒唐無稽，戰爭的理由也隨之改換。突然間，政府聲稱，他們入侵伊拉克的原因並非為了尋找大規模毀滅性武器（即使當時海珊的解除武裝議題被稱為「唯一的問題」），而是因為急於要將民主的恩惠帶給伊拉克。正如中東學者奧古斯都・理查德・諾頓（Augustus Richard Norton）所言：「小布希政府越來越強調伊拉克的民主轉型，而學者們也紛紛迎合民主化的潮流。」[49]

伊拉克人民並不買帳。根據蓋洛普（Gallup）民調，只有百分之五的人認為入侵的目的是「協助伊拉克人民」，大多數人認為這場戰爭的目的是控制伊拉克的資源，並重塑中東秩序，以服務美國和以色列的利益。到了二〇〇四年，絕大多數伊拉克人將美軍視為「占領者」而非「解放者」。伊拉克各個宗教派別和背景的人們自始就表明，他們不希望被占領；民調結果一致顯示，多數人希望美國撤軍。（當伊拉克國會於二〇二〇年投票要求美軍撤出時，川普的回應則以制裁威脅伊拉克，這充分體現了美國對伊拉克民主的「尊重」。）[50]

面對這個突然冒出的利他目的，人們有充分理由感到懷疑。首先，也是最顯而易見的一點，美國從未真正關心解放人民脫離專制暴政，事實上，美國經常大力支持與自己友好的專制政權。關鍵問題始終是這些政權是否符合美國「在該地區的利益」，而非這些政權是否壓迫人民。伊拉克對庫德族和伊朗人的暴行，正是在美國支持期間發生的。美國在助長這些暴行之後，卻對為何突然開始關心懲罰加害者一事，毫無任何解釋；同時也絲毫未提及是

---

* 海珊藏身的狹窄地下空間。——譯註

否應該追究那些協助海珊犯下大規模屠殺的美國官員的責任。如果海珊當時持續配合美國，那麼他的暴行會像沙烏地皇室、蘇哈托、皮諾契特以及伊朗國王等人一樣，受到美國同樣的對待。也就是說，美國或許會偶爾對其人權侵害表達不滿，但卻持續提供支持，助長這些暴行的延續。

事實上，我們可以從小布希政府對待聽話獨裁者的態度，看出是否真的存在任何人道主義動機。例如，《紐約時報》於二〇〇五年報導，儘管烏茲別克當時由一位殘暴、像海珊一樣的獨裁者統治，他卻受到美國的熱烈歡迎。在九一一事件之前，美國國務院曾發表一份報告，記載了「駭人聽聞的慘況」，描述包括將囚犯活活煮死等極端酷刑。然而，「在九一一恐怖攻擊發生後」，美國總統小布希「立即將烏茲別克視為打擊全球恐怖主義的合作夥伴」，並向該國提供「超過五億美元，用於邊境管制和其他安全措施」。儘管烏茲別克的人權紀錄極其糟糕，但美國從未考慮過入侵該國。事實上，《紐約時報》指出，「越來越多的證據顯示，美國將恐怖嫌犯送往烏茲別克進行拘留和審訊，即使其虐待囚犯的方式不斷受到國際譴責。」[51]

如果美國戰爭規劃者心中真正以伊拉克人民的利益為優先考量（或者至少稍微考慮過），那麼他們應該會更重視戰爭前那些關於可能引發災難性人道後果的嚴重警告。在經歷了一九九〇至二〇〇三年毀滅性制裁的打擊後，伊拉克人民已經面臨生死存亡，國際救援和醫療機構早就預見戰爭可能引發人道災難。二〇〇三年，就在戰爭開始前，瑞士政府召集三十個國家舉行會議，試圖為可能的後果進行預先部署。只有美國拒絕出席。與會者，包括其他四個聯合國安理會常任理事國在內，都「警告可能出現毀滅性的人道後果」。華府國際難民救助組織（Refugees International）的負責人、前國防部助理部長肯尼思・培肯（Kenneth Bacon）預測：「戰爭將導致大量難民湧現和公共衛生危機。」與此同時，國際救助機構批評美國對伊拉克的戰後人道救援計畫，指其「缺乏細節、資金嚴重不足，且過度受軍方掌控」。聯合國官員抱怨：「我們試圖向（華府的）戰爭規劃者發出警告，但他們對後果表現出冷漠無視。」[52]

最後一個顯示美國並不在意伊拉克民主發展的跡象：美國反覆阻撓伊拉克邁向民主。事實上，美國反對將伊拉克的主權移交給伊拉克人民。克林・鮑爾在拒絕聯合國治理伊拉克的提議時表示：「我們和聯盟夥伴承擔這麼大的責任，就是為了未來能掌控事態發展。」(小布希本人則說，當伊拉克最終獲准選舉自己的領導人時，他希望選出的那個人「願意站出來感謝美國人民為解放伊拉克所做出的犧牲」。) 小布希的前國安顧問布倫特·史考克羅(Brent Scowcroft)曾質疑：「如果伊拉克第一次選舉結果是激進派當選會怎樣？你會怎麼做？我們顯然不會讓他們掌控局面。」[53]

《紐約時報》於二〇〇三年六月報導，保羅·布雷默取消了原定在納傑夫舉行的首次市級選舉，理由是「反對者」和「極端分子」可能會獲勝，也就是那些反對繼續占領他們國家的人。隨後，美國海軍陸戰隊「突襲了當地一個不起眼的地方政黨辦公室，逮捕四名成員，並將他們監禁了四天」，原因是這些黨員「違反布雷默先生頒布的一項新法令，該法令禁止煽動對占領軍的暴力」。對於那些鼓吹以暴力抵抗占領軍的人，民主不適用。《紐約時報》報導，數百名伊拉克人走上街頭，抗議選舉被取消，並引述某位「預計將贏得選舉」的候選人所說的，如果沒有選舉，美軍應該預期會遭遇更多的暴力抵抗。(「如果他們不給我們自由，我們還能怎麼辦？」)[54]

如果所有官方理由顯然都是宣傳手段，甚至在入侵當時就已顯得虛假，那麼人們可能會問，戰爭的真正理由到底是什麼？

對伊拉克人來說，他們毫不懷疑這場戰爭的根本原因是石油。石油是引發全球戰爭的重要原因之一，而美國決策者從不掩飾他們極不情願將世界石油供應的控制權拱手讓給競爭勢力。掌控能源來源不僅增強美國的經濟與軍事力量，還成為其主導全球的重要工具。這正是吉米·卡特提出「卡特主義」的理論依據：「任何外來勢力試圖掌控波斯灣地區，都將被視為對美國核心利益的攻擊，而對於這種攻擊，我們將以任何必要手段反擊，包括動用軍事力量。」[55]

在解釋第一次波斯灣戰爭時，老布希毫不避諱地提到石油作為戰爭的理由之一：「如果全球主要石油儲備落入薩達姆·海珊手中，我們的就業、生活方式、自由，甚至世界各地友邦的自由都將受到威脅。」老布希誓言：「我們絕不允許這樣重要的資源被如此殘暴之人掌控。我們不會讓這種情況發生。」前中央司令部（Central Command, CENTCOM）指揮官約翰・阿比扎德（John Abizaid）在談到美國廣泛介入中東時表示：「當然，這與石油有關，非常有關，我們無法否認這一點。」事實上，如果伊拉克的主要出口商品是番茄和蘆筍，那麼薩達姆・海珊在該地區的權力就不會引起美國如此大的關注。小布希政府的國務院政策規劃主任理察・哈斯（Richard Haass）曾寫道：「該地區之所以如此重要，主要是因為其（石油和天然氣）資源及其對世界經濟的關鍵性……，如果沒有石油及其重要性，中東的戰略地位將會大打折扣。」[56]

不過，小布希政府的官員否認他們與老布希一樣關心能源供應的控制問題。倫斯斐曾表示，這場戰爭「完全與石油無關」，而小布希的演講撰稿人戴維・佛朗姆（David Frum）也堅定地強調：「美國在伊拉克作戰，絕不是為了石油。」[57] 但肯尼思・波拉克解釋，阻止海珊掌控大規模毀滅性武器的一個關鍵原因，是因為他可能會利用這種力量「促進伊拉克的政治利益」，甚至可能「隨心所欲地減少或完全停止石油出口」，以迫使包括美國在內的國家做出讓步。[58]

如同倫斯斐、沃佛維茲以及其他多位新保守派人士在一九九八年寫給柯林頓總統的信中，要求伊拉克政權更迭，並提到：「如果海珊真的獲得投放大規模毀滅性武器的能力……，美國駐該地區的軍隊、我們的盟友與友邦（例如以色列及溫和的阿拉伯國家）以及全球重要的石油供應都將陷入危機。」共和黨參議員查克・黑格（Chuck Hagel），後來於歐巴馬政府擔任國防部長，他在二〇〇七年談及伊拉克戰爭時直言：「有人說我們不是為了石油而戰，當然是為了石油。他們談論的是美國的國家利益，不然你以為他們指的是別的嗎？我們總不可能是為了無花果才去那裡吧。」前聯邦準備理事會（Federal Reserve Board）主席艾倫・葛林斯潘（Alan Greenspan）也持類似觀點：「我感到遺憾的是，在政治上似乎不太方便承認伊拉克戰爭很大程度上與石油有關，但大家心裡其實都明白。」曾在政府內部工作的理查德・克拉克則指出，在他觀察政府運作後認為，戰爭的動機有多重因素，其中包括「透過消滅一個大型且敵對的軍事勢力來改善以色列的戰略地位」，以及「培養另一個對美國友好的石油供應國，以降低對沙烏地阿拉伯石油的依賴」。[59]

認為入侵伊拉克只是「為了石油」的觀點，過於簡化。對於小布希來說，推翻海珊有許多誘人的理由，其中包括海珊對以色列的敵對態度。個人動機往往與地緣政治目標交織在一起（例如，林登．詹森擔心在越南問題上表現軟弱被視為懦弱無能）。在入侵之前，小布希曾表示：

> 成為偉大領導者的關鍵之一，就是被視為卓越的三軍統帥。我父親當年把伊拉克人趕出（科威特）時，累積了極大的政治資本，卻白白浪費了。如果我有機會入侵伊拉克，如果我擁有那麼多政治資本，我不會浪費它。我會用這些政治資本推動所有我想通過的政策，並確保我的總統任期取得成功。[60]

小布希或許認為，一場成功的戰爭是成功總統任期的關鍵。他的前白宮發言人寫道，他聽小布希說過：「只有在戰爭時期執政的總統，才可能成就偉大。」[61]

小布希當時選擇入侵伊拉克，背後有多個完全理性的考量，但這些考量與官方說詞毫無關聯。戰爭能轉移國內焦點，而共和黨的國內政策相當不得人心。即便聯合國不支持這場戰爭，對小布希政府來說反而是個優勢，而非劣勢，因為當美國公然違反國際法卻不受懲罰時，便能削弱聯合國的權威 —— 聯合國理論上是唯一有權約束美國採取軍事行動的機構。小布希政府顧問、前雷根政府國防部助理部長理查．波爾（Richard Perle）曾在《衛報》撰文表示，海珊垮台帶來的一個附帶影響，就是「聯合國將與他一同沉淪」，而「隨之崩解的，是那種把聯合國視為新世界秩序基石的幻想」。這次入侵將徹底終結「自由派對於國際機構執行的國際法能夠維持世界安全的幻想」，並向全球展示，這些機構根本無力阻止美國。哈佛大學中東史學者羅傑．歐文（Roger Owen）在討論攻打伊拉克的理由時指出，美國需要一場具有「殺雞儆猴效果」的戰爭。這種警示行動能夠向其他國家傳遞明確訊息 —— 如果不服從，就得承擔後果。正如波爾所說：「我們已經殲滅塔利班，摧毀海珊政權，對其他人的警告是：『你們就是下一個。』」[62]

前美國中央司令部司令安東尼．辛尼將軍在談及新保守派推動戰爭的動機時，給了一個符合事實的解釋。他直言：「新保守派根本懶得理會伊拉克的現況或戰後局勢。」因為「我們已經確立了實力」，所以他們的態度是：「管它去死。」這種想法完全沒有「理想主義」可言，純粹是黑手黨邏輯。伊拉克人的生命對他們來說毫無價值，唯一問題在於我們是否成功確立了美國的權勢。[63]

美國入侵伊拉克後，這個國家遭受嚴重破壞，引發的族群衝突撕裂了伊拉克，並讓中東地區動盪不安。二〇〇四年，一名伊拉克部落客寫道：「你們該看看戰爭與占領帶來的代價。他們不會讓你們看到擠滿死傷者的醫院，因為他們不想傷害美國人的感受。」在這場戰爭的破瓦頹垣中，夢魘般的伊斯蘭國（Islamic State）崛起，甚至一度差點全面掌控伊拉克。這場戰爭雖被宣稱為「全球反恐戰爭」的一部分，但實際上，卻讓西方國家比以往更加暴露在恐怖主義的威脅之下。無論是人命還是資源，這場戰爭的代價都極為慘重。[64]

然而，這起世紀罪行的負責人，卻至今從未被起訴或受到法律制裁。在美國的公共討論中，追究責任這件事甚至從未被提及。事實上，《華盛頓郵報》二〇二一年刊登於「風格」（Style）版面的一篇人物特寫提到，小布希如今的公開形象是「與蜜雪兒．歐巴馬（Michelle Obama）一起分享糖果，或是與艾倫．狄珍妮絲（Ellen DeGeneres）一同觀看達拉斯牛仔隊的比賽」。退休後，小布希開始投入繪畫，他為士兵創作的肖像畫被集結成一本精裝畫冊，《勇氣的肖像：三軍統帥向美國勇士致敬》（*Portraits of Courage: A Commander in Chief's Tribute to America's Warriors*），並獲得《紐約客》（*The New Yorker*）的正面評價，形容他的畫作「出奇地討喜」、「誠懇寫實」，甚至「達到了驚人的藝術水準」。在川普執政期間，一些民主黨人甚至開始以帶有懷舊情感的眼光看待小布希的任期，認為他是較為親和、溫和的共和黨人。民主黨參議員哈利．瑞德（Harry Reid）就曾表示：「回頭看小布希，我竟然會有一絲懷念和好感，這是我從未想過的事。」[65]

這樣反映出媒體令人不安的一面，一個導致超過五十萬人死亡的人，如今卻因為他的畫作而獲得媒體大加吹捧，而那些死去的人卻完全被忽視。小布希當年為了發動戰爭，刻意編造虛假理由，摧毀了整個國家，犯下嚴重的國際罪行。他施行酷刑，甚至將人折磨至死。然而，如今他的形象卻成了一個憨厚慈祥的老爺爺，甚至連民主黨人都對他產生了懷舊之情。

當然，小布希的受害者可不是這樣想的。辛蒂・希恩（Cindy Sheehan）的兒子凱西・希恩（Casey Sheehan）在伊拉克戰爭中喪生，她發起了一場令人敬佩的反戰運動，並曾對《華盛頓郵報》表示：「我不認為像艾倫・狄珍妮絲這樣的人應該坐在他身旁，讓他看起來像個正派人物，彷彿他是個好人。我不認為他應該被洗白或淡化罪責。我認為他應該進監獄。」而向小布希扔鞋的伊拉克記者蒙塔達・札伊迪（Muntadhar al-Zaidi）則表示，他這麼做是「為了表達抗議他的謊言、對我國的占領，以及他對我國人民的屠殺」。[66]

發動這場戰爭的主要策劃者，一直都過著富足而舒適的生活。二〇〇七年離開政府職位後，唐納・倫斯斐創立了「倫斯斐基金會，以推動公共服務，並透過獎學金與補助支持海外自由政治與經濟體系的發展」。克林・鮑爾則擔任「公民與全球領導學院（School for Civic and Global Leadership）的訪視委員會主席」。保羅・布雷默退休後，在佛蒙特州當起滑雪教練。迪克・錢尼在一月六日國會大廈暴動週年當天造訪國會時，甚至受到了民主黨人的熱烈歡迎。而小布希，則一如既往地畫著外國領袖、士兵，還有小狗的畫像。然而，對於這些違反國際法的行為，卻沒有任何主流機構試圖追究責任或伸張正義。[67]

更荒謬的是，二〇二二年，美國海軍宣布將一艘新的兩棲突擊艦命名為「法魯賈號」（USS *Fallujah*），以紀念美軍入侵伊拉克時犯下的最殘暴戰爭罪行之一。記者納比勒・薩利赫（Nabil Salih）指出，美軍在法魯賈屠殺大量婦孺後，「美國的殘暴並未就此結束」，而「法魯賈這個名字，如同戰利品，被美軍用白磷彈刻進了母親的子宮，並影響著世世代代」。[68]

小布希發動了所謂的「全球反恐戰爭」，但這場戰爭不僅沒有解決問題，反而加劇了恐怖主義。實際上，降低美國目標遭受恐怖攻擊的風險，從來就不是小布希政府的真正優先目標。恐怖主義專家彼得・卑爾根（Peter Bergen）和保羅・克魯克桑（Paul Cruickshank）透過準官方數據分析後發現，「伊拉克效應」（Iraq effect，入侵伊拉克的後果）導致恐怖主義活動增加了七倍。美國以恐怖手段對抗恐怖主義，反而成為聖戰組織絕佳的招募工具。連美國中情局自己都承認，伊拉克占領戰爭成為「聖戰分子廣為宣傳的焦點，讓他們更加痛恨美國對穆斯林世界的干涉，進一步壯大了全球聖戰運動」。對賓拉登而言，九一一恐攻帶來的結果，簡直超乎他的最佳預期。歷史學者卡特．馬爾卡西安甚至指出：「賓拉登想引誘美國進入阿富汗的夢想成真了。」[69]

在「全球反恐戰爭」的年代，當個別穆斯林對美國平民發動暴力襲擊時，幾乎所有攻擊者都指出，美國在戰爭中的行為是他們訴諸暴力的主要原因。貝格（J. M. Berger）在其著作《聖戰士喬》（*Jihad Joe*）中，剖析了許多加入聖戰組織的美籍穆斯林，他指出，雖然伊斯蘭基本教義派經常被認為「企圖征服西方社會，建立一個全球性的伊斯蘭國家，並用嚴苛的伊斯蘭律法（Sharia）統治」，但實際上，「這種動機與激進化幾乎無關」。真正推動他們激進化的，「幾乎總是」源自於「穆斯林世界遭受攻擊的緊迫感」。[70]

九一一事件發生時，賓拉登其實只是藏身於阿富汗與巴基斯坦邊境的一個狹小地區。然而，正因為美國發動了「全球反恐戰爭」，恐怖主義才迅速擴散到了全世界。

第五章

美國、以色列與巴勒斯坦

本章內容最終定稿於二〇二三年初，也就是在十月七日襲擊事件發生之前。不幸的是，出於健康因素，杭士基教授未能與我共同更新本章，以涵蓋這場近期的戰爭。不過，我決定保留當時的內容，並在章末附上一篇後記，討論十月七日及其後的情勢。透過閱讀二〇二三年初的分析，我們可以瞭解哈瑪斯對以色列發動攻擊，以及以色列隨後對加薩發動戰爭的關鍵背景。杭士基曾引用一名老者所舉的標語，上面寫著：「你們奪走我的水、燒毀我的橄欖樹、摧毀我的家園、奪走我的工作、侵占我的土地、囚禁我的父親、殺害我的母親、轟炸我的國家、讓我們所有人挨餓、羞辱我們所有人，但卻是我遭譴責，只因我回擊發射了一枚火箭彈。」在本章中，我們回顧了一些導致巴勒斯坦憤怒與抵抗的歷史事實，從猶太復國主義運動的早期發展，一直到二〇一八年和平抗議者遭射殺。此外，我們也探討了美國如何阻礙和平進程。早在十月七日之前，杭士基便主張，對於以巴衝突，一種「文明的應對方式」應該是：「美國與以色列停止無情、不間斷的攻擊，開放邊界，協助重建——甚至，如果真的可能發生的話，為數十年的暴力與壓迫提供賠償。」[1]

—— 奈森・羅賓森

二〇一八年，南希・裴洛西（Nancy Pelosi）在以色列美國委員會全國會議（Israel American Council National Conference）上表示：「即便華盛頓特區夷為平地，我們對以色列的支持仍將屹立不搖。」美國與以色列的緊密關係可說是再自然不過。畢竟，兩國的官方建國故事大同小異：來自歐洲、為了躲避迫害的難民來到一片未經開發的處女地，並帶來了文明之光。雷根本人曾說：「美國與以色列的起源相似，都是移民國家，我們的先人都是懷

抱自由夢想的移民。」有些美國人認為，以色列面對巴勒斯坦人的處境，與美國建國時期處理「麻煩」的原住民問題如出一轍。英國國會議員、擁護猶太復國主義的理查・克羅斯曼（Richard Crossman）曾表示，猶太復國主義與「美國開拓者向西部發展」的過程「幾乎雷同」，因此美國人往往會「傾向相信猶太移民在巴勒斯坦的行動是正當的，並將阿拉伯人視為必須在進步潮流之前讓步的原住民」。美國人「開發一片未開墾的土地，並將其征服，使之成為白人定居地」，他們「從慘痛的經驗中」深知這場「與原住民的鬥爭」會帶來什麼代價。[2]

但美國與以色列的關係不僅建立在精神層面，更具有深遠的戰略意義。中東長期以來是全球最主要的廉價能源供應地，任何掌控這一資源的國家，都能在全球事務的組織與運作上發揮關鍵作用。美國參謀首長聯席會議（Joint Chiefs of Staff）對以色列在一九四八年戰爭中的軍事勝利印象深刻，將這個新興國家視為土耳其之外的中東主要軍事強權，正如歷史學家阿維・施萊姆（Avi Shlaim）所述，美國軍方認為，以色列能夠幫助美國「在中東取得戰略優勢，以彌補英國勢力衰退帶來的影響」。十年後，美國國家安全會議得出結論，認為反對阿拉伯民族主義崛起的「合理對應措施」，「就是支持以色列，因為它是（中東地區）唯一仍然親西方的強大國家」。美以同盟在一九六七年更加鞏固，當年以色列在六日戰爭（Six-Day War）中重創世俗阿拉伯民族主義，為美國提供重大助力。[3]

拜登曾坦承，美國依賴以色列來「維護（我們）在該地區的利益」。曾擔任美國參議院中東與石油問題專家的亨利・傑克森（Henry Jackson）指出，以色列、伊朗（當時仍由巴勒維國王掌權），以及沙烏地阿拉伯三者聯手，能夠「遏制並牽制阿拉伯世界中那些極端且不可控的勢力，否則這些勢力一旦失控，將嚴重威脅美國在中東的主要石油來源」。只要以色列的行動符合美國的戰略目標，美國便會持續提供外交、軍事與經濟支持，這些援助不僅促成了以色列對被占領區重要地帶的掌控，也讓它發展成為富裕的工業國家。[4]

美國對以色列的支持，意味著以色列的行動其實應該被理解為「美以共同」行動。當我們談論「以色列的罪行」時，這樣的表述其實並不精確，因為這些應該被稱為美以共同的罪行。以色列的所作所為，不論是明示或暗中，都獲得了美國的授權與支持——美國提供經濟、外交、軍事與意識形態上的支持，而美國總統在有意願時，也有能力影響以色列政策，甚至限制其暴力行為。因此，當我們討論以色列時，也應該意識到，從某種重要的角度來看，其實也是在談論美國自己。因為美國武裝並保護以色列，我們也必須對以色列的行為承擔相應的責任。

加薩，二〇二二

納吉娃・阿布・哈馬達（Najwa Abu Hamada）再也無法擁有另一個孩子了。她唯一的兒子哈利勒（Khalil）是在歷經十五年的努力才懷上的，這當中包括五次失敗的試管嬰兒療程。二〇二二年八月，哈利勒十九歲了。納吉娃滿心期待著他的畢業，甚至盼望不久後能見證他的婚禮。[5]

哈利勒剛離開家門，納吉娃就聽到了爆炸聲。她驚慌失措地衝出門外，卻看到兒子最要好朋友的屍體。「幾分鐘後，我找到了我的兒子，」納吉娃回憶道。「他渾身是血，倒在地上。我拼命尖叫，大聲呼喊救護車。」幾天過去，她依然無法相信，自己歷經十五年的求子之路，陪伴哈利勒走過十九年的人生，如今卻永遠失去了他。「我只剩下他了，」她悲痛地說。

要想像納吉娃內心的痛苦，幾乎無法承受。然而，那一週，加薩並不只有她一位母親遭受這樣的打擊。以色列的空襲奪走了數十條人命，其中包含十五名兒童。這次攻擊並非因應暴力事件，而是所謂的「先發制人」行動。

「我們這些父母衝到外面，哭喊著：『我們的孩子！我們的孩子！』地上散落著他們血跡斑斑的殘骸，」六十歲的烏姆・穆罕默德・奈拉布（Umm Mohammad al-Nairab）向半島電視台英語頻道訴說。她的孫子（十一歲的艾哈邁德〔Ahmad〕和五歲的穆阿門〔Moamen〕）當時只是去住家對面的超市買東西，卻碰上了空襲。

在美國，即便這些悲劇偶有報導，通常也缺乏政治與歷史脈絡。[6] 除了以色列聲稱必須對恐怖分子發動先發制人的攻擊之外，美國讀者幾乎無從獲得更多資訊，以理解為何納吉娃今天必須為哈利勒哀悼。更遑論探討美國在這場殺戮中的共謀角色——不僅是源源不絕地供應以色列武器（轟炸加薩的以色列戰機，全數為美國製造[7]），更體現數十年來的外交政策，阻礙了以巴衝突的和平解決可能性。

百年衝突的起源

以色列建國的歷史並不久遠，瞭解其誕生的背景，有助於理解當前衝突的根源。

最初，猶太人在巴勒斯坦建國的計畫便面臨一個根本問題：當時的巴勒斯坦已有約五十萬人居住。在二十世紀初，該地約百分之九十五是阿拉伯人，猶太人只占少數。整個巴勒斯坦境內早已居住大量非猶太原住民，對於希望建立猶太國家的早期猶太復國主義者來說，是個極大的挑戰。他們面臨三種選擇：放棄建國計畫、在當地強行少數族群統治，或是採取種族清洗政策。由於當時巴勒斯坦的人口結構，猶太復國主義者的理想實踐最終將成為一項充滿暴力、非民主，甚至帶有種族歧視的行動。（這也是為什麼並非所有早期的猶太復國主義者都支持建立猶太國家的原因之一。）巴勒斯坦作家法瓦茲．圖爾基（Fawaz Turki）在《被剝奪者：一位巴勒斯坦流亡者的記錄》（*The Disinherited: Journal of a Palestinian Exile*）一書中寫道，那些讚嘆「以色列成就」和其「沙漠奇蹟」的人，可能「很難承認，在這光鮮亮麗的背後，隱藏著另一群人的悲劇——他們無辜受害，被迫離開家園，而他們從未迫害過猶太人，卻被迫為他人犯下的罪行付出代價」。[8]

一些早期的猶太復國主義者談論巴勒斯坦時，彷彿這片土地根本無人居住，是一片「沒有人民的土地」。在那些計畫殖民者的浪漫想像中，巴勒斯坦是一個人煙稀少的地方，猶太人可以遷入，讓荒漠變成沃土。早期猶太復國主義領袖摩西．斯米蘭斯基（Moshe Smilansky）曾形容，巴勒斯坦在故事中被描繪成「一片荒蕪、長期被冷落的土地，渴望著它的拯救者」。東歐猶太作家阿哈德．哈姆（Ahad Ha'Am）在一八九一年也寫道：「我們這些身在海外的人習慣相信，以色列地（Eretz Yisrael）如今幾乎完全荒蕪，是一片荒蕪未耕的沙漠。」[9]

然而，阿哈德．哈姆等人清楚知道，事實並非如此，他曾指出：「在這片土地上，幾乎找不到沒有耕種的田地。」一九〇五年，猶太作家希勒爾．齊特林（Hillel Zeitlin）曾批評猶太復國主義的定居計畫：「他們無論是出於誤會還是懷有惡意……都忽略了巴勒斯坦屬於他人的事實，而且這片土地早已有人居住。」同年，希伯來語語言學家伊扎克．愛普斯坦（Yitzhak Epstein）也指出，猶太復國主義領袖「忽略了一個看似微不足道的『事實』── 我們所熱愛的這片土地上，早已居住著一整個民族，他們在這裡生活了好幾個世紀，從未想過要離開」。一八九九年，當時的耶路撒冷市長優素福．迪亞．哈利迪（Yusuf Diya al-Khalidi）曾與猶太復國主義領袖西奧多．赫茲爾（Theodor Herzl）通信，他對猶太復國主義的理想表示理解，但也明確指出這個計畫的問題在於巴勒斯坦「已經有人居住」。他的結論是，政治性的猶太復國主義將帶來災難，並懇求：「以神的名義，請放過巴勒斯坦。」然而，赫茲爾無視這個請求，並在其他地方寫道：「徵收土地和驅逐窮人這兩個過程，必須謹慎且低調地執行。」[10]

坦率的猶太建國支持者一開始就承認，他們的計畫本質上是殖民行動，且不得不違背當地原住民的意願來推行。修正派猶太復國主義（Revisionist Zionism）的創始人澤維．賈伯汀斯基（Ze'ev Jabotinsky）直言，巴勒斯坦人反對猶太復國主義，因為「他們和我們一樣清楚這對他們不利」，而且「他們對巴勒斯坦的感情，就像任何阿茲特克人對墨西哥的熱愛，或任何蘇族人對自己大草原的執著一樣深厚」。賈伯汀斯基認為，「任何原住民族都會抵抗外來殖民，只要他們仍對擺脫殖民抱有希望」。因此，他得出結論：「巴勒斯坦的阿拉伯人正是在做這件事，只要仍存一絲希望，他們也將不懈努力，阻止巴勒斯坦變成『以色列地』。」[11]

由於在巴勒斯坦建立猶太國家涉及否認巴勒斯坦人的自決權，賈伯汀斯基認為，阿拉伯人「自願同意是不可能的」，並且鼓勵那些「認為必須與當地人達成協議才能實現猶太復國主義的人」應該「放棄猶太復國主義」。他直言：「猶太復國主義本質上是一場殖民行動，因此它的成敗取決於軍事力量。」成為以色列首任總統的哈伊姆．魏茲曼（Chaim Weizmann）則主張：「猶太民族在巴勒斯坦擁有的權利，既不取決於當地居民的同意，也不應受他們的意願所左右。」一九四〇年，猶太民族基金會（Jewish National Fund）主管約瑟夫．魏茲（Joseph Weitz）在日記中寫道：「這片土地無法容納兩個民族……，這一點沒有討論的餘地……，我們不能留下任何一個村莊，任何一個部落。」以色列歷史學家班尼・莫里斯（Benny Morris）則形容猶太復國主義是「一種殖民擴張的意識形態和運動……，其目標是在政治上，甚至是實體上，剝奪並取代阿拉伯人。」[12]

賈伯汀斯基還認為，既然猶太復國主義「必須在當地居民的反對下推行」，否則就無法存續，那麼成功的關鍵就是依靠「一股不受當地人民影響的力量 —— 一堵當地人民無法擊破的鐵壁」。猶太復國主義者最終找到了這道「鐵壁」—— 大英帝國，一九一七年，英國在《貝爾福宣言》（*Balfour Declaration*）中正式表態支持在巴勒斯坦建立猶太人家園。時任英國外交大臣的亞瑟・貝爾福（Arthur Balfour）坦言，這個計畫的推動不會考慮大多數巴勒斯坦人的意願。（他表示：「無論應該多少尊重當地居民的觀點，至少據我所知，在選擇託管國時，列強並不打算徵詢他們的意見」，因為猶太復國主義的推動力量「遠遠超越了那七十萬阿拉伯居民的願望與偏見」。）英國首相邱吉爾則認為，在「歐洲與非洲的橋樑上、通往東方的陸路側翼」建立一個猶太國家，將會「為大英帝國帶來巨大優勢」。他還指出，猶太復國主義者「想當然地認為，當地居民會被驅逐，以符合他們的需求」。[13]

美國政府於一九一九年派出的「金—克蘭特使團」（King-Crane Commission）也得出了相同的結論，他們在調查過程中聽到猶太復國主義者直言，他們「預期徹底剝奪非猶太居民的土地並驅逐出巴勒斯坦」。所有軍事專家一致認為，「猶太復國主義的計畫唯有依靠武力才能實現」。特使團指出，「幾乎九成（的非猶太）人口都強烈反對整個猶太復國主義計畫」，強行征服他們將會「嚴重違反（民族自決的）原則與人民的基本權利，儘管形式上可能符合法律規範」。特使團更有先見之明地警告：「如果美國政府決定支持在巴勒斯坦建立猶太國家，那麼美國人民就必須準備在該地區動用武力，因為只有透過武力，猶太國家才能夠建立或維持下去。」[14]

如何除掉阿拉伯人曾是猶太復國主義者公開討論的議題，許多人支持一項被美其名為「轉移」（transfer，即種族清洗）的政策。以色列後來的第一任總理大衛・班古里昂（David Ben-Gurion）在一九三〇年曾表示：「我支持強制遷移，我不認為這有任何不道德之處。」以色列歷史學家班尼・莫里斯評論：「當時，猶太社群依舒夫（Yishuv）的多數領袖都認為……，轉移構想是解決問題的最佳方案。」莫里斯進一步指出，轉移政策「是猶太復國主義固有且無可避免的一部分，因為它的目標是將一片『阿拉伯人的土地』轉變為一個『猶太國家』，而要實現這個目標，就必須大規模重新安置阿拉伯人口。」[15]

這些對阿拉伯人的看法，與歐洲人對原住民的一般觀點相符。歷史學家莫里斯指出，當時普遍認為阿拉伯人「原始、不誠實、消極宿命、懶惰、野蠻，這與歐洲殖民者在亞洲或非洲其他地區對當地原住民的態度相似」。美國記者文森・希恩（Vincent Sheean）在一九二九年抵達巴勒斯坦，起初支持猶太復國主義，但幾個月後便轉為嚴厲批評者，他發現，猶太移民「（對阿拉伯人）充滿蔑視，認為他們是『未開化的種族』，有些人甚至將其比作『美洲原住民』或『野蠻人』」。在接下來的一個世紀裡，以色列被描述為「文明對抗野蠻的前線」（赫茲爾的說法）變得相當普遍。一九九九至二〇〇一年間擔任以色列總理的艾胡德・巴瑞克（Ehud Barak）曾形容以色列為「叢林中的別墅」和「對抗野蠻的文化先鋒」，道出了許多人的心聲。許多西方人也有同感。正如愛德華・薩依德所描述：「在西方看來，巴勒斯坦是一個由相對進步（因為來自歐洲背景）的猶太移民所創造的建設與文明奇蹟，並在現代化戰爭中屢次戰勝那些始終被描繪成愚蠢、本質上令人厭惡的未開化阿拉伯原住民。」[16]

就像美洲原住民曾被描繪成四處游牧、缺乏真正的土地所有權一樣，阿拉伯人也被塑造成與自己世代居住的土地沒有真正的歸屬關係。希恩指出，猶太復國主義移民視當地阿拉伯人為「在這片土地上暫居十三個世紀的侵占者」，並相信透過「購買、勸說和施壓……，遲早能讓阿拉伯人離開，將巴勒斯坦變成猶太民族的家園」。然而，希恩對此抱持懷疑態度，他不認為「巴勒斯坦的阿拉伯人與其他地區的阿拉伯人不同，會願意接受在自己的國土上建立一個猶太國家」。

事實上，巴勒斯坦人並不接受這一切，當他們意識到自身的流離失所是猶太復國主義成功的關鍵時，他們便會奮起反抗。一九一四年，伊薩・達烏德－伊薩（‘Isa al-‘Isa）形容巴勒斯坦阿拉伯人是「一個面臨被逐出家園威脅的民族」。以色列外交官阿巴・埃班（Abba Eban）後來也指出：「如果他們順從地接受猶太復國主義，那將是歷史上首次有民族自願放棄自己的多數地位。」一九三七年，皮爾委員會（Peel Commission）提議建立一個猶太國家，並計畫「轉移」（清除）二十萬名阿拉伯人，對此，巴勒斯坦阿拉伯人強烈反對。[17] 一九三〇年代後期，巴勒斯坦爆發大規模反抗運動，最終遭到英國殖民當局殘酷鎮壓，許多巴勒斯坦領袖被殺害、監禁或流放。（這正是所謂的「鐵壁戰略」〔iron wall〕── 確保猶太復國主義成功所必須依靠的外部力量。）[18]

一九四七年，巴勒斯坦人拒絕分治方案（partition），這個決定常被形容為不理性，但猶太復國主義者對於分治的態度倒是十分坦率，以歷史學家莫里斯的話來說，他們將分治視為「進一步擴張並最終掌控整個巴勒斯坦的墊腳石」。針對外界經常提及阿拉伯人拒絕分治的事實，巴勒斯坦歷史學家拉希德·哈利迪（Rashid Khalidi）回應：「任何民族都不可能接受拱手讓出超過百分之五十五的國土給少數族群，這根本無法想像。」歷史學者阿爾伯特·胡拉尼（Albert Hourani）在英美調查委員會（Anglo-American Committee of Inquiry）作證時警告，猶太復國主義計畫「必然會造成嚴重的不公，並且只能透過殘酷鎮壓與嚴峻動盪來推行，甚至可能導致整個中東的政治架構崩解。」[19]

一九四八年，在分治方案公布後爆發的戰爭中，以色列邁出了解決其「人口問題」的重要一步。約七十萬名巴勒斯坦人被驅逐出家園，這場災難在巴勒斯坦人的記憶中被稱為「納克巴」（Nakba，阿拉伯語意指浩劫）。[20] 以色列小說家伊札爾（S. Yizhar）在一九四九年的小說《希澤村：被消失的村莊》（*Khirbet Khizeh*）* 中寫道：「我們來了、開槍、縱火；我們炸毀、驅逐、趕走，並將他們放逐。」猶太復國主義領袖摩西·夏里特（Moshe Sharett）在一九四八年表示：「我們同樣堅定……，要尋求一種最終解決方案，以徹底消除這個龐大的阿拉伯少數族群，因為他們最初對我們構成了威脅。」在以色列政府的內部討論中，一九四八年時負責阿拉伯事務的官員普遍預期，這些難民「將會被壓垮」，「死去」，而「大多數人將如塵埃般消散」，淪為阿拉伯世界最貧困的一群。[21]

---

* 這部虛構作品從以色列士兵的視角，講述了巴勒斯坦一個小村莊的居民遭以色列軍隊驅逐的故事。──編註

理解當今以色列的殖民面向非常重要，因為巴勒斯坦的抵抗經常被描述為毫無理性的反猶太主義。以色列前總理艾胡德．巴瑞克曾表示，與阿拉伯人談判困難，因為「他們的文化中沒有妥協的概念」。以色列首任總理大衛．班古里昂則警告猶太復國主義者：「一個為了抵抗國土被奪走而奮鬥的民族，不會輕易疲憊。」他坦率告誡同伴不要「自欺欺人」——「當我們說阿拉伯人是侵略者，而我們只是自衛時，這只是部分事實」，因為「從政治角度來看，我們才是侵略者，而他們是在捍衛自己的國家」，「這片國土原本就是他們的」。[22]

以色列在征服與種族清洗中誕生，而巴勒斯坦人的抵抗從一開始就是可預見的。然而，以色列非但不承認建國過程的不公義，反而選擇相反的作法：將（經濟與軍事實力都遠不及以色列的）巴勒斯坦人描繪成衝突中的侵略者，並否認他們在僅存領土上的自決權。有些人甚至徹底抹去巴勒斯坦人的存在——前以色列總理果爾達．梅爾夫人（Golda Meir）曾聲稱：「根本沒有什麼巴勒斯坦人……。他們從未存在過。」而否認巴勒斯坦人合法擁有這片國土的主張，對以色列來說極為重要，這一點在梅納罕．比金（Menachem Begin）於一九六九年的談話中表現得尤為明確。他告訴以色列人：「如果這裡是巴勒斯坦，而不是以色列之地，那麼你們就是征服者，而不是開墾這片土地的人。你們是侵略者。如果這裡是巴勒斯坦，那麼它就屬於你們到來之前就已生活在此的人。只有當這片國土是以色列之地時，你們才擁有在此生存的權利。」[23]

一九四八年，巴勒斯坦人並沒有「化為塵埃」。在以色列建國後的七十年間，他們一直努力爭取在僅存的土地上實現自決。自一九六七年起，以色列對巴勒斯坦人實施嚴苛的軍事占領，只要粗略查閱任何獨立人權組織的報告，便能瞭解其本質，這些報告均對占領行為提出譴責。例如，國際特赦組織在二〇一七年的報告中指出：「以色列無情的土地掠奪、非法屯墾及驅逐

政策，再加上猖獗的歧視行為，已讓巴勒斯坦人承受極大苦難，並剝奪了他們的基本權利。」軍事統治「影響巴勒斯坦被占領土上生活的每一個層面」，並導致「每日的屈辱、恐懼與壓迫……，人們所有的生活幾乎完全受以色列控制」。此外，以色列還制定了一套「複雜的軍事法律體系，以打壓任何反對其政策的聲音」。[24]

以色列「已摧毀數萬棟巴勒斯坦人的房屋，並大規模驅逐居民，以興建住宅和基礎設施，將本國人口非法安置在被占領土內」。同時，它還「將巴勒斯坦的天然資源，如水源與農地，轉為屯墾用途」。國際特赦組織指出，「以色列在整個約旦河西岸設立了數百個軍事檢查哨、路障，以及猶太屯墾者專用道路，再加上全面的許可制度，導致巴勒斯坦人在通勤、求學或就醫都面對極大困難」。以色列還「長期對巴勒斯坦男性、女性及孩童動用過度甚至致命的武力」，而這些暴力行為「在過去五十多年來一直處於有罪不罰的狀態」。

我們可以從國際特赦組織、人權觀察組織、以色列人權組織貝塞林（B'Tselem，以色列占領區人權資訊中心）及聯合國等機構發布的大量報告中，印證這些事實。以色列聲稱自己擁有「世界上最道德的軍隊」，但實際上卻利用酷刑、法外處決與集體懲罰，以達成學者艾克巴爾．艾哈邁德（Eqbal Ahmad）所說的目標——「剝奪巴勒斯坦阿拉伯人的四大基本要素——土地、水資源、領袖與文化，而這些正是當地社群存續所必需的」。歷史學家班尼．莫里斯指出，以色列塑造的形象與現實之間存在巨大落差。他說：「以色列人喜歡相信，也向世界宣稱，他們的占領是『開明的』或『仁慈的』。」然而，事實卻截然不同，以色列的占領，如同歷史上其他類似的占領行為一樣，「建立在武力鎮壓、恐懼控制、勾結與背叛、毆打與刑求之上，並伴隨著每日的威脅、羞辱與操控。」[25]

近幾十年來，加薩的局勢尤其嚴峻。以色列於二〇〇五年正式撤出加薩，但仍一直實施嚴厲封鎖。[26] 加薩已成為全球最大的露天監獄，人口稠密的居民被剝奪了基本營養和就業機會。二〇一二年，聯合國近東巴勒斯坦難民救濟工作署（United Nations Relief and Works Agency, UNRWA）發布報告警告，如不採取緊急補救措施，加薩到了二〇二〇年將不再「宜居」。以色列對建材進入加薩的嚴格限制，使當地發展難以推動。以色列總理艾胡德·歐麥特（Ehud Olmert）的顧問道夫·魏斯格拉斯（Dov Weissglas）曾形容這項政策：「我們的構想是讓巴勒斯坦人吃不飽，卻也餓不死。」[27]

為了達成這個目標，衛生官員計算出加薩一百五十萬名居民所需的最低熱量，並將這個數字轉換為以色列允許每日運送進加薩的食物卡車數量。中東問題學者胡安·科爾（Juan Cole）在二〇一二年指出，「加薩約百分之十的五歲以下巴勒斯坦兒童因營養不良導致生長遲緩……，此外，貧血現象極為普遍，影響超過三分之二以上的嬰兒、百分之五十八·六的學童，以及超過三分之一的孕婦。」到了二〇二二年，國際救援組織「救助兒童會」（Save the Children）報告顯示，「在封鎖下生活十五年後，加薩地帶有五分之四的兒童表示，他們長期處於憂鬱、悲傷與恐懼之中。」此外，研究也指出，「自二〇一八年進行類似調查以來，兒童、年輕人及照護者的心理健康狀況急劇惡化。」聯合國秘書長安東尼奧·古特雷斯（António Guterres）甚至形容，加薩兒童的生活如同「人間煉獄」。以色列使加薩居民只能維持最低限度的生存條件。在全球頂尖醫學期刊《柳葉刀》（*The Lancet*）上，一位來自史丹佛大學的醫師在加薩考察後感到震驚，他形容當地是「一個觀察尊嚴消失的實驗室」，而這種情況對當地居民的身心健康與社會狀況造成了「毀滅性」的影響。[28]

任何企圖反抗行動都會遭到以色列的極端報復。例如，二〇〇六年，加薩居民犯下了嚴重罪行：他們在選舉中投錯了票，選擇由哈瑪斯（Hamas）執政。美國隨即開始策劃軍事政變。在美國的持續支持下，以色列加強對加薩的軍事打擊，扣留原本應依法轉交給巴勒斯坦自治政府（Palestinian Authority）的資金，進一步收緊封鎖，甚至切斷水源，以確保哈瑪斯無法有效治理。在二〇〇八至二〇〇九年的「鑄鉛行動」（Operation Cast Lead）期間，加薩遭到以色列軍方無情攻擊，這群世界上最貧困的人成為全球最先進軍事組織的獵物（當然，這些武器來自美國，也受到美國外交保護）。以色列記者吉迪昂·李維（Gideon Levy）描述了二〇〇六年以色列對加薩的襲擊：以色列「朝住家投下無數飛彈、砲彈與炸彈，整個家庭被夷為平地」。在一家「幾近崩潰」的醫院裡，李維目睹「令人心碎的景象：孩子們失去了四肢，依靠呼吸器維生，有的癱瘓，有的終生殘疾」。這場戰爭對兒童的影響尤為嚴重：「驚恐萬分的孩子們，因目睹一切而受到創傷，蜷縮在家中，眼神裡滿是難以言喻的恐懼。」[29]

哈佛大學研究加薩「去發展」（de-development）問題的權威學者莎拉・羅伊（Sara Roy）在二〇一二年進一步提供了令人震撼且不安的證詞。她指出，在過去半個世紀裡，加薩從一個受限制但仍具生產能力的經濟體，演變為「一個失業率與貧困程度達到前所未見水準的經濟體，導致四分之三的居民仰賴人道援助」。她形容這種情況是「災難性的」，但更重要的是，這一切是「有計畫的、深思熟慮的、且刻意為之的」。[30]

以色列對土地和資源的占領屬於非法行為。例如，聯合國安全理事會、國際法院（全體一致認同，其中包括來自美國的法官）、《日內瓦公約》（*Geneva Conventions*）締約國以及國際紅十字會（International Committee of the Red Cross, ICRC）都承認約旦河西岸屯墾區屬於非法，更遑論各國政府與眾多知名法律學者也持相同立場。以色列違反協議、國際法以及基本公民權利的情況不勝枚舉。例如，儘管一九九三年《奧斯陸協議》（*Oslo Accords*）將加薩與約旦河西岸定義為不可分割的領土單位，但近三十年來，以色列卻持續推動兩地分離。（在與加薩隔絕的情況下，約旦河西岸完全被以色列包圍，使巴勒斯坦人無法直接對外聯繫。）

此外，「種族隔離」（apartheid）一詞準確描述了被占領區（Occupied Territories）的現況，已無可爭議。南非反種族隔離運動的領袖，如大主教戴斯蒙・屠圖（Desmond Tutu），就曾明確將南非的情況與巴勒斯坦現況相提並論。（他說：「我親眼目睹以色列安全部隊對巴勒斯坦男女老幼全面性羞辱……。這種羞辱感，對於曾被種族隔離政府的安全部隊驅趕、騷擾、辱罵甚至攻擊的南非黑人而言，絕對熟悉不過。」）但即使是以色列首任總理大衛・班古里昂也曾警告，如果以色列不擺脫這些領土及巴勒斯坦阿拉伯人口，遲早會成為一個種族隔離國家。同樣地，以色列前總理伊扎克・拉賓（Yitzhak Rabin）與艾胡德・巴瑞克也曾提及種族隔離的問題。拉賓早在一九七六年就表示：「如果我們不想走到種族隔離的地步，我認為長期下來，我們不可能在猶太國家內再容納（逾）一百五十萬名阿拉伯人。」前總理艾胡德・歐麥特則說：「如果兩國方案破裂，而我們面臨像南非過去那樣的爭取平等投票權運動，那麼以色列這個國家將走向終結。」[31]

有人刻意製造爭議，反對將這個詞（種族隔離）應用於被占領區。當聯合國「西亞經濟暨社會委員會」（United Nations Economic and Social Commission for Western Asia, ESCWA）發布官方報告，指出「以色列已建立種族隔離政權，全面統治巴勒斯坦人民」時，該報告在壓力下從聯合國網站撤下。以色列常駐聯合國大使譴責這個稱呼「卑劣」且「公然撒謊」。然而，近年來許多以色列官員自己也使用過這個詞彙，其中包括前總檢察長麥可・本耶爾（Michael Ben-Yair），他曾表示「我們在被占領區上建立了種族隔離政權」。此外，外交官員阿隆・利爾（Alon Liel）亦曾表示，在巴勒斯坦建國之前，以色列應被視為種族隔離國家。[32]

這還不包含主流人權組織的報告。二〇二一年，人權觀察發表〈跨越門檻〉（"A Threshold Crossed"）這份長達兩百一十三頁的報告。這份報告詳細列舉了證據，指出「以色列當局系統性給予猶太裔以色列人特權，並歧視巴勒斯坦人」，其目的是「維持猶太裔以色列人在人口結構、政治權力和土地上的控制」。為了實現這個目標，以色列當局「剝奪巴勒斯坦人的土地，限制其行動，強制隔離，並依照身分施加不同程度的壓迫」。[33]

國際特赦組織的結論同樣措詞犀利，認為以色列「這些法律、政策和作法旨在維持一套殘酷的控制體系，使巴勒斯坦人在地理與政治上被分割，經濟上陷入困境，並長期處於恐懼和不安全的狀態」。以色列人權組織貝塞林也有相同結論，指出「從地中海到約旦河，整個區域都依循同一個原則運作：促進並鞏固一個族群（猶太人）對另一個族群（巴勒斯坦人）的優勢地位」。[34]

巴勒斯坦人受到日復一日的壓迫，而以色列（在美國的支持下）長期以來也拒絕以誠意談判來解決這場衝突。儘管外界常流傳一種說法，認為巴勒斯坦人的拒絕態度和阿拉伯國家的頑固立場，讓他們錯失了多次建立自己國家的機會（當然，巴勒斯坦領袖確實也犯下嚴重錯誤），但以色列的立場非

常明確，它並不希望達成一個公正的解決方案。

以色列領導人幾十年來始終明確反對巴勒斯坦建國。[35] 儘管「兩國方案」（大致依據一九六七年戰爭前的邊界）長期被視為和平解決的基本框架，但一九八九年佩雷斯—沙米爾聯合政府在面對巴勒斯坦民族議會（Palestinian National Council, PNC）的和平提議時，斷然表示在約旦和以色列之間不會有「另一個巴勒斯坦國」（之所以強調「另一個」，是因為當時約旦已被視為巴勒斯坦人的國家）。以色列總理伊扎克．拉賓在一九九五年告訴以色列議會，無論巴勒斯坦人最終獲得什麼樣的地位，「我們希望這個政治實體的權力低於一個國家……，我們不會回到一九六七年六月四日的邊界」。班傑明．尼塔雅胡則更直接表示：「我事實上終結了《奧斯陸協議》」，並坦言他「只是裝作同意兩國方案」。二〇一五年，尼塔雅胡公開宣稱「在我任內，絕不會有巴勒斯坦國」。早在一九九九年，尼塔雅胡所屬的聯合黨（Likud）政綱宣言已明確表態：「堅決反對在約旦河西岸建立巴勒斯坦阿拉伯國。」事實上，《奧斯陸協議》的主要推手之一羅恩．彭達克（Ron Pundak）在回顧歷史紀錄時指出，「尼塔雅胡無情地破壞和平進程」。以色列前總理伊扎克．沙米爾（Yitzhak Shamir）則坦承，他刻意利用「和平進程」來拖延時間：「我會進行十年的自治談判，並在此期間，我們會在猶太和撒馬利亞地區（Judea and Samaria）安置五十萬人。」[36] 近年來最有希望達成協議的談判——二〇〇一年的塔巴談判（Taba negotiations），被以色列總理艾胡德．巴瑞克提前結束。當被問及為何提前四天中止談判時，巴瑞克「斷然否認」談判有任何進展的可能，並表示「我為何中止談判根本不重要。」[37]

以色列本來有機會獲得和平，但它選擇了擴張。一九七一年，埃及向以色列提出簽署全面和平條約的提議，但由梅爾夫人領導的以色列政府考量後最終拒絕，因為他們希望前進西奈半島（Sinai Peninsula）屯墾。過去五十年來，以色列持續推動「大以色列」（Greater Israel）計畫，逐步吞併約旦河西岸的珍貴資源，同時將巴勒斯坦人集中到越來越小、越來越孤立的飛地。屯墾者城鎮將仍在某程度上由巴勒斯坦人控制的地區切割得更加零散，艾里爾．夏隆（Ariel Sharon）曾將這些地區比作南非種族隔離時期專為黑人設立的「班圖斯坦」（Bantustans）。一九七五年，夏隆公開表示：「我們每天都應該建立新的屯墾區，以向美國證明，以色列沒有來自人民的授權可以撤離猶太和撒馬利亞地區。」已故的以色列軍事分析家魯文・佩達祖爾（Reuven Pedatzur）指出：「以色列每一屆政府、司法機構的每個部門、以色列軍隊的各個分支，都在推動屯墾計畫，使其在被占領區持續擴張。」[38]

以色列拒絕接受和平協議，實際上並不符合以色列自身的利益，許多敏銳的以色列人早已注意到這一點。二〇〇三年，四位以色列國安局「辛貝特」（Shin Bet）的前局長警告，以色列因為拒絕和平而「正走向災難」。一九九六年至二〇〇〇年擔任辛貝特局長的阿米・阿亞隆（Ami Ayalon）表示：「我們正一步步邁向一個未來，在那裡，以色列將不再是一個民主國家，也不再是猶太人民的家園。」知名東正教學者兼科學家耶沙亞胡・萊博維茨（Yeshayahu Leibowitz）更曾嚴厲警告，如果以色列不「擺脫這個統治他族的詛咒」，將會「為猶太民族帶來災難」。[39]

對巴勒斯坦人自治權的剝奪，讓以色列自稱「民主國家」的立場不再具有說服力，並違背法治原則。已故的以色列法律專家摩西・奈比（Moshe Negbi）痛心地指出，以色列正墮落成一個「香蕉共和國」，因為其司法體系逐漸破壞民主與法律原則，甚至默許秘密監獄，讓囚犯「消失」，並對虐待或殺害巴勒斯坦人的罪犯輕判。同樣地，以色列資深外交記者阿基瓦・艾達爾（Akiva Eldar）和歷史學家伊迪特・札特爾（Idit Zartel）認為，以色列現行的「醜陋且種族主義的政權」不僅摧毀了巴勒斯坦人的人權，也「摧毀了以色列民主的基本準則」。他們檢視多起法院判決，包括「對殘忍殺害阿拉伯兒童的罪犯施以極輕刑罰」，並認為這些判決正在「瓦解整個司法體系的根基」。班尼・莫里斯則指出：「軍事法庭在被占領區的審判，以及支持這些判決的最高法院，將成為以色列司法史上的黑暗時期。」[40]

美國的角色

美國一直是以色列的主要推動者，每年提供數十億美元的軍事援助。根據美國國會研究服務處（Congressional Research Service）的報告，這些援助「已使以色列的武裝部隊成為全球技術最先進的軍隊之一」。自二〇〇一年以來，美國海外軍事援助的百分之五十二都流向以色列（埃及則是第二大受援國）。美國有意提供這些軍事援助，其核心目的就是確保以色列擁有「品質上的軍事優勢」，也就是讓它成為該地區最強大的國家。這些援助的規模驚人 —— 截至二〇一八年，以色列所獲得的「軍事、經濟和飛彈防禦資金」累計達兩千三百六十億美元，使其成為二戰以來美國累積援助最多的國家。然而，這些援助在法律上備受爭議，因為美國法律明文規定不得向侵犯人權的國家提供援助；儘管如此，國會中針對此問題的立法卻缺乏支持，例如某項議案試圖「確保美國資金不得用於以色列在軍事司法系統中虐待巴勒斯坦兒童、透過拆遷與強制驅逐迫使巴勒斯坦人流離失所，以及非法併吞巴勒斯坦領土」，但卻未能獲得足夠的關注與推動。[41]

美國還透過阻撓可能終結以巴衝突的協議來幫助以色列。自一九七〇年代中期以來，巴勒斯坦的民族權利和建國問題進入國際外交議程，而美國無疑成為「實現這一目標的最大障礙」。[42] 這段歷史並無爭議，只是在美國國內鮮少被提及。一九七六年，聯合國曾提出一項決議，呼籲以國際公認的邊界落實兩國方案，並獲得主要阿拉伯國家與巴勒斯坦解放組織（Palestinian Liberation Organization, PLO）的支持，卻遭到美國否決。此後，美國（幾乎獨自）阻撓國際社會對外交解決方案的共識，反而選擇支持以色列持續擴張至非法占領的巴勒斯坦領土。

幾十年來，聯合國大會一直投票支持一項決議，聲明「巴勒斯坦人民擁有建立獨立國家的權利」，並強調應「立即推動終結自一九六七年以來的以色列占領」，以及在兩國方案的基礎上實現和平解決。然而，只有以色列、美國和少數國家投下反對票，二〇二〇年，該決議以一百六十三票對五票的壓倒性多數通過。對於任何想要確定是誰在阻礙和平進程的人，只需查看「巴勒斯坦問題的和平處置」（Peaceful settlement of question of Palestine）決議的內容與投票結果，就能找到明確答案。[43]

二〇〇二年十二月，針對兩國方案的《日內瓦協定》（*Geneva Accord*）開始成形，然而，「美國顯然未對此表達支持」，而以色列則直接拒絕了該協定。同樣地，阿拉伯聯盟的所有成員國都承諾與以色列建立全面和平關係，以換取以色列撤回至一九六七年的邊界（提出「阿拉伯和平倡議」〔Arab Peace Initiative〕），並公正解決衝突，但以色列拒絕了這項提議，而美國則選擇未進一步推動。在回顧這段外交歷史時，學者羅恩・彭達克指出：「當美國政府試圖說服（並施壓）巴勒斯坦接受以色列提議時，有時候看起來更像是在為以色列總理站台。」曾在一九八八至二〇〇三年擔任美國以阿談判顧問的亞隆・大衛・米勒（Aaron David Miller）也承認，美國的和平進程規劃「明顯偏向以色列」，並坦言：「在談判過程中，沒有任何一位高層官員願意或能夠提出阿拉伯或巴勒斯坦的觀點，更別說為其爭取了。」[44]

美國在聯合國安理會的否決紀錄也是另一個例證。小布希動用否決權，阻擋聯合國通過與以色列相關的決議，包括：呼籲派遣聯合國觀察員進駐被占領區，以降低暴力衝突；譴責所有形式的恐怖行為與暴力，並要求建立監督機制；對以色列殺害聯合國人員和摧毀聯合國世界糧食計畫署倉庫表達關切；重申驅逐出境的非法性；對以色列在被占領的約旦河西岸築起隔離牆表達關切；譴責二〇〇四年三月以色列暗殺四肢癱瘓的宗教領袖謝赫・艾哈邁德・亞辛（Sheikh Ahmed Yassin）（及其他諸位旁觀者）；譴責以色列軍隊入侵加薩，造成大量平民傷亡。[45]

小布希的繼任者歐巴馬在支持以色列方面也絲毫不遜色，甚至形容兩國關係「神聖不可侵犯」（sacrosanct）和「無可妥協」（nonnegotiable）。二〇一二年，他在美國以色列人公共事務委員會（American Israel Public Affairs Committee, AIPAC）的演講中自豪地表示，自己比歷任政府都更順從以色列，無論是提供軍事援助，還是在聯合國保護以色列免受侵犯人權行為的調查。時任白宮副國家安全顧問班・羅茲（Ben Rhodes）在回憶錄中坦承，巴勒斯坦「僅獲得我們口頭上的支持」，儘管對於和平，顯然「班傑明・尼塔雅胡沒有認真進行談判的打算」，但歐巴馬政府「在關鍵時刻會毫不猶豫地支持以色列」。[46]

儘管美國官方立場反對屯墾區擴張，歐巴馬政府仍在二〇一一年做出一項令人驚訝的決定，在聯合國安理會否決了限制以色列擴張屯墾區的決議（因此，美國這項否決形同反對自己先前公開宣示的立場）。據報導，當歐巴馬看到以色列「系統性地……切斷巴勒斯坦各個居住區的聯繫」時，他感到「十分震驚」，然而，即便如此，他依然沒有試圖將以色列遵守國際法和美國官方政策，作為援助以色列的條件。《金融時報》中東問題專家戴夫・加德納（David Gardner）準確評價歐巴馬是「最親以色列的總統：軍事援助最為慷慨，在安理會動用否決權時最為可靠」。事實上，歐巴馬在以色列議題上的立場幾乎與以色列右翼政府一致，以至於當時立場強硬、帶有極端民族主義與種族主義色彩的以色列外長阿維格多・李伯曼（Avigdor Lieberman），極力讚賞歐巴馬二〇一一年在聯合國的演講，表示「我完全贊同，準備舉雙手同意」。[47]

川普政府在支持以色列持續違反國際法的行為上，甚至比歐巴馬政府更進一步。根據「即刻和平」（Peace Now）的報告，川普執政四年間，「美國在以色列屯墾區問題上的立場……打破了國際社會對兩國方案的共識，（並且）變相推動了以色列的吞併行動」，導致「屯墾區建設核准數量大幅上升，在耶路撒冷周邊與希伯崙等敏感地區越界擴張，違反國際社會默認的紅線，新建超過三十個前哨站」。政治學者傑羅姆・史萊特（Jerome Slater）指出，除此之外，川普還關閉巴勒斯坦解放組織在華盛頓的辦公室，支持以色列吞併戈蘭高地（Golan Heights），終止對巴勒斯坦的經濟援助，將美國大使館遷至耶路撒冷，並承認該市為以色列「不可分割的」首都（相當於「剝奪巴勒斯坦在東耶路撒冷建立首都的權利」）。此外，川普政府不再稱約旦河西岸為「被占領區」，並且正式宣布不再認為以色列屯墾區違法。[48]

根據川普的「和平計畫」，以色列將獲准併吞約旦河谷和整個西岸的屯墾區，總計約占西岸領土的百分之三十，而巴勒斯坦將被劃定為「一個由數個零散而不相連的飛地組成的『國家』，這些破碎的區域分布於西岸剩餘領土，包括尼格夫沙漠（Negev Desert）部分區域，鄰近加薩走廊，位以色列南部邊界沿線」。在巴勒斯坦人拒絕川普所謂的「世紀交易」後，川普的女婿賈里德・庫許納（Jared Kushner）（川普中東和平計畫的主要推手），表示巴勒斯坦人的反應「證明了他們尚未具備建國的條件」，但他補充說，「希望隨著時間推移，他們能夠具備治理的能力」。[49]

川普政府特別致力於確保以色列剝奪巴勒斯坦領土的現實變成永久且不可逆轉。根據政治新聞網站 Politico 的報導，川普的政策「幾乎徹底扼殺了巴勒斯坦建國的希望」。拜登政府上台後也未做出重大改變。拜登從政以來一直是以色列的堅定支持者。在總統任期內，他「幾乎沒有投入任何外交努力」來推動巴勒斯坦建國，拒絕重啟和平談判，並接受川普政府的多項政策，將其視為新現實。川普和拜登都延續了自一九六七年以來的美國基本政策模式：歷屆政府表面上扮演「公正調停者」，聲稱致力於公平解決衝突，實際上卻一再支持以色列拒絕符合國際共識的政治解決方案。美國不僅資助以色列，還阻礙國際法的落實，因此以色列的不當行為，美國必須承擔直接責任。約旦河西岸的種族隔離政策，以及加薩走廊遭受的空襲與戰火，都是美國政策的後果。[50]

加薩，二〇一八

在二〇一八年和二〇一九年間，數以萬計的巴勒斯坦人發起了引人注目的公民抗議行動。每個星期五，他們聚集在加薩與以色列的交界處，爭取返回其家族在一九四八年被驅逐出的土地的權利，同時抗議對加薩的封鎖，以及國際社會對耶路撒冷作為以色列首都的認可。單是在邊界圍欄附近遊行，就已構成公民不服從，因為以色列將加薩地區的一部分劃為「禁行區」（no-go zone），也就是說，連加薩人自己都被禁止踏入。[51]

儘管抗議活動絕大多數是非暴力的，以色列軍隊仍以實彈射擊示威者。在數月的抗議期間，以色列狙擊手射殺了數百名巴勒斯坦人，造成數千人受傷（其中許多人終身殘疾）。遭到攻擊的人包括記者、醫護人員、兒童以及殘疾人士。國際人權組織強烈譴責這些殺戮。一名目擊者描述了這場恐怖的景象：

> 令人震驚的是，受傷的人數之多，以及射擊方式的緩慢與精準。每隔幾分鐘……，便聽見一聲槍響，隨之看到有人倒下。接著又是一槍，又一個人倒下。這種情況持續了好幾個小時……。一具具染血的身體不斷被抬上救護車，場面既詭異又無休止。這一切發生得如此頻繁，彷彿成了日常。槍聲響起，一個人倒下，然後有人抬走染血的身軀。受傷的人數驚人，多到我已經無法計算。我曾在敘利亞、葉門、利比亞報導戰爭，但從未見過如此場面。這種慢條斯理、精準的射擊，實在令人震撼。[52]

聯合國大會通過決議，指控這些槍擊行為「過度、失衡且無差別」。二〇一九年，聯合國人權理事會發布了一份報告，調查以色列二〇一八年在加薩的行動。調查發現，以色列士兵「朝一名正在發送三明治的學童臉部」開槍；一名足球員雙腿中彈（職業生涯因此終結）；一名站在距離邊界三百公尺處的技師被槍殺；一名身穿「PRESS」（新聞媒體）背心的學生記者遭槍擊身亡；一名男子試圖逃離圍欄時被射殺；一名站在距離圍欄數百公尺外、正在抽菸的男子中彈身亡；一名大學生在講電話時，頭部中彈死亡；一名巴勒斯坦國家自行車隊隊員，當時正穿著隊服觀看示威，結果腿部中彈，結束了他的自行車手生涯。調查報告中最令人痛心的，是對殘疾人士的殺戮。以色列狙擊手射殺了一名雙腿截肢、坐在輪椅上的男子（他的雙腿早前已因以色列轟炸而截肢），以及兩名需要拐杖行走的男子。[53]

以色列對此當然毫無悔意。尼坦雅胡不屑一顧地駁斥了這份聯合國人權理事會的新報告，聲稱「該理事會因對以色列偏執的仇恨，創下了虛偽與謊言的新紀錄」，並表示以色列將繼續「堅決捍衛自身主權與公民，抵禦哈瑪斯的攻擊和伊朗支持的恐怖組織」。[54]

在美國，《紐約時報》頭版報導的重點，竟然是巴勒斯坦人的死亡如何影響以色列人的感受（他們「希望每一顆子彈都是正當的」），並暗示加薩人利用自身苦難來推動「政治」目的（稱加薩是個「個人痛苦經常被用來推動政治訴求的」地方）。此外，《紐約時報》還刊登了一篇由《猶太人雜誌》（*Jewish Journal*）編輯撰寫的專欄文章，標題為「以色列必須保護邊界——無所不用其極」。[55]

不出所料，美國在聯合國安理會擋下了一項要求調查示威者被槍殺事件的決議案。以色列再一次毫無懲罰地全身而退。[56]

在美國，政客仍被期待對以色列表現出尊重。即使是政治光譜上偏左的民主黨人士，通常也會覺得有義務強調，無論如何，他們都不會重新考慮美國對以色列的軍事支持。[57] 二〇一九年，明尼蘇達州國會議員伊爾汗．歐瑪（Ilhan Omar）批評親以色列遊說團體的影響力，並表示國會議員被要求

對以色列展現「忠誠」並「承諾支持」，此言論引發激烈的政治爭議。隨後，歐瑪遭指控仇視猶太人。《紐約時報》的布雷特・史蒂芬斯（Bret Stephens）表示，歐瑪「完全清楚自己在做什麼」，故意喚起關於猶太人陰謀的刻板印象。在談話性節目「觀點」（The View）中，梅根・馬侃（Meghan McCain）談及歐瑪的言論時幾乎落淚，形容這些言論「非常可怕」。而《國家評論》（*National Review*）的凱文・威廉森（Kevin Williamson）則表示，民主黨內部存在「仇恨猶太人的極端分子這個嚴重問題」。[58]

如果巴勒斯坦人要實現正義與自決，那麼國際社會對以色列罪行的全盤政治支持必須改變。過去一百多年來，巴勒斯坦的殖民進程一直是透過逐步在當地建立「既成事實」，讓世界最終不得不接受這些變化。這項政策至今依然奏效，並且只要美國持續提供軍事、經濟、外交及意識形態支持，它就會持續下去。

以色列與巴勒斯坦的衝突經常被描述為複雜難解，但實際上，其核心問題相對單純。[59] 這場衝突的核心地區已遭受嚴酷軍事占領長達五十年。占領方是一個擁有強大軍事實力的國家，並獲得全球超級強權的大量軍事、經濟和外交支持。而受統治者則孤立無援、毫無防備，許多人僅能在惡劣的難民營中勉強生存，長年遭受殖民壓迫中常見的殘酷恐怖，有的人也因此犯下了可怕的暴行。長久以來，美國一直面臨一個選擇：究竟要堅持要求以色列遵循基本的民主價值與國際準則，還是要持續資助並鼓勵這項不道德、非法且自我毀滅的計畫，將種族隔離制度永久化？唯有透過美國國內的公眾壓力，才能打破美國政策的既有模式。

後記：奈森・羅賓森，寫於二〇二四年四月

杭士基長期以來一直認為，以色列命運性地選擇了「擴張勝於安全」。他的意思是，以色列透過維持軍事占領並阻撓巴勒斯坦建國，反而讓自身陷入更大的危險。他指出：「與其透過政治協議來降低緊張局勢，並讓邊境出現一個非軍事化的巴勒斯坦國，以色列寧願選擇控制境內的敵對人口，這反而使自身更加不安全。」他認為，那些自稱捍衛以色列的人，其實並未真正

維護其安全，因為對巴勒斯坦人的壓迫激起了憤怒與怨恨，使以色列成為國際間的棄兒，並使以色列社會內部道德淪喪。他堅持，若真心關心以色列的安全，應該敦促其結束軍事占領，並解除對加薩的封鎖。[60]

二〇二三年十月七日，哈瑪斯戰鬥人員衝破加薩這座「露天監獄」，在以色列發動大規模襲擊，無論是士兵還是平民都成為攻擊目標。約一千兩百人遇害，其中包括幼童與長者，數百名人質被帶回加薩，留下痛苦不堪的家屬。以色列隨即展開「強力報復行動」。加薩地區僅長二十五英里（約四十公里）、寬五英里（約八公里），但以色列投下了數萬枚炸彈，整個社區被夷為平地。學校、醫院、麵包店、救護車、難民營皆遭到攻擊。很快地，超過一半的加薩人口陷入饑荒，每十個人中就有九個無法每天獲得食物。數月內，加薩遇害的兒童人數超過二〇二三年全球所有衝突地區的總和。到了春天，巴勒斯坦的死亡人數超過三萬，大多數居民被迫逃離家園。《紐約時報》專欄作家紀思道（Nicholas Kristof）指出，這場針對平民的殺戮規模之大，足以與盧安達種族滅絕相提並論。在一次短暫的停火期間，加薩居民試圖返回被摧毀的家園，尋找可用物資時，以色列軍隊向流離失所的人開火。[61] 現場景象極為慘烈：兒童因戰火被截肢，身上嚴重燒傷，不僅要忍受劇烈感染，還要承受目睹親人死去的心理創傷；加護病房被以色列軍隊強制撤離後，嬰兒遺體無人處理，在病床上腐爛。[62]

以色列高層官員的言論顯示，保護平民生命並非他們的優先考量。當電視新聞主持人詢問以色列切斷加薩電力供應會對當地平民造成什麼影響時，前總理納夫塔利・班奈特（Naftali Bennett）反問：「你認真在跟我談巴勒斯坦平民嗎？」此外，有些人援引二戰時期「日本沒有平民」的論調，主張加薩所有居民都應被視為戰鬥人員，理由是他們曾投票給哈瑪斯。（然而，這並不符合事實。首先，大多數加薩居民未滿十八歲，當年哈瑪斯當選時，他們甚至尚未出生。其次，這種論點與哈瑪斯和賓拉登用來為其襲擊平民辯護的邏輯如出一轍。）[63]

根據以色列雜誌《+972》援引的情報消息人士透露，大規模轟炸行動的目的在於「製造震撼」，從而「讓平民對哈瑪斯施加壓力」。英國《衛報》也總結報導稱，以色列「刻意瞄準住宅區，以造成大量平民傷亡，希望民眾因此反對哈瑪斯政權」。一名情報人員解釋：「沒有任何事情是意外發生的。如果一名三歲的女孩在加薩家中被炸死，那是因為軍方某個人認為她的死亡並不重要——認為為了攻擊（另一個）目標，這是可以接受的代價。」另一篇《+972》的報導則引述情報人士稱，以色列有時會為了擊殺一名哈瑪斯指揮官，明知可能導致「數百名」平民死亡，卻仍然下令轟炸，幾乎沒有任何限制。「能炸就炸」，「重點是盡快創造盡可能多的攻擊目標」，對於平民傷亡則鮮少考慮，即使是整個家庭被滅門。[64]

部分以色列官員甚至以盟軍對德勒斯登（Dresden）和廣島（Hiroshima）的轟炸來為攻擊加薩辯護。事實上，兩個月後，加薩北部的破壞程度已超過當年德勒斯登遭受的轟炸——那場惡名昭彰的轟炸刻意以平民為主要攻擊目標。以色列《國土報》（*Haaretz*）對死亡人數的分析顯示，加薩平民死傷的百分比例「顯著高於二十世紀所有衝突中的平均死亡比例」。二〇二三年，在加薩遇害的援助工作者超過過去三十年間全球所有戰區的總和。令人作嘔的是，以色列部分人士（包括官方 Twitter 帳號）散播不實訊息，宣稱巴勒斯坦人誇大傷勢，並稱這場災難是一場「巴萊塢」（Pallywood）* 的精心策劃造假行動，指控巴勒斯坦人偽造受害情節。與此同時，約旦河西岸的屯墾者趁機襲擊被占領區內的巴勒斯坦人，搶奪土地並殺害數百人，其中包括許多兒童。[65]

還有大量公開呼籲進行種族清洗的言論。前司法部長艾耶萊特．夏克德（Ayelet Shaked）表示，以色列應該「利用我們對他們造成的破壞」，強行將所有加薩人口驅逐至其他國家。總理尼塔雅胡計劃將加薩人口「減少至最低程度」。情報部曾提出一項計劃，打算清空加薩地區的居民，並將難民驅趕至鄰國，而尼塔雅胡則遊說各國收容數十萬被迫離開家園的加薩人。以色列國會（Knesset）副議長尼辛姆．瓦圖里（Nissim Vaturi）直言：「必須把加薩人趕出去。」農業部長則表示，政府正在推動「加薩版的納克巴」，意指一九四八年的巴勒斯坦人大流亡。美國民權團體「憲法權利中心」（Center for Constitutional Rights）記錄了許多言論與行動，顯示出整個加薩人口都

* Pallywood 是 Palestine（巴勒斯坦）與 Hollywood（好萊塢）的合成詞，用以指控巴勒斯坦人在以色列巴勒斯坦衝突中偽造受害場景。這是貶低巴勒斯坦人，虛構其受害者形象的說法。——編註

在為十月七日事件承受懲罰。例如，以色列軍方「領土內政府活動協調局」（Coordination of Government Activities in the Territories, COGAT）負責人、少將加桑・阿里安（Ghassan Alian）曾表示：「人形畜生就應該被這樣對待。（加薩）不會有電，也不會有水，只有毀滅。你們想要地獄，就會得到地獄。」九十五歲的以色列陸軍後備役軍人埃茲拉・亞欽（Ezra Yachin）受邀為軍隊「提振士氣」，他告誡士兵：「別留下任何人，抹去他們的記憶。消滅他們、他們的家庭、母親和孩子。這些畜生不能再繼續生存。」在美國，甚至有國會議員呼籲完全切斷對加薩的人道援助，並表示應讓加薩「變得如長崎、廣島一般」。[66]

以色列國防軍駐加薩北部旅的參謀長奧倫・齊尼（Oren Zini）將加薩形容為「毒蜂巢」，並表示他「反對向對方輸送任何可能幫助他們恢復的東西。我認為應該讓它窒息。」以色列國會議員伊札克・克羅伊澤（Yitzhak Kroizer）則聲稱：「必須將加薩從地圖上抹去，以向所有敵人和那些試圖傷害我們的人傳達訊息。」以色列國防部顧問、前國家安全委員會主席吉奧拉・艾蘭德（Giora Eiland）在十一月公開為大規模殺害平民辯護，聲稱藉由疾病殺害人口，將有助於降低以色列的戰爭成本。他表示：「加薩南部爆發嚴重疫情將加速勝利，並減少以色列國防軍的傷亡。」他進一步主張：「要更快、更低成本地獲勝，需要讓對方的整個體系崩潰，而不只是殺死更多哈瑪斯戰士。」他甚至寫道：「在加薩製造一場嚴重的人道危機是達成目標的必要手段。」並揚言：「加薩將變成一個無法生存的地方。」他的言論很快成為現實，大量加薩難民被迫擠在帳篷裡，嚴重疾病開始傳播，八百人只能共用一個廁所。[67]

以色列以消滅哈瑪斯並防止十月七日事件重演為由，對平民施加恐怖手段，並且反對停火的聲音認為，以色列在確保自身安全時不應受到限制。然而，這樣的理由並不合理。中間派民主黨國會議員塞斯・穆爾頓（Seth Moulton）指出：「以色列目前殺死了約五千名哈瑪斯武裝分子，但在這過程中，他們又招募了約十萬名新的支持者。」事實上，以色列的攻擊與其說是出於安全考量，更多的是出於報復與懲罰的慾望。以色列設立「射殺區」（kill zones），任何跨越這條隱形界線的人都會被射殺，並被直接視為「恐怖分子」。正如《猶太時報》（*Jewish Currents*）的大衛・克里昂（David

Klion）所寫：「這場戰爭的主要推動力之一，是以色列大眾對復仇的渴望，但從來沒有人明說。」事實上，以色列內部情報人士告訴《+972》雜誌，決定加薩攻擊目標的標準，並非基於嚴謹的軍事策略，而是基於「復仇」和「情緒化決策」。[68]

一如往常，美國政府全面支持以色列。拜登政府表示，對以色列「不設任何底線」，換句話說，以色列可以為所欲為，即便違反戰爭法規，也仍會獲得美國的堅定支持。美國是全球少數幾個在聯合國未呼籲停火的國家之一。拜登政府甚至幫助以色列，質疑巴勒斯坦死亡人數的真實性（毫無根據）。此外，儘管拜登政府聲稱正在施壓以色列做出人道讓步，卻拒絕考慮減少對以色列的軍事援助，甚至追加數十億美元軍備給以色列（同時嚴格保密具體援助內容）。即使拜登政府公開要求以色列使用較小型的武器，卻仍持續向以色列提供兩千磅的炸彈。即使加薩的傷亡人數不斷攀升，拜登政府仍堅持全面支持以色列，這引發國務院內部強烈反對，許多官員連署抗議信，甚至有官員因此辭職。[69]

當加薩的死亡人數已達數萬時，來自當地的證詞令人心碎且駭人聽聞。在加薩少數仍能運作的醫院之一，醫生艾哈邁德．莫哈拉比（Ahmed Moghrabi）懇求國際社會制止這場暴力。他說：「沒有任何言語可以形容這裡正在發生的事。」這裡「到處都是屠殺」，是「恐怖、恐怖、恐怖」，整個家庭被屠殺，孩童被燒到只剩骨骸，饑荒嚴重到他幾乎無法讓自己兩歲的女兒存活。他哀求道：「請停止對我們的種族滅絕。懇求你們。」另一位到過加薩的醫生則表示，他在當地看到的「不是戰爭，而是滅絕」。聯合國兒童基金會（United Nations International Children's Emergency Fund, UNICEF）發言人形容，城市「已經什麼都不剩了」，並坦言「恐怖程度已經超出我們能夠形容的極限」。[70]

即便如此，拜登政府仍持續向以色列提供武器，並一再阻擋聯合國安全理事會要求停火的決議案，該決議案獲得十三票贊成，僅一票反對。（最終，在強大的公眾壓力下，拜登政府改對停火決議投下棄權票，讓決議得以通過，但隨後卻聲稱這項決議「不具約束力」，並未採取任何行動來落實。）聯合國大會也通過了一項停火決議，贊成票有一百五十三票，僅十票反對（換句話說，這項提案的反對者只占全球人口的百分之五，而美國就占了百分之四）。此外，拜登政府在國際法院針對以色列的種族滅絕指控案中，堅定支持以色列，否認以色列涉及種族滅絕行為，並為其對巴勒斯坦的占領進行辯護。美國再次與全球輿論背道而馳。根據 Politico 報導，拜登政府不願停止戰爭的其中一個原因，是擔心暫停戰鬥「可能會帶來意想不到的後果：讓記者更容易進入加薩，進一步揭露當地的破壞情況，進而讓全球輿論轉向反對以色列」。再一次地，如果美國民眾知道自己的「民主」政府正在做的事，他們一定無法接受，因此美國政府選擇不讓他們知道。[71]

二〇二四年四月，國際人道組織「世界中央廚房」（World Central Kitchen, WCK）的七名救援人員在完成對加薩居民的食物運送後，遭以色列襲擊身亡。大量證據顯示，這次襲擊並非偶然。這些救援人員所乘坐的車輛標誌明顯，且他們的行動已事先與以色列國防軍協調過。然而，這起事件導致「世界中央廚房」和其他援助組織暫停在加薩的糧食救濟工作。

就在襲擊當天，拜登政府再次批准向以色列提供武器援助。事發後，拜登政府依舊拒絕對軍援設下任何條件。美國前國務院官員、以巴談判代表亞隆・大衛・米勒直言，拜登的政策反映出同情心失衡，因為在美國總統眼中，巴勒斯坦人的生命價值較低。對巴勒斯坦人而言，這一點早已顯而易見。他們有理由譴責美國的虛偽——一面聲稱追求和平與正義，另一面卻助長巴勒斯坦人民的苦難。[72]

第六章

巨大的中國威脅

「中國是我們的敵人，」川普一再強調：「這些人不懂什麼叫友善。」因此，在二〇一七至二〇二一年間，川普政府對美中關係「發動猛烈攻勢」，導致兩國關係「跌至數十年來的最低點」。川普政府官員對中國的描述充滿極端麥卡錫主義言論。時任國務卿龐培歐表示：「中國共產黨的威脅」已經「來到我們家門口」，甚至出現在「狄蒙、鳳凰城和塔拉哈西」……。（中共）將不擇手段破壞我們在美國和西方世界的生活方式。」川普的前首席策士史蒂夫．巴農（Steve Bannon）則聲稱：「中國已經成為美國史上最嚴峻的經濟和國家安全威脅。」聯邦調查局局長克里斯多福．瑞伊（Christopher Wray）在二〇二〇年七月警告，「中國威脅」正危及「我們的健康、經濟福祉和國家安全」。[1]

中國如何威脅「我們的生活方式」？瑞伊解釋，「中國政府的野心」無非是「在經濟和科技領域超越美國」。時任司法部長威廉．巴爾（William Barr）更指稱，中國正在發動「經濟閃電戰」，其目標是掌控「全球經濟的主導地位」，並且「超越美國，成為世界首屈一指的科技強國」。這才是所謂「中國威脅」的真正含義：美國將不再主宰全球。而我們的外交政策基本前提則是：美國理所當然應該繼續主導全球事務。[2]

川普政府的戰略文件明確展現出這樣的立場。二〇一七年《國家安全戰略報告》（*National Security Strategy*, NSS）警告：「中國企圖取代美國在印太地區的影響力，擴大其國家主導型經濟模式的觸及範圍，並重新塑造該地區秩序，以符合自身利益。」但美國本身並不位於印太地區，何來「被取代」一說？然而，《國家安全戰略報告》並未探討為何美國，而非人口更多的中國，才是亞洲理所當然的主導者。報告進一步指出，中國與俄羅斯正在「挑戰我們的地緣政治優勢」，美國正陷入一場「大國競爭」。這也意味著，美國必須「恢復美軍對大規模戰爭的備戰狀態」，大幅提升軍事能力，以快速發動致命性攻擊。《國家安全戰略報告》建議，美國應確保自身擁有「壓倒性優勢」，讓「美國士兵永遠不會陷入勢均力敵的戰鬥」。[3]

川普政府的「印太戰略框架」進一步說明，美國在印太地區的首要利益之一，是「維持美國的領導地位」，確保美國「在這個全球經濟成長最快的區域擁有外交、經濟和軍事上的優勢」，以防中國建立新的「勢力範圍」。換句話說，美國要確保亞洲這個最大的國家，在亞洲擁有的影響力，不會超過遠在地球另一端、相對小得多的美國。[4]

隨著中國壯大，美國要維持在其周邊地區的「霸權地位」，勢必得採取越來越強硬的對抗態度，而美國兩大主要政黨似乎都堅持這一立場。即便是在競選期間，拜登也試圖在對中政策上展現「比川普更鷹派」，甚至發布了一些反中競選廣告，部分內容遭批評帶有種族歧視意味。拜登曾稱習近平為「惡棍」，並在《外交事務》期刊上撰文表示：「美國確實需要對中國採取強硬態度。」[5]

上任後，拜登基本上延續了川普時期的對外政策，特別是在對中政策上，甚至在某些方面更加嚴厲。根據 Politico 的報導，「拜登強力打壓北京科技發展的行動，對中國經濟造成的影響及中美關係的裂痕，比川普時期還要嚴重」，這可說是美國迄今為止「對遏制中國經濟與軍事崛起最激進的行動」。《大西洋月刊》的一篇評論則指出，如果選民想在二〇二四年懲罰中國，就應該選擇拜登而非川普，因為「拜登對中國的打壓比川普更強烈」，並且「已對中國經濟及地緣政治野心造成嚴重損害」。至於美國一如既往地將干預他國經濟視為理所當然，則仍然毫無改變。[6]

「私底下，這兩位總統在對中政策上的作法其實差異不大，」外交記者麥可．赫許（Michael Hirsh）如此表示。Politico 援引前川普政府中國政策規劃師克利特．威廉斯（Clete Willems）的話指出：「（拜登）政府將中國本土創新視為國家安全威脅……，與過去的立場相比，確實是一大轉變。」國務卿安東尼．布林肯（Antony Blinken）曾表示，「對國際秩序最嚴峻的長期挑戰」來自「中華人民共和國」。二〇二二年的《國防戰略報告》如同川普政府的立場，承諾將應對「中國在多個領域日益成長的威脅」，並強調「在印太地區優先應對中國挑戰」。根據曾任川普政府副國務卿的史蒂芬．比根（Stephen E. Biegun）所述，拜登政府為此持續「持續大幅增加軍力和軍事裝備部署至該地區，並鼓勵盟友擴充軍備」。事實上，目前的政策路線早在歐巴馬政府的「重返亞洲」時期就已開始，當時美國承諾「將最先進的軍事能力優先部署於亞洲」。歐巴馬曾明確表示：「美國是一個太平洋強權，我們將長期駐守於此。」[7]

《紐約時報》指出：「川普與拜登政府都不得不面對一個問題：如何在美國看似衰退的時刻維持全球主導地位。」由此可見，無論是哪一黨執政，美國都公開承認會試圖限制中國在全球事務中的角色，並對其發展設下阻礙。而「維持全球主導地位」這種目標，則被視為理所當然，甚至再自然不過的追求。

長期以來，美國政策規劃者都假定我們有權在亞洲推行自身意志。自一九四九年中國共產黨革命以來，美國政界就開始討論「失去中國」的問題，相互指責究竟是誰「讓中國丟了」。[8] 這種說法隱含了一種默認的假設，彷彿美國原本擁有中國，而中國脫離美國控制是一件令人震驚的事。如今，美國正試圖向中國證明，它無法在中國周邊地區稱霸，並採取「軍事優先」（military-first）的戰略。美國、英國與澳洲已宣布，「將合作開發極音速武器，進一步擴大三方安全協議，藉此幫助華府及其盟友應對中國迅速擴張的軍事實力」。正如軍事專家麥可·克萊爾（Michael Klare）所指出的，二〇二二年《國防授權法案》（*National Defense Authorization Act*）「詳細規劃了一個包圍中國的戰略藍圖，透過美軍基地、軍事力量及日益軍事化的盟友國家，打造可能使中國戰略空間受限的軍事網絡……，讓華府能在未來任何危機中，將中國軍隊困在本土，甚至可能嚴重影響其經濟」。美國國防部則表示：「北京認為美國越來越有決心遏制中國。」而由於美國的印太政策本來就以「圍堵中國」為核心，北京會有這樣的感受也就不足為奇。[9]

那些將中國視為威脅的人，往往能立即列出一長串中國的不法行為來證明這一點。確實，中國存在嚴重的人權侵害問題，包括打壓異議人士以及對維吾爾族群的迫害。此外，中國在南海的行為無疑違反了國際法。川普政府時期的國家情報總監約翰·雷克里夫（John Ratcliffe）曾表示，中國「竊取美國企業的智慧財產權，複製技術，然後在全球市場上取代美國公司」。

二〇二二年七月的一份國家情報總監辦公室的報告警告，中國正在進行隱密的影響力滲透，企圖「在（美國）各州和地方領袖之間爭取對中國利益的支持，並利用這些關係向華府施壓，以推動更有利於北京的政策」。在參議員查克．舒默（Chuck Schumer）的敦促下，川普政府正式將中國列為「貨幣操縱國」。前司法部長威廉．巴爾則批評，中國透過「讓貧窮國家背負沉重債務，拒絕重新協商條件，最後掌控基礎建設」，來實行「當代殖民主義」。[10]

然而，這些指控的問題在於，它們要麼根本不構成對美國的威脅，要麼就是美國自己也聲稱有權從事的行為。

舉例來說，中國對維吾爾族的殘酷迫害在道德上令人極度反感，但很難說這對其他國家構成直接威脅。此外，正如我們所見，人權議題往往只是美國權力運作的工具。沙烏地阿拉伯的罪行並未被用來塑造「沙烏地威脅」，但中國的行為卻成為它是獨特威脅的證據。

有些針對中國的指控被誇大了，例如所謂的新殖民主義「債務陷阱」，指稱中國透過掠奪性的貸款手法剝削其他國家。[11]（當然，某些國際債務陷阱確實存在。[12]）另外，有些指控聽起來像是美國歷史事件的重演。例如，指責中國竊取智慧財產權，與其說是譴責中國，不如說是在譴責美國過去採取的非法手段，這些非法手段「正是讓美國在兩個世紀前超越歐洲競爭對手，成為工業強國的原因」。美國開國元勛之一的亞歷山大．漢彌爾頓（Alexander Hamilton），他的生平在一部廣受歡迎的愛國音樂劇中被歌頌，他當年主張政府應該「大規模從其他國家竊取工業技術」。歷史學者彼得．安德烈（Peter Andreas），在其著作《走私國度：非法貿易如何塑造美國》（*Smuggler Nation: How Illicit Trade Made America*）中指出：「（美國）直到成為世界工業強國後，才開始高喊智慧財產權保護。」同樣地，美國對經濟戰爭與影響力滲透的譴責，顯得相當虛偽，畢竟美國掌控全球儲備貨幣，並利用這項優勢來施加經濟影響力。事實上，中情局也從不避諱承認自己在世界各地進行影響力行動。[13]

《外交家》（*The Diplomat*）雜誌的凱爾．海恩斯（Kyle Haynes）請我們設想這樣一種情境：「一個新興強權正在迅速擴張其軍事能力」，「單方面撕毀數十年來的規範與協議，將一條具有戰略價值的水道軍事化」，同時「試圖以強制手段驅逐在位的全球霸主。」這或許是在描述當今的中國，但同樣也可以用來形容美國當年如何掌控西半球的過程。中國只是拒絕接受所謂「爬上去後踢掉梯子」（kick away the ladder）的原則。這句話是形容一種模式：某些國家透過各種手段攀上發展的階梯 —— 包括暴力、欺騙和竊取先進技術 —— 但當它們站穩腳步後，卻建立起「基於規則的秩序」，以禁止其他國家採取相同的方式發展。[14]

澳洲前總理保羅．吉亭（Paul Keating）對於真正的「中國威脅」做出了精準描述。他指出，「光是中國的存在，就讓美國感到不悅」。事實上，中國根本沒有威脅過美國，但它「挑戰了美國的主導地位」。所以，中國被視為「威脅」，純粹只是因為它的存在。[15]

如果中國對我們構成威脅，那麼我們對中國而言又是什麼？當中國在吉布地（Djibouti）建立首座海外軍事基地時，這被視為「重新塑造全球權力格局、逐步削弱美國主導地位，並將歐洲邊緣化」的計畫之一。那麼，中國又該如何看待我們在全球八十個國家設立的七百五十個海外軍事基地？當中國與小國索羅門群島簽署安全協議，引發了中國可能在當地建立第二座海外基地的討論時，美國立刻對索羅門群島施壓，中國官員對此描述（相當貼切）：美國「試圖在南太平洋復活門羅主義」。[16]

中國問題專家萊爾．高德斯坦（Lyle Goldstein）在分析一系列名為「中國的大西洋戰略」（China's Atlantic Strategy）的中國官方文章後指出：「其中有一點他們表達得非常明確，那就是：『大西洋對美國而言毫無疑問相當重要，而美國卻跑到我們的家門口，在南海四處試探，所以我們也必須前往他們的後院。』」這種作法算是「以牙還牙」嗎？還是說，這些規則只適用於我們的競爭對手？舉例來說，中國確實違反了《聯合國海洋法公約》（*UN Convention on the Law of the Sea*），但美國甚至連這項公約都沒有簽署。中國對臺灣的行動充滿威脅，然而，美國卻曾聲稱自己有權推翻世界各地的政權。[17]

這類論點經常被貼上「那又怎麼說論」（whataboutism，亦稱比爛主義）的標籤，意指透過指責他國來轉移對自身問題的關注。（在這種情況下，重點不只是檢視美國官方認定的敵人，也包含反思美國自身的行為。）但事實上，這正說明了美國並不真正在乎自己所宣稱的價值觀。中國當然看得一清二楚。中國外交部發言人趙立堅曾表示：「對中國的指責，與美國自身的行為如出一轍。」[18] 趙立堅認為，美國「無視以《聯合國憲章》和國際法為基礎的國際秩序」，是「國際秩序的破壞者」，因為美國「肆意退出條約與國際組織」，並將「本國法律凌駕於國際法與國際規則之上」。他指出，美國長期以來屢次發動非法武力行為，並批評：「在美國眼中，國際規則必須服從並服務於自身利益。」他進一步指出，美國的態度是：「當國際規則符合美國利益時，美國就會引之作為依據；否則，美國就會選擇無視。」

很難想像誰能夠反駁中國的這個立場。因此，中國不太可能會認真對待美國關於軍事侵略、人權問題和國際法的道貌岸然的聲明，畢竟，美國歷史本身就充滿了軍事侵略、人權侵犯以及對國際法的公然違反。

但臺灣呢？中國確實在這個問題上構成了嚴重威脅，雖然不是直接針對我們，而是對「自決原則」的挑戰。近年來，中國關於統一臺灣的論述變得越來越強硬，隨著中國軍事實力增強，爆發戰爭以併吞臺灣的風險也隨之上升。高德斯坦指出，中國內部越來越常出現「解放軍有意志和能力確保國家統一」的言論。在一段中國人民解放軍的影片中，一名海軍艦長表示：「我們有決心、有能力對任何試圖破壞祖國統一的入侵者直接發動攻擊，絕不手軟。」[19]

這是一個嚴峻的局勢，但歷史背景同樣重要。臺灣的歷史脈絡錯綜複雜，在一八九五年之前曾是中國的一部分，隨後被割讓給日本。在二戰前及戰爭期間，日本將臺灣作為軍事基地——它的「永不沉沒的航空母艦」。一九四五年，日本戰敗後將臺灣交給中華民國（Republic of China, ROC），但關於臺灣主權的爭議持續了數年。一九四九年，中國內戰中，中華人民共和國（People's Republic of China, PRC）擊敗中華民國政府，蔣介石率領國民黨政府撤退至臺灣，在此建立流亡政府。此後數十年間，兩岸政府皆聲稱自己是代表整個中國（包括中國大陸與臺灣）的唯一合法政權，而在一九六〇至一九七〇年代，蔣介石在臺灣的政府仍計劃反攻大陸。美國長期承認臺灣屬於中國的一部分，直到美國意識到中華人民共和國已成為無法忽視的現實後，才停止承認臺灣為全中國的合法政府。目前，臺灣尚未正式宣布自己為獨立國家，從法律層面仍視中國大陸為其領土的一部分。然而，近幾十年來，越來越多臺灣民眾不再認同自己是「中國人」，而是「臺灣人」，島內的國族認同也逐漸從「中華民國」轉向「臺灣」本身。（事實上，過去臺灣官員不喜歡國際上稱臺灣為「臺灣」，因為這暗示臺灣是一個獨立於中國的國家，而非中國的合法政府。）[20]

如今，臺灣問題常被簡化成侵略大國試圖掌控鄰近小國的故事，但實際情況比這更為複雜。當內戰結束後，戰敗的一方退守至國家的一小部分領土，可以想見，主權爭議會隨之而來。久而久之，臺灣已逐漸從中國的一個爭議地區，發展為一個擁有自決權的獨立實體。然而，若從中國角度來看，我們可以理解，某些美國支持臺灣的舉措可能適得其反。首先，臺灣曾被日本和中華民國作為對中國大陸發動或謀劃戰爭的據點。當中華人民共和國將臺灣的獨立運動與美國圍堵中國的戰略串連起來，認為這是美國為了維持在亞太地區霸權而扶植的行動，那麼中華人民共和國可能會更下定決心打擊任何臺灣獨立的可能性。另舉個類比的例子：如果波多黎各尋求獨立，而中國宣布軍事保護波多黎各，並利用其對抗美國在加勒比地區的霸權，那麼美國對於波多黎各獨立的態度會變得更支持還是更反對？這個問題值得深思。

為了確保臺灣的自決權，應避免採取可能促使北京以武力實現統一的行動。我們應全力維持和平現狀，因為一旦中國決定攻占臺灣，美國是否能成功防衛臺灣還是未知數，而任何美中戰爭將造成前所未有的人道與經濟災難，尤其是對臺灣人民而言。正如一句諺語所說：「大象打架，草皮遭殃。」如果臺灣被捲入美中權力角逐，那麼三方之中，臺灣無疑將受到最嚴重的影響。[21]

事實上，我們有充分理由相信臺海戰爭或許可以避免。民調顯示，臺灣人更傾向認為局勢不會最終導致戰爭，而「一些臺灣政治人物認為，美中之間日益激烈的競爭反而增加了風險」。《金融時報》引述臺灣專家的話：「華府應更清楚地解釋，為何它對中國可能發動攻擊的憂慮正在升高。」事實上，臺灣與中國政府近年來有過較為和緩的互動，且過去幾年間，數百萬中國遊客曾造訪臺灣。甚至可能存在一條通往最終獨立的和平道路，即透過維持現狀，直到臺灣的永久自治在實質上成為既成事實。（不過值得注意的是，臺灣內部對於正式獨立仍有爭議，未來最理想的發展方向尚不明確，但無論如何，臺灣的未來不應該取決於美國的戰略目標。）[22]

要實現持久的和平與公正解決方案，美國必須避免採取讓中國感到需要展現武力的行動，或者避免讓中國認為，如果不以武力統一臺灣就是對美國的屈辱性讓步。我們應該避免給人一種印象，彷彿美國視中國為敵人，而臺灣則是對抗中國的重要盟友。同時，更應避免與中國進行軍備競賽，讓整個區域變成一個隨時可能引爆的火藥庫。

不幸的是，美國支持臺灣的自決權可能與堅持民主原則無關，而是與維持自身在亞洲的影響力相關。《大西洋月刊》記者何貴森（Chris Horton）指出，美國之所以如此關注臺灣問題，是因為「臺灣的戰略重要性無法低估，無論是對美國還是日益強勢的中國而言」。如果臺灣成為中國的一部分，「中國將立即成為太平洋強權，掌握全球一些最先進的科技，並具備封鎖日本與南韓石油供應的能力，這種籌碼可能使中國向美國施壓，要求關閉駐日與駐韓基地。」[23]

美國政府可能會選擇放棄能夠緩解臺海緊張局勢的機會，因為這些機會若被解讀為對中國有利，便不會受到重視。例如，萊爾．高德斯坦認為，美中臺仍存在外交和解的可能性，但這需要促進中國與臺灣之間的友好關係。然而，美國並未積極推動兩岸和解，反而鼓勵臺灣發展成為布滿飛彈的「豪豬」（porcupine）戰略，以抵禦中國入侵。美國官員甚至刻意做出激怒中國的舉動，例如，拜登承諾如果中國攻打臺灣，美國將出兵協防，或是裴洛西藉由訪臺來展現個人政治影響力。這些行為看似是在支持臺灣的自決權，但實際上卻增加了戰爭爆發的風險。五十年來，美國奉行「一個中國」政策，承認「臺海兩岸的所有中國人都認為只有一個中國，而臺灣是中國的一部分」，並且雙方都未採取行動破壞這一共識。如果美國不採取魯莽且挑釁的行動，這種現狀或許仍能持續下去。[24]

事實上，中國理性的長期對臺戰略並非武力攻臺，因為這將嚴重損害自身利益，甚至可能引發一場自我毀滅的戰爭。（目前也沒有明確跡象顯示中國真的在策劃入侵。）更令人擔憂的是，美國有些人認為，臺海戰爭幾乎已成定局。美國印太司令部情報主任曾表示：「對我們來說，問題不是會不會發生，而是什麼時候發生。」現在難以想像的不是戰爭，而是和平的外交解決方案。[25]

美國與中國之間的緊張關係有時被視為國際關係中典型的「安全困境」，也就是外交政策研究所（Foreign Policy Research Institute）的高德文（Paul Godwin）所描述的現象：「軍事計畫和國家戰略在決策者眼中是防禦性的，卻被對方視為威脅。」史蒂芬・華特（Stephen M. Walt）警告說：「令人驚訝的是，許多聰明且受過良好教育的西方人士（包括一些知名的前外交官）似乎無法理解，他們所謂的善意並不會那麼明顯地被其他國家察覺。」換句話說，中國可能無法理解我們建立區域軍事聯盟、在周邊地區部署大量高精度武器並將其對準中國、稱中國為「敵人」、增加軍艦巡邏其海岸（名義上是為了執行《海洋法公約》，儘管我們並未簽署該條約）、提供澳洲一支核潛艦艦隊來抗衡中國，以及在中國沿海進行軍事演習，這一切只是為了嚇阻中國的侵略行為。中國卻不被允許以我們的方式行事——試想，如果中國軍艦持續在墨西哥灣集結並進行軍演，我們又會作何反應？當中國的軍事演習被我們視為敵對行動時，美國卻認為，自己在全球舉行最大規模的海上軍事演習以警告中國，不應該被中國解讀為敵意。中國似乎理應接受我們的一貫說法：我們的行動純粹是「防禦」，而「侵略」的總是其他國家。[26]

但事實上，美國的行動根本稱不上「防禦性」。或許中國並非誤解我們的政策，只是仔細閱讀過我們公開的戰略文件。他們清楚看到，美國決策者希望維持對印太地區的控制，並否定中國在東半球行使與美國在西半球相同權利的可能。中國可能翻開《華爾街日報》，讀到一位擔任「亨利・季辛吉全球事務特聘教授」的人士主張，為了保護「美國打造的世界」，我們必須發起一場新的「緊急且持久的行動，以遏制正在崛起的競爭對手」，即便這表示將帶來新的「冷戰式緊張和危機」（換句話說，人類文明可能會以暴力方式驟然終結）。中國政府也可能從我們最新的《國防授權法案》中看到，國防部長的職責之一是「強化美國在印太地區的防禦聯盟和夥伴關係，以進一步提升美國在與中國的戰略競爭中的相對優勢」。他們可能聽過我們談論「以規則為基礎的國際秩序」，然後想起歐巴馬在談及「跨太平洋夥伴協定」（Trans-Pacific Partnership, TPP）時說過：「這套規則尚未確定，如果我們不通過這項協議（如果不是美國來制定這些規則），那麼像中國這樣的國家就會來制定。」二〇一二年時，他們看到被視為「溫和派」的共和黨領袖米特・羅姆尼（Mitt Romney）承諾要「確保這將是美國的世紀，而不是中國的世紀」，並強調「太平洋的安全意味著我們的經濟與軍事實力必須無可匹敵」。[27]

正如 Politico 的麥可·赫許所寫，中國顯然已注意到，拜登正在升級對中國的核威脅，採取類似川普的政策，並且「在某些方面，立場比前任更加激進」，「與拜登當初所說的政策承諾形成了鮮明對比」。根據《外交事務》的分析，這些強硬立場讓中國開始加強自身的核武力量，因為中國擔心「美國已經降低動用核武的門檻」。[28]

美國或許只會將自身行動視為理想主義和仁慈的體現，但我們的政府已經清楚表明，其意圖是阻止「公平競爭」，並維持自身能力，以便消滅任何挑戰我們權力的對象。正如政治學者約翰·米爾斯海默（John Mearsheimer）在二〇〇五年所解釋的，隨著中國日益強大，緊張局勢加劇，因為「美國不容許勢均力敵的競爭者」且「決心維持世界上唯一的區域霸權地位」。美國意圖統治世界，即便這意味著戰爭威脅升級，可能導致人類文明的終結。[29]

因此，要減少與中國緊張關係，首先應該審視自己，反思我們對中國的每一項要求是否公平，我們是否願意以同樣標準要求自己。我們或許該思考，若我們繼續試圖在中國周邊部署前哨國家，試圖遏制其影響力，還能期待建立良好的關係嗎？我們也應該考慮，中國對美國所提出的要求是否有某些正當的不滿。以氣候變遷為例，我們期待中國不會像我們過去那樣破壞環境。美國人的平均碳排量遠高於中國人，而且美國和歐洲更是歷史碳排量的主要責任方，這表示，中國在發展過程中必須比我們過去更加克制，才能避免氣候危機加劇。當我們要求中國不要在全球擴張軍事勢力、不推翻那些它認為威脅自身利益的政權，或全面接受美國的智慧財產權主張時，實際上是在要求中國比我們自身更克制。這些要求或許有道理，畢竟，如果每個國家都像美國那樣行事，世界恐怕迅速陷入混亂，但我們在提出這些要求時，應該抱持謙遜的態度。

我們當前面臨的局勢十分危險，軍備競賽正在加劇。多年來，中國一直

維持相對少量的核武，並以此為傲。然而，如今它正加速生產這些武器，結果無非是兩種可能：（一）大規模浪費資源（如果未使用的話）或（二）種族滅絕性的災難（如果使用的話）。即便是稱不上是和平主義者的季辛吉也曾警告，美國與中國正一步步走向類似第一次世界大戰的災難。而在當今這個擁有熱核武器（氫彈）的時代，潛在的毀滅程度遠遠超過一九一四年。[30]

局勢不必走向這一步。

認為中國對美國本土構成軍事威脅的想法荒謬至極，正如萊爾・高德斯坦所言，這「在華府幾乎成了笑話」。然而，中國的確威脅到美國在亞洲維持經濟主導地位的能力。如果我們無法學會共享這個世界，衝突將無可避免。

毫無疑問，美中之間存在深層矛盾，需要長時間且艱難的談判來解決，或許最終的妥協方案誰都不滿意。但在二十一世紀，戰爭根本不是可以考慮的選項。馬丁・路德・金恩（Martin Luther King, Jr.）說得沒錯：「我們必須學會像兄弟般和睦共處，否則就像傻瓜般一起滅亡。」第三次世界大戰絕對不能發生。當前最迫切需要的，是在爭議問題上展開外交對話與談判，並在氣候變遷、軍備控制、未來可能的全球疫情等重大議題上進行真正的合作，因為這些問題不受國界限制。

中國方面則一再呼籲美國不要採取「冷戰思維」，認為誇大中國威脅是「不負責任」的行為，並表示我們應該「拋開臆想的惡魔」。中國指控美國試圖「透過將中國塑造成假想敵，來重燃民族使命感」。事實上，這並非美國首次把國內問題歸咎於中國。《黃禍！反亞裔恐懼檔案》（*Yellow Peril!: An Archive of Anti-Asian Fear*）一書的編者詳盡回顧了美國政客如何煽動對亞洲人的恐懼，好讓民眾相信「可怕且致命的外來者是造成我們所有問題的根源」。歷史上，那些被視為威脅我們生活方式的「敵人」不斷變換，但本可透過協商解決的利益衝突，卻一再被誇大成「關乎文明對立的史詩對決」，並將雙方描繪成水火不容的虛構敵對關係。[31]

我們應該與中國合作，因為我們的命運緊密相連，別無選擇，唯有和平共處。然而，雙邊關係卻日漸惡化。裴洛西訪臺後，中國展開新的軍事演習，可能導致危險的誤判與局勢升級，並且中斷了與美國在氣候變遷等關鍵議題上的對話。[32]

如果這兩個全球領導大國連解決當前最緊迫問題的對話都無法展開，世界恐怕難有希望可言，只會走向災難。美國應當停止無謂地挑起衝突，試著從中國的角度思考問題，真誠地理解並與這個擁有十四億人口、和我們共同生活在同一顆星球上的國家合作。

第七章

北約與俄羅斯：冷戰結束後的發展

一九九〇年代，隨著蘇聯解體，北大西洋公約組織（North Atlantic Treaty Organization, NATO）的存在目的變得模糊不清。這個組織成立於一九四九年，當時正值冷戰初期，其主要職責是保護西方世界免受蘇聯的威脅。然而，冷戰結束，蘇聯不復存在，北約的必要性開始受到質疑。畢竟，北約原本是為了防禦蘇聯的大軍壓境，如今蘇聯已成歷史，那麼北約的存在還有何意義？柯林頓時代的國務院官員史特普・塔爾博特（Strobe Talbott）指出，當時「許多評論人士和部分政治領袖都在思考，北約是否應該在完成最初的使命後，功成身退」。[1]

後來，北約的使命發生了轉變，成為一支由美國主導的干預部隊，擁有全球性的指令來維護西方的戰略利益。其中一項核心任務，就是維持對國際能源體系的掌控。二〇〇七年六月，時任北約秘書長楊・德胡普・薛費爾（Jaap de Hoop Scheffer）在一次北約會議上明確表示：「北約部隊必須負責保衛輸往西方的石油與天然氣管線」，並且更廣泛地確保油輪航道和其他能源系統中的「關鍵基礎設施」安全。因此，北約聲稱其職責範圍已擴展至全球。[2]

美國國內曾展開相當熱烈的討論，爭辯北約在後冷戰時期的角色是否具建設性，或其擴張是否會被視為敵對舉動，試圖施加影響力並遏制俄羅斯。「圍堵政策」的設計者喬治・肯楠警告，北約擴張是個「悲劇性的錯誤」，可能引發「新一輪冷戰」。在「沒有人威脅任何人的情況下」，北約持續擴編，將無謂地讓俄羅斯感到受威脅，進而「做出強烈反應」。肯楠甚至預測，當俄羅斯最終做出反應時，支持北約擴張的人會將此舉解讀為「俄羅斯構成威脅的證據」，即便這其實是北約擴張本身所導致的結果。（事實上，政治學者李察・薩瓦（Richard Sakwa）認為，在我們這個時代，「北約的存在，是為了管理其自身所帶來的風險。」[3]）

肯楠並非唯一發出警告的人。一九九四年，曾任職於柯林頓政府國家安全會議的查爾斯・凱強（Charles Kupchan）也持相同看法，指出「北約擴張將導致俄羅斯重申其對前加盟共和國的控制權，並重新軍事化」。凱強的立場十分明確：北約的擴張將使「建立一個包含俄羅斯在內的歐洲安全共同體的機會化為泡影」。一九九五年，政治學者麥可・曼德爾邦（Michael Mandelbaum）在《外交事務》期刊撰文指出，判斷北約擴張是否正面的關鍵問題，在於「其對烏克蘭與俄羅斯和平共存的影響」。回顧相關紀錄，美國智庫「卡托研究所」（Cato Institute）的泰德・蓋倫・卡本特（Ted Galen Carpenter）寫道：「長期以來，主張美國外交應秉持現實主義與節制原則的分析人士一直警告，若繼續讓這個史上最強大的軍事聯盟不斷接近另一個世界強權，恐將導致不良結果。」[4]

如同預期的那樣，儘管北約與俄羅斯曾經有過合作，但隨著北約持續擴張，雙方關係變得更加緊張。到了二〇二二年，北約已經與俄羅斯在烏克蘭爆發衝突，甚至連部分美國官員也稱這是一場「代理戰爭」。主流評論人士甚至認為，美國正面臨與俄羅斯爆發「第三次世界大戰」的嚴重風險。如今，北約武器源源不斷地輸往烏克蘭，這使得這場衝突升級為大國間核戰爭的風險更大。[5]

一九九九年，北約在科索沃戰爭期間對南斯拉夫發動轟炸行動，展現了其新的角色。這次攻擊普遍被視為「人道主義干預」的成功案例，美國則以「道德義務」為由，介入並試圖阻止暴行。[6]

然而，科索沃轟炸值得更深入探討，因為這次行動不僅嚴重違反國際法，也是導致俄羅斯與美國關係惡化的主要原因。此外，這次行動經常被誤解或扭曲成一次人道主義的偉大勝利，被視為美國願意為無私目的動用武力的明證。《紐約時報》的編輯得出結論：「西方可以為自己在終結科索沃的恐怖與大規模驅逐行動中的角色感到自豪」，前北約秘書長哈維爾・索拉納（Javier Solana）更是給予高度肯定，表示：「北約沒有任何傷亡，最終取得勝利。一場人道主義災難被避免，約一百萬名難民得以安全返鄉，扭轉了種族清洗的命運。」莎曼珊．鮑爾則聲稱，「美國及其盟友可能拯救了數十萬人的生命。」[7]

但真相並非如此。在《外交事務》對北約行動的評論中，麥可．曼德爾邦稱這次干預是「完全失敗」，至少在人道主義目標上是如此。他指出：「西方政治領袖聲稱，他們是為了巴爾幹地區人民的福祉而戰」，但當地居民「在戰爭結束後的處境比戰前更加惡劣」。北約的轟炸行動表面上是為了阻止塞爾維亞對科索沃阿爾巴尼亞族的迫害，但許多戰前迫害的報導後來遭到質疑，而最嚴重的暴行，則是為反擊轟炸行動而犯下的。這次干預非但未能改善局勢，反而加劇衝突，北約的行動引發了塞爾維亞對阿爾巴尼亞族的報復，結果讓原本應受保護的人們陷入更深的危機。[8]

正如克里斯多福．雷恩（Christopher Layne）和班傑明．舒華茲（Benjamin Schwarz）在《華盛頓郵報》所總結：「由美國主導的北約轟炸行動促成了美國政府聲稱試圖阻止的人道危機。」莎曼珊．鮑爾本人也承認：「北約開始轟炸後，塞爾維亞正規軍隨即與警方和民兵聯手，展開了前所未見、令人震驚的行動 —— 他們持槍驅逐幾乎所有阿爾巴尼亞人。」鮑爾認為，美國「誤判」了塞爾維亞的反應，而「盟軍策劃者沒料到米洛塞維奇（Milošević）會以如此激烈且大膽的方式報復科索沃的阿爾巴尼亞人」。[9]

然而，指揮北約行動的韋斯利．克拉克（Wesley Clark）卻表示，塞爾維亞的報復行動「完全可預見」且「早已預料到」。他在行動前曾警告白宮，如果北約發動攻擊，「幾乎可以肯定，（塞爾維亞）會報復並襲擊平民。」早在三月初，義大利總理馬西莫．達勒瑪（Massimo D'Alema）就曾提醒柯林頓，轟炸之後會出現大量難民潮，而柯林頓的國家安全顧問桑迪．柏格（Sandy Berger）則回應，如果是這樣，「北約就會繼續轟炸」，結果造成更為可怕的後果。美國情報機構也曾警告，轟炸將造成「難民數量激增」與種族清洗行動，這些預測與歐洲監察機構的報告一致。此外，轟炸行動本身往往任意攻擊，導致約五百名平民喪生。北約轟炸了民宅、一支難民隊伍、一座難民營、一列客運火車、一輛公車，甚至炸毀了中國大使館。這起事件造成三名中國公民死亡，在中國引發大規模抗議，並嚴重損害了美中關係。與美軍擊落伊朗客機和對北韓進行密集轟炸類似，美國人對於這些引起他國憤怒的行動往往缺乏警覺。[10]

這次轟炸行動，讓《紐約時報》專欄作家湯瑪斯・佛里曼瘋狂的戰爭幻想成真——他曾在該報上公然鼓吹戰爭罪行：

> 至少來場真正的空襲戰吧。想想看，當塞爾維亞人正在「清洗」科索沃時，貝爾格勒的民眾還能舉行搖滾音樂會，或在星期天悠閒地搭乘旋轉木馬，這種情況簡直令人憤怒。貝爾格勒應該陷入一片漆黑，所有的電網、供水管線、橋樑、道路，以及任何與戰爭相關的工廠都必須成為轟炸目標。不管你接不接受，我們現在就是在跟整個塞爾維亞民族開戰（塞爾維亞人自己肯定是這麼認為的），而且這場戰爭的代價必須非常明確：你們每蹂躪科索沃一週，我們就讓你們國家倒退十年，把你們炸得粉碎。你們想回到一九五〇年？沒問題，我們送你們回去。你們想回到一三八九年？這也沒問題。[11]

根據國際特赦組織的報告，在多起事件中，「北約部隊在明顯誤擊平民後，仍未立即停止攻擊。」人權觀察組職則記錄了在七十八天的轟炸期間，共發生九十起涉及平民死亡的事件，其中包括多次轟炸不屬於合法軍事目標的民用設施，如橋樑和供暖廠。此外，北約還犯下了一起重大戰爭罪行，刻意轟炸電視台，造成多名記者和一名化妝師死亡。當時，英國首相東尼・布萊爾（Tony Blair）為這次攻擊辯護，稱該電視台是「獨裁機器的一部分」，北約軍方發言人則指控該電視台「散播仇恨與謊言」。[12]

人權觀察還揭露，北約在人口密集的平民區域使用集束彈，尤其批評北約隱瞞其行動，公然誤導大眾，「顯示出不願承認實際的平民傷亡情況，並且漠視檢討行動原因的重要性」。二〇〇九年，國際特赦組織的巴爾幹問題專家嚴厲指責北約的行動，表示「如果北約部隊完全遵守戰爭法，平民傷亡本可大幅降低」，並強調「十年過去了，北約及其成員國從未對這些事件進行公開調查」，也沒有人為這些明顯的罪行負責。[13]

除了導致無辜平民喪生並加劇人道危機外，根據國際法，這場轟炸無疑是非法的。《聯合國憲章》禁止使用武力，除非是自衛行為或經聯合國安理會批准。然而，北約的行動既未獲得安理會授權，也非出於自衛，因此違反了《聯合國憲章》。（可以說，這些行動也違反了北約本身的憲章，因為北約承諾遵守國際法，並且僅在防禦情況下動用武力。）支持這場干預的人並未提出可信的法律依據，而是主張此舉在道德上極為必要，因此可以無視國際法。蘇珊・桑塔格（Susan Sontag）在《紐約時報》撰文回應「無權侵犯主權國家」的說法時質疑：「在過去一百年間多次被改變的國界，真的應該成為最終的標準嗎？」時任美國總統柯林頓在回憶錄中，也沒有試圖為這次攻擊提供法律依據，而是單純說明自己為何認為這樣做是必要的。而科索沃獨立國際委員會（Independent International Commission for Kosovo）曾使用「非法但正當」這個引人注目的措詞來描述這次攻擊。[14]

然而，全球許多人仍然重視國際法。國際關係專家麥可・麥蓋爾（Michael MccGwire）總結道：「世界各國看到的是一個政治與軍事聯盟，自封為法官、陪審團與劊子手……，自稱代表國際社會行動，卻藐視聯合國，規避國際法，強制執行自己的裁決。」聯合國秘書長科菲・安南（Kofi Annan）更表示，北約未經聯合國批准就決定發動轟炸，對「國際安全體系的核心」構成威脅。印度總理要求立即停止空襲，並質疑：「北約的任務是防止戰爭，還是挑起戰爭？」《華盛頓郵報》在戰爭期間報導稱，科索沃行動在全球，尤其是開發中國家，正引發對美國的強烈怨懟，因為美國自認有權在任何它認為必要的地方投下炸彈。二〇〇〇年，南非前總統曼德拉（Nelson Mandela）表示，美國與英國認為他們可以在不徵求其他國家同意的情況下充當「世界警察」，這種作法極為錯誤。他說，科索沃戰爭與一九九八年美軍對伊拉克的轟炸，正在動搖整個國際法的基礎。「他們正在將國際事務推向混亂，」曼德拉警告，這等於是給予其他國家通行證，任其妄為。[15]

即使這些轟炸手段慘無人道，使危機惡化，並肆意踐踏國際法的基本原則，仍可能有人辯稱，這些行動是出於仁慈的人道考量。有些人甚至可能主張，在關乎重大道德訴求時，國際法毫無意義，可以被忽視。當然，我們都知道，美國在「攸關重大利益」的情況下，經常**積極協助**各種暴行。諷刺

的是，北約以道德理由違反國際法、介入科索沃的同時，卻也在協助成員國土耳其對庫德族實施鎮壓與暴行。然而，即便是莎曼珊·鮑爾也承認，北約決定干預「並非完全出於人道考量」，如果沒有維持「公信力」的其他動機，這場行動很可能不會發生。她寫道：「如果不是因為傳統美國利益受到威脅，盟軍行動（Operation Allied Force）很可能不會啟動。」當時，斯洛波丹·米洛塞維奇（Slobodan Milošević）讓柯林頓政府「顯得軟弱」，使美國「蒙受屈辱」。[16]

她還指出，美國已在該地區投入數十億美元，不希望這些「地區的投資付諸東流」。羅瑞智（John Norris）則認為，美國決策者的動機「並非出於對科索沃阿爾巴尼亞人的困境關切」，而是因為米洛塞維奇難以控制，因此必須加以遏制。北約最終走向戰爭，是因為「政治與外交領袖們對米洛塞維奇忍無可忍」，他讓西方領袖「蒙受恥辱與挫敗」。時任美國國務卿瑪德琳·歐布萊特甚至直言，米洛塞維奇「把我們耍得團團轉」，沒有人敢愚弄教父。[17]

如同往常，避免使用武力的外交手段未被採納。英國在戰爭期間的第二高階國防大臣吉爾伯特勛爵（Lord Gilbert）後來表示，北約在談判過程中刻意向米洛塞維奇提出「完全無法接受的條件」，從而「迫使他走向戰爭」。他認為，「當時北約內部有些人迫不及待戰爭開打」。麥可·麥蓋爾則指出，這些人之所以急於求戰，可能是因為「北約需要在成立五十週年之際，證明自身的存在價值，而科索沃危機則提供了一個機會，使北約能夠拓展其行動範圍，並確立其在未經聯合國授權的情況下採取軍事行動的權利」。[18]

北約顛覆國際法，未經聯合國安理會批准便擅自決定發動轟炸，此舉激怒了俄羅斯政府。時任俄羅斯總統葉爾欽（Boris Yeltsin）質問美國總統柯林頓：「北約憑什麼決定主權國家人民的命運？又是誰賦予它維持秩序的權利？」羅瑞智指出，當北約「明確表態，即使俄羅斯反對，仍會動用武力」時，「激起了俄羅斯民眾強烈的憤怒」，不僅損害了俄羅斯的民族自尊心，也釋放出北約未來可能「在未獲得聯合國授權的情況下，干涉俄羅斯內政」的

信號。葉爾欽早在一九九五年北約轟炸波士尼亞時便警告，認為這是「北約勢力逐步逼近俄羅斯邊界的第一步……，戰火可能迅速蔓延整個歐洲」。[19]

隨著北約的規模和軍事實力不斷增強，俄羅斯領導人多次表示，他們認為北約對俄羅斯構成安全威脅，並不理解該組織除了建立一個排擠俄羅斯的安全秩序之外，還有什麼存在目的。瑪德琳．歐布萊特在回憶錄中寫道：「葉爾欽和俄羅斯人民強烈反對北約擴張，認為這是一種趁俄羅斯虛弱，試圖將歐洲的分界線向東推移的策略，進一步孤立俄羅斯。」即便是支持北約擴張的美國官員史特普．塔爾博特也曾警告：「許多俄羅斯人認為北約是冷戰的遺跡，本質上就是針對他們的。他們指出，俄羅斯已經解散了華沙公約組織（Warsaw Pact），那麼西方為何不也如此？」[20]

無論在公開場合還是私下，俄羅斯領導人始終強烈反對北約擴張，尤其是當北約在二〇〇八年宣布喬治亞與烏克蘭最終將成為成員國時，更加劇了俄羅斯的不滿。Politico 的歐洲專欄作家保羅．泰勒（Paul Taylor）指出，這項決策「標誌著『單極時刻』（unipolar moment）的巔峰，當時美國相信可以按照西方模式重塑世界，而無視其他國家的警告，例如，法國前總統席哈克（Jacques Chirac）曾提醒：『不應讓俄羅斯蒙受羞辱。』德國前總理梅克爾（Angela Merkel）也曾強調，莫斯科的『正當安全利益』應該受到尊重」。根據「維基解密」（WikiLeaks）揭露的外交電報，北約擴張被俄羅斯視為重大安全問題。時任美國駐俄羅斯大使、後來成為拜登政府中情局局長的威廉．伯恩斯（William Burns）在二〇〇七年的一封電報中指出：「北約擴張與美國在歐洲部署飛彈防禦系統，正好觸及俄羅斯對於被包圍的典型恐懼。」（這種「典型恐懼」部分源於二十世紀，俄羅斯當時曾兩度遭到後來成為北約成員國的德國入侵。）伯恩斯後來表示，烏克蘭與喬治亞加入北約，對俄羅斯而言是「『無法接受』的困境」。[21]

卡內基國際和平基金會（Carnegie Endowment for International Peace）的迪米崔．特列寧（Dimitry Trenin）在二〇〇八年的一封電報中警告：「從長遠來看，烏克蘭是美俄關係中最可能造成不穩定的因素，因為烏克蘭尋求加入北約，觸及了俄羅斯的強烈情感和敏感神經。」伯恩斯在報告中提到，俄羅斯副外長告訴他：「俄羅斯的政治菁英堅信，烏克蘭和喬治亞加入北約將對俄羅斯構成直接的安全威脅。」此外，俄羅斯領導人認為，北約擴張違背了老布希政府當年對戈巴契夫（Mikhail Gorbachev）所做的承諾。當時，美國國務卿詹姆斯・貝克（James Baker）明確表示：「我們理解，對蘇聯及其他歐洲國家而言，安全保障相當重要。如果美國繼續在北約框架內維持在德國的駐軍，北約的軍事管轄範圍就『不會往東推移一英寸』。」曾在小布希與歐巴馬政府擔任國防部長的羅伯特・蓋茨（Robert Gates）在回憶錄中表示，美國「魯莽地無視俄羅斯所認為的重要國家利益」。蓋茨認為，把這麼多前蘇聯國家納入北約是個「錯誤」，損害了美俄關係。而試圖讓喬治亞和烏克蘭加入北約，更是「高度挑釁的舉動」。[22]

有人認為，俄羅斯對北約的看法過於偏執和充滿妄想，因為北約的目的純粹是防禦，俄羅斯沒有理由反對其擴張。然而，北約多次參與非法且具侵略性的戰爭。我們先前已回顧過科索沃案例，當時北約違反國際法，直接鎖定民用基礎設施進行攻擊，隱瞞其行動，並拒絕調查自身的戰爭罪行。二〇〇一年，北約成員國非法攻打阿富汗，其帶來的災難性後果，我們也已討論過。當然，還有二〇〇三年，北約多個成員國非法入侵伊拉克。接著在二〇一一年，北約原本應在聯合國授權下執行保護利比亞平民的任務，然而實際上卻發動了一場旨在政權更迭的軍事行動。聯合國利比亞支援特派團（UN Support Mission for Libya）團長在事後表示：「如果安理會成員事先預見到這場軍事行動的全貌，不可能會有足夠的票數通過，更不可能讓俄羅斯與中國放棄行使否決權。」的確，俄羅斯與中國對北約過度解讀其授權範圍嚴厲譴責，但其反對意見被忽視。利比亞的轟炸行動讓該國陷入災難，而北約國家則拒絕承認或為其造成的平民傷亡承擔責任。[23]

要理解俄羅斯的態度，不妨想像一下：如果一個由中國主導的軍事聯盟，在幾十年間逐步吸納西半球的國家，提供它們武器與軍事訓練，美國決策者會有何反應？美國過去曾因擔憂這些國家脫離掌控而訴諸暴力，甚至直接推翻政權。因此，俄羅斯對蓋茨所謂的「重大挑釁」做出類似的強烈回應，並不令人意外。

在烏克蘭問題上，西方選擇了對烏克蘭人來說最糟糕的路徑。北約宣稱烏克蘭最終會加入聯盟，激怒了俄羅斯，但實際上，北約並未打算接納烏克蘭為成員國。約翰・米爾斯海默在二〇一五年曾警告，西方正「引導烏克蘭走上一條看似美好卻危機四伏的道路，而最後盡頭將是烏克蘭的毀滅」。

儘管如此，美國仍堅持同一路線，持續深化北約與烏克蘭的軍事合作，並簽署新的戰略夥伴協議。正如布蘭科・馬爾賽蒂克（Branko Marcetic）從洩露的外交電報中指出的，這項協議「被莫斯科視為局勢升級」。普丁曾直接告訴拜登，「西方聯盟向東擴張，是他決定在烏克蘭邊境部署軍隊的主要原因」。[24]

二〇二二年二月二十四日，普丁宣布發動他所稱的「特別軍事行動」（special military operation），其實是全面入侵烏克蘭的委婉說法。在解釋戰爭正當性的演講中，普丁首先提出並花費最多時間強調他認為的「基本威脅」，指出這些威脅是「不負責任的西方政客」所造成的。普丁明確表示，他指的正是「北約的東擴」，並聲稱他長期以來一直「試圖與北約主要國家協商」，但北約「無視我們的抗議與憂慮，仍持續擴張，甚至逼近我們的邊界」，顯示出「對我們利益與正當訴求的輕蔑與藐視」。[25]

普丁決定對鄰國發動犯罪性的侵略戰爭，這無可辯解。這場戰爭既無法減輕其罪責，也毫無正當理由，而普丁認為美國的虛偽行徑能為他的罪行開脫，更是完全站不住腳。儘管如此，美國過去幾十年來對俄羅斯的政策，確實讓這場戰爭的爆發變得更有可能。正如湯瑪斯・佛里曼在《紐約時報》中承認的：「如果（俄羅斯）當初被納入新的歐洲安全體系，而不是被排除在外，那麼它可能會少了許多威脅鄰國的動機與誘因。」佛里曼表示，為何美國「會選擇在俄羅斯國力虛弱時，迅速推動北約向東擴張到俄羅斯面前」，一直令人「不解」。美國是否可以透過不同的政策來阻止這場戰爭？這已無從得知。但可以確定的是，西方無視了俄羅斯所有關於紅線的警告。當普丁在烏克蘭邊境集結軍隊時，要求拜登承諾烏克蘭不會加入北約，拜登則回應：「我不接受任何人的紅線。」[26]

俄羅斯入侵烏克蘭，是多年衝突發展至最危險階段的結果。在烏克蘭東部，親俄分離勢力與烏克蘭政府已交戰長達八年。國際事務專家阿納托・李文（Anatol Lieven）在二〇二一年曾警告，「世界上最危險的問題」正在烏克蘭醞釀。烏克蘭東部以俄語為主地區的爭議恐導致局勢迅速失控，若無法

解決，甚至可能將美國與俄羅斯捲入一場可怕的戰爭。所幸，李文指出，儘管這場衝突是全球最危險的危機，但原則上也是「最容易解決」的問題之一。不過他提醒，要實現這個簡單的解決方案，美國必須改變對烏克蘭的既有政策，運用高超的外交手腕促成和平談判。[27]

李文認為，美國應積極推動執行二〇一五年簽訂並獲得聯合國安理會一致通過的《新明斯克協議》（*Minsk II agreement*）的落實。他寫道，美國應放棄讓烏克蘭加入北約的目標，並向烏克蘭政府施壓，使其同意讓頓巴斯地區（Donbas region）獲得自治權。最合理的解決方案，就是宣布烏克蘭為中立國，不參與任何軍事聯盟。前美國駐俄大使傑克・馬特洛克（Jack Matlock）也得出類似結論，認為如果北約「沒有擴張，當前的危機根本不會發生」。[28]

然而，美國拒絕推動任何和解方案，也不願考慮撤回讓烏克蘭加入北約的承諾，儘管這項承諾基本上只是停留在理論層面。事實上，北約在二〇二一年十二月再次重申，最終仍計劃將烏克蘭納入其中。即便美國當時警告俄羅斯即將入侵，美方仍未採取任何外交行動來影響俄羅斯的決策。美國智庫蘭德公司的一名俄羅斯問題專家甚至在二〇二二年一月指出：「莫斯科的抗議聲越大，西方各國政府就越堅決否認俄羅斯對北約決策擁有否決權。」[29]

美國缺乏與俄羅斯談判的意願，其中一個原因是，烏克蘭戰爭對俄羅斯的傷害遠大於對美國的影響。美國智庫大西洋理事會（Atlantic Council）研究員約翰・丹尼（John Deni）在二〇二一年十二月的《華爾街日報》撰文指出：「西方確立強硬立場、對莫斯科讓步甚少，是有充分的戰略考量的。」他認為，俄羅斯的入侵最終會「在整個歐洲形成更強烈的反俄共識」，「進一步削弱俄羅斯經濟」，「消耗俄軍的戰力與士氣」，並「降低俄羅斯在全球的軟實力」。丹尼批評西方一直處於「被動應對模式，只想避免可能導致數萬人喪生的歐洲戰爭」。他主張：「西方應該更加堅定立場，即使這可能導致俄羅斯再次入侵烏克蘭。」當美國可以「利用克里姆林宮的失誤來獲取優勢」時，根本沒有與俄羅斯談判的誘因（也就是說，除了避免「數萬人傷亡」之外，沒有任何誘因）。[30]

這裡的情況與美國在一九八〇年代對蘇聯占領阿富汗的態度有相似之處。當時，美國總統卡特的國家安全顧問茲比格涅夫・布里辛斯基曾表示，美國中情局對聖戰者（阿富汗反蘇武裝）的援助早在蘇聯入侵之前就已開始，而美方也清楚，這些援助「將引發蘇聯的軍事介入」。從美國的角度來看，布里辛斯基認為，蘇聯入侵反而是一件好事。他聲稱自己對卡特說：「我們現在有機會讓蘇聯陷入自己的越戰。」即使這場衝突造成多達兩百萬名阿富汗人喪生，並導致數百萬人流離失所，但布里辛斯基後來仍表示他毫不後悔：「有什麼好後悔的？那場秘密行動是個絕佳的主意。」他認為，透過「將蘇聯引入阿富汗陷阱……，莫斯科不得不發動一場其政權無法承受的戰爭」。[31]

阿納托·李文回憶，他在一九八九年戰爭結束時，曾在伊斯蘭馬巴德（Islamabad）與一名美國外交官交談，從中清楚看出了美國的態度。當李文問道，美國為何仍資助極端派的阿富汗聖戰者時，這名美國官員回答：「讓俄羅斯撤軍還不夠——我們要讓他們承受像越戰那樣的羞辱。」李文震驚不已，因為這位官員「對阿富汗或阿富汗人民絲毫不關心」，而且「阿富汗人死多少人，對他而言毫無意義」。[32]

烏克蘭戰爭一爆發，拜登政府採取的各項措施降低了談判達成和解的可能性。Politico 的國家安全記者亞歷山大·沃德（Alexander Ward）在二〇二二年三月警告，西方對俄羅斯的態度正在封死所有「明顯的解決途徑」，且可能讓「這場歷史性危機進一步惡化」。由於美方並未提出在特定條件下解除制裁的可能性，這些制裁無法促使普丁萌生結束戰爭的動機。《華盛頓郵報》專欄作家丹尼爾·德雷斯納（Daniel Drezner）指出：「如果目標是強迫對方讓步，那麼制裁方就必須明確說明俄羅斯該怎麼做才能解除制裁。」拜登政府表明，他們的目標不只是逼迫俄羅斯撤出烏克蘭，還要「削弱」俄羅斯軍力，使其無法再發動侵略。[33]

在美國政治與媒體圈，「外交」一詞迅速成為禁忌。當國會中一群進步派民主黨人發表一封措詞溫和的公開信，鼓勵拜登政府「積極展開外交努力，以推動談判達成和解與停火」時，隨即遭到猛烈批評，包含來自黨內同僚的抨擊。其中一位民主黨議員表示：「我對於一些（民主黨）同僚竟然認為我們能與普丁談判感到震驚。」這些進步派議員很快收回公開信，從此不再提及透過談判結束戰爭。二〇二二年四月，《華盛頓郵報》刊登了一篇不尋常的文章，直指北約內部存在一個「令人難堪的現實」，即「對部分北約國家而言，讓烏克蘭繼續戰鬥、付出生命，可能比過早達成和平、或以基輔和歐洲其他國家付出過高代價的方式結束戰爭，更符合利益」。該文章以斗大標題寫道：「北約稱烏克蘭可決定是否與俄羅斯達成和平協議 —— 但有條件限制」，並指出，北約國家並不認為烏克蘭完全擁有決定何時、如何結束戰爭的權力。表面上，這是烏克蘭的選擇 —— 但前提是，他們的選擇必須是對的。[34]

不過，在美國政府內部，反對外交的立場並不一致。美國參謀長聯席會議主席馬克・米利（Mark Milley）將軍曾在內部會議中呼籲「應敦促烏克蘭透過外交途徑結束戰爭」，並公開表示：「一旦有機會談判、可以實現和平，就應該把握機會。」然而，《紐約時報》報導指出，米利的觀點並未獲得拜登或其幕僚的認同，因此，一名美國官員形容：「這是罕見的局面，高層軍官比美國外交官更積極推動外交解決方案。」[35]

當盟友在推動軍事解決方案上有所遲疑時，美國便會施加壓力。二〇二三年初，德國遲遲不願派遣坦克到烏克蘭，根據歐洲外交關係協會（European Council on Foreign Relations）一位德國國防政策專家的說法，德國國內「普遍認為，武器無法解決問題，衝突不能靠武力來解決」。德國官員擔憂，派遣坦克不僅違背了德國在二戰後承諾避免參與大規模殺戮的原則，還可能進一步升級戰爭。對此，《華盛頓郵報》編輯委員會憤怒不已，直言：「拜登不能讓這種情況繼續下去。」最終，迫於美國的強大壓力（但德國民眾意見分歧，未形成明確共識），德國終於讓步，同意提供坦克。[36]

這場戰爭在美國國內掀起了一股敵意濃厚的社會氛圍，令人聯想到第一次世界大戰期間的排外風潮，當時德國酸菜（sauerkraut）被改名為「自由高麗菜」（liberty cabbage），交響樂團也停止演奏華格納（Wagner）的作品。前美國國務院和中情局分析師葛雷厄姆・富勒（Graham E. Fuller）形容：「我在冷戰時期從未見過如此惡毒的反俄宣傳攻勢。」民主黨眾議員艾瑞克・史沃威爾（Eric Swalwell）甚至提出：「應該考慮將所有俄羅斯學生趕出美國。」美國媒體對烏克蘭戰爭的關注程度遠超過當年美國入侵伊拉克的報導，在俄羅斯侵略下的烏克蘭受害者，獲得的同情遠遠超過葉門、阿富汗和伊拉克在美軍行動中的受害者。[37]

有些人難掩這場戰爭為美國帶來好處的興奮之情。提摩西．艾許（Timothy Ash）在歐洲政策分析中心（Center for European Policy Analysis, CEPA）發表評論指出：「從投資報酬率的角度來看，美國和西方對烏克蘭的支持是一項極具成本效益的投資。」參議員米特．羅姆尼在向美國民眾解釋支持烏克蘭的理由時，也直言美國政策的一大考量是藉機削弱對手勢力。「透過支持烏克蘭，我們正在消耗並削弱俄軍戰力，」他強調：「讓俄羅斯變弱，對美國來說是件好事。」[38]

同樣地，蘭德公司的一份分析報告雖然最終認為持久戰不符合美國利益（因為可能引發災難性的核升級風險），但仍指出「儘管看似不合理，長期衝突對美國而言仍存在某些潛在優勢」。艾許更加興奮地表示，這場戰爭為美國「提供了一個難得的戰略機會」，可以在「幾乎不會對美國軍人造成風險」的情況下，「削弱並消耗俄羅斯的傳統防禦能力」。他形容這是一項「極為划算的投資」，甚至是一筆「極具成本效益的交易」，因為對俄羅斯而言，這場戰爭就如同當年的「越南或阿富汗戰爭」：「一個長期陷入無法取勝戰爭的俄羅斯，對美國來說是巨大的戰略勝利。這樣的戰略優勢，誰會反對？」[39]

除了那些在這場本可避免的戰爭中慘死的人，誰還會反對？但除此之外，艾許還補充，這場戰爭將為美國帶來經濟紅利，「促使北約夥伴迅速提高（軍事）支出。」由於美國「在國防設備方面的優勢，大部分額外的軍事預算都將用於購買美製武器」，使這場戰爭成為美國軍火商的巨大商機。此外，「戰爭本身就是國防工業的最佳展示櫥窗」，「任何理智的買家都會想購買贏家的技術」，因此「普丁的誤判，反而為俄羅斯的西方競爭對手提供了絕佳的行銷機會」。（事實上，《華爾街日報》報導，M777 榴彈炮「在烏克蘭戰場上的成功表現）讓英國航太系統公司（BAE Systems）收到大量訂單，而《紐約時報》在二〇二二年十二月則指出，烏克蘭戰爭引發了「軍火製造商的新一波繁榮」。）《華盛頓郵報》的大衛．伊格納修斯（David Ignatius）在二〇二三年年中表示，西方不應該因烏克蘭的毀滅而「感到悲觀」，因為「這十八個月的戰爭帶來了意外的戰略紅利，且成本相對低廉（除了對烏克蘭人而言）」。同樣地，大西洋理事會的一篇評論指出，西方在援助烏克蘭的同時也獲得了「多重好處」，因為「西方不必派遣任何軍隊或承受傷亡，就能大幅削弱俄羅斯的軍事實力」。這場戰爭無疑為美國的全球影響力注入了強心針。[40]

約翰霍普金斯大學（Johns Hopkins University）新保守派教授艾略特．柯恩（Eliot Cohen）在《大西洋月刊》撰文表示：「花費數百億美元來摧毀我們主要對手之一 —— 俄羅斯的陸軍與空軍，是筆划算的交易。」柯恩認為，所有外交解決方案都不應該在選項內，我們應該「停止談論談判」，並斷然拒絕「現在該考慮如何結束烏克蘭戰爭」的想法。他主張應該採取芝加哥黑幫手法來對付老大艾爾．卡彭（Al Capone），並引用電影《鐵面無私》（*The Untouchables*）中的台詞：「你想知道怎麼對付卡彭嗎？他們掏出刀子，你就拿槍。他們把你的人送進醫院，你就讓他們的人進太平間。」（換句話說，要比最冷血的惡棍還要冷血。）資深美國外交官傅立民（Chas Freeman）指出，美國的政策選擇幾乎「註定這場戰爭會拖得很長」，並提到美國國內有不少人似乎認為長期戰爭「沒什麼不好」：「長期戰爭又有什麼不好呢？如果你不是烏克蘭人，大概還會覺得有些好處。」傅立民嘲諷地表示，美國的立場看起來就像是「要與俄羅斯戰鬥到最後一個烏克蘭人」（Fight Russia to the last Ukrainian）。事實上，美國參議員林賽．葛蘭姆（Lindsey Graham）甚至公開表示：「我喜歡我們目前的戰略方向。只要我們繼續提供烏克蘭所需的武器與經濟支持，他們就會戰鬥到最後一人。」[41]

越來越多歐洲人開始抱怨，Politico 報導指出：「從這場戰爭中獲利最多的國家是美國，因為他們以更高的價格出售更多天然氣，還賣出更多武器。」一名外交官描述，歐洲國家越來越覺得：「你最親密的盟友其實正在你的困境中大撈一筆。」與此類似，許多「全球南方」國家的民眾也質疑，美國對烏克蘭的政策是否真的出於原則性考量。除了歐洲、加拿大、美國、澳洲和日本外，幾乎沒有其他國家因這場戰爭對俄羅斯實施制裁，而願意向烏克蘭提供軍事援助的國家更是屈指可數。部分原因是，許多人並不認為這場戰爭是「民主與威權的對決」，而更像是「大國之間的衝突」，沒有必要介入。非洲、拉丁美洲和中東國家普遍認為，美國大肆宣揚「抵抗侵略」，根本是虛偽得可笑。[42]

烏克蘭戰爭讓世界比冷戰以來的任何時刻都更接近災難性的強權對抗。戰爭爆發前，李察·薩瓦曾感嘆：「這世界彷彿沒有從歐洲那個殘酷的二十世紀學到任何教訓。」這場戰爭對烏克蘭人而言是一場浩劫，已奪走數萬條人命，更多人因而肢體殘疾，數百萬人流離失所，經濟遭受重創，整座城市化為廢墟。[43]

當一個國家遭受侵略時，我們理應思考該如何提供協助。當烏克蘭人請求援助以抵抗俄羅斯占領，他們應當獲得支持。然而，我們也應該批判性地審視美國在促成這場戰爭方面的角色，並思考該如何儘快結束衝突。忽視外交手段只會讓戰爭持續拖延，最終對誰都沒有好處 —— 除了美國軍火業，將烏克蘭變成「武器展示場」，向世界證明美國武器有多麼致命。

如今，批評美國對俄政策的人，往往被貼上「替瘋狂殺人狂普丁開脫」的標籤，而主張談判的人，則被指責為希望烏克蘭「投降」。[44] 但這兩種說法都站不住腳。就像指出伊拉克戰爭與阿富汗戰爭增加了美國遭受恐怖攻擊的風險，並不代表為恐怖主義辯護；同樣地，分析美國拒絕考量俄羅斯所聲稱的安全利益，導致暴力衝突更有可能發生，也不代表為普丁的戰爭找藉口。這場戰爭的責任當然在普丁身上，但美國應該自問：美國政策如何影響戰爭的走向？如果俄羅斯在冷戰後被納入歐洲的安全架構，或是美國曾施壓俄烏雙方遵守《新明斯克協議》來解決烏克蘭問題，那麼烏克蘭人民或許就能免於這場殘酷的戰爭。

二〇二三年，烏克蘭高層政治人物大衛·阿拉哈米亞（David Arakhamia）表示，戰爭初期，俄羅斯曾承諾，只要烏克蘭放棄加入北約，就願意與基輔達成和平協議，並且「如果我們同意保持中立（就像當年的芬蘭），便準備結束戰爭」。他指出，俄羅斯口中的「去納粹化」（denazification）不過是「幌子」，真正的核心爭議在於北約問題。俄羅斯方面也聲稱，當時和平協議幾乎已經談妥。然而，就在此時，英國前首相鮑里斯·強生（Boris Johnson）來到基輔，告訴烏克蘭領導人，他們不應接受任何協議，而應該「繼續戰鬥」。以色列前總理納夫塔利·班奈特則表示，美國和英國阻撓了這場和平協議的達成。隨著戰爭持續，美國媒體透過扭曲事實，塑造普丁意圖征服世界的形象，卻忽視俄羅斯多次提出的停火談判提議。而美國政府則無視證據，堅稱俄羅斯根本沒有展現任何談判意願。我們無法得知外交是否能夠帶來公正的和平，因為它從未真正被納入考慮。[45]

烏克蘭最終聽從了西方盟友的建議，選擇「繼續戰鬥」。戰爭導致的傷亡人數在一年內突破五十萬，烏克蘭人口銳減，以至於士兵的平均年齡高達四十三歲。前線陷入第一次世界大戰般的僵局，傷亡不斷攀升，卻幾乎沒有明顯的領土進展。黑海地區的資源供應受阻，全球糧食供應面臨嚴重威脅。核戰風險達到冷戰以來的最高點，而應對氣候變遷危機的全球努力也因此大幅倒退。到了二〇二四年，烏克蘭似乎不得不接受一份不利的和平協議，放棄收復失土的希望。而在過去一年間高舉烏克蘭旗幟的美國，開始對援助烏克蘭感到厭倦，轉而將注意力投向其他地方。[46]

當烏克蘭飽受戰火摧殘時，有些人卻因此獲益匪淺。美國的軍工產業與化石燃料企業正賺取豐厚利潤，未來幾年更是前景樂觀。《華爾街日報》報導指出，烏克蘭戰爭為美國經濟帶來巨大收益，軍火製造商大獲其利，而拜登政府也強調，援助烏克蘭有助於「強化美國國防工業基礎，加速並擴大武器與彈藥生產線，並支持四十個州的就業機會」。此外，美國只動用其龐大軍事預算的一小部分，便大幅削弱了一個主要軍事對手的戰力。在地緣政治層面，普丁的侵略行為反倒幫美國實現了一個長期目標：讓歐洲更加依賴美國主導的北約體系。[47]

削弱競爭對手是美國國家政策的一環。詹姆斯・馬提斯（James Mattis）在發表二〇一八年《國防戰略報告》時直言：「大國競爭，而非恐怖主義，才是美國國家安全的首要關注點。」美國國防部也明確指出，其「主要優先事項是與中國和俄羅斯進行長期戰略競爭」。然而，中國並未因此受挫，持續推動貸款與發展計畫，從歐亞大陸延伸至中東、非洲，甚至拉丁美洲，令華府感到不安。同時，除了英語系國家與西歐之外，世界其他地區普遍不願加入這場被視為美俄代理人戰爭的衝突，烏克蘭則承受最沉重的代價。「全球南方」並不認為美國捍衛烏克蘭是出於道義，而是將其視為兩大強權爭奪全球主導權的較量。在此背景下，新興國際聯盟逐步形成，各國也建立起不同於美國主導體系的商業與金融合作模式，以避開美國的制裁報復及其他報復手段。[48]

第八章

核威脅與氣候災難

在二十一世紀，全人類的生存面臨兩大威脅——核戰與環境災難——而我們正清楚地朝這些危機邁進。此外，世界之所以陷入這些險境，很大程度上源自美國企業和政府數十年來的決策。我們國家的行動助長了這場前所未有的危機。

氣候變遷危機前所未見，且每年都在惡化。如果未來幾十年間不採取重大行動，世界可能會達到無法挽回的臨界點。相比之下，核武威脅雖然較少被討論，但其危害絲毫不遜色，且隨著我們進入「大國競爭」的新時代，這一風險持續上升。自一九四五年廣島原爆以來，人類始終生活在達摩克利斯之劍（sword of Damocles）* 高懸頭頂的陰影下。如果我們無法理解並正視這兩大危機，人類社會恐怕難以延續至本世紀末。

歷史上，人類曾經歷戰爭、酷刑、大屠殺與種種暴行，但如今的威脅在規模上截然不同。這是史上首次，全人類正共同面臨一場關乎生存的浩劫。環境危機與核武風險是真正的生存威脅，而我們今天的選擇不僅決定人類的命運，也將決定地球上所有物種的命運。

核武的滅絕性瘋狂

有人認為，我們正處於人類歷史上最和平的時代。哈佛心理學家史迪芬．平克（Steven Pinker）提出「長期和平」（long peace）的概念，並表示：「當我們意識到暴力減少後，世界將呈現出不同的樣貌。過去不再顯得那麼純真，現在也不會顯得那麼險惡。」然而，這樣的說法完全顛倒了事

* 源自古希臘西西里島的敘拉古統治者狄奧尼修斯國王二世朝臣達摩克利斯的典故，意喻隨時可能發生的禍事。——編註

實。「長期和平」的概念淡化了自二戰結束以來，數百萬人在戰爭中喪生的殘酷事實，其中許多血腥衝突更是美國直接參與的結果。更準確地說，當今時代是人類歷史上最危險的時期，極端暴力的威脅比以往任何時候都更加嚴峻。[1]

世界上最強大的國家擁有數千枚核彈頭，使整個世界隨時處於毀滅的風險之中。我們或許不願去想這件事，或試圖在日常生活中忽略它，但核威脅無所不在，無論何時何地。我們若以為當前處於「和平」時期，只是一種危險的幻覺。

核武並不只是閒置在角落。事實上，它們隨時都在發揮作用，用來威嚇對手。就像一名搶匪，即使沒有扣下扳機，光是用槍指著店主，就已經在「使用」這把槍。同樣地，那些誤導性和委婉稱之為「嚇阻」的手段，其實更準確地說，是一種「持續性的極端暴力威脅」。如果我們不瞭解這些威脅的作用，世界看起來就會比實際上更加和平。[2]

隨著大國持有數千枚核彈頭，國際緊張局勢不斷升溫，可能引發全球戰爭，加上本已失控的軍備競賽仍在持續擴張，我們正面臨一場可能徹底終結人類文明的**毀滅性戰爭**。而更可怕的是，強大勢力正將我們一步步推向災難的邊緣。當擁有毀滅性武器的國家掌控在我們無法左右的統治者手中，這表示我們所有人都身處前所未有的險境。

一九四五年八月六日，美國向世界展示了，人類的智慧即將發展到足以摧毀地球上幾乎所有生命的程度。雖然真正達到這種境地是在一九五三年，隨著熱核武器的發展才成為現實，但趨勢已十分明顯：核武讓國家擁有驚人的毀滅能力，並將整個世界推入前所未有的危機之中。

從殘酷程度與對無辜生命的漠視來看，廣島與長崎的原子彈轟炸，與東京大轟炸並無太大區別。原子武器不過是讓大規模屠殺平民變得更有效率。然而，這兩次原子彈爆炸也顯示出，科技的進步發展遠遠甩開了人類的道德界線。一個自認人道且正義的國家，竟釋放出足以瞬間夷平整座城市的毀滅性神力。[3]

遺憾的是，第二次世界大戰的浩劫，以及廣島與長崎原子彈爆炸的恐怖現實（其中真正駭人的細節在美國被刻意掩蓋），並未促使人類徹底終結大國衝突與戰爭，也未能全面廢除並禁止使用這種武器。反而，它引發了一場軍備競賽，讓地球幾乎走向終結。[4]

許多頂尖科學家的警告被忽視。「原子彈之父」羅伯特・奧本海默（J. Robert Oppenheimer）公開反對發展氫彈，他曾表示：「從未有任何時代像今天這樣，真正面臨滅絕 —— 也就是徹底毀滅的風險。」然而，他卻遭到誣陷，被指稱「很可能是蘇聯的間諜」，並因此身敗名裂，仕途盡毀。另一位曾參與曼哈頓計畫（Manhattan Project）的物理學家約瑟夫・羅特布拉特（Joseph Rotblat），在確認納粹德國已經放棄發展核武後，便拒絕繼續參與氫彈研發，並將餘生奉獻於消除核武的努力之中。然而，不出所料，他也遭到美國右翼勢力的攻擊，被指控是「蘇聯的工具，或無意間為其效力的人」。[5]

一九五五年，《邁瑙宣言》（*Mainau Declaration*）由數十位諾貝爾獎得主聯名簽署，包含維爾納・海森柏格（Werner Heisenberg）與馬克斯・玻恩（Max Born）在內，齊聲警告：「科學正賦予人類自我毀滅的手段」，並指出：「如果各國政府認為，憑藉核武帶來的恐懼能長久避免戰爭，那是一種錯覺。」因此，「所有國家必須做出決定，不再將武力視為最後手段」，否則這些國家「終將滅亡」。同年，由哲學家伯特蘭・羅素（Bertrand Russell）與物理學家阿爾伯特・愛因斯坦（Albert Einstein）起草的宣言召集全球頂尖科學家，警告人類正面臨「嚴峻、可怕且無法逃避的」兩難抉擇：「我們究竟要終結人類，還是人類要放棄戰爭？」[6]

一九四六年，聯合國大會通過的首項決議案，直接呼籲「各國應從軍備中消除原子武器及所有可用於大規模毀滅的主要武器」。當時，蘇聯代表警告，任何核武的使用「都將帶來無法言喻的苦難」，並強調「戰爭規則不應允許對無辜平民的屠殺」。蘇聯代表提出了一項多邊條約，要求「所有狀態的核武庫，無論已完成或尚未完成」，都應立即銷毀。然而，美國從一開始便拒絕放棄這種強大的脅迫手段。[7]

早在蘇聯擁有核武之前，美國便已開始規劃對蘇聯可能的核攻擊計畫。物理學家加來道雄（Michio Kaku）與丹尼爾・阿克塞爾羅德（Daniel

Axelrod）在《如何打贏核戰：五角大廈的秘密戰爭計畫》（*To Win a Nuclear War: The Pentagon's Secret War Plans*）一書中，記錄了杜魯門政府在一九四〇年代末期所制定的核攻擊計畫，其中美國參謀首長聯席會議的一份備忘錄甚至主張：「攻擊在過去是最佳防禦手段，而在核戰時，攻擊將成為唯一的防禦手段。」此外，杜魯門政府也毫不猶豫以核武作為外交脅迫的工具。戰爭部長亨利．史汀生在原子彈研發過程中曾表示，這項武器將成為美國手中的「王牌」，賦予其在外交上如「皇家同花順」般的絕對優勢。[8]

美國民眾從未正式同意持續發展與核武。一九四六年九月的一項民調顯示，超過三分之二的美國人希望聯合國「禁止包括美國在內的所有國家製造原子彈」。當美國宣布計畫研發氫彈時，百分之六十八的美國民眾認為，應該努力與蘇聯達成軍備控制協議。[9]

然而，在對蘇聯企圖稱霸全球的恐懼，以及對維持全球強權地位的執著驅使下，美國率先發動了一場極端的軍備競賽。美國一度擁有超過三萬枚核彈頭，而蘇聯最終累積至四萬枚，足以將地球摧毀數次。

最糟的情況差點發生。核武歷史充滿了驚險的「千鈞一髮」事件，以古巴飛彈危機為例。一九六二年十月，美國發現蘇聯在古巴部署彈道飛彈，導致美蘇之間緊張對峙十三天。最後，蘇聯領導人赫魯雪夫（Nikita Khrushchev）同意拆除飛彈設施，以交換美國承諾不入侵古巴，並秘密撤除部署在土耳其的美國飛彈，危機才得以化解。

那麼，赫魯雪夫為何做出這個魯莽決定，在美國視為勢力範圍的地區部署飛彈？主要有兩個原因。首先，美國當時正在對古巴發動激烈的敵對行動，甚至可能升級為全面入侵。因此，蘇聯在古巴部署飛彈，部分是出於對重大軍事威脅的防禦考量。多年後，美國前國防部長羅伯特．麥納瑪拉（Robert McNamara）承認，古巴確實有理由擔心美國的攻擊。他在飛彈危機四十週年的重要會議上表示：「如果我是古巴或蘇聯領導人，我也會這麼認為。」其次，赫魯雪夫曾提議雙方共同削減進攻性軍事力量，但甘迺迪政府不但未同意，反而在和平時期進行前所未有的軍事擴張，儘管當時美國的軍事實力已經遠遠領先蘇聯。[10]

甘迺迪拒絕了赫魯雪夫的提議，該提議主張蘇聯公開撤除在古巴的飛彈，以交換美國撤除部署在土耳其的「木星」飛彈，但甘迺迪堅持，只有蘇聯從古巴撤除飛彈的行動可以公開。他之所以堅持美國撤除飛彈必須保密，是為了維持美國能夠在蘇聯邊境附近部署致命飛彈的原則，但蘇聯卻不被允許這麼做。因此，甘迺迪政府明知道那是合理的交換條件，卻仍然拒絕接受。歷史上，很難找到比這更可怕的決策 —— 然而，甘迺迪卻因為他的冷靜與政治才能而廣受讚譽。但他的堅持，幾乎將世界推向毀滅的邊緣。歷史學家克里斯蒂安．艾比指出：「根據甘迺迪本人的邏輯，真正讓世界瀕臨核戰邊緣的，並不是古巴擁有核飛彈，而是他堅持要將其撤除。」這種壓力來自於他必須「展現強硬態度，對抗共產勢力」，以免「在赫魯雪夫、全世界，甚至美國國內人士眼中淪為紙老虎」。[11]

這場幾乎讓世界走向毀滅的危機，始於一九六二年十月甘迺迪對古巴採取敵對行動，並揚言入侵。而危機的結局是甘迺迪拒絕了蘇聯提出的交換條件 —— 這些條件在「理性」角度看來相當公平，但對美國而言卻不可接受，因為這會動搖一個根本性的原則：美國擁有單方面在全球部署核武的權利。為了維護這個原則，美國總統認為承擔幾乎無法想像的戰爭風險是理所當然的，甚至拒絕一個既簡單又公平的方式來解除危機。[12]

這個教訓不言而喻。美國一再堅持維持霸權，拒絕給予其他國家與自己相同的權利，不只是缺乏原則，更是極度危險。一九六二年，美國這種不妥協的態度，差點摧毀現代文明。而這樣的危機，未來仍有可能重演。

確實，在冷戰期間，美國和蘇聯的自動化系統曾多次發出核攻擊警報，差點觸發自動反擊，幸好最後有人及時介入才避免災難。例如，一九八三年，雷根政府正在模擬對蘇聯的攻擊，並計劃在歐洲部署潘興（Pershing）飛彈（這些飛彈飛抵莫斯科只需十分鐘），使蘇聯認為美國正準備發動先發制人的核攻擊。因此，蘇聯處於高度戒備狀態，「極度緊張，容易因誤判或意外而引發戰爭」，因為他們已經「做好隨時遭受攻擊並迅速反擊的準備」。就在這個危急時刻，蘇聯的自動警報系統偵測到來襲的彈道飛彈。然而，蘇聯軍官史坦尼斯拉夫．彼得羅夫（Stanislav Petrov）違反既定程序，沒有將警報上報更高層級。許多人認為，他的決定阻止了一連串可能最終引發蘇聯大規模核武攻擊的過程，甚至拯救了全世界。[13]

這並不是唯一的驚險時刻。美國戰略司令部（U.S. Strategic Command, STRATCOM）前指揮官李・巴特勒將軍（General Lee Butler）在冷戰結束後反思道，我們至今能夠在核武時代倖存，「未曾遭遇核武浩劫，憑藉的是技術、運氣，甚至神的干預，而我認為後者的影響最大」。巴特勒形容美國一九六〇年的戰略計畫是「我看過最荒謬且極不負責任的文件」，該計畫設定為，一旦發生衝突，美國將自動對整個共產世界發動全面核打擊。同樣地，曾在一九六〇年代擔任蘭德公司核戰略分析師的丹尼爾・艾茲柏格也發現一份令人震驚的機密文件，詳述了一旦爆發戰爭，如何透過預先制定的應變計畫消滅數億蘇聯平民，他形容這份文件是真正的「全面滅絕」（omnicide）計畫。[14]

美國和蘇聯不僅發展出足以摧毀彼此與全世界的能力與計畫，還維持著一套系統，只要幾次小錯誤或誤判，就可能引發全球浩劫。即使毀滅性災難的發生機率再低，隨著時間推移，累積的風險終將使其成為不可避免的現實。[15]

這種政策仍延續至今。冷戰結束後，美國不負責任的核武政策並未停止。在柯林頓政府時期，美國戰略司令部發布了一份名為〈後冷戰時代核威懾綱要〉（"Essentials of Post-Cold War Deterrence"）的重要研究報告，探討核武在冷戰後的角色。報告的核心結論是：美國必須保留先發制人發動核攻擊的權利，即便對象是不具核武的國家。此外，美國的核武必須隨時保持待命，因為核武「能在任何危機或衝突中投下陰影」，讓美國能夠透過恫嚇達成目的。美國戰略司令部還建議「規劃者不應過度理性地考慮……對手最重視的事物」，一切都應納入攻擊範圍。「我們不應該讓自己顯得過於理性、冷靜。如果美國的核心利益受到攻擊，就應讓世界覺得我們可能會變得不理性且具報復性，這應該成為我們的國家形象之一。」此外，「如果美國的某些政策顯得『難以預測，甚至可能失控』，這（對我們的戰略態勢）是有利的」，這樣能讓核攻擊的恫嚇效應始終存在。這正是尼克森的「狂人理論」（Madman Theory），如今已正式納入美國的戰略思維。[16]

即使是表態支持裁軍的民主黨總統，實際上卻做了完全相反的事情。歐巴馬發表過許多關於努力廢除核武的友善言論，隨後卻制定計畫，在三十年內投入一兆美元，用於強化現代化美國核武庫。根據《原子科學家公報》（*Bulletin of the Atomic Scientists*）分析，歐巴馬的核武現代化計畫大幅提升了「殺傷力」，其程度足以營造出「完全符合一個擁核國家在計畫透過先發制人攻擊來解除敵方核武，以確保自己擁有打贏核戰的能力時，所應展現的樣子」。[17]

拜登政府在二〇二二年發布的《核態勢評估報告》（*Nuclear Posture Review*, NPR）更進一步明確指出，美國的核政策不僅是為了嚇阻其他國家的核攻擊，更是美國外交政策的核心要素。報告指出：「我們的核武態勢旨在讓敵方的決策盤算變得更加複雜，無論是在考慮挑起危機、發動武裝衝突、使用非核戰略武器進行攻擊，或是在任何程度上升級為核戰。」因此，核武政策構成「美國國防優先事項的基礎」，包括「嚇阻區域侵略」。然而，美國早已批准的一九六八年《核不擴散條約》明確規定，締約國有義務推動「在嚴格有效的國際監督下，實現全面且徹底的裁軍」。然而，《核態勢評估報告》卻聲稱：「在可預見的未來，核武將繼續提供無可取代的嚇阻作用，這是美國軍力中任何元素都無法取代的。」確實，如果將「嚇阻」解釋為「透過毀滅性威脅來迫使對手順從」，那麼《核態勢評估報告》說的沒錯，因為用足以摧毀文明的武器瞄準其他國家，確實能產生無可匹敵的強制效果。這一切不僅違反《聯合國憲章》，也違背了《核不擴散條約》所規定的，美國應「以真誠的態度」推動全面廢除核武的義務。[18]

與美國不同，中國將絕不率先使用核武納入正式政策（而美國的核戰略原則是，只要「核心利益」受到威脅，就可以先發制人使用核武）。中國強烈反對美國的核政策，批評美國「追求絕對的軍事優勢」，這種邏輯必然「會刺激核軍備競賽」。中國還指出：「美國強化核武在國家安全政策中的角色，並降低其使用門檻，已使美國日益成為全球核衝突的主要風險因素。」[19]

然而，在美國國內，關於現行核政策是否助長核擴散、危及全球安全的主流討論，幾乎沒有。

自從美國在一九四五年以原子彈摧毀廣島與長崎，造成大量平民傷

亡後，全球各地便陸續出現限制或廢除核武的民間運動。歷史學者勞倫斯·維特納（Lawrence Wittner）在《對抗核彈：世界核裁軍運動簡史》（*Confronting the Bomb: A Short History of the World Nuclear Disarmament Movement*）一書中指出，這些民間運動促成了現有的軍備控制措施，若沒有這些來自民間的壓力，美國歷屆政府幾乎不可能採取任何措施來減少核武儲備。一九五六年，美國駐聯合國大使小亨利·卡波特·洛奇（Henry Cabot Lodge Jr.）抱怨說，原子彈的「名聲變得太壞……，甚至嚴重阻礙我們的使用」，當時的總統艾森豪也曾告訴參謀長聯席會議，「當前的國際輿論狀況」不允許美國加強對核武威脅的運用。換句話說，真正限制核武擴散與使用的，不是決策者的人道考量，而是來自民眾的輿論壓力。[20]

政府面對反核示威者的態度極具敵意。例如，一九八〇年代「凍結核武運動」（Nuclear Freeze movement）興起時，雷根總統的國家安全顧問羅伯特·麥克法蘭（Robert McFarlane）後來回憶，政府當時將這場運動視為嚴重的政治威脅，甚至擔心它「可能動搖國會對（核武）現代化計畫的支持」。當時白宮聯絡室主任大衛·葛根（David Gergen）也表示，政府內部普遍認為這場運動是「一把插向政府國防計畫核心的匕首」。維特納的研究顯示，雷根政府發動大規模行動來抹黑凍結核武運動，總統甚至公開聲稱這場運動是由「外國勢力」策劃的，其目的是「削弱美國」。[21]

這些反核運動人士堅持不懈，勇敢無畏，但如今大多已被世人遺忘。例如，一九八一年，英國一群女性在一座即將用來部署核巡弋飛彈的軍事基地外，設立了「格林漢姆婦女和平營地」（Greenham Common Women's Peace Camp）。她們持續干擾基地的施工，甚至有一次三萬名女性手牽手圍繞整個基地，以表達抗議。最終，這些飛彈被撤除，但和平營地仍作為反核運動的象徵，持續至二〇〇〇年。[22]

世界各地的反核行動相當活躍，尤其是在那些經歷過核試驗的國家。自一九四五年以來，擁核大國已進行超過兩千次核試驗，其中許多發生在太平洋地區。維特納記錄了太平洋地區國家的一些反核倡議行動。例如，在斐濟，「教會、工會和學生組織聯手成立斐濟反核團體（Fiji Anti-Nuclear Group），致力於推動無核化的太平洋」。而「在大溪地，數千名民眾走上街頭，抗議法國的核試驗，並要求從法國獨立」。馬紹爾群島居民發起占領行動，以抵制美國擴大其軍事權利的計畫。在帛琉，島上居民透過公投，將反對核武的立場明文寫入憲法，儘管美國試圖影響投票結果。這些和平運動促成了多項國際條約，包括：一九六三年《部分禁止核子試驗條約》（*Partial Test Ban Treaty*）；一九六八年《核不擴散條約》；一九七二年《反彈道飛彈條約》（*Anti-Ballistic Missile Treaty*）；一九七二年《禁止生物武器公約》（*Biological Weapons Convention*）；一九九三年《禁止化學武器公約》（*Chemical Weapons Convention*）。

然而，這些來之不易的成果，如今正面臨威脅。

伊萊恩・斯卡瑞（Elaine Scarry）有力地論證，核武的存在必然與民主精神背道而馳。她指出，當極少數人掌控地球的生死存亡時，「熱核君主制」（thermonuclear monarchy）或許更能準確描述我們所處的體制。為了幫助我們理解這種情境，斯卡瑞請我們想像一個假設的世界 —— 每個國家都站在一塊「活動地板門」（flexible floor）上，也就是一扇可通往地底的活板門。她說，試想一下，只要按下一個按鈕，這扇門便會開啟，整個國家和所有人民將瞬間墜入無底深淵，徹底消失。如果這個按鈕的控制權掌握在一小群人手中，他們隨時能決定數億人的生死，那麼，若我們將民主定義為**人民共同決定自己族群的未來**，就能清楚看出，這種權力結構與民主精神完全不相容。正如李・巴特勒將軍所質疑的：「核武國家的歷任領袖究竟憑什麼權力，擅自左右人類存續的機率？」[23]

然而，這正是我們所處的現實狀況。尼克森曾說：「我可以回到辦公室，拿起電話，二十五分鐘內就讓七千萬人喪命。」並非誇大之詞，尼克森確實掌控著無數人的命運，無論這些人是否願意接受。而且，尼克森毫不猶豫地考慮實際動用這種恐怖的殺戮機器。季辛吉曾評論：「如果總統能隨心所欲，每週都可能發動一次核戰！」事實上，根據一名中情局高層官員的說法，一九六九年，北韓在日本海上空擊落一架美國間諜機後，尼克森在酒醉狀態下下令發動戰術性核攻擊。季辛吉不得不通知參謀長聯席會議：「在尼克森早上酒醒之前，什麼都別動。」[24]

美國前國防部長威廉・培里（William J. Perry）曾指出，總統在動用核武方面幾乎不受限制：「如果總統決定發射，他有權這麼做，也有設備可以執行。而且一旦發射，就無法撤回，也無法在飛行途中將其摧毀。」前國家情報總監詹姆斯・克萊佩（James Clapper）在二〇一七年也證實：「瞭解總統可以掌控的權力後，坦白說，我對他們能輕易獲取核武密碼感到憂心。」談到川普時，克萊佩特別指出，在現行體制下，假如川普「一氣之下」決定對北韓發動核攻擊，「幾乎沒有任何力量可以阻止他」，因為「幾乎沒有任何有效的措施來制衡總統動用核武的決定權」。克萊佩直言，這種狀況「確實令人害怕」。[25]

歐巴馬政府的前副國家安全顧問班・羅茲表示，目前缺乏「某些制衡機制、決策流程、指揮鏈、國會通報程序，甚至只是一個能讓決策者短暫停下來思考的機制：我們真的要這麼做？」我們與核戰之間，唯一的界線就是總統，這個人「擁有完全自主的權力，可以決定毀滅地球上的生命」。在尼克森執政期間，當他的酗酒與妄想症狀日益明顯時，參議員艾倫・克蘭斯頓（Alan Cranston）甚至致電國防部長，警告「必須防止一位失控的總統讓我們陷入毀滅性的浩劫」。然而，過去如此，現在依然如此，世界的命運，全都取決於總統能否保持理智。[26]

我們完全清楚如何消除毀滅性災難的威脅：就是廢除核武。在未能完全廢除核武之前，仍可採取其他措施來減緩這種威脅，其中之一就是建立「無核武區」（Nuclear-Weapon-Free Zones, NWFZ）。目前，全球多個地區，包括中亞與整個南半球，已設立了無核武區。例如，一九九六年簽署的《佩林達巴條約》（*Treaty of Pelindaba*）在非洲全境建立了無核武區。根據該條約的議定書，擁核國家「受邀承諾不得對締約國使用或威脅使用核爆裝置」，也不得「在非洲區域內測試、協助或鼓勵測試核爆裝置」。然而，美國至今仍未批准該條約。

最關鍵的一步將是在中東建立無核武區。這將終結所謂的「伊朗核威脅」（以及美以對伊朗進行轟炸、暗殺與破壞行動的藉口）。然而，這項對世界和平的重要進展，卻長期遭到美國阻撓，因為它將影響華府對以色列核武庫的保護。二〇一五年，尼塔雅胡曾感謝歐巴馬政府，因為它成功阻擋了埃及提出的中東全面禁核提案。無核武區的設立是降低核武威脅的重要一步，而如果美國是一個正常運作的民主社會，且民意能夠影響政策，那麼這個問題或許早已獲得解決。二〇〇七年的一項調查顯示，伊朗人與美國人在幾乎所有關於核擴散的關鍵議題上都達成共識，包括伊朗擁有發展核能的權利（但不得發展核武）、全面消除核武，以及「在中東建立涵蓋伊斯蘭國家與以色列的無核武區」。[27]

還有其他可行的措施。美國一直拒絕採納「不率先使用核武」（no first use）政策，儘管民調顯示有三分之二的美國人支持這項承諾。二〇二一年，聯合國《禁止核武器條約》（*Treaty on the Prohibition of Nuclear Weapons*）正式生效，這是第一個具有法律約束力的國際協議，全面禁止核武，並以最終完全消除核武為目標。目前，已有近百個國家簽署該條約。然而，談判過程卻遭到「所有擁核國家、大多數北約成員國，以及許多與擁核國家結盟的國家抵制」。美國原本可以展現真正的國際領導力，逐步接受該條約，並呼籲其他擁核國家跟進，但美國並沒有這麼做。[28]

遺憾的是，這種文明層次對於最強大國家而言似乎仍遙不可及，因為這些國家正朝著相反方向前進，不斷升級並強化終結人類文明的手段。小布希政府讓美國退出《反彈道飛彈條約》，卡內基國際和平基金會的詹姆斯．艾克頓（James Acton）形容這是「史詩級的錯誤」。此外，小布希政府也是唯一反對國際間停止生產武器用可核分裂材料的國家。二〇〇四年十一月，聯合國裁軍委員會（UN Committee on Disarmament）針對可驗證的《禁生產武器用可核分裂材料條約》（fissionable materials for weapons purposes, FISSBAN）進行投票，結果一百四十七票贊成、一票反對（美國），另有兩國棄權（以色列與英國）。之後，川普總統退出了雷根與戈巴契夫簽署的《中程核飛彈條約》（*Intermediate-Range Nuclear Forces Treaty*, INF），並立即測試違反該條約的武器。我們沒有走回頭路，根據武器管制協會（Arms Control Association）的報告，拜登政府在二〇二一年的預算案中，計劃延續川普政府推動的「昂貴且充滿爭議的核武維護與現代化計畫」。[29]

《核不擴散條約》規定擁核國家負有法律義務，要求其採取誠信行動實施核武裁撤。然而，美國卻帶頭違背這些義務。國際原子能總署前總幹事穆罕默德．艾巴拉迪（Mohamed ElBaradei）強調：「當一方不願履行義務時，其他國家也會產生效仿的傾向。」美國前總統卡特更抨擊，美國是這次毀壞《核不擴散條約》的主要責任國。他表示，美國領導人一方面聲稱反對核擴散，另一方面卻「不僅放棄了現有的條約約束，還計劃測試和研發新型核武」，甚至威脅對無核國家率先動用核武。[30]

杜魯門總統卸任時曾評論：「未來的戰爭將使人類可以瞬間消滅數百萬條生命、摧毀世界上偉大城市、抹煞過去文化成就，甚至打破經過數百代人辛苦建立的文明結構。這樣的戰爭，絕非理性之人會選擇的政策。」麥納瑪拉在晚年警告，「末日將至」（apocalypse soon），他認為，「當前的美國核武政策是不道德的、非法的、從軍事角度來看並無必要，且極度危險」，不只對其他國家，也對美國本身構成「難以承受的高風險」，包括「意外或誤判導致的核武發射」以及恐怖分子的核攻擊等威脅。柯林頓政府時期的國防部長培里認為，「今天發生核災難的可能性」，比冷戰時期「要高」，而當年我們能夠僥倖躲過全球毀滅，只是因為運氣好。前參議員山姆．納恩（Sam Nunn）同樣發出警告，寫道：「我們正承擔著一場由自己一手促成的世界末日風險，而這完全是可以避免的。」國際關係專家麥可．麥蓋爾在二〇〇五年得出結論，按照現行政策，「最終爆發核戰無可避免」。[31]

鑒於這種風險，如果我們沒有盡力限制這些恐怖武器的生產與使用，那將不只是錯誤，甚至是犯罪。但我們也必須認清，若不正視推動我們走向毀滅性對抗的民族主義與軍國主義衝動，我們只是在拖延這場毀滅性衝突的到來，唯一的不確定因素，只有時間而已。

毀滅地球：美國與全球氣候政策

二〇二二年七月，英國消防隊經歷了自二戰以來最繁忙的一天。一場破紀錄的熱浪引發了災難性的野火，火勢迅速蔓延，席捲全國各地的城鎮與村莊。由於氣溫飆破華氏一百零四度（攝氏四十度），消防隊員面臨「前所未有」的困難，光在倫敦就需撲滅多達一千一百場火災，一些地區整條街道化為焦黑的廢墟，許多人的家園在短短幾分鐘內焚毀殆盡。有目擊者形容，眼前畫面宛如「倫敦大轟炸後的場景」，房屋燒成灰燼，居民不得不從零開始重建家園。[32]

這起事件並非異常或例外，而是完全可以預見的。全球暖化使英國的熱浪變得更頻繁、更劇烈，導致「夏季高溫天數大幅增加……，林火天氣指數（fire weather indices）居高不下」。未來，這種宛如「倫敦大轟炸後的場景」將日益普遍，過去「百年一遇」的火災風險，如今可能年年上演。[33]

在英國野火災害發生的隔月，巴基斯坦開始出現異常強烈的降雨。這場豪雨持續不斷，短時間內災情惡化，使巴基斯坦遭遇該國史上最嚴重的天災之一，全國三分之一的土地被洪水吞沒。這場災難摧毀或嚴重損壞了兩萬七千所學校、一千五百間公共衛生設施，以及數百座橋樑和水壩，並沖毀數千英里的道路。巴基斯坦總理表示，「一個個村莊徹底消失，數百萬間房屋遭到摧毀。」聯合國兒童基金會在二〇二三年初報告稱：「仍有多達四百萬名兒童生活在汙染且積水未退的地區，面臨生存危機。（中略）他們身體虛弱、飢餓，正與嚴重營養不良、腹瀉、瘧疾、登革熱、傷寒、急性呼吸道感染及疼痛的皮膚病搏鬥。」這場洪水對這個貧困國家造成了約一百五十億美元的經濟損失，成為歷來代價最慘重的災難之一。[34]

就像英國的野火一樣，巴基斯坦的洪災並非異常的「不可抗力天災」，而是氣候變遷帶來的必然結果。由於大氣中的水分增加，季風正變得越來越強烈。此外，氣溫上升也導致巴基斯坦境內數千座冰川融化，進一步使河流水量暴漲，讓情況更加惡化。[35]

當然，這一切才剛剛開始。

關於氣候危機的科學文獻令人不寒而慄。研究顯示，我們正急速走向災難，而過去的預警其實過於保守。二〇一九年十一月，來自一百五十三個國家的一萬一千多名科學家共同發出公開警告，指出地球正面臨「氣候緊急狀態」。他們的研究顯示，許多「地球的生命徵象」（溫度、海平面、冰川質量、雨林消失速度、生物多樣性流失等）都已逼近危險臨界點。如果把地球

比喻為一個人，那麼他正處於多重致命疾病的危急狀態，亟需搶救。[36]

氣候科學家的警告層出不窮。世界氣象組織（World Meteorological Organization, WMO）秘書長佩特瑞．塔拉斯（Petteri Taalas）表示：「情況每況愈下，唯一的解決方案就是全面淘汰發電、工業和運輸領域中的化石燃料。」美國非營利機構「氣候溝通」（Climate Communication）主任蘇珊．喬伊．哈索（Susan Joy Hassol）則說：「我從未見過在同一時期打破這麼多紀錄的情況。」她指出，二〇二三年「氣溫創新高、海冰消融加劇、野火肆虐，皆刷新歷史紀錄」。牛津大學物理學教授、聯合國政府間氣候變遷專門委員會（Intergovernmental Panel on Climate Change, IPCC）第三次評估報告的主要作者雷蒙德．皮耶哈姆伯特（Raymond Pierrehumbert）坦言：「我們的處境非常危險。現在是該恐慌的時候了。」我們必須迅速實現淨零碳排，因為「別無選擇」。聯合國秘書長安東尼奧．古特雷斯在二〇二二年十一月時的發言也絕非誇大：「我們正在駛向氣候地獄的高速公路上，卻仍踩著油門。」以色列氣候學家巴魯克．林克維奇（Baruch Rinkevich）則指出，大多數人「還沒真正理解我們正在討論的問題」，因為「未來的一切都將改變：我們呼吸的空氣、吃的食物、喝的水、眼前的景色、海洋、季節、日常作息，乃至於生活品質」。他悲觀地說道：「慶幸的是，我不用活著看到這一天。」[37]

這些可能發生的情境將帶來難以想像的苦難。地球上多達一半的物種可能因為無法適應環境變遷而滅絕，而至今為止，動物種群遭受的破壞就已令人震驚。此外，全球可能有超過十億人被迫離開家園，導致一連串的難民危機，其規模恐怕比巴基斯坦洪災大上數倍。致命高溫甚至可能讓世界許多地區變得不宜人類生存。（不過甲蟲和細菌或許還能存活。）[38]

目前，大氣中的二氧化碳濃度已達到數百萬年前的水準，而當時全球海平面比現在高出二十公尺。傑瑞米．蘭特（Jeremy Lent）在總結《世界科學家對人類的警告》（*World Scientists' Warning to Humanity*）時指出：「無論是二氧化碳排放、氣溫變化、海洋死區、淡水資源、脊椎動物數量，還是森林覆蓋率，幾乎所有數據都指向同樣的惡化趨勢，顯示世界正持續邁向毀滅。」十二位科學家在《生物科學》（*BioScience*）期刊發表文章，直言地球上的生命正「遭受圍攻」，而且「時間已經到了」，「一連串驚人的氣候紀錄正以前所未有的速度被打破」。他們坦言：「事實是，二〇二三年極端氣候事件的猛烈程度讓我們深感震驚。」[39]

儘管如此，他們的結論並非絕望，而是行動的號召：「現在正是我們為地球上所有生命做出深遠影響的時刻，我們必須懷抱無畏的勇氣與堅定的決心，創造一個能經得起時間考驗的變革。」該研究的主要作者威廉．里波（William Ripple）強調：「我們的處境並非毫無希望，」但我們沒有時間可以浪費。

氣候危機是人為造成的，但責任並非平均分配給每個人。富裕國家，特別是美國，比起許多受害者，對這個問題負有更大責任。美國的政策選擇讓其他國家付出了沉重的代價。巴基斯坦因洪水而流離失所的三千三百萬人正在承受氣候危機的影響，但他們幾乎沒有造成這場危機。巴基斯坦的溫室氣體排放量僅占全球總量的百分之〇．四，卻深受其害。

要釐清這個問題的責任歸屬，只需比較各國的碳排放總量。截至二〇二〇年，擁有兩億三千萬人口的巴基斯坦僅排放五十億噸碳，而擁有三億三千人口的美國，其歷史累計碳排量已超過四千億噸。全球碳排放的主要來源是西方國家，美國和歐洲的排放量遠遠超過中國和印度的總和。這些國家的居民相比美國，生活方式的碳排放強度要低得多。人類學家傑森．希克爾（Jason Hickel）指出，全球北方國家（富裕國家）應對全球百分之九十二超出地球可承受範圍的碳排放負責，而「全球南方」的大多數國家仍「遠低於他們的公平排放份額」，也就是說，他們「根本無須為這場危機負責」。然而，這些國家卻將承受最嚴重的後果，包括「承擔氣候變遷造成的百分之八十二至九十二的經濟損失，以及百分之九十八至九十九的氣候相關死亡」。希克爾總結道：「這種不公的規模，幾乎難以形容。」[40]

另外，並非每個國家的所有居民都對氣候危機負有同樣的責任。全球收入排名前百分之一的人口產生了全球百分之十六的碳排放，而收入前百分之十的人口則貢獻了將近一半的碳排放量。經濟學家項中君（Solomon Hsiang）指出，氣候變遷勢必會進一步擴大不平等，因為全球暖化對不同地區的影響並不相同。位於赤道附近的炎熱國家將遭受全球暖化最嚴重的災難，而這些國家通常本來就較為貧困；相對而言，一些較富裕且氣候寒冷的地區「往往能從中受益，因為暖化在某些情況下反而可能改善人類健康，並提升經濟生產力」。因此，富裕群體的破壞性行為將嚴重影響貧困人口，而許多始作俑者卻能相對免受其害。[41]

在其他情境下，我們通常會用「盜竊」（theft）、「縱火」（arson）甚至「謀殺」（murder）來形容一方蓄意破壞另一方生命與財產的行為。而「碳殖民主義」（carbon colonialism）這個詞，則用來描述西方國家透過燃燒化石燃料提升生活水準，讓利益集中於全球最富有的百分之一，卻讓全球其他人承擔災難性的代價。[42]

令人鼓舞的是，這個問題的解決方向已經明確，因為我們已經瞭解其成因。全球四分之三的溫室氣體排放來自化石燃料的使用，因此，要避免災難性的全球暖化，必須徹底淘汰化石燃料。這就是為什麼越來越多的科學家、公民團體和政府支持《化石燃料不擴散條約》（*Fossil Fuel Non-Proliferation Treaty*）倡議，該倡議提出了一項國際條約，主張逐步淘汰現有的化石燃料生產，並推動全球向可再生能源轉型，以確保能源轉型符合公平與正義的要求。然而，美國未表現出對這項條約的興趣，也未採取行動推動其進展。[43]

在美國，我們已經擬定明確的可再生能源轉型計畫。由眾議員亞歷山卓．歐加修—寇蒂茲（Alexandria Ocasio-Cortez）和艾德．馬基（Ed Markey）提出的「綠色新政」（Green New Deal, GND）決議案，為政府行動提供了一個基本框架，以確保美國能夠達到減排目標，同時創造高薪就業機會。已有充分研究證明其可行性和資金來源。經濟學家羅伯特．波林（Robert Pollin）針對綠色新政所需的實際條件進行了廣泛研究，他指出，綠色新政的目標並非不切實際的幻想，實際上是可行的。他認為：「在二〇五〇年前建構一個零排放經濟的美國，完全合理，且並非特別困難的任務。」此外，綠色新政並不會對社會造成整體損失，反而會帶來整體利益。面對迫在眉睫的氣候災難，選擇不推動綠色新政，無法自圓其說。[44]

當然，綠色新政只針對美國國內部分。但是，由於美國的人均碳排放量位居全球前列，推動綠色新政將能展現其控制破壞性行為的決心，並願意與全球合作，共同尋找公平的解決方案。然而，現實情況是，美國政界人士一直優先考量國內化石燃料產業的利益，而非全人類的未來。

在美國，社會的主要機構似乎決心讓問題惡化。尤其是共和黨，他們公開承諾要阻撓任何有意義的氣候行動。川普堅稱氣候變遷是中國編造的騙局，並推動大幅增加化石燃料的使用。在任內，他破壞了環境法規，並於二〇一八年發布燃油效率標準的評估報告，聲稱無論美國是否採取行動，全球暖化都會持續惡化，因此提高燃油效率以減少碳排放並無必要。正如《紐約時報》報導，川普政府試圖確保聯邦機構「在評估高速公路、管線及其他大型基礎建設計畫對環境的影響時，可以忽略氣候變遷因素」。[45]

共和黨領導層坦承，他們有意破壞《巴黎協定》(*Paris Agreement*)，這是二〇一五年通過的國際協議，旨在限制碳排放。其中一個原因幾乎毫不掩飾，他們想推翻痛恨的歐巴馬政府所推動的政策；另一個理由則出於原則性反對任何外部勢力對美國權力的限制。然而，這項決策也直接反映出共和黨領導層一律拒絕任何應對迫在眉睫的環境危機的努力，而這種立場在很大程度上是共和黨長期效忠於對私人財富與企業權力的歷史角色。

在共和黨執政的州，甚至有人試圖懲罰那些採取氣候行動的銀行。共和黨正在推動「消除能源歧視」(Energy Discrimination Elimination)法案，禁止披露對化石燃料公司的投資資訊。此外，共和黨律師也呼籲聯邦能源監管委員會(Federal Energy Regulatory Commission)禁止資產管理公司購買美國公用事業公司的股票，理由是這些公司參與了減少碳排放的計畫——即試圖減緩氣候變遷帶來的災難性影響。[46]

儘管民主黨口頭上強調氣候變遷的重要性，但在採取必要行動避免災難的實際行動方面，他們的表現也未見更好。在二〇〇八年的競選演講中，歐巴馬曾表示，後代將會告訴孩子們：「就是在這一刻，海平面上升的趨勢開始減緩，我們的地球開始痊癒。」然而，他上任後的作為卻與前任總統無異，不僅妨礙全球氣候談判，還加速了化石燃料的生產。在二〇〇九年哥本哈根氣候高峰會上，由於美國不願提出可接受的協議，導致會議以失敗告終。會後，《浮華世界》（*Vanity Fair*）評論：「歐巴馬政府拒絕在二〇二〇年前減排超過百分之四，這讓許多國家，無論貧富，都認為美國在歐巴馬執政時期與小布希時期並無太大不同。」《富比士》（*Forbes*）則評論這種「諷刺」現象：外界普遍認為來自德州的小布希是一名石油業者，但他任內八年間，美國原油產量連續下降；反觀歐巴馬，外界以為他不是石油和天然氣產業的朋友……，但他執政的七年間，美國石油產量卻年年上升。歐巴馬甚至公開強調這項成就，二〇一二年自豪地表示：「在我的政府領導下，美國的石油產量達到了過去八年來的最高點……，我們正在各地進行鑽探。」[47]

民主黨領袖不但沒有支持綠色新政，甚至表現出輕蔑。裴洛西曾譏諷道：「那個綠色夢想，或者隨便他們怎麼稱呼。」加州參議員黛安・范士丹（Dianne Feinstein）則不實地聲稱「根本沒辦法籌措資金」，以此打發氣候變遷活動人士，甚至指出該法案的許多青少年支持者還沒有投票權。[48]

當然，大企業的遊說團體更是變本加厲。美國商會（The Chamber of Commerce）、美國石油學會（American Petroleum Institute）以及其他組織長期投入大規模的宣傳行動，試圖讓美國民眾相信氣候變遷是一場騙局。化石燃料產業則花費數十年時間製造懷疑氛圍，企圖確保任何防止災難的實質行動都無法推動。埃克森美孚（ExxonMobil）的一名首席說客曾被錄到，坦承公司不只資助抹黑氣候科學的活動，還故意推動一些根本不可能通過的政策（例如碳稅），藉此進一步阻撓解決問題的努力。這名說客表示，埃克森確實「積極對抗某些科學研究」，並加入「秘密組織來阻撓早期應對氣候變遷的行動」，但強調「這並不違法」，只是「為了維護我們的投資和股東利益」。換句話說，這種不惜犧牲地球宜居環境，也要追求獲利的資本企業運作模式，難辭其咎。更令人遺憾的是，企業的影響力如此強大，以至於在現有制度下，若我們希望這些破壞環境的企業停止行動，竟然只能用利益來收買他們，讓他們停止破壞。這種情況並不新鮮。八十年前，美國準備投入戰爭時，當時的戰爭部長亨利・史汀生曾說：「如果你想在資本主義國家發動或準備戰爭，就必須讓企業從中獲利，否則他們不會配合。」同樣地，當某件事符合公共利益，卻損害企業利益時，企業就會千方百計加以阻撓。[49]

這些企業為了維護自身利潤，不惜犧牲所有物種的未來，確實已見成效。巴黎協定完全沒有提及化石燃料，而化石燃料產業的遊說人士更獲准深入聯合國氣候高峰會，確保任何協議都不會影響大企業的利益。情況已經惡化到如此程度，二〇二三年的聯合國氣候變遷大會（UN COP28）（即第二十八屆締約方大會〔COP28〕；COP 指的是《聯合國氣候變遷綱要公約》（*United Nations Framework Convention on Climate Change*, UNFCCC）的締約方大會〔Conference of the Parties〕。）由一名化石燃料企業高層擔任主席，他還利用職權來遊說支持新的石油與天然氣開發計畫。（拜登的氣候特使約翰·凱瑞〔John Kerry〕甚至稱這個人選是「絕佳選擇」。）氣候科學家彼得·卡爾穆斯（Peter Kalmus）絕望地表示，聯合國的氣候議程已經淪為「荒謬至極的鬧劇」，因為有超過一千名化石燃料業的遊說人士湧入會場，確保任何能夠真正保護人類未來的關鍵措施都無法通過。卡爾穆斯甚至表示：「我幾乎無法找到合適的詞語來形容第二十八屆締約方大會上的腐敗與邪惡。」[50]

即使主要科學機構已明確指出，若不立即開始減少化石燃料的使用，並在本世紀中葉前逐步淘汰，災難即將到來，但外界依然在討論增產石油的行動，彷彿這是理性的選擇，而非走向毀滅的決策。石油業刊物對於新油田的發現興奮不已，商業媒體則在討論美國的水力壓裂產業與石油輸出國組織（Organization of the Petroleum Exporting Countries, OPEC）誰更具優勢來擴大產量。《華爾街日報》報導：「南美洲長期被視為世界上沉睡的能源巨人，擁有大量未開採的石油與天然氣儲量，」但如今「它正在甦醒，對全球市場帶來重大影響。」該文章只提到一次氣候變遷，指出聯合國氣候會議要求各國「從化石燃料轉型，但基本上允許各國政府自行選擇實踐的途徑」，接著提到：「南美近期的動向顯示，該區域的國家短期內並不打算減少開採。」至於「不打算減少開採」的影響，報導卻完全隻字未提。與此同時，美國的石油和天然氣產量在二〇二三年創下歷史新高，且「沒有減緩的跡象」。[51] 拜登上任後的前二十一個月內，美國的原油產量超過先前川普任內同期水準，且批准的新油氣井數量比川普同期高出百分之七十四。[52]

《紐約時報》指出，拜登雖然在競選時承諾積極應對氣候變遷，但上任後方針「卻一百八十度大轉彎」，甚至「施壓石油公司增加產量」。拜登決定不出席第二十八屆締約方大會，改派副總統出席，「對於一位誓言對抗全球暖化的總統而言，此舉無疑是外交冷落」。即使是拜登標誌性的「氣候」立法，《降低通膨法案》（*Inflation Reduction Act*），最後卻成為「化石燃料產業的一大福音」。為了「遏制」中國的「威脅」，並「打破中國對電池與關鍵礦產的主導地位」，拜登縮減了符合補助資格的電動車範圍，規定「只要某輛車的任何供應商與北京有任何關聯，即便關係再微弱，也將失去補助資格」，進而影響電動車產業的發展。[53]

一些民主黨團體甚至鼓勵拜登將石油增產視為值得誇耀的政績，宣傳其為「溫和」政策的成就。氣候科學家比爾・哈爾（Bill Hare）向美聯社表示，這種持續擴大化石燃料生產的作法「既虛偽，又完全違背全球逐步減少化石燃料的目標」。彼得・卡爾穆斯則表示，當他看到世界繼續走上這條明知會釀成災難的道路時，他對人類的信心正逐漸瓦解，儘管我們已經擁有所需的知識與技術來應對危機。作為氣候科學家，他說：「我對未來感到極度恐懼」，照目前的發展趨勢，「地球上大範圍地區將變得無法居住。」卡爾穆斯原本相信，當全球暖化達到如此驚人的程度，災難迫在眉睫時，「所有人都會意識到，如果我們沒有一個適宜生存的地球，所有的希望與夢想都將化為泡影」。然而，他期待的大規模覺醒至今仍未發生。[54]

美國媒體對氣候災難的報導糟糕透頂，幾乎無一例外。在金融業的權威媒體《華爾街日報》中，評論版面充斥著源源不絕的全球暖化否定論宣傳，例如：「氣候變遷不是世界末日」、「氣候科學尚未定論」、「氣候變遷並非所有災難的成因」、「氣候變遷對貧窮影響甚微」、「化石燃料將拯救世界（真的）」、「即使有氣候變遷，世界也不會毀滅」、「氣候變遷拯救的生命比你想像的還多」、「應對氣候變遷的成本負擔得起」，以及「我們比以往更能抵禦氣候災害」。

即便是立場自由派的《紐約時報》，對氣候變遷的報導也相當不理想。《紐約時報》不僅刊登化石燃料廣告，發布由化石燃料產業撰寫的「贊助文章」，甚至透過自家廣告公司為化石燃料企業製作廣告。此外，加州大學柏克萊分校的一項全面性研究顯示，該報的許多氣候相關文章幾乎未提及最基本且關鍵的事實，例如：地球暖化正在發生、暖化是由破紀錄的二氧化碳濃度引起的、燃燒化石燃料造成這些破紀錄的數據、科學界對此已有共識，以及暖化的影響是不可逆的。[55]

有時，《紐約時報》在報導暖化引發的災害時，未提及化石燃料的影響。例如，在報導二〇二二年冬季科羅拉多州發生的嚴重野火時，《紐約時報》提到：「多年來的嚴重乾旱，使土地極度乾燥，使大火得以迅速蔓延至住宅區。」但內文並未說明，燃燒化石燃料導致極端乾旱，進而加劇野火。然而，科羅拉多大學波爾德分校地球實驗室主任、火災科學家珍妮佛．巴爾赫（Jennifer Balch）對科羅拉多州的野火態度明確：「我想清楚說明這一點，氣候變遷絕對在這場災害中扮演了重要角色。」[56]

氣候危機的悲劇在於，如果我們在一九八〇年代剛開始關注這個問題時就採取行動，也不至於演變成威脅人類未來的災難。然而，由於美國兩大政黨完全淪為產業利益的附庸，再加上有組織的否認與散播懷疑運動，這個原本嚴重但仍可控制的問題，最終演變為攸關存亡的危機，將導致全球數十億人陷入難以想像的苦難。這是一種極端的不公正現象 —— 世界上最富有國家的富豪階層，因為不願意採取最基本的措施來確保文明得以延續，而將痛苦強加於全球最貧窮的人身上。

聯合國政府間氣候變遷專門委員會在二〇二三年發表的報告，是迄今為止最嚴峻的警告。報告明確指出，我們必須毫不遲疑地採取果斷行動，減少化石燃料的使用，並向可再生能源轉型。然而，這些警告只有短時間引起關注，人類這個奇特的物種很快又回到自我毀滅的道路，繼續消耗有限資源。[57]

但一切尚未成定局，我們仍有機會徹底改變方針。我們已經掌握解決方法，只要有足夠的決心，就仍然可以避免最壞的結果。然而，要避免這場災難，大規模動員同樣非常重要。我們需要有人站出來，為了下一代的福祉負起責任。正如世界各地的原住民族所說：誰來挺身守護地球？誰來捍衛大自然的權利？誰願意擔當公共資源的守護者，捍衛我們共同的家園？

第二篇

認識權力體系

PART 2

Understanding the Power System

在君主制與最民主的共和制之間，只有一個基本區別：在君主制下，官僚體系以君主的名義，壓榨並掠奪人民，以圖讓特權階級和有產階級獲取更大利益，同時中飽私囊；而在共和制下，則是以人民意志的名義，透過相同的手段剝削和壓迫人民，使同樣的階級和官僚獲利。在共和國中，虛構的人民，也就是由國家代表的「法定國民」（legal nation），扼殺了真實存在的人民。即使打在人民身上的棍子被貼上「人民的棍子」標籤，也不會讓他們的處境好過一點。

—— 米哈伊爾・巴枯寧（Mikhail Bakunin）

第九章

外交政策的國內根源

如果我們希望理解任何國家的外交政策，一個好的起點就是研究其國內社會結構。誰決定了外交政策？這些人代表哪些利益？他們的權力來自何處？合理的推論是，政策往往會反映制定者的特殊利益。每個國家內部都有權力結構，某些群體的影響力遠超過其他群體。正如國際關係理論權威漢斯．摩根索曾經指出：「自內戰以來，實際掌控美國的私有權力集團，不僅抵禦了所有試圖控制它們的企圖，更遑論將其瓦解，而且至今依然緊握政治決策的操控權。」[1]

美國廣大民眾對美國外交政策幾乎沒有影響力。事實上，民意與政府行動之間的落差往往十分明顯。例如，絕大多數美國人長期以來反對美國政府對以色列的政策，支持國際社會普遍認可的兩國解決方案，認為美國應在衝突中保持中立，並主張如果以色列和巴勒斯坦雙方不真誠談判，美國應該拒絕向雙方提供援助。然而，美國政府卻公然違背這些民意。[2]

類似的例子還有很多。一九八四年，美國民眾接受調查，詢問他們是否支持雷根在尼加拉瓜港口布雷的決定，結果高達百分之六十七的受訪者表示反對，支持者僅百分之十三。二〇〇一年，在聽說過全球暖化的美國人當中，百分之八十八支持《京都議定書》，但小布希政府仍然拒絕接受。三分之二的美國人反對對古巴實施貿易禁運，其中包括百分之五十九的共和黨人，但禁運至今仍未解除。公眾普遍反對政府監控計畫。二〇二三年的一項民調顯示，「只有百分之二十八的成年人支持政府在無搜查令的情況下監聽美國境外的通話」。然而，這種作法依然合法且常態化。二〇二三年十二月，在絕大多數美國人希望以色列與哈瑪斯達成永久停火的情況下，總統與幾乎所有國會議員卻拒絕呼籲停火。[3]

本書這裡還是假設民眾對政策選項是知情的情況，但事實上，政府往往刻意讓大眾對其行動一無所知，因此民眾根本無從表達意見。例如，對東帝汶的蹂躪、對柬埔寨和寮國的轟炸、以及在全球各地的無人機暗殺行動，這些政策都是以美國人民的名義執行的，但大多數美國人毫不知情。這些政策從未經過公開討論，更不用說付諸公投。經濟學家傑佛瑞・薩克斯（Jeffrey Sachs）表示：「政府從未詢問或告知人民 —— 他們只是被忽視。」[4]

「政府對民眾撒謊 —— 謊報戰場情況，捏造開戰的真實理由，諸如此類，」國際關係學者約翰・米爾斯海默說。他在一項對政策決策過程的深入研究中總結道：「我們發現，民意……在決策過程中基本毫無影響力。只有一小群菁英聚在一起，決定政策方向。」這種情況在民主國家與專制國家同樣存在。（事實上，米爾斯海默認為，民主國家的領導人對公眾撒謊的頻率遠高於專制國家，因為民主國家的民眾擁有罷免領導人的機制，因此更需要操弄輿論。）[5]

羅伯特・麥納瑪拉就是一個典型案例。他在從越南返美的飛機上向助手坦承，儘管美軍持續增兵，「情勢並沒有好轉」，甚至「根本情勢其實更糟」。但一下飛機後，他卻對聚集的記者們說了完全相反的話：「各位先生……，我剛從越南回來，很高興地告訴大家，我們在各方面的努力都取得了巨大進展。這次考察的見聞令我倍感振奮。」[6]

在《脫離民意的外交政策》（*The Foreign Policy Disconnect*）一書中，班傑明・佩奇（Benjamin Page）和馬歇爾・布頓（Marshall Bouton）記錄了「年復一年、數十年來，政府官員與民眾在外交政策上的立場一直存在巨大分歧」。舉例來說，美國民眾普遍支持和平與合作的外交政策，包括加強聯合國、擴大軍備控制、接受國際法院管轄權、放棄美國在聯合國安理會的否決權，並以外交手段而非武力處理國際事務。然而，美國政府屢次違背國際協議，一再「與民意背道而馳」。[7]

尤其值得注意的是，儘管政府投入大量資源操控輿論，這些民意依然持續存在。當初，美國公眾之所以普遍支持布希政府對伊拉克的攻擊，只是因為他們相信總統關於伊拉克威脅美國的不實言論。然而，當真相大白、民意轉向反對戰爭時，政府卻將反對聲音視為累贅，選擇漠視。事實上，迪克・錢尼甚至公然表現出布希政府對民意的輕蔑態度：[8]

瑪莎・拉達茲（Martha Raddatz），**美國廣播公司新聞網**（ABC）：
三分之二的美國人認為（伊拉克戰爭）不值得打。

迪克・錢尼：那又怎樣？

瑪莎・拉達茲：那又怎樣？你不在乎美國民眾的想法嗎？

迪克・錢尼：不。我認為，不能因為民意調查的起伏就改變方向。[9]

當總統認為民眾不會支持某些政策時，政府往往選擇讓公眾蒙在鼓裡。美國中情局的歷史充滿了一連串令人髮指的行徑，卻鮮少受到大眾討論。例如，中情局的「MK-ULTRA」計畫涉及心智操控與酷刑，記者史蒂芬・金瑟（Stephen Kinzer）指出，這項計畫「基本上就是延續當初在日本和納粹集中營內進行的研究」。中情局「甚至聘請曾在日本和納粹集中營內進行活體解剖與執行酷刑的人，請他們來分享研究成果，以便美方能夠進一步發展這些技術」。美國政府也曾在國民毫不知情的情況下，對其進行生物武器測試。例如，一九六六年的一項實驗中，研究人員在紐約地鐵釋放大量細菌，使乘客暴露在未知的風險中。在長達十多年的生物武器測試期間，五角大廈「讓軍人和可能數千名平民接觸這些物質」，其中包含「大腸桿菌（E. coli）及其他後來經證實對幼童、老年人及免疫力低下者有害或致命的病原體」。至於美國聯邦調查局的歷史更是充滿醜聞，其中最惡名昭彰的事件之一，便是聯邦調查局曾試圖透過威脅與勒索，逼迫全美最具影響力的民權領袖自殺。[10]

這類行動的文件證據通常會以「國家安全」為由長期保密，往往直到解密時已無人關心。而當這些文件終於公開，人們才發現，所謂的「國家安全威脅」根本不存在。真正令政府擔憂的威脅在於，其實是公眾可能認為自己生活在民主國家，並因此想要改變政府機構的作為。一九八三年，季辛吉在解釋自己支持對尼加拉瓜政府發動秘密行動時，就明確表達了這種觀點：「如果我們能夠像『秘密行動』這個名稱所暗示的那樣執行，我是支持的。但如果這些行動必須在公開辯論中證明其合理性，那麼它們就不再是秘密行動，我們最終也會失去民眾支持。」換言之，如果讓公眾瞭解政府的政策，他們根本不會支持。對政府而言，這不是該停止政策的理由，反而是必須對其保密的理由。[11]

為什麼民眾的偏好與實際政策之間的關聯性如此薄弱？

其實並不複雜。在高度不平等的國家，民眾對決策的影響力有限。在美國，如同其他地方一樣，外交政策的制定與執行掌握在少數權勢集團手中，而這些人的權力來自國內的既得利益。《美國政治科學評論》（*American Political Science Review*）的一項研究發現，「美國的外交政策最主要且持續受到具有國際導向的企業領袖影響」，而「民意」對於「政府官員的決策幾乎沒有任何重要影響」。與國際事務相關的高層顧問與決策者，主要來自大型企業、銀行、投資公司、少數迎合企業利益的律師事務所，以及技術官僚與政策取向的學者，他們替掌控我們大部分生活的私人企業服務，幾乎不對公眾負責，甚至連表面上的民主監督都沒有。[12]

這個問題由來已久。亞當．斯密早在他的時代就曾指出，「商人與製造商」是一群「其利益從未與公眾利益完全一致的人，他們往往有動機欺騙甚至壓迫民眾，而事實上，他們確實在許多情況下這麼做了。」他認為，這些人會設計政策來維護自身利益，無論這對其他人，乃至於整個社會造成多大的傷害。

財富的集中帶來權力的集中，尤其當選舉成本不斷飆升，政黨越容易受制於大型企業。而政治權力則迅速轉化為有利於富人的立法，進一步強化財富集中的現象。例如，稅收政策、放寬監管、公司治理規範等財政措施，都是為了促進財富與權力的集中，最終產生更多政治權力，進一步強化財富與權力的惡性循環。

政治學者湯瑪斯．費格森（Thomas Ferguson）在他的著作《金科玉律》（*Golden Rule*）中主張，當政黨及選舉的主要投資者在某個議題上達成共識時，即便公眾強烈要求其他選擇，政黨也不會在該議題上相互競爭。他認為，普通選民若想影響選舉選項，必須擁有「強而有力的管道，直接促進大眾的討論與意見表達」。這些管道包括工會或其他中介組織，透過集體力量，使普通選民的利益在政治體系中更具影響力。[13]

舉例來說，民調一再顯示，除非正值戰爭或受到強烈戰爭宣傳影響，公眾普遍希望縮減國防預算，並將資源轉向教育與其他民生支出。但由於主要投資者普遍認為高額國防預算是必要的，兩大政黨在軍費問題上的競爭僅限於指責對方是否刪減軍事支出，雙方都承諾擴大軍費。主流媒體亦是如此，將討論範圍限制在兩黨定義的框架內，排除關於「是否應大幅刪減軍費」的討論。美國企業界之所以支持龐大的國防預算，主要是因為軍事支出為企業界帶來武器承包與研究補助等巨大利益。[14]

即使在那些原則上應交由民主決策的狹隘議題範圍內，私人權力中心依然透過操控媒體和政治機構，以及推舉最終當選的候選人，對決策施加巨大影響。幾十年來，這種情況幾乎沒有改變。早在一九六九年，理查・巴奈特（Richard Barnet）對戰後美國國家安全體系中四百位關鍵決策者的研究便顯示，這些人大多都「來自紐約、華盛頓、底特律、芝加哥和波士頓，且彼此距離不過十五個街區內的高層辦公室與律師事務所」。[15]

正如哲學家約翰・杜威（John Dewey）所說：「政治是大企業投射在社會上的影子」（並補充道：「減弱這個影子，也不會改變其本質」）。商業世界擁有嚴密的組織、充足的資源，以及高度的階級意識，其中成員認為自己在進行激烈的階級戰爭，而且長久以來都是如此。商界早已明白，他們所稱的「公眾思維」是「公司面臨的唯一重大威脅」，正如美國電報電話公司（AT&T）一位主管所言。政治決策基本上是由極少數極端富有與特權階級的人所制定的，而大多數人的意見在政治體系中幾乎毫無影響力，甚至可以說，他們形同喪失政治權利。投資者之間不斷變動的聯盟，在政治歷史占據舉足輕重的地位，而工會或其他公民組織——本可讓一般民眾參與政治決策的機制——卻幾乎沒有發揮作用的空間。[16]

目前在美國，基本上只有一個政黨，那就是企業黨，其內部分裂成兩個派系。共和黨完全致力於服務私人權力、私人財富和企業權勢，早已拋棄任何作為正常議會政黨的表象。美國企業研究所（American Enterprise Institute）的諾曼・歐恩斯坦（Norman Ornstein）和布魯金斯學會（Brookings Institution）的湯瑪斯・曼恩（Thomas E. Mann）形容當今的共和黨是一股「激進的反叛勢力——意識形態極端，蔑視事實與妥協，不承認政治對手的正當性」，對社會構成嚴重威脅。這個政黨與超級富豪和企業界步調一致，因為它無法以讓富人更富作為競選訴求來爭取選票，所以轉而利用極端的「文化」議題作為政治攻擊工具，在新自由主義對民眾的衝擊中發揮作用。共和黨的核心議程仍是私有化、放鬆管制、縮減政府規模，但保留對富人和權貴有利的政府部門，如軍隊。另一方面，民主黨基本上已經放棄了原本對勞工階級與貧困群體的承諾，轉而成為由富裕專業人士與華爾街金主支持的政黨。[17]

意識形態體系的一大成功之處，就是將民眾的不滿從真正設計政策的企業界，轉移到負責執行這些政策的政府身上。例如，那些高度保護企業和投資者權益的協議，在媒體和評論中卻被統一誤稱為「自由貿易協議」。儘管政府本身存在諸多缺陷，但至少在某種程度上仍受民眾影響和監督，這與企業界完全不同。因此，對企業界而言，讓人們仇視迂腐學究的官僚極為有利，同時讓民眾徹底遺忘政府可能成為反映人民意志的機構，真正實現「民有、民治、民享」的可能性。[18]

最終的結果，就是更多決策權落入企業界這些不受監督的私人暴政之手。這也是當前政治運作的主要目的：削弱政府中那些為公共利益服務的部門，同時擴張那些為企業權勢服務的機構，尤其是五角大廈體系。這個體系在很大程度上原本就是一種手段，以「國家安全」之名，實際上則用來將公共資金輸送給高科技產業，而這種運作模式至今仍在持續。

到了現代，企業與金融機構大致掌控了政策走向，無論這對其他群體，包括美國民眾，造成多麼嚴重的影響。當然，這並不代表決策過程中完全沒有其他因素，例如民族主義，甚至男性沙文主義，但關鍵在於，掌權者並不關心真正的美國「安全」。無論是外交政策還是國內政策，都是基於特定形式的「安全」考量：也就是為那些亞當・斯密所說的「人類的主宰」（masters of mankind）提供保障，這些人擁有整個社會，同時也是政策的主要制定者。

美國歷史上，許多人一直認為應該限制公眾在決策中的作用，而這種想

法可追溯到建國時期。約翰・傑伊（John Jay）說過一句名言：「擁有這個國家的人應該治理它。」當時，詹姆斯・麥迪遜（James Madison）與世上任何民主支持者一樣堅信民主。然而，他仍然認為，美國的制度應當讓權力掌握在富人手中，因為他們才是負責任的人。決策應交由「國家的富裕階層」、「更有能力的一群人」來做，因為他們理解政府的角色在於「保護富裕少數免受多數人的影響」。麥迪遜相信，那些「有見識的政治家」和「仁慈的哲學家」如果掌握權力，將能「洞察國家的真正利益」，並防止民主多數帶來的「危害」。他擔憂，如果所有人都能自由投票，窮人可能會聯合起來，剝奪富人的財產。亞歷山大・漢彌爾頓在制定憲法期間，曾表達當時菁英階層的主流觀點：「一般民眾……很少能做出正確的判斷或決定。」

美國建國時期「最優秀的一群人」的這種恐懼從未消退，後來也被權威道德學家兼外交事務顧問萊因霍爾德・尼布爾（Reinhold Niebuhr）延續。他認為，「理性屬於冷靜的觀察者」，而普通人遵循的不是理性，是信仰。他進一步解釋，這些冷靜的觀察者必須認清「普通人的愚昧」，並提供「必要的假象」與「帶有強烈情感影響力的簡化論述」，以確保這些天真的群眾不會迷失方向。他認為，必須保護「瘋狂或心神不寧之人」，也就是無知的大眾，以免他們自己的判斷「墮落與腐敗」—— 就像不會讓小孩在無人看管的情況下穿越馬路一樣。[19]

根據這種理論，少數企業掌控資訊體系並不構成對民主的侵犯，反而體現了民主的本質。公關業的先驅愛德華・伯內斯（Edward Bernays）曾解釋：「民主過程的核心」在於「說服與建議的自由」，也就是他所謂的「同意工程學」（engineering of consent）。伯內斯在一九二八年闡述這個基本觀點時表示：「有意識且理性地引導大眾的組織化習慣與觀點，是民主社會的重要元素。」他認為：「菁英少數（intelligent minorities）……必須持續且有系統地運用宣傳策略。」[20]

「菁英少數」長久以來深知這就是他們的職責。正如威廉・薛佛（William Shepard）於一九三四年美國政治學會（American Political Science Association）的會長演講中所闡述的，政府應由「知識與權勢菁英」掌控，而不應交由「無知的、缺乏資訊、或具有反社會傾向的人」來主導。在一九三三年出版的《社會科學百科全書》（*The Encyclopedia of the Social*

Sciences）中，知名政治學者哈羅德．拉斯威爾（Harold Lasswell）指出，我們不能屈服於「對民主的盲目信仰（democratic dogmatisms），以為人們總是最瞭解自己利益」。我們必須設法確保大眾能支持那些具有遠見的領袖所做的決策。

華特．李普曼（Walter Lippmann）提出了一個概念，稱為「共識的塑造」（the manufacture of consent）。他認為社會分為兩個階層：決策者與大眾。前者是「最優秀的一群人」，唯有他們具備管理社會與經濟的能力。他們是「決策圈內人士」，能夠獲得資訊與知識，並有能力承擔「塑造健全輿論」的責任。這個專業階層應受到保護，免受「無知且愛管閒事的外人」，也就是一般大眾干擾，才能有效地服務所謂的「國家利益」。

至於「大眾的任務」，李普曼認為應該受到嚴格限制。他指出，大眾不該對議題的「內在價值」做出評斷，也不該提供分析或解決方案。「大眾必須被安置在適當的位置」，他寫道，這樣我們才能「免於困惑群眾的踐踏與喧囂」，這群人的「職責」，就是當個「對政治行動感興趣的旁觀者」，而非參與者。參與仍然是「負責任的菁英」的權限。[21]

當這些「困惑群眾」試圖超越旁觀者的角色，積極參與民主行動時，專業階層會感到恐慌。這正是為何菁英階層對一九六〇年代充滿敵意，因為當時，許多歷來被排除在決策圈之外的群體開始組織起來，質疑專業階層的政策，尤其是針對越戰及國內社會政策的討論。一九七五年，三極委員會（Trilateral Commission）發表了一份揭露真相的報告，名為《民主的危機》（*The Crisis of Democracy*）。其中，哈佛大學政府學系主任塞繆爾．杭亭頓直接指出問題所在：美國變得過於民主。他解釋，當時美國正在遭受「過度民主」的困擾。以前被邊緣化的群體已忘了他們應有的本分就是當觀眾，他寫道：「要讓民主制度有效運作，某些個人與群體必須保持一定程度的冷漠與不介入。」[22]

杭亭頓寫道，像「黑人」這樣的群體提出的「訴求」正在讓體制不堪負荷，因此，是時候考慮「對政治民主的無限擴張施加可能必要的限制」。雖然這種論點鮮少說得如此直接，但認為「大眾的想法無關緊要」的態度卻十分普遍，主張外交政策不該由他們決定，他們應該保持「冷漠與不介入」。這種將烏合之眾排除在重大決策之外的態度至今仍存在。《華爾街日報》的一位撰稿人曾表示：「民主運作良好的前提，是由許多本身非民主的機構，或至少不應該是民主的機構來支撐與鞏固。」[23]

我們明白，如果社會真正落實民主，外交政策的樣貌勢必會大不相同。但權力掌控中心總是不斷地推動他們的議程，利用每個時機推進計畫，甚至採取最嚴苛的手段。尤其是在地震、戰爭，或九一一事件及其後續影響等危機發生時，他們會利用恐懼與痛苦的氛圍來控制局勢。他們希望受到大眾支持的反對勢力因恐懼而分心，使他們能夠不間斷地推進計畫。

歷史上從未有一個如此安全的國家，卻對外部威脅如此恐懼。事實上，回顧歷史，我們可以不斷看到類似的模式。例如，一九四七年，參議員亞瑟．范登柏格（Arthur Vandenberg）曾建議總統，「要讓美國人民徹底害怕蘇聯」。戰後秩序的締造者之一迪恩．艾奇遜則讚揚一九五〇年的國家安全會議第六十八號文件（NSC 68），這份冷戰初期的關鍵文件呼籲大規模軍事擴張，並對危險的自由社會施加更嚴格的控制，以防禦所謂的「奴隸國家」，這個敵人據稱企圖「掌控全人類，擁有對全球的絕對權力」。當尼克森與卡斯楚會面時，卡斯楚曾告誡他：「美國媒體與人民普遍存在一種令人不安的態度。」卡斯楚說，美國本該是個「充滿自豪、自信與快樂的國家，但我走遍各地，卻發現美國人似乎充滿恐懼 —— 害怕共產主義，害怕古巴進行土地改革、開始種點水稻，就會導致美國稻米市場萎縮，害怕拉丁美洲工業化，導致美國工廠的出口衰退」。然而，尼克森的結論卻是：卡斯楚「對共產主義的天真想法令人難以置信」。[24]

在國內層面，冷戰對蘇聯和美國的領導層來說極為有利。既可幫助蘇聯的軍事官僚統治階層鞏固權力，同時讓美國得以要求國內民眾為高科技產業提供補助。他們使用的手法並不新鮮，就是激發對強大敵人的恐懼。這並不是說「邪惡帝國」（Evil Empire）其實是良善的 —— 它確實是帝國，也極為殘暴。但每個超級強權都透過讓人民害怕對方的（確實存在的）罪行，來控制自己真正的主要敵人，也就是各自國家的人民。因此，在某些關鍵方面，冷戰可說是美蘇之間的一種默契安排：美國利用冷戰發動對第三世界的戰爭，並控制歐洲盟國，而蘇聯則以鐵腕統治內部領土，並牢牢掌控東歐的衛星國 —— 兩邊都以對方為藉口，在自身勢力範圍內實施鎮壓與暴力。

這種煽動恐懼的手法依然存在，只是敵人不斷更換，無論是國外還是國內，政府利用這些敵人來恐嚇民眾，使其接受最終對自身不利的政策。美國文化長期圍繞著「可怕敵人即將摧毀我們」的恐懼敘事，從《獨立宣言》中所謂的「冷酷無情的印地安野蠻人」，到今天對移民、中國或「文化馬克思主義」的恐懼。然而，美國真正面臨的最嚴重威脅，其實是自己一手造成的，例如氣候變遷與核威脅。[25]

沒有人比川普更認真奉行范登柏格的策略——「讓美國人民徹底害怕」（反法西斯／伊朗／左派「害蟲」〔vermin〕等），對川普來說，煽動恐懼是維繫權力不可或缺的手段。與此同時，川普的真正議程，則是將納稅人的錢投入化石燃料產業，使這些企業能夠加速破壞地球。他展現出政治手腕，成功挖掘並操縱美國社會潛藏的有毒思潮。他巧妙地助長了根植於美國歷史與文化的白人至上主義、種族歧視和仇外情緒，並加劇部分白人對於「他們」即將奪走「我們的」國家的恐懼，特別是在白人族群占比不斷縮減的背景下。這種恐懼操作正在發揮作用。根據喬治華盛頓大學（George Washington University）的一項研究，共和黨支持者普遍認為「美國傳統生活方式正在迅速消失，我們可能必須動用武力來拯救它」，而超過四成的人甚至同意「愛國的美國人遲早得自行執法」。[26]

許多民眾已經意識到，既有制度無法反映他們的關切、利益與需求。他們不覺得自己在政治體系中擁有實質參與權，且認為媒體既未說出真相，也未關注他們的議題。政治體系的運作越來越少公眾參與，而民眾普遍認為，無論他們在投票時做出什麼選擇，都不會影響政府的決策。他們甚至無法對已經決定的政策**進行批准**。即便是「批准」，也只是民主的一種極為薄弱的形式，選民只能對早已決定的政策表達立場。真正有意義的民主，應該讓人民在**決策過程**中扮演主導角色，親自制定政策方向，確保每個人都能積極參與並充分討論。從現有的民意研究來看，如果美國真的落實真正有意義的民主，無論在外交或國內政策上，都將採取一套與現狀截然不同的方針。

儘管人們渴望和平，美國的軍事支出仍遠遠超過多數同級國家的總和。

如此龐大的軍事預算不僅危及全球安全，也對美國自身造成嚴重傷害，浪費了本可用來解決當前社會危機的大量資源。一九五三年，艾森豪發表了一場重要演講，指出軍事開支實際上是在剝奪社會資源。他說：「每製造一把槍、每下水一艘軍艦、每發射一枚飛彈，從根本上來說，都是在奪走那些挨餓卻得不到食物、受寒卻得不到衣物的人應得的資源。」軍事預算原本可以用於建造醫院、學校和住宅。艾森豪感嘆這種浪費，認為軍事支出耗費了「勞工的血汗、科學家的智慧，也抹殺了孩子們的希望」。他進一步指出：「我們花在一艘驅逐艦上的錢，足以建造可供八千人居住的新房屋。」艾森豪甚至提議，為了避免這種對社會有害的軍備擴張，「應該透過絕對數量限制或國際間協議的軍備比例，來約束各國的軍事與安全部隊規模」。[27]

二〇二三年，拜登提出了一項龐大的軍事預算，而國會更進一步擴大，甚至超出拜登的原始要求。正如艾森豪多年前所說，這其實是對社會的重大打擊，一種資源的掠奪，卻被冠上「國家安全」之名。然而，政策制定者真正關心的，並非全民的安全。他們在乎的是富人、企業界和軍火商的安全。至於其他人，根本不在考量之內。[28]

第十章

國際法與「以規則爲基礎的國際秩序」

一九八九年，美國入侵巴拿馬這段歷史，雖然在巴拿馬仍歷歷在目，並設立全國性節日紀念受難者，但在美國國內卻幾乎被遺忘。這次行動造成數百名巴拿馬平民喪生，並且是美國自越戰以來規模最大的作戰行動。當時，窮困的巴拿馬城鎮「艾爾喬里略」（El Chorillo）社區遭到毀滅性打擊，嚴重到救護車司機形容為「小廣島」的地步。然而，美國的電視新聞和報紙幾乎未提及巴拿馬平民的死傷，反而將焦點完全放在美軍士兵的傷亡上。[1]

這場名為「正義之師行動」（Operation Just Cause）的入侵，是典型的懲罰不順從者的手段。巴拿馬獨裁者曼努埃爾・諾瑞加（Manuel Noriega）在一九八〇年代曾是美國的重要夥伴，但後來變得不再順從，且一直騷擾駐紮當地的美軍部隊。情報專家湯瑪斯・鮑爾斯形容，諾瑞加「明目張膽地藐視美國」。和海珊一樣，他成了美國眼中的麻煩人物。美國與諾瑞加決裂的主要原因，是他不願配合美國在尼加拉瓜支持反叛軍組織。但美國對他的刑事指控卻來自一九八〇年代初期的活動，而當時美國還稱讚他在一九八四年贏得的「自由」選舉，更稱其「令人驚嘆」。（事實上，他透過謀殺、選舉舞弊，以及來自華府的秘密資金來確保自己屬意的候選人勝出。時任美國國務卿喬治・舒茲（George Shultz）甚至親自前往巴拿馬，稱讚諾瑞加「啟動了民主進程」—— 考慮到雷根政府所謂「推動民主」（promoting democracy）的概念，這種說法其實也不令人意外。）[2]

重點在於，這次入侵行動公然違反國際法。聯合國大會譴責了這次行動，並通過決議，「強烈譴責美國軍隊對巴拿馬的干預，此舉構成對國際法的公然踐踏，侵犯各國的獨立、主權與領土完整」。其他國際法律專家也認為，這次入侵「嚴重違反」國際法。當時，老布希在向全國人民說明這次行動時，並未提出任何合法性依據。他也不需要這麼做，因為美國一向奉行「我們說了算」的原則。[3]

由於二十世紀前半葉的戰爭罪行，國際社會開始積極尋求防止未來戰爭的方法。這些努力促成了國際間對各國應遵守的原則達成廣泛共識，並且具體體現在《聯合國憲章》中。在美國，這部憲章一般被視為「地表上的最高法律」(supreme law of the land)。《聯合國憲章》開頭即表達簽署國的決心：「我聯合國人民同茲決心欲免後世再遭今代人類兩度身歷慘不堪言之戰禍。」然而，到那時，戰爭已不僅僅是「戰禍」。隨著核武器的發展，戰爭已威脅到全人類的生存。因此，《憲章》明確規定，各會員國「應以和平方法解決其國際爭端」，並且「不得使用威脅或武力侵害任何國家之領土完整或政治獨立」。根據《憲章》，只有在安全理事會授權的情況下，才能合法使用武力，或者依據《憲章》第五十一條，允許「聯合國任何會員國受武力攻擊時，在安全理事會採取必要辦法，以維持國際和平及安全以前」，有單獨或集體自衛的權利。*

除此之外，任何訴諸武力的行為都構成戰爭罪。事實上，根據紐倫堡法庭（Nuremberg Tribunal）的判決，侵略性使用武力是「最高級別的國際罪行」。正如國際法專家霍華德·弗里爾（Howard Friel）和理查·福克（Richard Falk）所指出的：「國際法對於使用武力與訴諸戰爭制定了明確且具權威性的規範，所有國家都應遵守。」如果「在特殊情況下」有任何例外，那麼「主張例外的國家必須承擔重大舉證責任」，以證明其正當性。在一個健全的社會，這應該是普遍共識。美國一般民眾似乎也持相同立場，但與此形成鮮明對比的是，這個觀念在美國菁英階層中卻鮮少獲得支持。[4]

《聯合國憲章》是現代國際法的基礎文件。自其誕生以來，其基本原則不斷被重申，清楚且合理：使用武力必須獲得授權。值得注意的是，單一國家並不擁有「干預他國」的權利。早在一九四九年，國際法院便解釋過，「所謂的干預權」無法在國際法中立足，因為「這樣的權利只屬於最強大的國家，並且很容易導致司法正義的扭曲」。[5]

然而，美國幾乎無視國際法的限制。舉例來說，自一九九二年以來，聯

---

* 以上《聯合國憲章》之譯文引自聯合國中文官方網站。——譯註

合國大會每年都會通過決議，譴責美國對古巴的經濟封鎖。該決議認為，美國的封鎖違反了「不干涉且不干預國家內政，以及國際貿易與航行自由」的原則。至二〇二二年，該決議已連續第三十年獲得通過，投票結果為一百八十五票贊成，兩票反對，唯一反對的國家是美國與以色列。聯合國會員國批評這項封鎖「殘忍、不人道且帶懲罰性」，而古巴的加勒比海鄰國則表示，這場封鎖「不僅扼殺了古巴的發展，也阻礙了整個地區的成長」。[6]

一個真正尊重法治的國家，在面對整個國際社會壓倒性的反對聲浪時，理應會改變政策。然而，美國卻公然無視聯合國的立場，就像美國第七任總統安德魯．傑克森（Andrew Jackson）當年對最高法院的不屑回應：「他們已經做出決定，那就讓他們自己去執行吧。」這種藐視的態度，無論是民主黨還是共和黨總統皆如出一轍。

再舉一個例子，一九八〇年代，尼加拉瓜曾對美國提出有力的法律訴訟。當時，由於美國支持反叛軍組織，引發內戰，造成數萬人喪命，國家也遭到嚴重破壞。這場戰爭還伴隨著毀滅性的經濟戰爭，對於一個被超級大國孤立的小國而言，幾乎難以承受。

因此，尼加拉瓜向國際法院提起訴訟，法院裁定對其有利，命令美國停止行動並支付巨額賠償。尼加拉瓜應對來自外國強權的恐嚇，採取了完全正確的方式：遵循國際法和條約義務。他們收集證據，將其提交至現有的最高國際法庭，並獲得判決。

然而，美國無視法院的判決，並立即升級戰爭。於是，尼加拉瓜向安全理事會提交決議，要求所有國家遵守國際法，只有美國否決。接著，尼加拉瓜在聯合國大會提出類似的決議，並獲得通過，但美國和以色列連續兩年投下反對票（其中一次薩爾瓦多亦投下反對票）。尼加拉瓜外交部長米格爾．德斯科托（Miguel d'Escoto）抗議說：「在國際關係中無視法治，就等同於將人類推向充滿痛苦、死亡與毀滅的未來。」然而，美國的政策並不取決於某項行動是否「將人類推向痛苦、死亡與毀滅的未來」來決定。[7]

美國持續破壞普世全球正義標準，阻止這些規範約束自身行動。例如，美國拒絕加入國際刑事法院（International Criminal Court, ICC），因為擔心美國公民會因其罪行被起訴（這是他們無法接受的）。事實上，美國甚至更進一步，採取極端手段破壞國際刑事法院的運作。美國向其他國家施壓，要求簽署協議，承諾永不將美國公民移送至國際刑事法院，並撤回對拒絕簽署該協議國家的援助。二〇〇二年，美國威脅動用安理會否決權，阻止聯合國維和行動的授權續期，除非聯合國同意永久豁免美國籍人士受國際刑事法院管轄。同年，美國頒布《美國服役人員保護法》（*American Service-Members Protection Act*），禁止聯邦、州和地方政府與國際刑事法院合作，甚至禁止向國際刑事法院的締約國提供軍事援助（特定盟友除外）。該法被諷刺地稱為《入侵海牙法案》（*Hague Invasion Act*），因為它授權總統採取「一切必要和適當的手段」，確保釋放任何被國際刑事法院拘留的「美國或盟國人員」，其中「必要手段」可能包括入侵海牙。[8]

美國拒絕承認國際刑事法院的管轄權，這個立場在普丁入侵烏克蘭後對自身造成反噬，因為當時包括拜登在內的政治人物開始要求以戰爭罪審判普丁。前民主黨參議員克里斯・陶德（Chris Dodd）與前國家安全會議法律顧問約翰・貝林格三世（John B. Bellinger III）在《華盛頓郵報》撰文辯稱，美國一方面鼓勵國際刑事法院起訴他國，另一方面卻拒絕接受其管轄權約束，這並不構成「雙重標準」，因為國際刑事法院「不應調查所有不當行為指控」，而應該專注於「涉事國家未處理的案件」。的確，這完全符合美國奉行的「單一標準」，也就是說，全世界的法律都不適用於美國，因為美國早已自行處理所有可能涉及的不當行為。[9]

我們已經看到，當國際法存在時，美國總會依照自身利益選擇性地違抗；而當有機會制定讓世界更安全的新國際協議時，美國也經常加以阻撓。例如，關於集束彈的問題。人權組織普遍認為，集束彈本質上是一種殘忍的武器，因為它們會在戰場留下數百顆未爆的「子炸彈」，即使戰爭結束多年，仍可能造成人員傷亡。資深國安記者傑里米・斯卡希爾（Jeremy Scahill）描述了他親眼目睹這種武器的後果。在塞爾維亞的一處市場，他看到了集束彈的破壞力，這些炸彈將「所經之處的一切撕裂成碎肉與殘肢」。他表示，任何轟炸的後果都令人震驚，但集束彈特別殘暴，他還親眼看到在襲擊發生數日後，孩子們撿起未爆彈後的慘狀。[10]

逾一百個國家已簽署《集束彈藥公約》（*Convention on Cluster Munitions*），承諾在任何情況下都不研發、不儲存、不使用這類武器，但美國拒絕加入。政策研究所（The Institute for Policy Studies）指出，儘管全球已形成反對使用集束彈的共識，美國——全球最大的生產國與使用國——仍將其視為正當的戰爭工具。美國國防部長羅伯特・蓋茨稱其為「合法武器，具有明確的軍事效益」，而美國國務院武器清除與銷毀辦公室（Office of Weapons Removal and Abatement）主任理查德・基德（Richard Kidd）則表示：「美軍庫存中的每架作戰飛機都配備了集束彈，這些武器是陸軍與海軍陸戰隊機動作戰單位的核心裝備，在某些情況下甚至占戰術性間接火力支援的百分之五十。」即使人權組織強烈譴責，美國仍持續生產並使用這些武器。二〇〇一至二〇〇二年間，美軍在阿富汗投下超過一千兩百枚集束彈。當然，這並未阻止美國批評俄羅斯在烏克蘭使用集束彈，美國駐聯合國大使指責俄羅斯動用「被禁止的」武器，聲稱這些武器「不應出現在戰場上」。（不過，她的發言紀錄隨後遭修改，改為只譴責俄羅斯對平民使用集束彈。）[11]

這類例子不勝枚舉。美國拒絕與其他一百六十七個國家一起成為《海洋法公約》（*Law of the Sea Convention*）的締約國，並透過反對驗證機制，使《禁止生物武器公約》形同具文。其他美國未批准的重要條約還包括：《消除對婦女一切形式歧視公約》（*Convention on the Elimination of All Forms of Discrimination Against Women*, CEDAW）、《兒童權利公約》（*Convention on the Rights of the Child*, CRC）、《保護所有人免遭強迫失蹤國際公約》（*International Convention for the Protection of All Persons from Enforced Disappearance*, ICPPED）、《禁止殺傷人員地雷公約》（*Anti-Personnel Mine Ban Convention*）、《身心障礙者權利公約》（*Convention on the Rights of Persons with Disabilities*）以及《京都議定書》。至於《防止及懲治滅絕種族罪公約》（*Genocide Convention*），美國花了四十年才批准，即便如此，也特別聲明美國不受該公約約束，不得被指控犯下種族滅絕罪。每一個案例的問題本質都是相同的：美國樂於對其他國家施加限制，卻始終保留自行決定的權利。[12]

美國也有幾次在聯合國安全理事會動用否決權，阻撓國際社會支持的決議。美國首次行使否決權，是為了支持南羅德西亞（Southern Rhodesia）*的種族主義政權，當時聯合國正試圖對其實施制裁。二〇二三年，美國再次動用否決權，阻止安理會通過一項決議，該決議旨在「譴責以色列與哈瑪斯戰爭中對平民的所有暴力行為，並敦促向加薩地區的巴勒斯坦人提供人道援助」。[13]

在美國知名的建制派期刊《外交事務》中，戴維·凱伊（David Kaye）探討了華府與國際社會漸行漸遠的一個面向：拒絕多邊條約的態度，「就像在玩遊戲一樣」。他指出，有些條約直接被否決，例如美國參議院「於二〇一二年否決《身心障礙者權利公約》，和一九九九年否決《全面禁止核子試驗條約》（*Comprehensive Nuclear-Test-Ban Treaty*, CTBT）」。而其他條約則因美國的消極態度被擱置，包括「勞工權益、經濟與文化權利、瀕危物種保護、汙染防治、武裝衝突、維和行動、核武器、海洋法，以及消除對婦女的歧視等」。凱伊指出，美國拒絕承擔國際義務的情況「越來越根深蒂固，以至於外國政府如今不再指望華府會批准條約，或全面參與這些條約所建立的國際機構」。他寫道：「世界繼續向前邁進，法律在其他地方制定，而美國的參與有限，甚至根本缺席。」這種情況雖然不是新鮮事，但近年來確實變得更嚴重，同時在美國國內，人們也默默接受了這樣的觀念——美國自認完全有權以流氓國家的方式行事。[14]

不過，美國總統對於國內法律的尊重也好不到哪裡去，憲法對行政權的限制通常對他們而言僅具參考性。

舉例來說，根據美國憲法，任何人都不得在沒有「正當法律程序」（due process of law）的情況下被剝奪自由。然而，在古巴關塔那摩灣的海軍基地監獄中，美國關押了數百名外國籍人士，甚至連假裝遵循法律程序的樣子都沒有。多年來，在律師們不懈努力下，大多數「拘留者」已獲釋，但至今仍有三十人被無限期拘押，命運未卜。不論是民主黨或共和黨執政，仍延續這

* 後來獨立建國改名為辛巴威。——譯註

項政策。事實上，關塔那摩監獄的存在，唯一目的便是規避保障刑事被告基本權利的國內法律程序。[15]

美國總統發動的戰爭往往是違法的。例如，歐巴馬對利比亞發動攻擊，公然違反《戰爭權力法》(*War Powers Resolution*)，該法規定軍事行動必須獲得國會授權。而對於未經國會批准的行動，歐巴馬政府提出的辯護理由更是荒謬至極：白宮發言人聲稱，政府對利比亞的轟炸「不構成敵對行動」，因為沒有派遣地面部隊。因此，根據政府的說法，推翻利比亞政府並不算是「敵對行動」。美國調查新聞網站 ProPublica 指出，歐巴馬無視法律，其實只是沿襲歷任總統的「慣例」，美國總統從未真正承認國會有權限制行政權動用武力殺人。[16]

歐巴馬主張自己擁有殺害美國公民的權利，甚至無需任何形式的正當法律程序，即便這些人不在戰場上。他親自批准了一份獵殺名單(或以歐威爾式的委婉說法稱為「處置矩陣」〔disposition matrix〕)，且這份名單從未經過任何法院審查。《紐約時報》報導了這種充滿反烏托邦色彩的內部決策過程，稱其為「最奇特的官僚儀式」，在這個過程中，「政府龐大的國家安全機構成員」會仔細審查可能的嫌疑人，並在一種「冷血的決策機制」中「向總統建議誰應該成為下一個目標」。「欣慰」的是，《紐約時報》告訴我們，歐巴馬「身為一名研究奧古斯丁(Augustine)與托馬斯・阿奎那(Thomas Aquinas)戰爭論述的學生，認為自己應該對這類行動承擔道德責任」。然而，他顯然從未質疑，這種關乎生死的決策，究竟應該掌握在開明的哲君手中，還是應交由法院裁定。畢竟，這種「最奇特的官僚儀式」之所以能夠存在，正是因為最基本的法律保障已被架空，而這些保障最早可追溯至《大憲章》(*Magna Carta*)。[17]

在民主社會中，人民擁有主權，人民的代表(立法部門)理應負責制定法律，而總統(行政部門)則應負責執行法律。然而，在美國，總統往往認為自己不受法律約束。正如尼克森那句名言：「如果是總統做的，就不算違法。」

再舉一個令人不安的例子：美國法律明文禁止援助系統性使用酷刑的國家。這項法律合乎道理且具人道精神，但歷任美國總統卻選擇無視。當海珊仍是全球最惡名昭彰的酷刑實行者之一時，美國依然支持他。此外，獲得美國援助最多的國家，包括以色列、埃及和土耳其，都曾被人權組織指控使用酷刑。

美國支持侵犯人權政權的案例不勝枚舉。二〇二一年，國際特赦組織譴責「美國在助長哥倫比亞人民無止境的暴力循環中所扮演的角色」，並指出「美國涉及殺害、失蹤、性暴力、酷刑等駭人暴行，面對數十場大多數為和平的示威活動所遭受的殘酷鎮壓，未加制止甚至默許」。美國「早已知道哥倫比亞軍方是暗殺左派活動人士的幕後黑手，卻仍在接下來的二十年裡深化與哥倫比亞軍隊的關係」。在柯林頓政府時期，土耳其實施了駭人聽聞的種族清洗行動，造成數萬人喪生，數千個城鎮和村莊被摧毀，數十萬人被趕出家園。而這些國家暴行的主要支持者正是華府：隨著暴行規模不斷擴大，柯林頓政府提供了百分之八十的軍火，助長了這場災難。[18]

二〇二三年，人權組織懇求拜登政府停止對埃及提供軍事援助，理由是埃及仍然嚴重侵犯人權。美國眾議院外交事務委員會的十一名議員致函拜登，請求他拒絕這筆援助，並指出埃及政府監禁「記者、和平的公民社會運動人士、人權維護者和政治人物」。根據法律規定，拜登必須停止對埃及的援助，但他的政府卻直接「豁免」了這項法律。《紐約時報》報導稱，拜登政府認定「國家安全利益比國會明定埃及提升人權的標準更重要」。當然，沒有人解釋，美國提供埃及數億美元的援助，而不附帶任何國會要求的人權條件，究竟如何符合我們的「國家安全利益」。埃及顯然已經學會了一個道理：根本不需要向美國做出任何人權讓步，因為資金無論如何都會持續流入。《紐約時報》指出，拜登政府認為「與該地區人口最多的國家維持關係極為重要，因此即使人權活動分子極力要求華府採取更強硬立場，也不能冒著破壞關係的風險」。但這並不是行政部門該做的決定。法律明文禁止援助侵犯人權的國家，無論拜登如何看待結果，這是法律的規定。[19]

要確定總統何時違法，可能並不容易。愛德華・史諾登（Edward Snowden）揭露了美國政府的監控計畫，這些計畫遠遠超出國會授權範圍，甚至可能違憲。史諾登讓人民瞭解政府的所作所為，為公共利益服務，本應受到嘉獎。然而，他卻成為政府長期追捕的對象，可能終其一生都將流亡海外。揭露國家重大不法行為的政府告密者通常都會遭到起訴，而歐巴馬則是對此最嚴厲的總統之一（儘管他曾承諾打造「史上最透明的政府」）。記者傑里米・斯卡希爾指出，小布希－錢尼政府對總統絕對權力的主張，與歐巴馬政府之間具有延續性：歐巴馬「本來有機會收回前任政府擴張的行政權力」，但他不僅選擇維持，甚至進一步擴大，「動用行政部門的全部權力結構，方式與小布希和錢尼政府無異」。[20]

行政部門公然違抗國內法律，再次證明了一個事實：當我們談論美國政府的行動時，我們談的並不是美國人民的集體意志。即便人民透過代表成功對行政部門施加限制，行政部門仍然時常無視這些限制。

戰後的美國總統

美國違反國際法的行為既嚴重又持續不斷，無論是民主黨或共和黨的總統，都有確切紀錄可查。只需簡單回顧歷史上的幾個案例，就能清楚看出，如果嚴格適用紐倫堡審判的標準，二戰後的每位美國總統都應該被定罪並判刑。

以杜魯門為例，他不只下令對廣島與長崎投下原子彈，還在長崎遭轟炸、日本提出投降意願後，動用燃燒彈大規模空襲日本各城市。這場轟炸是「戰爭中最猛烈的傳統轟炸」，純粹是作為「最後一擊」，毫無任何軍事上的正當理由。再來看看前面討論過的希臘案例，美國火上加油，讓當地的鎮壓戰爭更加殘酷，成功摧毀了反納粹抵抗運動，並恢復了舊政權，甚至讓納粹的主要合作者重新掌權，這場戰爭奪走了約十六萬條人命，還有數萬人遭受酷刑折磨。[21]

在艾森豪政府時期，一九五一年和一九五二年美軍對北韓的轟炸無疑是戰爭罪行。《華盛頓郵報》記者布雷恩・哈登（Blaine Harden）指出：「城市轟炸目標越來越少後，美軍轟炸機在戰爭後期開始摧毀水力發電與灌溉大壩，淹沒農田並摧毀作物。」美國空軍將領柯蒂斯・李梅在官方空軍歷史紀錄中提到：「大約三年的時間，我們殺害了——嗯多少呢？——百分之二十的人口。」後來擔任美國國務卿的迪安・魯斯克（Dean Rusk）則表示，美軍摧毀了「北韓境內所有能動的事物，連甚至連一塊磚頭都不留」。在紐倫堡審判中，犯下比這更輕的人也被處以絞刑，然而，這還不是艾森豪執政時期唯一的可怕罪行。當時還有美國中情局主導、推翻伊朗民選總理穆罕默德・摩薩台的政變，以及推翻瓜地馬拉的哈科沃・亞本茲政權，這些行動引發了內亂並釀成大規模屠殺。[22]

至於甘迺迪、詹森和尼克森政府時期，美軍在越南、寮國和柬埔寨的罪行，也無需再多做說明。許多自由派人士至今仍對甘迺迪政府懷抱著卡美洛（Camelot）*盛世的美好想像，但事實上，他不僅率先派遣美國空軍轟炸越南村莊，還批准使用凝固汽油彈。此外，他也為拉丁美洲大規模鎮壓行動奠定基礎，扶植一批新納粹獨裁者，這些政權始終受到美國的直接支持。至於詹森，他下令入侵多明尼加共和國的行動也應該被列入其中。當時，美國支持的獨裁者被推翻後，詹森派遣美軍陸戰隊進駐，聲稱要「防止多明尼加共和國變成共產國家」。為了替這次入侵找理由，他甚至要求聯邦調查局局長埃德加・胡佛（J. Edgar Hoover）「幫我在多明尼加共和國找些共產分子」。（詹森的真正目的，是阻止自由派知識分子胡安・波西〔Juan Bosch〕重新掌權。）這明顯違反了《聯合國憲章》。[23]

尼克森在中南半島地區犯下的罪行無需再多討論，但較少被提及的一場慘劇，是他的政府支持二十世紀最慘烈的種族滅絕之一——一九七一年巴基斯坦對孟加拉人的屠殺行動。《華盛頓郵報》記者伊尚・薩魯（Ishaan Tharoor）指出，孟加拉民族主義者在選舉中獲得勝利後，巴基斯坦軍方發動鎮壓，「導致大規模屠殺，數十萬名婦女遭到強暴蹂躪，整個村莊被夷為平地，城市變得人煙罕至」。然而，尼克森政府卻「選擇站在巴基斯坦軍方一邊，這些人可是明確的冷戰盟友」，並且「暗中緊急向巴基斯坦輸送軍火，違反了國會的武器禁運令」。對這場種族滅絕的支持，不能以「不知情」作為藉口，因為時任國務卿的季辛吉已多次收到「來自駐外美國外交官的電文與異議電報，警告他種族滅絕正在美國政府的縱容下發生」。[24]

福特（Gerald Ford）雖然任期不長，但仍犯下重大罪行。他與國務卿季辛吉默許印尼入侵東帝汶，此舉造成二十萬人喪生。福特主導了美國對「禿鷹行動」（Operation Condor）的支持，該行動削弱了拉丁美洲的左派

---

* 卡美洛是亞瑟王傳說中的王國城堡，美國媒體常將甘迺迪時期的政府代稱為「卡美洛」。——編註

政府，並扶植右派獨裁政權。此外，福特企圖阻撓「丘奇委員會」(Church Committee) 調查美國的秘密行動，這些行動包括非法監視國內異議人士、涉及心理折磨的人體非法實驗，以及刺殺外國領袖的陰謀。福特警告丘奇委員會，若「公開有關暗殺行動的報告」，將「嚴重損害國家利益」。請注意，這再次反映出政府刻意封鎖資訊，讓民眾無法對外交政策做出知情決定，因為所謂的「國家利益」不被允許由人民來評斷。[25]

在卡特時期，美國的重大罪行包括繼續默許印尼對東帝汶的侵略（前文已討論），以及支持尼加拉瓜的蘇慕薩政權。事實上，媒體至今仍能將卡特政府描述為「人權運動的倡導者」，這完全是宣傳機器運作的結果。卡特政府支持並扶植尼加拉瓜的蘇慕薩家族，伊朗的巴勒維國王、菲律賓的馬可仕 (Ferdinand Marcos)、南韓的朴正熙 (Park Chung Hee)、智利的皮諾契特、印尼的蘇哈托、薩伊（今剛果民主共和國）的莫布杜、巴西的軍政府，以及其許多參與鎮壓與暴力統治的盟友。

雷根政府的罪行無需再加以辯論，因為國際法院已在《尼加拉瓜訴美國案》(*Nicaragua v. United States*) 中做出裁決，儘管美國選擇無視。不可忽視的是，美國入侵格瑞那達遭聯合國大會譴責為「公然違反國際法」。雷根一貫主張自己擁有在全球動用武力的權利，甚至支持南非的白人至上主義政府，即便當時南非已淪為國際棄兒。一九八八年，雷根政府更將南非領袖曼德拉所屬的非洲民族議會 (African National Congress, ANC) 列為全球「惡名昭彰」的恐怖組織之一。儘管曼德拉在國際間享有崇高聲譽，他仍被列入美國的恐怖分子名單，直到二〇〇八年，國會通過決議，才讓他無需特殊許可就能進入這個自稱「自由國度」的國家。[26]

老布希執政時期的主要罪行早已被廣泛討論，包括入侵巴拿馬，此舉明顯違反《聯合國憲章》，屬於赤裸裸的侵略行為，並受到國際社會譴責。此外，波斯灣戰爭期間被忽視的美國罪行，以及政府選擇動用武力而非外交手段的作法，這些內容已在前文討論。

柯林頓剛上任幾個月內，就毫無正當理由地下令發動飛彈攻擊巴格達，明顯違反《聯合國憲章》。柯林頓執政期間，拉丁美洲的軍事援助與訓練中，近半數流向哥倫比亞——當時是西半球人權紀錄最惡劣的國家，並造成數千人死亡。此外，柯林頓在一九九三年發動飛彈攻擊伊拉克，其中三枚飛彈擊中了一處住宅區。當時政府提出的法律依據完全站不住腳，然而，由於這類行動已成常態，這起攻擊僅僅成為柯林頓總統任內的一筆小插曲。一九九八年，柯林頓政府更下令轟炸蘇丹的「阿爾希法」（Al-Shifa）製藥廠，摧毀了這個貧窮國家關鍵的藥物供應。柯林頓聲稱該工廠生產化學武器，卻未提出任何證據，也並未向聯合國尋求裁決，而是選擇轟炸一個主權國家。多年後，《紐約時報》報導指出，蘇丹人民仍對這次攻擊心存憤恨，因為美國「既未道歉，也未做出任何補償」。[27]

小布希執政期間的主要罪行已被廣泛討論，但小布希政府使用酷刑的問題仍值得更深入關注。二〇一一年，國際特赦組織發布報告〈將小布希繩之以法〉（"Bringing George W. Bush to Justice"），明確證實中情局曾施行酷刑，並嚴重違反國際法。該報告指出，小布希本人應承擔責任，因為他親自「決定一九四九年《日內瓦公約》的保護條款……將不適用於（塔利班或蓋達組織）囚犯」。根據《聯合國禁止酷刑公約》（*UN Convention Against Torture*），國際特赦組織認定各國有義務調查並起訴小布希。[28]

其他分析專家也持相同觀點。美國陸軍少將安東尼奧·塔古巴（Antonio Taguba）曾撰寫一份關於人權侵害的重要內部調查報告，他的結論是：「當前政府犯下戰爭罪已無庸置疑。唯一尚待回答的問題是，那些下令使用酷刑的人是否會被追究責任。」人權觀察組織在題為〈逍遙法外的酷刑〉（"Getting Away with Torture"）的詳盡報告中指出，九一一事件發生後短短幾天內，小布希政府便開始制定一系列政策，「違反戰爭法、國際人權法及美國聯邦刑法」。這些政策採用了美國「過去曾多次譴責為酷刑或虐待的手段」，包括政府將囚犯送往秘密地點，他們在那裡「遭受毆打、抓去撞牆、關進狹小的箱子，甚至遭受水刑」。關押在關塔那摩監獄的囚犯，有些「被迫坐在自己的排泄物上，有些則遭到女性審訊人員的性羞辱」。在關塔那摩的澳洲籍囚犯大衛·希克斯（David Hicks）回憶道：「他們怎麼能這樣對待另一個人？他們怎麼能如此殘忍？」他描述當時的感受：「害怕疼痛、害怕毆打、害怕莫名的心理折磨。」人權觀察明確指出，這些暴行「並非個別士兵或情報人員違規所致」，而是美國領導高層刻意無視法規的結果。[29]

儘管小布希政府用委婉措詞加以掩飾，但這些手段無疑是酷刑。一位主戰派專欄作家曾為《浮華世界》撰文，親身體驗水刑後得出了明確的結論：

「如果水刑不算酷刑，那麼世界上根本不存在酷刑。」[30]

這樣的例子還有很多。歐巴馬剛上任不久，即獲頒諾貝爾和平獎，以期他未來對和平的貢獻。人們希望，身為前憲法教授的歐巴馬，能夠與前任總統的違法行徑劃清界線。他的諾貝爾獎獲獎感言有很大部分在為美國軍事力量辯護，並申明「國際社會的話語必須具有意義」，「那些違反規則的政權必須被追究責任。」歐巴馬以他「下令關閉關塔那摩監獄」作為履行國際法承諾的證明。（但歐巴馬並未關閉該監獄。[31]）

歐巴馬對於履行法律，懲治違規政權的承諾，很快就受到考驗。他掌握確鑿證據，證明他的前任政府嚴重違反國內與國際法，犯下駭人聽聞的酷刑罪行。哈佛法學院的國際人權診所（International Human Rights Clinic）撰寫並提交給聯合國禁止酷刑委員會的一份報告，將這項酷刑計畫形容為「規模驚人」。然而，歐巴馬不久便決定，與其履行法律，不如「向前看，而非回顧過去」。但對於那些因失去親友而身心受創的受害者來說，他們仍深陷過去的痛苦，無法那樣輕易「向前看」，美國卻早已拋下過去，繼續向前邁進。儘管歐巴馬承認「我們確實對一些人施加了酷刑」，但他更擔心調查中情局可能會讓特工覺得自己的行為受到審視：「我不希望他們突然變得提心吊膽，總覺得有人在背後監視他們。」正如新聞調查網站《攔截》記者穆塔札・海珊（Murtaza Hussain）所指出的，這種「不回顧過去」的態度，如果套用到任何其他犯罪行為，都會顯得荒謬至極。這種決策實際上確保未來的不法行為能夠完全不受懲罰。而且，放棄對小布希政府官員的起訴，「證明了即使政府官員犯下駭人聽聞的罪行，他們仍然可以依靠同僚的掩護，逃避法律制裁」。[32]

歐巴馬還在世界各地進行非法的無人機攻擊，聲稱自己有權決定某些人不值得活命，並直接下令暗殺。二〇一三年，馬拉拉・尤沙夫賽（Malala Yousafzai）與歐巴馬會面時警告他：「這些行動會導致無辜百姓喪命，並引發巴基斯坦人民的不滿」，意思是「無人機攻擊可能反而加劇了恐怖主義。」紐約大學與史丹佛大學的一項研究也得出相同結論，該研究總結了這些攻擊對巴基斯坦民眾的影響：「無人機全天二十四小時盤旋在空中」，這種存在讓「男女老少都生活在恐懼之中，使當地社區出現焦慮與心理創傷」。這也帶來了許多負面影響：人道工作者因害怕遭受第二波攻擊而不敢救助傷者，人們不敢聚集在一起，家屬害怕參加喪禮，連孩子都不敢外出。整個社區結構因此受到嚴重破壞。在美國受教育的葉門男子法雷亞．阿爾穆斯利米（Farea Al-Muslimi）在二〇一三年告訴參議院，他試圖在葉門提升美國形象，但完全徒勞，因為「當人們想到美國時，只會想到頭頂上那架無人機，隨時可能發射飛彈所帶來的恐懼」。[33]

同樣在二〇一三年，十三歲的祖拜爾．拉赫曼（Zubair uh Rehman）在美國國會作證時表示，目睹母親在美軍無人機攻擊中被炸得四分五裂後，他「再也不喜歡藍天」了。那架無人機「從晴朗的藍天中突然出現」。祖拜爾開始「更喜歡陰天」，因為「當天空灰暗時，無人機就不會出現」。[34]

而在川普執政下，犯罪行為變得更為極端，他毫不掩飾自己的暴力傾向（曾吹噓自己派遣聯邦探員去謀殺一名反法西斯運動人士）。無人機空襲造成的平民傷亡明顯增加。在伊朗將軍卡西姆．蘇雷曼尼遭暗殺後，川普更聲稱有權單方面下令暗殺其他國家的高級官員。[35]

川普政府以委內瑞拉政府壓迫民眾為由，實施更為嚴厲的措施，這些措施對委內瑞拉人民造成了更大的傷害。馬克．魏斯布洛特和傑佛瑞．薩克斯在研究經濟制裁影響時指出的，這些制裁「減少了民眾的卡路里攝取量，增加了疾病和死亡（無論成人或嬰兒），並迫使數百萬委內瑞拉人因經濟衰退和惡性通脹惡化逃離國家」。這些制裁預估在兩年間造成四萬人死亡，最貧困的委內瑞拉民眾受到的打擊最大。重要的是，魏斯布洛特和薩克斯得出結論：「這些制裁符合日內瓦和海牙國際公約中對平民集體懲罰的定義，而美國是這些公約的簽署國。根據國際法和美國簽署的條約，這些制裁也是非法的，還可能違反了美國法律。」然而，關於川普因其對委內瑞拉實施致命且非法的經濟制裁而應該被彈劾的問題，從未被提出公開討論。[36]

普丁在美國國內受到普遍譴責，因為他試圖透過軍事力量將烏克蘭控制在俄羅斯的勢力範圍內。有人認為，烏克蘭有權選擇結盟對象，俄羅斯無權決定烏克蘭是否加入北約。俄羅斯當然不能以烏克蘭脫離俄羅斯的軌道為藉口進行政權更迭。這些都是合理的論點。但我們來看看川普政府時期，國務卿龐培歐在回憶錄中的一項自白。他在寫到委內瑞拉時表示，「我們無法容忍」一個靠近佛羅里達州的國家「對俄羅斯和伊朗之類的國家敞開大門」，因為這「違反了二十一世紀的門羅主義」。龐培歐承認，美國曾以經濟壓力試圖推翻當前政府，甚至考慮過「軍事選項」（即入侵委內瑞拉）。軍事選項之所以沒有付諸實行，並不是因為川普政府尊重《聯合國憲章》，而是龐培歐表示，其他手段應該足以迫使政權更迭，例如摧毀該政府的石油出口能力。[37]

截至本書撰寫之際，拜登的任期尚未結束，但已有多起嚴重違反國際法的行為，有據可查，包括他非法空襲敘利亞、未能保障尋求庇護者的權利、向烏克蘭提供集束彈，以及不顧全球幾乎一致譴責，支持以色列對加薩的戰爭。此外，拜登破壞國會批准程序，向以色列輸送武器，並在聯合國庇護以色列，與全球幾乎所有國家對立。雖然拜登的氣候政策比川普政府來得好，但在他執政期間，石油產量仍創下歷史新高，儘管這樣會加劇地球環境的毀滅，拜登政府仍對此成就引以為傲。[38]

如果《聯合國憲章》的基本原則能夠真正落實，違反者接受審判和定罪，那麼這些領導人都將因嚴重罪行而被定罪，無一倖免。此外，我們有一部憲法。根據美國憲法，政府締結的條約是國家的最高法律，而《聯合國憲章》正是其中之一。該《憲章》第二條第四款明確規定，禁止在國際事務中**威脅或使用武力**解決爭端。換句話說，美國歷任重要政治領袖都已違憲。

然而，這些問題甚至從未被公開討論過。

美國不依循國際法，而是提出一種替代性的國際秩序，以取代聯合國為基礎的現行體系，並稱之為「以規則為基礎的國際秩序」（rules-based order）。然而，這個說法並非指執行聯合國制定的國際法，而是奉行一套模糊不清的「規則」。在實際運作上，這些「規則」由全球主導強權所制定，而這個強權主要是美國。國際關係學者史蒂芬·華特指出：「當美國官員談論『以規則為基礎的國際秩序』時，他們指的是**現行**秩序，其規則主要是由美國制定的。」美國有強烈動機反對以聯合國為基礎的國際秩序，因為該秩序的基本原則是禁止在國際事務中使用或威脅使用武力，除非在特定情況下才被允許。然而，像是在毫無可信藉口的情況下攻擊他國、發動恐怖戰爭、施加嚴厲制裁以顛覆有議會制的政府，或是單方面宣稱「所有選項都在考量

範圍內」，以迫使某國接受特定要求，這些行為都明確違反了《聯合國憲章》第二條。[39]

國際法與武裝衝突專家麥可·拜爾斯（Michael Byers）在《戰爭法：理解國際法與武裝衝突》（*War Law: Understanding International Law and Armed Conflict*）一書中指出：「全球仍然期望建立一個公平且永續的國際法體系，而美國這個唯一的超級強權似乎毫不在乎自己在主權的立場，與緬甸、中國、伊拉克和北韓相差無幾，都遵循著一種源自十七世紀的絕對主權觀念。」然而，涉及他國主權時，美國卻嗤之以鼻，甚至斥之為過時的觀念。[40]

值得注意的是，某件事違反法律，並不代表它就是錯的；同樣，某件事合法，也不代表它不構成「犯罪」。我們知道，美國應對重大罪行負責，依一般人的理解，這些行為無疑屬於犯罪。我們可以合理地追問：那些記錄在案、無可爭議的行為，在法律專業的角度下是否也構成犯罪？但當我們提出這個問題時，也是在讓法律本身接受審判。如果我們發現，從法律技術層面來看，國際法並未將某些暴行視為犯罪，那麼理性的人對於這樣的法律，其尊重程度恐怕也不會高於對君權神授的敬意。

國際法在許多方面不夠完善，且有不公之處。（為何美國與少數強權國家能擁有聯合國安理會的否決權，以此避免盟友受到譴責？）儘管如此，二戰後建立的聯合國秩序，其基本原則至今依然有效，若某個國家自稱致力於「規則」，那麼它應該遵守這些原則。[41]

如我們所見，美國肆意違反各種條約，當國際法院裁定美國支持尼加拉瓜反叛軍組織的行為違反國際法時，美國直接拒絕承認國際法院的管轄權，並阻撓判決的執行。無非是為了確保自己不受與其他國家相同的規範約束。美國從不為此提供任何正當理由，甚至不認為需要解釋，理所當然地認為自己擁有權統治。

第十一章

神話如何捏造？

喬治·歐威爾在《動物農莊》未發表的序言中敏銳地指出，即使在擁有廣泛言論自由的社會，「不受歡迎的觀點」仍可能遭到審查。今天，歐威爾以批判極權反烏托邦社會如何透過強制手段控制思想而聞名，但他對自由社會的觀察較少受到關注。他認為，在自由社會中，審查並非由政府施加的強制手段，但仍然存在，且能有效讓那些挑戰「主流正統觀點」的人噤聲。歐威爾解釋，這種機制的運作方式在於，人們內化了階級服從與從眾的價值觀，媒體則由「那些有各種動機在某些重要議題上操弄事實的富人」所掌控。[1]

歐威爾深刻洞察到，即使在民主社會中，依然可能出現思想的同質化，並壓制不受歡迎的觀點。從政府不直接干涉的層面來看，新聞媒體的確是自由的，但如果媒體掌控者選擇不傳播某些觀點，那些觀點便幾乎無法觸及大眾。這類選擇每天都在發生，因此我們可以合理推測，媒體所呈現的資訊，必然反映了掌控者的偏見與利益。哲學家約翰·杜威也觀察到類似現象，談到「我們不自由的新聞界」時，他指出「當前經濟體制對整個資訊系統的影響，包括新聞標準的判定、內容的篩選與刪除，以及新聞在社論與報導中的呈現方式」。我們應該思考：「在現行經濟體制下，真正的思想自由與社會責任能在多大範圍內實現？」[2]（杜威的答案是：幾乎不可能。）

美國在法律允許的言論範圍內，確實是一個極為自由的國家。然而，歐威爾所描述的機制依然在運作，並影響著人們實際能夠聽到與讀到的內容。主要的新聞媒體雖然立場不盡相同，也不會毫無保留地支持所有國家政策，但它們的報導確實往往反映出美國菁英階層的觀點與假設。這些媒體報導雖然包含激烈的批評與辯論，但仍受限於一套既定前提與原則。而這些前提與原則，早已被個別媒體人員無意識地內化，形成一種強大的菁英共識。

在美國政治論述中，有一個無所不在、但未明言的假設：美國天生擁有主宰全球的權利。知名自由派評論員馬修·伊格雷西亞斯（Matthew

Yglesias）甚至將這視為「毫無爭議的前提」，並指出，除了少數邊緣的「左派知識分子」外，幾乎沒有人質疑美國的支配權。「在我有生之年，美國一直是全球頭號強國，」他表示：「而這種狀態應該持續下去，這幾乎是美國政治圈內最無爭議的觀點之一。」伊格雷西亞斯本人也接受這個前提，甚至認為沒必要為此辯護，因為它過於普遍、無需爭論。他還可能補充，不僅沒有任何「民選官員」挑戰這種觀點，甚至在美國媒體上也幾乎見不到相關質疑。即便偶爾有關於美國動用武力的討論，辯論的焦點通常圍繞在這些行動是否明智，而非美國是否擁有使用武力的權利。[3]

以伊拉克為例。當美國入侵伊拉克開始造成失控的大規模流血衝突時，美國媒體確實出現了大量對這場戰爭的批評。然而，根據安東尼・狄馬吉歐（Anthony DiMaggio）對「反恐戰爭」媒體報導的研究，主流自由派評論家的批評焦點，主要放在戰爭是否有效執行，而非這場戰爭本身是否正當。例如，《紐約時報》的鮑勃・赫伯特（Bob Herbert）形容這場戰爭「管理不善」、「無法持續」、「不可能獲勝」，並批評美國缺乏「協調一致的戰略」。《洛杉磯時報》的編輯則批評「極度失敗的占領行動」，問題核心在於執行不當，而非占領本身的正當性。民主黨戰略家保羅・貝加拉（Paul Begala）則認為，小布希政府「派駐的軍隊數量不夠」。狄馬吉歐指出，這些看似「反戰」的批評，其實是對戰爭的支持，因為它們強調的是「軍事錯誤」，並暗示如果加以糾正，占領與戰爭本身就能更順利進行。他進一步質疑：「如果這場戰爭具有帝國主義性質且不道德，目的是控制石油而非推動民主，那麼，為何要批評政府打不好這場戰爭？如果這是一場壓迫性的帝國戰爭，美國從一開始就不該試圖去『贏』或『執行』它，又何必去抱怨戰爭『無法獲勝』或『執行不當』？」[4]

人們可以討論美國在追求自身目標時是否犯了錯誤，但這些目標本身卻從未被真正討論過。例如，《紐約時報》在越戰結束後的一篇社論中，明確界定了辯論的範圍：「有些美國人認為，這場戰爭……本來可以用不同的方式進行」，而另一些人則認為「建立一個可存續的非共產主義南越本來就是個幻想」。該報認為，這場「延續至今的爭論」尚未有定論。鷹派認為美國本來可以贏，而鴿派則認為美國根本贏不了。在這些範圍內的討論是被允許的。[5]

在評論中，「判斷錯誤」、「悲劇」與「失誤」等詞彙反覆出現。但另一種可能的觀點卻幾乎不曾被提出：美國從一開始就沒有法律或道德上的權利去介入越南。事實上，美國並非「希望南越人民能夠自行決定自己的政府」，而是阻止民主化進程。美國無權支持法國試圖重新征服越南，也無權違反一九五四年的《日內瓦協定》，阻撓透過選舉統一越南。然而，媒體熱衷討論的問題是「我們是否本來可以贏？」卻忽略了真正重要的問題：「我們有權這麼做嗎？」、「我們是否犯下了侵略罪行？」以及「發動這場非法戰爭的決策者，何時會因戰爭罪受到審判？」這些核心問題從未被納入討論，而《紐約時報》則劃定了這場辯論的範圍。

普林斯頓大學歷史與公共事務教授朱利安．澤利澤（Julian E. Zelizer）在《外交政策》中，清楚表達了主流觀點。他寫道，美國歷史中「始終如一的事實」，就是「總統在處理國家安全問題時，經常會有疏忽、誤判，甚至嚴重的錯誤」。「疏忽」、「誤判」、「錯誤」—— 但真正的目標卻從未受到質疑，爭論的只是實現這些目標的手段是否過於魯莽。如果回顧美國歷次戰爭，就會發現爭論的範圍始終局限於戰術問題，而這些討論的前提都是美國全球霸權的正當性。輿論的範圍涵蓋從戰爭進行得很成功到戰爭執行不善。（在俄羅斯對烏克蘭的戰爭中也存在類似的情況。普丁因為「沒有效率地執行戰爭」而遭受嚴厲批評，卻極少人質疑他發動戰爭的正當性。）許多人誤以為，討論一場戰爭是否能夠取勝，或是否犯了嚴重失誤，就是在討論這場戰爭本身。然而，這種觀念是錯誤的。畢竟，即使是希特勒的將軍們，也可能因戰爭中的錯誤而批評他的決策，也就是說，批評他未能達成既定目標。但他們對納粹主義的狂熱投入，絲毫不亞於元首本人。對於納粹德國，我們能夠清楚分辨，戰略層面的批評並不等同於對目標本身的質疑，事實上，這些批評的前提就是對目標的認同。然而，在美國，許多所謂的「批評外交政策」其實只是戰略層面的討論，而非真正的批判。這些言論普遍接受了兩黨的共識，即美國在本質上不可能犯下戰爭罪行。[6]

一九八〇年代美國支持的反叛軍組織在尼加拉瓜發動恐怖襲擊時，新聞媒體上也能看到這種自由派的「鴿派立場」—— 質疑戰術，而非目標本身。例如，《華盛頓郵報》曾從戰術角度批評對反叛軍組織的支持。在當時的主流論述中，尼加拉瓜是「一種」蘇聯式威脅，必須加以對抗，這幾乎是無庸置疑的事實。《華盛頓郵報》的編輯部與雷根政府立場一致，認為桑定政權是「嚴重威脅，不僅危害尼加拉瓜的國內和平與民主，還影響整個地區的穩定與安全」，因此同意美國必須「遏制……桑定政權的擴張企圖」。然而，《華盛頓郵報》批評的重點在於「反叛軍組織並非有效工具」，並認為這不是削弱尼加拉瓜政府的「最佳方式」。美國動用武力的正當性根本不在討論範圍內。[7]

美國對阿富汗的戰爭，也引發自由派批評人士的同樣關切。微軟國家廣播公司（MSNBC）是公認支持民主黨的自由派媒體，長期以來的當家主持人瑞秋．馬道（Rachel Maddow，自稱「國家安全派自由主義者」）對美國在阿富汗的戰爭提出過許多批評，但主要是從戰術層面出發。馬道的結論是：「如果你認為，在二〇一〇年，美國的軍事行動無法增加……阿富汗建立真正政府的機會，那麼讓美國士兵為此犧牲就是錯誤的。」換言之，她的道德考量核心並非阿富汗人民的權利，而在於美國行動的勝算。[8]

當美國的戰爭結束後，除了討論戰爭是否嚴重失策之外，國內幾乎不會進行深刻的自我反省。如前所述，關於越戰的主流敘事，多半如紀錄片導演肯．伯恩斯所描述的那樣——「這場戰爭是由一群出於善意的人，在命運的誤解、美國的過度自信與冷戰誤判下發動的。」同樣地，隨著伊拉克戰爭的流血衝突加劇，《紐約時報》的紀思道曾寫道：「伊拉克人正在為這些出於善意、試圖解放他們的保守派人士付出慘痛的代價。」[9]

正如美國媒體評論家亞當．強森（Adam Johnson）和尼瑪．希拉齊（Nima Shirazi）所指出的，新聞媒體在回顧美國動用武力時，通常將其描述為「令人不快、不完美、出現錯誤，但歸根究底只是崇高正義的帝國所帶來的附加結果，最重要是，這個帝國出於善意」。他們指出，一旦某場戰爭變得不受歡迎，媒體上就會出現「由時事評論員與偽歷史學者構成的小型輿論產業」，來推動這樣的論點：「那是一場意外，他們犯了錯，情報有誤，他們的動機只是追求自由與民主。」強森和希拉齊將這種情況比喻為：律師試圖讓當事人從「一級謀殺」改判為「過失殺人」——這種作法之所以必要，是因為在美國長期以來的國家神話中，敵對國家就是「007 電影中的典型反派」，天生作惡多端；而美國則永遠是純潔無辜的正義使者。[10]

許多關鍵議題與問題根本沒被提出。阿富汗與伊拉克幾乎已從公眾視野中消失。當我們讀到美國在伊拉克發動無人機攻擊的新聞時，報導中從未提及伊拉克政府的強烈抗議，反對美國侵犯其主權，而這個問題也從未引發討論。那些因美國「介入」而長期遭受影響的國家 —— 從海地到寮國 —— 不是被輕描淡寫，就是完全忽略。至於那些被世界忽視的「無聲之人」，媒體彷彿當他們不存在一般。[11]

恐怖主義：宣傳概念的剖析

在《天主之城》（*The City of God*）中，聖奧古斯丁（St. Augustine）講述了一個故事：亞歷山大大帝（Alexander the Great）遇到一名海盜，質問他為何「以敵對方式占據海洋」。海盜語氣中滿是驕傲與挑釁，反問道：「那你又憑什麼征服整個世界？只因為我用一艘小船這麼做，我就被稱為強盜；而你率領龐大的艦隊這麼做，卻被冠以皇帝之名？」相同的行為，有人被視為海盜，有人則被稱為偉大的帝王。

要理解美國政治論述中隱含的意識形態假設，最明顯的例子就是「恐怖主義」一詞的使用方式。根據美國國防部的定義，恐怖主義指的是「非法使用暴力或威脅使用暴力，動機往往是宗教、政治或其他意識形態信仰，來製造恐懼並脅迫政府或社會，以達成通常是政治性的目標」。然而，這個定義根本無法使用，因為依此標準，美國本身顯然就是一個恐怖主義國家。小布希曾非法動用暴力，以意識形態為動機，來脅迫社會達成政治目標，依據該定義，他無疑是全球最具代表性的恐怖分子之一。同理，備受尊敬的政治家季辛吉，還有曾獲諾貝爾和平獎的歐巴馬，都符合這個定義。

美國官方還有其他對「恐怖主義」的定義。[12] 然而，這些定義從未真正應用於美國的政治論述中，因為無論哪種定義，結論都相同：許多備受尊敬的美國政治人物，其實都是恐怖分子。詹森是恐怖分子。尼克森肯定也是，尤其是在一九七二年發動「後衛 II 行動」（Operation Linebacker II，又稱聖誕節轟炸）時，他派出兩百架 B-52 轟炸機，向北越投下兩萬噸炸彈，試圖迫使北越重返談判桌，然而北越之所以退出談判，正是因為尼克森政府自行推翻了先前提出的協議。[13] 這場轟炸摧毀了白梅醫院（Bạch Mai hospital），造成數十名醫護人員死亡，「醫學與藥學書籍……散落在扭曲的鐵塊、破裂的混凝土樑柱與倒塌的牆壁之間」。尼克森下令攻擊時曾說：「他們一定會被嚇壞。」[14]

由此可見，即使只是稍微觀察美國對「恐怖主義」一詞的實際用法，也會發現一個隱含的假設：依定義，恐怖主義是別人針對我們或我們盟友的行為，不可能由我們自己或我們盟友所為。無論事實如何，美國發動恐怖主義的概念在官方論述上是不被承認的。

舉例來說，美國目前將古巴列為少數幾個「支持恐怖主義的國家」（state sponsors of terror）之一。然而，事實上，美國對古巴實施恐怖主義行動已有數十年。（古巴曾在歐巴馬執政時期短暫被移出名單，但在川普任內又被重新列入，而拜登至今仍未將其除名。這項毫無根據的指控，「使古巴在物資短缺的情況下，更難獲得人道援助和醫療物資」。）此外，美國還拒絕引渡曾對其他國家實施恐怖行為的犯罪嫌疑人，包括來自海地和古巴的涉案者。按照小布希時代的原則，「藏匿恐怖分子」的國家可能遭受武力攻擊，照此邏輯，海地和古巴政府理應可以對華府發動轟炸。[15]

《華盛頓郵報》曾指責普丁對烏克蘭發動飛彈攻擊是「航空恐怖主義」（aerial terrorism），並將這些攻擊形容為「恐怖轟炸」。當俄羅斯支持的烏克蘭分離主義分子擊落一架民航客機時（雖然魯莽，但似乎並非蓄意為之），希拉蕊立刻將其定調為「恐怖主義」行為。然而，有些行為卻從未被歸類為恐怖主義，例如美國在伊拉克發動的「震懾與威嚇」（Shock and Awe）轟炸行動、美軍擊落伊朗民航客機（同樣魯莽，但看似非蓄意）、或是如德勒斯登大轟炸般毀滅加薩。[16]「恐怖主義」這個詞，從不會用來形容 B-52 轟炸機在中南半島投彈、摧毀整座村莊的飛行員，也不會用來指責下令發動這些攻擊的高層決策者。

翻閱過去半個世紀的歷史，我們可以看到一個又一個的例子。巴勒斯坦對以色列平民的攻擊，在美國媒體上被報導為「恐怖攻擊」；然而，以色列屯墾者對巴勒斯坦人的攻擊，卻只被描述為「屯墾者暴力事件」。當年，尼

加拉瓜反叛軍組織在美國中情局和五角大廈的指揮下攻擊平民目標時，屬於主流媒體自由派陣營的《新共和》（*New Republic*）雜誌編輯麥可・金斯利（Michael Kinsley）曾主張，我們不應太快否定對恐怖攻擊的辯護理由。他認為，「理性的政策」必須「經過成本效益分析的考驗」，衡量「投入的鮮血與苦難是否值得，以及民主是否有可能在最終誕生」。眾所皆知，只要通過這樣的考驗，美國菁英階層就擁有進行分析並推動該政策的權利。[17]

一九八六年，美籍身障者李昂・克林霍夫（Leon Klinghoffer）在被挾持的阿基里勞羅號（Achille Lauro）郵輪上，遭巴勒斯坦解放陣線（Palestinian Liberation Front）成員殺害。《紐約時報》資深記者約翰・伯恩斯（John Burns）形容，這起謀殺案「似乎為恐怖分子的冷血殘忍樹立了一個標準」，此話也反映了當時社會對這起駭人罪行的普遍憤怒。然而，許多類似的事件卻未受到相同的標準對待。例如，二〇〇二年春天，以色列總理艾里爾・夏隆發動進攻後，英國記者在傑寧（Jenin）難民營的廢墟中發現「被壓扁的輪椅」。他們報導：「它被徹底壓碎，像卡通裡那樣被碾平。而在瓦礫堆中央，躺著一面破碎的白旗。」這原本是由一名巴勒斯坦身障者凱馬爾・祖蓋耶（Kemal Zughayer）所持，「他在試圖推著輪椅前行時遭到槍殺。以色列坦克一定是從屍體上輾過去，因為當朋友找到他時，他的一條腿和雙臂已經不見，臉部則被撕裂成兩半。」這又是一起未被歸類為恐怖主義（un-terror）的暴行，與李昂・克林霍夫之死不同，沒有被記錄在恐怖主義的歷史中。謀殺他的兇手並非聽命於「怪物」，而是聽命於一位被小布希稱為「和平使者」的人 —— 艾里爾・夏隆。[18]

「恐怖主義」一詞在誠實的論述中毫無地位，然而我們卻一次又一次地看到它被隨意使用。傳播學者麥可・史托爾（Michael Stohl）指出：「我們必須承認，按照慣例，大國動用武力通常被稱為『強制外交』，而不會被視為恐怖主義的一種形式。」然而，所謂的強制外交往往涉及「威脅、且經常使用暴力，若不是大國而換作其他國家採取這種手段，這種行為恐怕早已被定義為恐怖行為」。唯一需要補充的修正是：「大國」這個稱號僅適用於特定受偏袒的國家，在這種「慣例」中，俄羅斯並未享有這種修辭上的豁免權。[19]

「恐怖主義」一詞的恣意濫用，只是眾多例證之一，說明當官方敵人施加暴力時，其評價標準與美國及其盟友所使用的暴力手段大不相同。媒體對受害者的關注存在隱性的層級制度，某些人的生命似乎比其他人更值得關注。在伊拉克戰爭期間，《新聞日報》（*Newsday*）編輯安東尼・馬羅（Anthony Marro）坦承：「我們更關注美國人的死亡，」而不是伊拉克人的死亡。俄烏戰爭爆發後，記者們對待其受害者的態度，比其他衝突的受害者更有人性。一名哥倫比亞廣播公司（CBS）記者形容，親眼目睹戰爭發生在「相對文明、更加歐洲化」的地方，讓他感到震驚，因為「這種事不應該發生，也不希望它發生」。[20]

媒體報導的關注程度，會因行凶者的身分以及美國在該衝突中的立場而有所不同。一九八〇年代，波蘭神父耶日・波皮魯斯科（Jerzy Popiełuszko）遭共產黨殺害，引起美國媒體的大量關注；但當薩爾瓦多神父奧斯卡・羅梅羅因反對美國支持的獨裁政權而遇害時，卻鮮少受到媒體報導。

這類的對比案例，顯示出新聞報導中有系統的偏見模式。[21] 自一九八六年以來，媒體監督機構「正確與公平報導組織」（Fairness and Accuracy in Reporting, FAIR）便開始密切監測美國媒體的這種偏頗現象。他們的案例研究提供了確鑿證據，證明華府的外交政策共識如何反映在主流媒體的報導中。以下是「正確與公平報導組織」的一些發現：

- 在伊拉克戰爭期間，該組織研究有線電視新聞頻道，發現百分之六十四的受訪嘉賓支持戰爭，而持反戰立場的僅占百分之十。[22]
- 以巴衝突的報導嚴重失衡，以色列死者被提及的次數是巴勒斯坦死者的七倍，而巴勒斯坦人的法律權利則經常被淡化或忽略。[23]
- 美國媒體經常強調世界各地使用「伊朗製武器」所發生的暴力事件，但對於使用「美國製武器」進行的殺戮行動，卻極少提及。[24]
- 「放棄暴力」通常是對穆斯林的要求，而非對美國政府的要求。[25]
- 中國在香港的帝國主義行徑受到關注，但美國對其他國家的支配行為卻鮮少獲得同等程度的報導。[26]

- 阿富汗戰爭可以在新聞節目中討論數小時，卻極少關注美國政策如何使當地情勢惡化。[27]
- 當川普對敘利亞發動空襲時，美國媒體幾乎沒有任何反對聲音，甚至《紐約時報》下了一個荒謬的標題：「對敘利亞發動攻擊，川普的情感先於理智。」（On Syria Attack, Trump's Heart Came First）[28]
- 美國支持的沙烏地阿拉伯對葉門戰爭，幾乎完全被媒體忽視。[29]
- 媒體對派樂騰（Peloton，一家健身器材公司）的節日廣告報導，比對美國國防部年度預算的關注還要多。[30]

有大量證據顯示，民族主義的偏見以及對政府官方資訊的依賴，如何影響並扭曲美國媒體對外國衝突的報導。以《紐約時報》對中國這個美國競爭對手的報導為例：在美國媒體的論述中，「中國的侵略行為」屬於既定事實，[31] 而「美國的侵略行為」則從未討論過。例如，在一篇標題為「美國官員稱中國向全球軍事基地發送間諜氣球」的報導中，內容寫道：「美國情報機構評估，中國的間諜氣球計畫是全球監控任務的一部分，目的是蒐集各國的軍事情報。」文章還引述專家意見，聲稱中國透過這項間諜計畫「侵犯了橫跨五大洲多個國家的主權」。

如果媒體誠實的話，就應該提供一個明確且重要的背景來討論，也就是說，美國對中國進行了哪些間諜活動？畢竟，若要判斷中國的行為是否特別惡劣，就必須先瞭解這是否也是美國聲稱自己有權從事的行為。外交政策學者范・傑克森（Van Jackson）指出，美國對中國的間諜行動，遠比那顆短暫飄過美國上空後被擊落的中國氣球更加嚴重。事實上，早在二〇一〇年，中國領導層就「發現美國中情局已在黨的機關安插極具影響力的線人，甚至滲透到安全與情報部門」。中國將這種美國的滲透視為「對政權安全的極端威脅」，因此大幅加快在國際事務中的積極作為。傑克森覺得奇怪，「美國外交政策圈內根本沒有人談論中國意外揭露中情局已滲透其最高層的事實。談到監控問題，我們竟然只擔心一顆氣球！」[32]

議題的選擇同樣很重要，有些事件根本沒有被報導，因此也無從討論。

以烏克蘭戰爭為例，媒體對此投入大量關注，《紐約時報》不斷刊出烏克蘭士兵與平民受害者的同情報導。然而，沙烏地阿拉伯對葉門的軍事侵略、土耳其對庫德族的攻擊、以及美國對伊拉克的軍事行動，這些受害者的報導卻遠遠不及。媒體對以色列受害者的報導，遠多於對巴勒斯坦受害者的關注。一條生命的價值，並非依據客觀標準（即所有人都被平等對待）來衡量，而是取決於美國外交政策的優先順序。[33]

宣傳的語言

在〈政治與英語〉（"Politics and the English Language"）一文中，喬治・歐威爾探討了如何透過委婉說法來「為不可辯護的行為辯護」。例如，轟炸毫無防禦力的村莊可能被稱為「平定行動」（pacification）。掠奪農民的土地並將其驅趕，可能被描述為「人口轉移」（transfer of population）。這類含糊且聽起來較為正面的措詞，掩蓋了這些惡行，「使人能夠談論它們，而不會直接聯想到可怕的畫面」。因此，為了使政治論述變得可理解，我們必須不斷將其翻譯成淺白易懂的語言。詞彙的選擇會扭曲人們的思考框架，使人難以理解現實，或以清楚的方式討論攸關人類的重要議題。[34]

我們可以編寫一本政治宣傳詞彙表，以解讀美國政治論述中的歐威爾式宣傳語言（Orwellian expressions）。特別是在外交政策領域，許多駭人行徑都被溫和無害的術語包裝起來。我們已經看到，「恐怖主義」一詞如何被有選擇性地使用，而非根據客觀定義。有時候，某些用語是為了淡化行為的嚴重性（例如：「拘留」〔detained〕其實就是監禁〔imprisoned〕；「強化審訊」〔enhanced interrogation〕其實就是酷刑（torture）；「致命性軍援」〔lethal aid〕其實是指集束彈〔cluster bombs〕，等等。）此外，「威懾態勢」（deterrence posture）實際上是指以暴力毀滅敵方作為威脅。「均勢」（equilibrium）和「穩定」（stability）等字眼，實際上是維護美國全球霸權的委婉說法。例如，一位學者曾寫道：「我們堅決追求穩定，」而實際作法則是「透過破壞智利民選的馬克思主義政府來達成。」當我們理解「穩定」的真正含義是「支持美國利益」時，這句話的矛盾就不難看懂了。[35]

請注意，在俄羅斯這類人被稱為「寡頭」（oligarchs），在美國，則被稱為「商界人士」（businessmen）。同樣地，我們也應警惕「獨裁者」（dictator）這個詞的選擇性使用。「安全」（security）一詞，並非指一般民眾的安全，而是指「政策的主要設計者」的安全。在亞當．斯密那個時代，這些人是「商人與製造商」；如今，則是大型跨國企業與金融機構，這些財團仰賴國家資源，同時也在很大程度上控制著國家政策。當西方國家與知識分子使用「國際社會」（international community）這個詞時，實際上指的是他們自己。例如，北約轟炸塞爾維亞時，西方輿論一致稱之為「國際社會」的行動。然而，任何沒有視而不見的人都知道，這場行動其實遭到全球大多數國家的反對，許多國家甚至公開表達異議。簡言之，不支持財富與權力運作的人，便不屬於「國際社會」。[36]

在一個高度不平等的社會中，媒體傾向於迎合美國國內菁英的利益，這並非刻意策劃的陰謀。相反地，正如愛德華．赫曼（Edward Herman）所解釋的，這種現象「內建於系統結構之中，自然而然地源自於各種所有權、贊助商、政府以及其他利益團體施加的壓力，這些壓力決定了媒體工作者能夠發揮的空間，同時也受到媒體所依賴的新聞來源的影響」。記者不會一起進行自我審查，他們通常真誠且投入於工作，也相信自己所說的話。然而，如果他們的信念與主流觀點不同，他們根本無法待在這個位置上。[37]

那些試圖突破這些限制的人，很快就會發現談論範圍有多麼狹隘。舉例來說，菲爾．唐納修（Phil Donahue）雖然節目收視率良好，仍在二〇〇三年被微軟國家廣播公司（MSNBC）解雇，原因是他質疑美國對伊拉克的入侵。電視台高層認為，「在戰爭時期，他的觀點會讓母公司國家廣播公司在公眾面前處於尷尬的境地」。同樣地，克里斯．赫吉斯（Chris Hedges）回憶他在《紐約時報》任職期間，「曾在公共論壇上警告入侵伊拉克將帶來混亂與流血」，隨後遭到了正式警告，而另一位支持戰爭的記者卻未受到任何處分。[38]

美國有線電視新聞網記者克絲汀．艾曼普（Christiane Amanpour）表示：「我認為媒體受到了箝制，而且媒體本身也進行了自我箝制。」她坦承，「電視媒體，或許某程度上包括我的電視台，都受到了政府及其在福斯新聞（Fox News）的傳聲筒的威嚇」，而且「在我們的廣播工作中，瀰漫著恐懼和自我審查的氛圍」。《紐約時報》記者伊莉莎白．布米勒（Elisabeth Bumiller）坦言，媒體當時缺乏質疑政府的意願。「我們對政府過於順從，」她表示，因為「國家即將開戰，在黃金時段的直播節目中向美國總統提問⋯⋯讓人感到害怕。沒有人願意在這種嚴肅的時刻挑戰總統。」[39]

哥倫比亞廣播公司主播丹．拉瑟（Dan Rather）同樣坦承，自己無法做到讓報導不受民族主義影響。

> 聽著，我是美國人。我從來不會假裝自己是什麼國際主義者。當我的國家陷入戰爭時，我希望我的國家能勝利，無論「勝利」的定義是什麼。現在，我無法，也不會主張我的報導毫無偏見。在這點上，我確實有既定立場。[40]

有些記者則強力捍衛自己的報導。朱蒂絲．米勒（Judith Miller）參與製作了《紐約時報》幾篇極具爭議性的報導，這些文章在伊拉克戰爭爆發前夕，重複了政府的虛假說法。她表示，《紐約時報》記者的角色應該是不加批判地重複政府的宣傳：「我的工作不是評估政府的資訊，也不是充當獨立的情報分析師⋯⋯。我的工作是告訴《紐約時報》的讀者，政府如何看待伊拉克的武器庫。」換句話說，讀者如果想知道真相，恐怕只能自己充當「獨立情報分析師」。[41]

儘管如此，伊拉克戰爭的慘敗確實促使部分記者開始反思，特別是針對媒體是否應該直接引用匿名政府消息來源的問題。然而，即使十多年過去了，匿名消息仍然被大量使用，新聞報導中「情報和軍方官員表示」這類說法，已成為「這就是事實」的代名詞。此外，許多有線新聞的來賓本身就與軍事工業複合體有直接關係，媒體上的觀點依然缺乏多元性。讓菲爾．唐納修在二〇〇三年遭封殺的機制，仍然持續在運作。[42]

宣傳之於民主國家，就如同棍棒之於極權國家。大衛・休謨（David Hume）在〈政府的基本原則〉（“First Principles of Government”）中指出，統治者最終必須依靠控制思想來維持權力：「因此，政府的基礎完全取決於民意；這條原則適用於最專制、最具軍事色彩的政權，同樣適用於最自由、最受人民愛戴的政府。」若想維持權力，統治者必須確保民意站在他們這邊。在獨裁政權中，政府可以透過監禁異議人士來部分控制輿論。在相對自由的民主社會中，思想控制則以不同方式運作。[43]

美國媒體長期協助國家捏造新的敵人。一再發生的案例顯示，美國媒體不斷強化並傳播美國外交政策的基本論調，將自身的侵略與恐怖行為包裝成自衛，並粉飾為對崇高願景的奉獻。當前的對手被描繪成邪惡至極，誓言摧毀美國，而過去的錯誤則不是被遺忘，就是被重新詮釋為「高尚的失敗」。正如哈羅德・品特（Harold Pinter）在其諾貝爾文學獎演講中所言：「美國的罪行是系統性的、持續的、殘忍的、毫無悔意的，但真正談論它們的人卻寥寥無幾。」彷彿「這些事情從未發生」，甚至「當它正在發生時，也好像沒發生過」。他指出，美國「在全球各地進行冷漠無情的權力操控，卻偽裝成普世正義的力量」。[44]

我們擁有龐大資訊，卻對世界的真相所知甚少。網際網路的興起確實讓其他資訊管道崛起，多少動搖了企業媒體的壟斷地位，但資訊傳播的平台仍然以企業盈利為主要考量。因此，絕大多數人對全球發生的事件仍然所知有限，甚至根本沒有意識到自己無知。真正以公眾利益為出發點的民主媒體，或許能改變這種現象，而目前也有相關建議提出。然而，在此之前，媒體閱聽人應該意識到，大眾的資訊匱乏，正是既得利益者得以鞏固地位的重要原因。[45]

結論

霸權還是存活？

美國的歷史格外血腥。根據某些統計，從一七七五年到二〇一八年，美國有百分之九十三．五的時間處於戰爭狀態。美國的開國元勛明確將這個國家視為「新生帝國」（infant empire），而其早期歷史的核心，便是對原住民的殘酷征服與殲滅。在理想主義色彩濃厚的政治修辭之下，例如歐巴馬在國情咨文中所說的，「我們摯愛的國家」是如何「目光清澈」、「寬宏大量」，並且「樂觀地相信沒有武裝的真理與無條件的愛將獲得最後勝利」，其本質仍是以暴力為後盾的權力。[1]

正如哲學家伯特蘭．羅素所說：「許多看似理想主義的行為……，其實只是偽裝成理想的權力慾望。」事實上，美國歷史始終沿著兩條平行軌跡發展：一條是報紙和總統演講中流傳的華麗詞藻，另一條則是受害者親身經歷的殘酷現實。歷史上，媒體總是充斥著虔誠的宣言，但同時，美國不僅殲滅了大量北美原住民，還征服了夏威夷王國和菲律賓、奪取了墨西哥一半的領土、在周邊地區進行暴力干預，並（自二戰）頻繁訴諸武力，影響範圍遍及全球。受害者數量之龐大，令人震驚。[2]

在一份又一份戰後的高層文件中，美國決策者明確表達了他們的觀點：對美國主導的新世界秩序構成主要威脅的，是那些順應「大眾對於立即改善低落生活水準的需求」並以滿足本國需求生產的「民族主義型政權」。這些決策者一再重申的基本目標，就是要阻止這類「極端民族主義者」掌握政權 —— 或者，如果他們僥倖掌權，則必須將其推翻，改由支持私人投資、以出口為導向生產，並允許資金自由流出的政府取而代之。

在受害國家，反對民主和社會改革，從來都不受歡迎。因此，美國預期將仰賴武力，並與軍方結盟 —— 正如甘迺迪政府的決策者所形容，軍方是「拉丁美洲所有政治團體中最不反美的派系」—— 以鎮壓任何難以掌控的當地人民組織。

在某些情況下，某些民主形式確實是可以接受的，但前提是，民主決策必須符合美國的戰略和經濟計畫。若是民主的結果無法受到掌控，美國一貫採取反對立場，只有在壓制勞工權益、維持有利於外國投資環境的條件下，美國才會容忍社會改革。曾在雷根時期國務院負責「促進民主」（democracy enhancement）計畫的官員湯瑪斯·卡羅瑟斯（Thomas Carothers）總結道，華府「只尋求由上而下、有限度的民主變革，避免動搖美國長期結盟的傳統權力結構」。真正關鍵的，不是某個政府是否民主，而是它是否符合「美國利益」。例如，哥倫比亞受到佛朗哥西班牙政權（Franco's Spain）啟發，發生法西斯政變，美國政府幾乎沒有表示抗議；委內瑞拉的軍事政變與巴拿馬親法西斯領導人的復辟，同樣未引起美方關切。然而，瓜地馬拉歷史上第一個民主政府，效仿羅斯福新政，卻遭到美國的強烈反對。接下來幾年的情況也沒有太大改變。當投資者的權益受到威脅，民主就必須讓路；而當資本利益獲得保障時，即便統治者是殺人犯還是施行酷刑者，都無所謂。[3]

有時候，在政治光譜上最偏向鴿派的自由派人士也會坦承美國決策者所面臨的基本困境。例如，卡特總統負責拉丁美洲事務的國安參謀羅伯特·帕斯托（Robert Pastor）曾解釋，為何政府必須支持尼加拉瓜那個殘暴且貪腐的蘇慕薩政權；而無法再支持該政權時，美國至少還要試圖保住由美軍訓練的國民警衛隊，即使當時這支部隊正以極端殘酷的手段屠殺平民——「那種殘暴程度，通常只會用在對付敵國」。理由則是眾所皆知的：「美國並不想直接控制尼加拉瓜或該地區的其他國家，但也不希望局勢失控。美國希望尼加拉瓜人民能獨立行動，但前提是這些行動不得損害美國利益。」[4]

美國在國際上發動直接侵略的案例層出不窮，包括策劃（有時成功、有時失敗）推翻瓜地馬拉、智利、伊朗、古巴、海地及英屬蓋亞那等國政府。一次又一次，原本存在透過外交與談判解決局勢的可能性，雖然結果未必成功，但仍然有希望。然而，這些選項往往遭到忽視、最後被放棄，改以武力與暴力為優先手段。當前與中國的軍備競賽，以及俄烏戰爭原本可能得以避免，正是美國傾向於威脅而非合作的悲劇性例證，這種作法使世界不斷陷入新的災難，並讓全球局勢變得更加危險。

即使在某些情況下，美國並非發動攻勢的一方，但其訴諸極端武力仍造成了大量不必要的傷亡。二戰期間的太平洋戰爭，交戰雙方都採取了殘酷手段，但針對日本的種族仇恨驅使的暴行，至今大多被忽視。美軍對日本各城市發動的燃燒彈轟炸（共摧毀六十九座城市，導致多達五十萬人喪生）是經過精密計算的，目的是讓平民傷亡達到最大程度。美軍戰略專家甚至繪製了城市的「可燃性地圖」（flammability maps），以確保盡可能多的人被活活燒死。哲學家安東尼．克里佛德．格雷林（A. C. Grayling）在仔細評估盟軍大規模轟炸平民區後，認為這些行為必須被視為「道德罪行」。美軍將領柯蒂斯．李梅說得沒錯，若當時盟軍輸掉戰爭，他們很可能會被審判為戰犯。然而，戰後的軍事審判是依特定方式設計的，只有那些「美方自己沒有犯下的罪行」才被視為戰爭罪。紐倫堡審判的檢察官泰爾福德．泰勒（Telford Taylor）也指出，對德國與日本領導人而言，空襲城市並不構成戰爭罪，因為「雙方都參與了這場殘酷的城市毀滅戰，而盟軍的破壞力遠遠超過對手」。事實證明，所謂的戰爭罪，實際上的定義似乎是：只有戰敗國的行為會被認定為犯罪，而勝利者則不受追究。[5]

在整個過程中，美國理想主義的神話始終不曾消散。然而，內部紀錄卻常揭露出，美國決策者的動機與這種理想無關——他們真正關心的是維護「國家」經濟利益或捍衛「信譽」。儘管如此，那種認為美國是善意與慷慨的堅定信仰，依然使政治思維變得僵化，降低政治論述的格調。有時，美國的外交政策被描繪為在「威爾遜式理想主義」（Wilsonian idealism）與「季辛吉式現實主義」（Kissingerian realism）之間搖擺不定。但實際上，這兩者的區別多半只是修辭上的變化。所有強權都善於利用「出於善意」與「為世界犧牲」的說詞來包裝自身行動。而諷刺的是，我們對自身例外論的信仰，其實一點也不例外。

此外，「改弦易轍」的信條也隨時可供取用。確實，我們過去犯過錯誤，那不過是因為我們的天真與過度善意。但這些錯誤已成過去，因此我們可以拋開歷史，昂首邁向宏偉的未來，而無須理會歷史及其對那些不變的制度結構可能帶來的啟示。這套信條總是一再被拿出來使用，人們總是嚴肅地點頭稱是，彷彿它蘊含了深刻的洞見。

關於美國主導地位的合法性，這種驚人的跨黨派共識顯而易見。拜登上任後，《紐約時報》曾以「在美國外交政策上，新領袖的作風與舊領袖相差無幾」（On U.S. Foreign Policy, the New Boss Acts a Lot Like the Old One）為標題，指出拜登威脅中國、熱情擁抱殘暴的沙烏地阿拉伯王儲，並且儘管國際社會譴責以色列對巴勒斯坦的占領，他依然繼續支持以色列。《紐約時報》還引述川普的前副國務卿，他一針見血地指出：「即使是像川普和拜登這樣截然不同的總統，政策的延續性仍然是常態。」[6]

善意的眞相

從來沒有任何統治勢力認為自己是邪惡的。他們總是自認為正義，而對手才是邪惡的一方。我們必須警惕，不能只因為被灌輸某種觀念，就理所當然地認為自己站在正確的一邊。相反地，我們應該面對醜陋的現實，並關注那些因我們國家行動而受害的人。一種主導性的意識形態體系滲透到媒體、輿論刊物以及許多學術研究之中。若進行誠實的探究，就會發現，美國在國際行為中某些顯著且系統性的特徵被刻意壓制、忽視，甚至否認。更進一步地看，美國在延續苦難、壓迫，甚至酷刑與大規模屠殺方面的角色，不僅影響深遠，而且是長期以來地緣政治戰略觀念與制度結構所必然導致的，可預測且系統性的結果。

即便有人選擇堅信美國暴力行為背後的出發點是善意的，但意圖本身在道德上並不具決定性意義。畢竟，在評估敵國行為時，我們很少會考慮其背後的動機。我們不會以普丁是否真心認為烏克蘭充滿納粹，作為衡量俄羅斯入侵烏克蘭正當性的標準。他的真誠與否無關緊要，因為他的行為本質上即屬犯罪。同樣地，發生於一九五八年至一九六一年的中國大饑荒，我們不會單純因為這場災難源於「錯誤政策」、或因毛澤東「無意」造成數千萬人死亡，就將事情輕輕放下。毛澤東下達那些決策時的個人考量，也不會淡化這場災難的嚴重性。在面對敵對勢力時，我們通常直接以其行為的可預見後果來評斷對方，不論他們是否相信自己是在做好事。畢竟，即便是最殘暴的暴君，也可能深信自己正在從事一項符合道德的事業。[7]

我們都知道，征服者與壓迫者總會宣稱自己這樣做是為了受害者好。奴役者不會直言他們只是為了獲取廉價、易於剝削的勞動力，而是聲稱這樣做對被奴役者有利。約翰・考宏（John C. Calhoun）在為奴隸制度辯護時，甚至稱之為一種「積極的善」，他說：「從歷史的開端到現在，中非的黑人種族從未達到如此文明和進步的狀態，這不只體現在物質條件上，也體現在道德與智力上。」但我們在意考宏是否真心相信這番話嗎？如果他是認真的，這能減輕奴隸制度的罪惡嗎？[8]

既然如此，與其專注於我們本來的意圖，不如檢視我們實際做了什麼。我們總是說，自己與「恐怖分子」的區別在於，他們蓄意攻擊平民，而我們與盟友從未故意這麼做。我們造成的死傷被稱為「附帶損害」，但這種解釋對受害者而言並無實質意義。更進一步來說：當一枚炸彈落在村莊時，究竟是故意殺害村民，還是單純想摧毀房屋，真的有差嗎？

採用雙重標準（或者更準確地說，是前文提到的「單一標準」，也就是我們絕不可能是惡意的）經常導致了極端扭曲的推理方式。如果是斐代爾·卡斯楚策劃或參與多起刺殺美國總統的行動，或試圖摧毀美國的農作物與牲畜，他一定會被視為野蠻邪惡的象徵。然而，當我們對古巴做出這些事情時，卻宣稱這是我們的權利。同樣地，我們理所當然地認為自己有權在蘇聯家門口部署飛彈，但當蘇聯試圖做同樣的事時，我們卻差點引爆第三次世界大戰。這種前後矛盾幾乎沒人注意到。

要嚴肅探討自己社會的本質與行為，往往既困難又令人不適。困難之處在於許多真相被刻意隱藏，而令人不適的是，這些真相往往殘酷且令人痛心。但我們仍然必須投入這樣的省思，因為維持自我欺騙的危險正在日益增加。

一九九九年，政治分析家塞繆爾·杭亭頓警告，許多國家認為美國正逐漸成為「流氓超級強權」，甚至視其為「對他們社會的最大外部威脅」。在小布希總統第一任期剛開始幾個月後，美國政治學會會長羅伯特·傑維斯（Robert Jervis）也警告：「在世界大多數人眼中……，當今頭號流氓國家就是美國。」然而，美國人卻難以想像自己的國家具有侵略性或威脅性，因為我們總是認為自己只是在防衛。[9]

每當你聽到「防衛」（defense）這個詞，通常可以解讀為「進攻」（offense）。帝國的推進往往以防禦的名義進行：我們並不是在試圖主導一個整合的全球體系，而是必須阻止克里姆林宮或中國掌控戰略要地，以保護我們自己與其他國家免受他們的「侵略」。蘇聯的統治者當年也採取了類似的姿態，毫無疑問，他們也有同樣的「誠意」與「正當性」。這種作法有著悠久的歷史淵源，而「安全」一詞則是長期以來掩蓋真正意圖的慣用委婉語，決策者一心只想保障國家安全，至於統治階層的利益？那當然完全不是他們考量的因素。

美國在傳統軍事力量和大規模毀滅性武器方面早已遙遙領先，軍費支出甚至超過排名其後的十個國家總和。然而，美國仍繼續推動全球軍備競賽，並試圖延伸至尚未軍事化的新戰場：外太空。此舉將公然違反一九六七年的《外太空條約》（*Outer Space Treaty*），該條約至今仍有效防止了太空軍事化。（當聯合國重新確認該條約時，美國與以色列選擇棄權。）美國太空司令部（U.S. Space Command）的官方文件明確指出，美國的目標是「掌控軍事行動的太空領域，以維護美國的利益與投資」。此外，美國也領先開發並部署新型的自主武器系統，這些武器能夠自行決定何時發動攻擊、殺害何人。這種技術帶來的風險極高，卻幾乎無人討論。[10]

除了我們一直追求的道路之外，還有另一條路可走，那就是認真對待我們所宣稱的理想，並真正付諸行動。美國可以選擇遵守國際法，尊重《聯合國憲章》，接受國際刑事法院與國際法院的管轄。美國可以簽署並落實《京都議定書》，總統也可以親自出席國際氣候峰會，積極促成全球協議。美國可以停止動輒否決聯合國安理會決議，並展現《獨立宣言》所強調的「正當尊重全人類的意見」。美國可以縮減軍事預算，增加社會支出，透過外交與經濟手段解決衝突，而非依賴軍事行動。

對於任何相信民主的人來說，這些建議其實都相當溫和且不激進，而且大多數人都支持。只是，這些建議恰好與現行公共政策大相逕庭。

責無旁貸的行動

一旦理解到美國試圖以武力推行霸權的後果，就有責任加以抵制。公民最基本的責任，就是抵制並限制國家暴力。我們往往輕易譴責他人的罪行，卻對自己的行為視而不見，甚至加以辯護。然而，有良知的人會選擇不同的道路。

凡有行動能力者，便負有行動的責任。身處自由社會、享有豐富資源的人，至少應負責瞭解權力如何運作，並思考最基本的道德問題。

即使並非天生的「英雄」，也能選擇反抗。歷史上的大規模民眾運動，都是由勇敢且具知識誠信的普通人組成，他們願意正視時代的道德挑戰。世界充滿苦難、困境、暴力與災難，每個人都必須做出選擇：你到底在乎，還是不在乎？

許多擁有特權的人，可能不願放棄這個富裕社會為效忠權力所提供的豐厚報酬，也不願承擔誠實所需付出的代價。即使在最人道、最民主的社會中，拒絕參與危害和平的罪行，仍需要極大的勇氣。

幸運的是，我們並不缺乏這樣的勇氣。世界的歷史不單單是一部充滿暴行的黑暗編年史，更是無數人奮起反抗的故事——記錄了那些拒絕將殘酷與壓迫視為理所當然、無可避免的抗爭者。無論何處有不公，就會有人挺身而出，試圖阻止它。

在美國，大規模社會運動曾創造出令人矚目的成就。十九世紀時，工人試圖發起獨立的勞工運動，主張「工廠應該由工人擁有」。在遠比今日更艱難、更加高壓的環境下，他們不僅為自己，也會彼此爭取更好的勞動條件，雖然最終未能成功，但他們的努力留下了深遠的影響。在同一時期，大眾教育興起，對民主發展產生了重大貢獻（因此毫不意外，今日民主遭受攻擊時，教育也成為首要目標）。在經歷威爾遜時代對勞工運動和言論自由的鎮壓後，一九三〇年代的勞工抗爭運動推動美國邁向社會民主，而當時的歐洲則逐步屈服於法西斯主義（而這一歷史進程，如今正遭受新的衝擊與逆轉）。勞工運動沒有讓美國走向法西斯統治，而是爭取到了社會安全制度與集體談判權的保障。[11]

在一九六〇年代，大批民眾選擇積極參與政治，為自己的訴求發聲，而非被動冷漠地旁觀。他們發起的運動——包括黑人民權、女性解放、LGBTQ 權利、環境保護，以及終止越戰的抗議行動——讓美國變成更美好的國家，而這些改變至今仍具有深遠影響。如今，人們對種族與性別壓迫更加敏感，對環境問題更為關注，也更尊重不同文化與人權。我們可以從這些運動發起人的言行中獲得許多啟發，例如「密西西比自由之夏」、美國印地安人運動（American Indian Movement）、言論自由運動、奇卡諾運動（Chicano）、墨西哥的學生運動（Movimiento Estudiantil），以及其他曾經挑戰權力分配、試圖改變社會的全球性抗爭。

我們也看到社會上有一股重要力量，致力於提升大眾對國家歷史與當前不公義現象的理解。一九六〇年代的社會運動催生了「黑人研究」（Black Studies）與「女性研究」（Women's Studies）等學術領域，讓過去主流學術完全忽略的視角獲得關注。歷史學家霍華德・辛恩（Howard Zinn）的著作《美國人民的歷史》（*A People's History of the United States*）（及其配套書籍《歷史的聲音》〔*Voices*〕），打破了傳統愛國史觀，公開討論許多人寧願迴避的美國歷史。然而，揭露這些真相往往引發強烈反彈，一些人試圖審查和清除這類危險的題材。例如，「批判種族理論」（Critical Race Theory）現在已成為一種政治標籤，用來指稱任何探討美國四百年來種族壓迫之制度性、結構性與文化因素的研究。這是一場有組織的行動，旨在確保年輕人只接觸到那些毫無批判性、單方面頌揚美國的宣傳敘事。[12]

如今，多虧了社會運動人士的努力，越來越多民眾對美國在全球各地犯下的罪行表示反感。舉例，一九六三年，甘迺迪政府對南越政權發動直接攻擊時，美國國內幾乎沒有人提出抗議。然而，到了一九六〇年代後期，民眾的憤怒已經高漲到一個程度，以至於軍方在考慮向越南增兵時猶豫不決，因為他們預期這些軍隊可能會被調回國內鎮壓民眾暴動。這種對美國政府行為的監督一直持續至今。社運人士的施壓，促使美國逐步減少、最終結束對南非種族隔離制度的支持。雷根政府之所以採取暗中支持中美洲的暴行，部分原因就是他們知道這項政策得不到大眾支持。

二〇〇三年，小布希政府發動了罪惡的伊拉克戰爭，隨即引發史上最大規模的反戰抗議。雖然抗議者無法阻止戰爭，但明顯可見，社會對戰爭中的殘暴行徑愈發無法容忍——這正是一九六〇年代「文明效應」（civilizing effects）的例證。為了爭取民眾支持這場入侵，小布希政府不得不發動大規模的宣傳攻勢，將一個弱小國家描繪得罪大惡極的敵人，對美國生存構成迫在眉睫的威脅。然而，美國國內的民間反抗仍對國家暴力施加了一定程度的約束力。[13]

歷史上有許多看清問題真相、鼓起勇氣行動的人，甚至不惜犧牲自己的自由，我們來看看這些人的故事：在美國，雀兒喜・曼寧揭露了美軍在伊拉克的戰爭罪行，因此被關押多年，並長期單獨監禁，甚至多次被逼到自殺未遂。愛德華·史諾登深知，當他揭露美國監控國家的龐大規模時，他將被迫終身流亡。在以色列，核技術人員莫迪凱·瓦努努（Mordechai Vanunu）揭發了該國的機密核計畫，因而遭到近二十年監禁，其中十一年是單獨囚禁。美國學生瑞秋·柯莉（Rachel Corrie）在以色列試圖阻止推土機拆毀巴勒斯坦人的房屋時，被推土機輾斃，成為尋求和平的殉道者。宏都拉斯的環保運動人士暨原住民領袖貝爾塔·卡塞雷斯（Berta Cáceres），因組織抗議活動，阻止對其社區進行掠奪與破壞，而遭到謀殺。（不意外，其中一名兇手受過美國政府的訓練。[14]）

那些英雄人物的故事，可能會讓人產生錯覺，以為運動的成功取決於少數領袖，但事實並非如此。真正推動社會變革的，是無視默默奉獻的熱心人士，他們日復一日地在各個層面攜手努力。歷史書往往只聚焦少數知名領袖，造成我們對歷史的錯誤印象。從廢除奴隸制度，到一九六〇年代的民主化運動，再到今日的「黑人的命也是命」（Black Lives Matter）與民主社會主義運動，如同已故歷史學家霍華德·辛恩所說：「真正重要的，是那些無名之輩的無數微小行動，奠定了歷史上重要事件的基礎。」

在我們這個時代，有許多值得我們學習和受到啟發的事物。巴勒斯坦人冒著遭受以色列（由美國資助）槍彈射殺的風險，在「返鄉大遊行」（Great March of Return）中示威抗議，展現了驚人的勇氣。敘利亞羅賈瓦（Rojava）的庫德族不僅對抗敵對（由美國支持的）軍隊，還實驗出一種強調全民參與政府和女性解放的社會新模式。墨西哥的薩帕塔運動（Zapatistas）展現了一種真正的民主政治實踐。在「全球南方」，各地都有許多為正義奮鬥的草根運動，持續改變世界。

我們已經見證了許多社會運動如何促成重大政策變革。一九六〇年代的環保運動成功迫使當時的共和黨政府採取重要措施來遏制汙染。如今，「日出運動」（Sunrise Movement）站在氣候行動的最前線，並採取公民不服從（civil disobedience）的手段，成功施壓拜登政府改善其氣候政策。當代許多廣受支持的社會運動，其中不少受到二〇一六年與二〇二〇年伯尼·桑德斯（Bernie Sanders）競選活動的啟發，已經迫使拜登政府採取進步立場，而這些立場在過去的政治環境下根本難以想像。儘管拜登在勞工議題上的表現仍不盡人意，他是自小羅斯福以來，首位公開強烈表態支持工會運動的總統。

而這不只是出於個人信念，更是因為新興且聲勢浩大的勞工運動迫使他這樣做。當年的「新政」也是在類似情況下誕生的 —— 透過勞工的抗爭行動、產業工會組織（Congress of Industrial Organizations, CIO）的動員、勞工靜坐罷工，以及一個願意同情勞工訴求的政府，才得以實現。

累積的罪行紀錄可能讓人感到麻木，不禁感到絕望，彷彿面對一個難以撼動的霸權。但如果我們選擇付諸行動，仍然有許多機會可以讓世界變得更加人道、正派。想要推動政策朝著更進步的方向發展，這股力量必須成長茁壯，強大到足以讓權力核心無法忽視。我們可以從過去漫長而艱辛的社會正義奮鬥中學習，也應該繼續努力，在前人的成就上更進一步，甚至開創新的高度。

我們生活在錯綜複雜的欺騙網絡之中，其中許多是自我欺騙。但只要付出一些誠實的努力，我們就能掙脫這層謊言。一旦做到這點，我們將看到一個與主流意識形態所描繪的世界截然不同的現實。我們也會瞭解到，這種思想控制的體系其實可以迅速瓦解，就像越戰期間所發生的情況，其影響持續至今。階級制度最成功的手段之一，就是讓「非人」（unpeople）接受壓迫是理所當然的。想要改變現狀，第一步就是認清各種存在的壓迫形式。歷史教會我們許多事，但最明確的一點是，我們往往對自身所遭受的壓迫，甚至對自己可能成為壓迫者的事實，毫無察覺，直到社會抗爭喚醒了我們的意識與理解。

當前，我們需要的是偉大的反戰運動者亞伯拉罕・約翰・馬斯特（A. J. Muste）所稱的「革命的和平主義」（revolutionary pacifism）。馬斯特強調：「要成為和平主義者，必須先成為革命者。」他的意思是，我們不能再「輕易默許不公不義的現狀」，而是要「誠實且認真面對這個體制所依賴的暴力，以及這種暴力為全球無數人民帶來的物質與精神上的惡行與危害」。[15]

我們身為民主社會的公民，必須培養批判性思考能力，作為一種知識性的自我防衛，以免受到操控與誤導。我們完全做得到。社會科學、歷史或其他知識領域，沒有任何內容是普通十五歲的青少年無法理解的。我們需要付出一些努力，需要多閱讀、多學習，但沒有什麼是過於深奧難懂的。

我們正處於史上前所未有的關鍵時刻。當下必須做出的決策，將決定人類的未來走向（如果我們還擁有未來的話）。我們只有短暫的時間來採取必要的行動，以避免環境遭受毀滅性的浩劫。不幸的是，世界上最強大的國家——「人類的主宰」——正極力關上這扇機會之窗，以確保即使世界即將毀滅，他們的短期暴利與權力依然不受影響。

足以毀滅世界的核武正在不斷增加，而擁有這些武器的國家卻無法合作，甚至公開談論彼此開戰的可能性。《原子科學家公報》（*Bulletin of the Atomic Scientists*）的「末日鐘」（Doomsday Clock），這個由專家評估全球文明毀滅風險的指標，最近被調至午夜前九十秒，這是人類文明史上最接近終結的時刻。設定末日鐘的分析師指出，這一評估主要基於兩大關鍵因素：日益升高的核戰威脅，以及未能採取必要措施防止全球暖化達到無法挽回的臨界點。然而，九十秒的預測或許已經過於樂觀，除非那些想讓世界脫離極大恐懼的人們能夠迅速、果斷且堅定地行動。[16]

大眾對於當前情勢的緊迫性缺乏足夠的認識，皮尤研究中心（Pew Research Center）做過一項調查，請受訪者依照緊急程度為一系列議題排序，結果顯示，核戰甚至沒有上榜，而氣候變遷則敬陪末座。在共和黨人中，只有百分之十三認為緩解氣候變遷應該是當務之急。[17]

若有外星生物在觀察人類，他們可能會認為我們正邁向自我毀滅，像是一群集體奔向懸崖的生物。人類文明自一萬年前發源於「肥沃月灣」（Fertile Crescent）以來，如今或許正走向不光彩的終結。或許，高等智慧其實是一種「進化上的錯誤」。關於為何至今尚未發現其他智慧生命，有一個理論——「費米悖論」（Fermi Paradox）——認為智慧本身可能是一種致命的突變，最終都會毀滅自己。我們這個物種，在進化的時間尺度上不過是剛剛誕生，卻似乎正努力證明這個理論——智慧終將導向自我毀滅。

我們現在正面臨一場考驗，檢驗人類的道德能力是否足以約束我們毀滅自身的技術能力。不幸的是，前景並不樂觀，旁觀者或許會得出這樣的結論：人類的道德發展與科技發展之間的鴻溝過於巨大，無法阻止物種走向滅亡。

這個結論或許是錯的，而我們的責任，就是去推翻它。

我們無法確定，真誠且堅持不懈的努力，是否足以解決甚至減緩當前的問題。然而，唯一可以確定的是，如果我們不努力，災難將無可避免。如今，自由與民主不僅是值得珍惜的價值，更可能是人類生存的關鍵前提。因此，我們只有兩種選擇：一種是說：「沒希望了，乾脆放棄吧。」這保證最糟糕的結果將發生。另一種則是說：「我們想讓世界變得更好，因此選擇行動。」

當前危機迫在眉睫，沒有時間猶豫了。

註釋

前言

1. 到目前為止，最接近的著作是《理解權力》（*Understanding Power*），這是一本編輯極為出色的訪談集，可惜現在已經過時三十年。個別的杭士基著作對本書涉及的主題都有更深入的探討，並為此處提出的論點提供更多背景和支持證據。杭士基對媒體的批評在《美國夢之安魂曲》（*Requiem for the American Dream*）和杭士基與愛德華·赫曼合著的《製造共識：媒體政治經濟學》（*Manufacturing Consent: The Political Economy of Mass Media*）中有更詳盡的論述。另可參考杭士基的《必要的幻象》（*Necessary Illusions*）、《來自列克星頓的信：關於宣傳的思考》（*Letters from Lexington: Reflections on Propaganda*）、《媒體操控》（*Media Control*）和《宣傳與大眾思維》（*Propaganda and the Public Mind*）。關於國內權力結構，可參考杭士基與馬爾夫·沃特斯通（Marv Waterstone）合著的《資本主義的後果》（*Consequences of Capitalism*）。關於越南，可參考《美國權力與新官僚》（*American Power and the New Mandarins*）、《與亞洲開戰》（*At War with Asia*）、《以國家之名》（*For Reasons of State*）和《重新思考卡美洛盛世》（*Rethinking Camelot*）。後者出色地打破了約翰·甘迺迪是和平鴿派的神話，並揭露了自由派對甘迺迪懷舊情結的道德破產。關於冷戰的大眾誤解，可參考《新舊世界秩序》（*World Orders Old and New*）。關於中美洲，可參考《扭轉潮流》（*Turning the Tide*）和《威懾民主》（*Deterring Democracy*）。關於以色列—巴勒斯坦問題，可參考《致命三角》（*Fateful Triangle*）和《中東幻象》（*Middle East Illusions*）。與伊蘭·帕佩（Ilan Pappé）合著的訪談書《論巴勒斯坦》（*On Palestine*）和《加薩危機》（*Gaza in Crisis*）也很有參考價值。關於伊拉克和阿富汗，可參考《霸權還是存活》（*Hegemony or Survival*）和《失敗的國家》（*Failed States*）。關於古巴，可參考與維傑·普拉薩德（Vijay Prashad）合著的《論古巴》（*On Cuba*）。關於美洲殖民化，可參考《五百零一年：征服仍在持續》（*Year 501: The Conquest Continues*）。關於無政府主義和政治哲學，可參考《杭士基論無政府主義》（*Chomsky on Anarchism*）。關於教育，可參考《杭士基論錯誤的教育》（*Chomsky on Mis-Education*）。關於杭士基對知識分子的批評，可參考〈知識分子的責任〉（"The Responsibility of Intellectuals"）和〈外交政策與知識界〉

（"Foreign Policy and the Intelligentsia"）這兩篇文章。前者已出版單行本，後者收錄於《邁向新冷戰》（*Towards a New Cold War*）中，該書還包含杭士基對季辛吉回憶錄令人滿意的批判。要了解杭士基在語言學和認知科學方面的見解，可參考入門讀物《我們是什麼樣的生物？》（*What Kind of Creatures Are We?*）。要了解杭士基對廣泛議題的看法，可參考安東尼・阿諾夫（Anthony Arnove）編輯的《杭士基精要》（*The Essential Chomsky*），以及大衛・巴薩米安（David Barsamian）和C・J・波利克羅尼烏（C. J. Polychroniou）與杭士基的多本訪談集。在《知識與自由的問題》（*Problems of Knowledge and Freedom*）中可以找到杭士基語言學和政治分析的簡短介紹，其中包含「論詮釋世界」（On Interpreting the World）和「論改變世界」（On Changing the World）這兩個重要講座。

導論　崇高的目標與黑手黨的邏輯

1. Heinrich Himmler, "Himmler's Posen Speech—'Extermination,'" October 4, 1943, Jewish Virtual Library; "Decree of the Government of the Reich on the Protectorate of Bohemia and Moravia," March 16, 1939, in *Foreign Relations of the United States, Diplomatic Papers, 1939, Vol. 1* (Washington, DC: U.S. Government Printing Office, 1956), 45-47, 51-52.
2. Hirohito, Emperor of Japan, "Surrender Address," radio broadcast, August 14, 1945; Edward Said, *Orientalism* (1978; repr.: London: Penguin, 2003), xvi.
3. Maximilien Robespierre, "On the Moral and Political Principles of Domestic Policy," February 5, 1794; Andrew Kopkind, *The Thirty Years' War* (London and New York: Verso, 1995), 61.
4. 瑪德琳・歐布萊特曾有一句著名的話：「如果我們必須動用武力，那是因為我們是美國；我們是不可或缺的國家。」 interview on *Today*, NBC, February 19, 1998.
5. "Remarks by President Obama at the 70th Anniversary of D-Day," Normandy, France, June 6, 2014; George W. Bush, "State of the Union Address," January 20, 2004.
6. Charles E. Bohlen, *The Transformation of American Foreign Policy* (New York: W. W. Norton, 1969), 95-96; Michael Howard, "The Bewildered American Raj; Reflections on a Democracy's Foreign Policy," Harper's Magazine, March 1985, 56-57.
7. Samuel Huntington, "Why International Primacy Matters," *International Security* 17, no. 4 (Spring 1993): 82; Jessica T. Mathews, "The Road from Westphalia," *New York Review of Books*, March 19, 2015. Mathews 指出，美國在外交政策上搖擺不定，一方面是「單

純地追求自身安全」，另一方面則是「理想性地服務他人利益」，也就是說，美國的作法要不是出於防衛，就是表現出善意，但從不具侵略性。

8. Hans J. Morgenthau, *The Purpose of American Politics* (New York: Vintage, 1964).

9. 當然，經濟和戰略利益並非唯一的動機。還有一些極其非理性的影響因素，例如驕傲、對閹割的恐懼，或赤裸裸的偏見。據傳，當林登・詹森被問及為何要繼續對越南的戰爭時，他掏出自己的陽具給記者看，並回答說：「這就是原因。」眾所周知，一九一九年在阿姆利則大屠殺（Amritsar massacre）中犯下暴行的英國准將聲稱，他之所以使用實彈，是因為他不想被人群嘲笑。Robert Dallek, *Flawed Giant: Lyndon Johnson and His Times* (New York: Oxford University Press, 1998), 491; Ferdinand Mount, "They Would Have Laughed," *London Review of Books*, April 4, 2019.

10. Adam Smith, *An Inquiry into the Nature and Causes of the Wealth of Nations*, Bk. III, Ch. IV.

11. 請注意，教父們也可能對他人施予恩惠。他們也可能疼愛自己的孩子。說美國在世界上的行事方式很像黑手黨老大，並不意味著在整個歷史紀錄中找不到任何人道主義行為。就連艾爾・卡彭（Al Capone）本人也曾經資助過一個慈善廚房。

12. Franklin D. Roosevelt, Annual Message to Congress, January 6, 1941.

13. "Paper Prepared by the National Security Council Planning Board," July 29, 1958, *Foreign Relations of the United States, 1958-1960, Near East Region; Iraq; Iran; Arabian Peninsula, Vol. XII* (Washington, DC: U.S. Government Printing Office, 1956).

14. 柯蒂斯使用「非人」（*unpeople*）一詞來指那些被決策者認為可以犧牲或毫無價值的生命。參閱：Mark Curtis, *Unpeople: Britain's Secret Human Rights Abuses* (London: Vintage, 2004).

15. 語言甚至可以帶有黑幫色彩。據報導，林登・詹森曾對希臘大使說：「去他的議會和憲法。美國是頭大象。賽普勒斯是隻跳蚤。希臘是隻跳蚤。如果這兩隻跳蚤繼續騷擾這頭大象，他們可能會被狠狠教訓一頓……。大使先生，我們付給希臘人很多美金。如果你們的總理跟我談什麼民主、議會和憲法，他、他的議會和他的憲法可能活不長了。」Philip Deane, *I Should Have Died* (New York: Atheneum, 1977), 113-14. 事實上，希臘的民主很快就被推翻了，這個國家隨後由美國支持的右翼軍政府統治。

16. Jorge I. Domínguez, "The @#$%& Missile Crisis: (Or, What Was 'Cuban' About U.S. Decisions During the Cuban Missile Crisis?)," *Diplomatic History* 24, no. 2 (2000), 305-15; "Memorandum from Gordon Chase of the National Security Council Staff to the President's Special Assistant for National Security Affairs (Bundy)," September 12, 1963; in *Foreign Relations of the United States, 1961-1963, Cuban Missile Crisis and Aftermath, Vol. XI*; Ernest R. May, Philip D. Zelikow, eds., *The Kennedy Tapes: Inside the White*

House During the Cuban Missile Crisis (New York: W. W. Norton, 2002), 47.

17. "Russia: 20,000 Activists Subject to Heavy Reprisals as Russia Continues to Crack Down on Anti-War Movement at Home," Amnesty International, July 20, 2023.
18. Larry Shoup and William Minter, *Imperial Brain Trust* (New York: Monthly Review Press, 1977), 130.
19. Winston S. Churchill, *The Second World War, Vol. V: Closing the Ring* (New York: Houghton Mifflin, 1951), 337; Leo Welch, "Speech at the National Trade Convention," November 12, 1946, quoted in Carl Marzani, *We Can Be Friends: Origins of the Cold War* (New York: Topical Books, 1952), 107.
20. Shoup and Minter, *Imperial Brain Trust*, 163, 164.
21. George Kennan, "Report by the Policy Planning Staff," February 24, 1948, *Foreign Relations of the United States, 1948, General; The United Nations, Vol. I, Part 2.*
22. Shoup and Minter, *Imperial Brain Trust*, 130.
23. Under Secretaries' Meeting, April 4, 1949, UM D26, Office of the Executive Secretary, quoted in Michael Schaller, "Securing the Great Crescent: Occupied Japan and the Origins of Containment in Southeast Asia," *Journal of American History* 69, no. 2 (September 1982): 403; "Memorandum by the Under Secretary of State (Acheson) to the Secretary of State," October 9, 1945, on *Foreign Relations of the United States: Diplomatic Papers, 1945, The Near East and Africa, Vol. VIII* (Washington, DC: U.S. Government Printing Office, 1969); "Memorandum from the Assistant Secretary of State for Near Eastern, South Asian, and African Affairs (Rountree) to Secretary of State Dulles," March 24, 1958, in *Foreign Relations of the United States, 1958-1960, Near East Region; Iraq; Iran; Arabian Peninsula, Vol. XII.*
24. Gerald Haines, *The Americanization of Brazil* (Wilmington, DE: Scholarly Resources, 1989). Haines 在書中寫道，美國「出於自身利益，主動承擔起維護全球資本主義體系福祉的責任」。Stimson quoted in Gabriel Kolko, *The Politics of War: The World and U.S. Foreign Policy* (New York: Random House, 1968), 471; President William Howard Taft quoted in Jenny Pearce, *Under the Eagle: U.S. Intervention in Central America and the Caribbean* (Boston: South End Press, 1981), 17.
25. David Green, *The Containment of Latin America: A History of the Myths and Realities of the Good Neighbor Policy* (Chicago: Quadrangle Books, 1971), 175-76; "U.S. Economic and Industrial Proposals Made at Inter-American Conference," *New York Times*, February 26, 1945.
26. 「整體秩序框架」（overall framework of order）這個說法出自亨利·季辛吉，引自

Donald Brandon, "Henry Kissinger's Approach to Foreign Policy," *Worldview* 12, no. 3 (March 1969): 9.

27. Adam Smith, *An Inquiry into the Nature and Causes of the Wealth of Nations*, Bk. V, Ch. III.

28. Carol Cohn, "Sex and Death in the Rational World of Defense Intellectuals," *Signs* 12, no. 4 (1987): 687-718.

29. Ashleigh Banfield, Landon Lecture, Kansas State University, April 24, 2003; Michael Isikoff, "Yemenis: Drone Strike 'Turned Wedding into Funeral,'" NBC News, January 7, 2014; "Iraqi Child Crushed by U.S. Tank," *Al Jazeera English*, November 3, 2003.

30. Chris Hedges, *The Greatest Evil Is War* (New York: Seven Stories Press, 2022), ebook.

31. Aaron Blake, "John Kelly's Full-Throated Confirmation of Trump's Ugliest Comments, Parsed," *Washington Post*, October 2, 2023.

32. 美國國會第一百一十三屆第一會期的提名聽證會，美國參議院外交關係委員會二〇一三年五月七日至十二月十七日。莎曼珊・鮑爾先前曾撰文指出，作為「人類史上最強大的帝國」，美國應誠實面對自己「曾犯下、支持或默許的罪行」，像是：「中情局協助發動的瓜地馬拉、智利與剛果政變、轟炸柬埔寨，以及對拉丁美洲右翼恐怖組織的支持」。Samantha Power, "Force Full," *New Republic*, March 2, 2003.

33. For a longer reflection on Cotton's book, *Only the Strong*, see Nathan J. Robinson, "We Can't Overstate the Danger of Tom Cotton's 'Might Makes Right' Foreign Policy," *Current Affairs*, April 17, 2023.

34. 「先怪美國」（blame America first）這一貶稱，由美國駐聯合國大使珍妮・柯克派翠（Jeane Kirkpatrick）在一九八四年共和黨全國代表大會上的演講中提出，成為雷根政府時期的知名政治修辭。

35. 舉例來說，看看我們在帝國統治方面的前任——英國。歷史學者卡洛琳・艾金斯（Caroline Elkins）和沙希・塔魯爾（Shashi Tharoor）如今開始揭開英國帝國主義數百年來的殘酷紀錄。英國的財富與全球影響力，來自於海盜行徑（像法蘭西斯・德雷克爵士〔Sir Francis Drake〕這樣的「英雄人物」）、透過詭計與武力掠奪印度、殘酷的奴隸制度、全球規模最大的毒品貿易，以及其他「高尚」的行為。法國也好不到哪裡去，比利時甚至創下殖民暴行的紀錄。而今日的中國，儘管勢力範圍遠不及當年的西方列強，也難稱溫和無害。這類例外情況恐怕少之又少。與美國類似，即使在英國犯下最殘酷暴行的時期，英國知識分子仍自詡為「世界上最具道德感的民族」。約翰・彌爾（John Stuart Mill）作為東印度公司（East India Company）的代理人，深知大英帝國所犯下的殘暴與罪行。然而，當他撰寫關於應如何介入他國事務的原則時，卻特別替英國開脫。他說，英國是個天使般的國度：「這個國家不僅不會為了自己的利益而剝削他人，甚至不會從任何無法與全球共享的利益中獲益。」他進一步聲稱，英國之所以偉大到讓其他國家難以理解，就是因為這些國家看不透英國的高尚情操。他們不停地對英國「潑髒水」，因為他們無法接受英國的行動其實是為全人類謀福利。他抱怨：「他們到處尋找證據，試圖用自私來解釋我們的行為。」當英國屠殺印度人，擴張對印度的殖民統治，以強化對鴉片貿易的控制，好讓英國能以武力打開中國的大門時，這些國家竟對我們橫加指責。但彌爾仍堅持，我們應該無視這些批評，因為他們根本無法理解我們的崇高情操，而我們應該繼續推動這些人道行動。Shashi Tharoor, *Inglorious Empire: What the British Did to India* (N.p.: Scribe, 2018); Caroline Elkins, *Legacy of Violence: A History of the British Empire* (New York: A. A. Knopf, 2022); John Stuart Mill, "A Few Words on Non-Intervention," 1859, in *The Collected Works of John Stuart Mill, Vol. XXI: Essays on Equality, Law, and Education* (London: Routledge, 2014).

36. 舉個極端的例子說明這種非黑即白的思維，看看二〇二三年哈佛大學與哈里斯合作的民調，該調查詢問受訪者「你比較支持以色列還是哈瑪斯？」強迫他們在無差別轟炸加薩與十月七日的暴行之間二選一。Harvard CAPS Harris Poll, October 19, 2023.

37. 蘇聯從來不是真正意義上的共產國家，美國也並非真正奉行自由市場經濟。關於這點的詳細探討，可參閱：Noam Chomsky, *World Orders Old and New* (New York: Columbia University Press, 1994), *passim*.

38. Rob Schmitz, "Poll: Much of the World Sees the U.S. as a Threat to Democracy," NPR, May 5, 2021.

第一章　規訓全球南方

1. Henry Kissinger, *White House Years* (New York: Little, Brown, 1979), ebook; "The CIA and Chile: Anatomy of an Assassination," National Security Archive, October 22, 2020.

2. "Kissinger and Chile: The Declassified Record," National Security Archive Electronic Briefing Book No. 437, ed. Peter Kornbluh, National Security Archive, September 11, 2013; Peter Kornbluh, *The Pinochet File: A Declassified Dossier on Atrocity and Accountability* (New York: New Press, 2003); David E. Sanger, "Henry Kissinger Is Dead at 100; Shaped the Nation's Cold War History," *New York Times*, December 1, 2023; Peter Kornbluh, "Kissinger's Bloody Paper Trail in Chile," *Nation*, May 15, 2023; "Allende and Chile: 'Bring Him Down,'" National Security Archive, November 3, 2020; David Schmitz, *Thank God They're on Our Side* (Chapel Hill, NC: University of North Carolina Press, 1999).

3. "Memorandum of Conversation of a Meeting of the National Security Council," November 6, 1970, *Foreign Relations of the United States, 1969-1976, Chile, 1969-1973 Vol. XXI* (Washington, DC: U.S. Government Printing Office, 2014); "Telegram from the Central Intelligence Agency to the Station in Chile," October 16, 1970, *Foreign Relations of the United States, 1969-1976, Vol. XXI.*
4. "Kissinger and Chile: The Declassified Record"; Stephen M. Streeter, *"Uncool and Incorrect" in Chile: The Nixon Administration and the Downfall of Salvador Allende* (Jefferson, NC: McFarland, 2023). 一位季辛吉的幕僚表示：「亨利認為阿言德比卡斯楚還要危險得多……，阿言德是拉丁美洲推動民主社會改革的活生生典範。」
5. 在壓制反法西斯抵抗運動的過程中，美國曾招募納粹戰犯，其中包括克勞斯·巴比（Klaus Barbie），這位黨衛軍（SS）軍官又稱「里昂劊子手」（Butcher of Lyon）。儘管他犯下駭人聽聞的罪行，美軍仍招募他為間諜，甚至協助他潛逃至玻利維亞，以躲避戰犯法庭的制裁。隨著形勢變化，當這些有價值的人在歐洲難以繼續庇護時，美國便將他們（包括巴比）秘密轉移到其他地方，有些人甚至被直接帶往美國，美國成為納粹的「避風港」。事實上，美國「收容了約一萬名納粹分子，其中一些人曾在大屠殺中扮演了關鍵角色」。美國國家檔案館（National Archives）曾發布一份報告，詳述美國反情報部門如何招募前蓋世太保（Gestapo）官員、黨衛軍成員及納粹合作者。報告指出，在戰後的美國陸軍優先事項中，「追蹤與懲罰戰犯並非重點」。相反，陸軍反情報部隊（Counterintelligence Corps）主要關注的是監視各類「可疑團體」，包括德國共產黨人，甚至難民營內的猶太政治難民。當時的美國情報部門認為，「部分前納粹與合作者的戰爭罪行可以被忽視，因為這些人可以成為對抗蘇聯的重要資產」。Sam Roberts, "Declassified Papers Show U.S. Recruited ExNazis," *New York Times*, December 11, 2010. See Richard Breitman and Norman J. W. Goda, "Hitler's Shadow: Nazi War Criminals, U.S. Intelligence, and the Cold War," National Archives, 2010; Martin Lee, "The CIA's Worst-Kept Secret: Newly Declassified Files Confirm United States Collaboration with Nazis," *Foreign Policy in Focus*, Institute for Policy Studies, May 1, 2001; Stuart Taylor Jr., "U.S. Army Shielded Barbie; Offers 'Regrets' to the French," *New York Times*, August 17, 1983; Tom Bower, *The Paperclip Conspiracy: The Battle for the Spoils and Secrets of Nazi Germany* (London: Michael Joseph, 1987); Eric Lichtblau, *The Nazis Next Door: How America Became a Safe Haven for Hitler's Men* (Boston: Mariner, 2015); Deborah E. Lipstadt, "'The Nazis Next Door,' by Eric Lichtblau," *New York Times*, October 31, 2014; Billie Anania, "Why Monuments to Nazi Collaborators Are All Over America," *ARTNews*, November 1, 2022; Eric Lichtblau, "Nazis Were Given 'Safe Haven' in U.S., Report Says," *New York Times*, November 13, 2010.

6. See Frank Kofsky, *Harry S. Truman and the War Scare of 1948: A Successful Campaign to Deceive the Nation* (New York: St. Martin's, 1993), 268. Kofsky 指出，杜魯門當時「對國會和大眾隱瞞了蘇聯的真正意圖以及爆發戰爭的可能性」，並且「拒絕蘇聯一切想與美國和解的努力」。肯楠之語引自：John Lewis Gaddis, *Strategies of Containment: A Critical Appraisal of American National Security Policy During the Cold War* (1982, rev. ed.: New York: Oxford University Press, 2005), 39; Melvyn Leffler, *A Preponderance of Power: National Security, the Truman Administration, and the Cold War* (Redwood City, CA: Stanford University Press, 1992).
7. Thomas Boghardt, "'By All Feasible Means': New Documents on the American Intervention in Italy's Parliamentary Elections of 1948," *Sources and Methods* blog, Cold War International History Project, Wilson Center, May 1, 2017. 美國民眾完全被蒙在鼓裡。杜魯門政府「擔憂，一旦美國在義大利的秘密行動曝光，恐怕在國內引發嚴重後果，畢竟這些行動在法律與道德層面都備受質疑。尤其是，義大利這個國家，曾有數千名美國士兵為了將讓它擺脫威權統治而戰死，長眠於此」。此外，這次行動的部分資金，來自被沒收的納粹資產，其中包括「納粹從遭屠殺的歐洲猶太人手中掠奪的財富」。Robert A. Ventresca, *From Fascism to Democracy: Culture and Politics in the Italian Election of 1948* (Toronto: University of Toronto Press, 2004), 95-96.
8. "Report by the National Security Council," November 14, 1947, *Foreign Relations of the United States, 1948, Western Europe, Vol. III*; Alan A. Platt and Robert Leonardi, "American Foreign Policy and the Postwar Italian Left," *Political Science Quarterly* 93, no. 2 (1978); 197-215; Michael Peck, "Declassified: How America Planned to Invade Italy (to Save It from Russia)," *National Interest*, February 12, 2017; "CIA Covert Aid to Italy Averaged $5 Million Annually from Late 1940s to Early 1960s, Study Finds," National Security Archive, February 7, 2017; "Interview with Mark Wyatt," National Security Archive, February 15, 1996. See also John L. Harper, *America and the Reconstruction of Italy* (Cambridge, UK: Cambridge University Press, 1986); James E. Miller, *The United States and Italy 1940-1950* (Chapel Hill: University of North Carolina Press, 1986).
9. Dov H. Levin, "Partisan Electoral Interventions by the Great Powers: Introducing the PEIG Dataset," *Conflict Management and Peace Science* 36, no. 1 (2019): 88-106; Scott Shane, "Russia Isn't the Only One Meddling in Elections. We Do It, Too," *New York Times*, February 17, 2018. 該位中情局官員對這些行動的炫耀，正準確反映了該組織的文化。龐培歐承認：「西點軍校的學員座右銘是什麼？不能說謊、作弊、偷竊，也不能容忍這麼做的人。但我是中情局的局長，我們撒謊、作弊、偷竊，甚至還專門開設培

訓課程。這讓人不禁想起美國試驗精神的輝煌之處。」Mike Pompeo, "Why Diplomacy Matters," speech at Texas A&M University, April 15, 2019.

10. 關於「再教育」，可參閱：Lawrence Wittner, *American Intervention in Greece, 1943-1949* (New York: Columbia University Press, 1982), 164, 該書指出，這項計畫獲得美國國務院的熱烈支持。維特納（Wittner）進一步說明，由於美國官員對革命的恐懼揮之不去，並決心不惜一切代價摧毀革命勢力的支持基礎，他們與希臘右派聯手推動鎮壓政策。"Text of Stevenson's Speech at UN and Excerpts from Fedorenko's Reply," *New York Times*, May 22, 1964. 此外，其他官員也曾引用希臘作為越戰的參考模式。維特納指出，這場戰爭帶來的主要後果包含：「讓希臘大部分地區化為廢墟」、「確立美國在希臘事務中的主導地位」、「為美國日益增長的海外干預模式奠定基礎」。

11. John W. Dower and Hirata Tetsuo, "Japan's Red Purge: Lessons from a Saga of Suppression of Free Speech and Thought," *Asia-Pacific Journal: Japan Focus* 5, no. 7 (2007); Joe Moore, *Japanese Workers and the Struggle for Power, 1945-1947* (Madison: University of Wisconsin Press, 1983); Christopher Reed, "The United States and the Japanese Mengele: Payoffs and Amnesty for Unit 731," *Asia-Pacific Journal: Japan Focus* 4, no. 8 (2006); John W. Dower, *Embracing Defeat: Japan in the Wake of World War II* (New York: W. W. Norton, 1999), 525.

12. Donald Kirk, "Is the U.S. to Blame for the Massacre on Jeju?," InsideSources.com, April 25, 2018; Anthony Kuhn, "Survivors of a Massacre in South Korea Are Still Seeking an Apology from the U.S.," NPR, September 7, 2022. For background, see Bruce Cumings, *Origins of the Korean War, Vol. 1: Liberation and the Emergence of Separate Regimes, 1945-1947* (Princeton, NJ: Princeton University Press, 1981); Bruce Cumings, *Origins of the Korean War, Vol. 2: The Roaring of the Cataract, 1947-1950* (Princeton, NJ: Princeton University Press, 1992).

13. Remarks by the Honorable Dean Acheson, *Proceedings of the American Society of International Law (1963): 13-14; Michael Grow, U.S. Presidents and Latin American Interventions: Pursuing Regime Change in the Cold War* (Lawrence: University Press of Kansas, 2008).

14. Stephen G. Rabe, *U.S. Intervention in British Guiana: A Cold War Story* (Chapel Hill: University of North Carolina Press, 2005). 亞瑟．史列辛格（Arthur Schlesinger, Jr.）指出，甘迺迪「下定決心不讓任何新興國家走上卡斯楚的道路」，無論該國人民的意願如何。Arthur Schlesinger, Jr., *A Thousand Days: John F. Kennedy in the White House* (Greenwich, CT: Fawcett Publications, 1965), 712. 詹森也抱持類似想法，認為「任何允許西半球出現第二個共產主義國家的人，都應該被彈劾，理應被彈劾」。Eric F.

Goldman, *The Tragedy of Lyndon Johnson* (New York: Dell Publishers, 1969), 451.

15. 雖然美國試圖促成對盧蒙巴的暗殺，但並非直接策劃此次行動。然而，正如斯圖亞特・里德（Stuart Reid）所寫，美國「在導致盧蒙巴垮台和身亡的每個關鍵事件中都發揮了作用」。Emmanuel Gerard and Bruce Kuklick, *Death in the Congo: Murdering Patrice Lumumba* (Cambridge, MA: Harvard University Press, 2015); Stuart A. Reid, *The Lumumba Plot: The Secret History of the CIA and a Cold War Assassination* (New York: A. A. Knopf, 2023); Sean Kelly, *America's Tyrant: The CIA and Mobutu of Zaire* (Washington, DC: American University Press, 1993); Susan Williams, *White Malice: The CIA and the Covert Recolonization of Africa* (New York: PublicAffairs, 2021), 509. 蘇珊・威廉姆斯（Susan Williams）指出，「美國公然違反民主原則，干預那些經歷千辛萬苦擺脫殖民統治、爭取多數治理的非洲國家」，而這一切竟是「打著美國民主的名義」。莫布杜在美國總統之間的影響力遠超過任何非洲領袖，甚至是老布希上任後接見的第一位外國元首。雷根稱莫布杜是「一位理性且懷有善意的人」，老布希則形容他是「我們最珍貴的朋友之一」，並表示「我們支持他努力以和平方式解決問題」。然而，莫布杜是專制暴君，掠奪其國內極度貧困的人民，貪汙數十億美元，「經常被拿來與比利時國王利奧波德二世（King Leopold II）相比，利奧波德二世在一八七六年將剛果視為私人財產，大肆剝削以謀取個人利益」。在他去世後，《華盛頓郵報》評論：「與他的反共立場相比，他的貪汙腐敗和踐踏人權紀錄，對華府來說根本無足輕重。」J. Y. Smith, "Congo ExRuler Mobutu Dies in Exile," *Washington Post*, September 8, 1997; George H. W. Bush, "Remarks Following Discussions with President Mobutu Sese Seko of Zaire," June 29, 1989; Howard W. French, "Mobutu Sese Seko, 66, Longtime Dictator of Zaire," *New York Times*, September 8, 1997.

16. Maureen Dowd, "War in the Gulf: White House Memo; Bush Moves to Control War's Endgame," *New York Times*, February 23, 1991.

17. "Minutes of Telephone Conversations of John Foster Dulles and Christian Herter," June 19, 1958, Dwight D. Eisenhower Library, Abilene, Kansas, cited in "A View from Below," *Diplomatic History* (Winter 1992); Lars Schoultz, *Human Rights and United States Policy Toward Latin America* (Princeton, NJ: Princeton University Press, 1981), 7.

18. George Gedda, "50 Years Ago in Guatemala," *Foreign Service Journal* (June 2004); Charles R. Burrows, quoted in Piero Gleijeses, *Shattered Hope: The Guatemalan Revolution and the United States, 1944-54* (Princeton, NJ: Princeton University Press, 1991), 365.

19. Arthur M. Schlesinger, Jr., *Robert Kennedy and His Times* (Boston: Houghton Mifflin Harcourt, 1978). 書中提到的「世界上最可怕的恐怖」（terrors of the earth）一詞即

出自史列辛格的著作。Louis A. Pérez, Jr., "Fear and Loathing of Fidel Castro: Sources of U.S. Policy Toward Cuba," *Journal of Latin American Studies* 34, no. 2 (2002): 227-54; "Kennedy and Cuba: Operation Mongoose," National Security Archive, October 3, 2019.

20. Christian Appy, *American Reckoning: The Vietnam War and Our National Identity* (New York: Viking, 2015), 193fn. 參謀長聯席會議擬定了一份文件，列出可能的「理由，將為美國對古巴的軍事干預提供正當理由」，包括可能對美國目標發動攻擊並嫁禍古巴。就連新保守主義作家馬克斯·布特（Max Boot）也評論道：「很難想像還有比這份文件更荒謬或令人不安的內容，讓人聯想到希特勒在一九三九年八月三十一日發動第二次世界大戰時使用的詭計。」Max Boot, "Operation Mongoose: The Story of America's Efforts to Overthrow Castro," *Atlantic*, January 5, 2018; Taylor Branch and George Crile III, "The Kennedy Vendetta: How the CIA Waged a Silent War Against Cuba," *Harper's Magazine*, August 1975; Aviva Chomsky, *A History of the Cuban Revolution* (Hoboken, NJ: Wiley-Blackwell, 2010); Keith Bolender, *Voices from the Other Side: An Oral History of Terrorism Against Cuba* (London: Pluto Press, 2010).

21. 「在豬玀灣事件發生當時以及之後，我們對卡斯楚的情緒幾乎到了歇斯底里的地步，」羅伯特·麥納瑪拉回憶說。甘迺迪政府內部的紀錄形容，當時對美國未能重新掌控古巴的挫敗，讓整個氣氛幾乎陷入一種「狂熱」。Louis A. Pérez, Jr., "Change Through Impoverishment: A Half-Century of CubaU.S. Relations," North American Congress on Latin America (NACLA), December 14, 2015; Louis A. Pérez, Jr., "The Personal Is Political: Animus and Malice in the U.S. Policy Toward Cuba, 1959-2009," in Soraya M. Castro Marino and John S. Reitan, eds., *Fifty Years of Revolution: Perspectives on Cuba, the United States, and the World* (Gainesville, FL: University Press of Florida, 2012); Document 270, *Foreign Relations of the United States, 1961-1963, Cuba, January 1961-September 1962, Vol. X.*

22. Salim Lamrani, *The Economic War Against Cuba: A Historical and Legal Perspective on the U.S. Blockade* (New York: Monthly Review Press, 2013).

23. *Denial of Food and Medicine: The Impact of the U.S. Embargo on Health and Nutrition in Cuba*, American Association for World Health, Executive Summary, March 1997, Washington, DC; Maria C. Werlau, "The Effects of the U.S. Embargo on Health and Nutrition in Cuba: A Critical Analysis," *Cuba in Transition*, 1998; Amnesty International, "The U.S. Embargo Against Cuba: Its Impact on Economic and Social Rights," 2009; "Research-Based Progress Report of the Human Rights Council Advisory Committee Containing Recommendations on Mechanisms to Assess the Negative

Impact of Unilateral Coercive Measures on the Enjoyment of Human Rights and to Promote Accountability," United Nations Human Rights Council, February 10, 2015.

24. Lars Schoultz, *That Infernal Little Cuban Republic: The United States and the Cuban Revolution* (Chapel Hill: University of North Carolina Press, 2009), 561.

25. Anna Samson, "A History of the Soviet-Cuban Alliance (1960-1991)," *Politeja*, no. 10/2 (2008): 89-108.

26. 「成功的反抗」(successful defiance)這個說法來自中情局於一九六〇年三月所做的國家情報評估;Remarks of Senator John F. Kennedy at Democratic Dinner, Cincinnati, Ohio, October 6, 1960; "Summary of conversation between the Vice President and Fidel Castro," April 19, 1959.

27. "Memorandum from the President's Special Assistant (Schlesinger) to President Kennedy," March 10, 1961, *Foreign Relations of the United States, 1961-1963, American Republics, Vol. XII*; Stephen G. Rabe, *The Most Dangerous Area in the World: John F. Kennedy Confronts Communist Revolution in Latin America* (Chapel Hill: University of North Carolina Press, 1999); Piero Gleijeses, "The Cuban Revolution: The First Decade," in *The Cambridge History of Communism, Vol. 2*, eds., Norman Naimark et al. (Cambridge, UK: Cambridge University Press, 2017), 364-87.

28. John Quincy Adams, *Writings of John Quincy Adams, Vol. VII*, ed. Chauncey Ford Worthington (Boston: Adamant Media, 2001), 372; Ada Ferrer, *Cuba: An American History* (New York: Scribner, 2021), 179; Bolender, *Voices from the Other Side*.

29. Ernest R. May and Philip D. Zelikow, eds., *The Kennedy Tapes: Inside the White House During the Cuban Missile Crisis* (New York: W. W. Norton, 2002), xi; Michael J. Strauss, *The Leasing of Guantanamo Bay* (Westport, CT: Praeger Security International, 2009). 美國老布希與柯林頓政府都曾將海地難民拘留在關塔那摩。參閱:"Haitians and GTMO," Guantánamo Public Memory Project. 在一樁令人羞愧、幾乎被遺忘的事件中,柯林頓政府將感染人類免疫缺乏病毒(HIV)的海地難民拘留在關塔那摩長達二十個月,儘管他們都有「合理的政治庇護理由」,但因美國法律禁止帶有 HIV 的移民入境,導致關塔那摩淪為一座「HIV 集中營」。在醫療資源匱乏的營地內,難民的健康每況愈下,甚至有人在獲釋後不久就過世。Lynne Duke, "U.S. Ordered to Free HIV-Infected Haitians," *Washington Post*, June 9, 1993; George J. Annas, "Detention of HIV-Positive Haitians at Guantanamo— Human Rights and Medical Care," *New England Journal of Medicine* 329, no. 8 (August 1993). 拜登政府則在考慮是否恢復這種作法,將逃離的海地人再度關押於關塔那摩。Priscilla Alvarez, "Biden Administration Discussing Using Guantanamo Bay to Process Possible Influx of Haitian Migrants," CNN, March

13, 2024.

30. Roosevelt quoted in A. G. Hopkins, *American Empire: A Global History* (Princeton, NJ: Princeton University Press, 2019), 559; Lamrani, *The Economic War Against Cuba*, 75.

31. 美國對這場政變提供鼓勵與支持，但並未直接參與。若有必要，美方原本準備協助軍方將政權奪過來。當時，美國也積極破壞若昂・古拉特（João Goulart）所領導的溫和左派政府，因為古拉特拒絕支持甘迺迪入侵古巴的計畫。"Brazil Marks 40th Anniversary of Military Coup: Declassified Documents Shed Light on U.S. Role," James G. Hershber and Peter Kornbluh, eds., National Security Archive; John DeWitt, "The Alliance for Progress: Economic Warfare in Brazil (1962-64)," *Journal of Third World Studies* 26, no. 1 (2009): 57-76; Matias Spektor, "The United States and the 1964 Brazilian Military Coup," Oxford Research Encyclopedia of Latin American History, 2018; Anthony W. Pereira, "The U.S. Role in the 1964 Coup in Brazil: A Reassessment," *Bulletin of Latin American Research* 37, no. 1 (January 2018).

32. "Statement of Policy by the National Security Council," March 18, 1953, *Foreign Relations of the United States, 1952-1954, The American Republics, Vol. IV* (Washington, DC: U.S. Government Printing Office, 1983).

33. Office of Intelligence Research Report, 1949, quoted in Walter LaFeber, *Inevitable Revolutions: The United States in Central America* (New York: W. W. Norton, 1993), 97-98; John Foster Dulles, telephone call to Allen Dulles, June 19, 1958, Minutes of Telephone Conversations of John Foster Dulles and Christian Herter, Eisenhower Presidential Library, Abilene, KS; William Y. Elliott, ed., *The Political Economy of American Foreign Policy* (New York: Henry Holt & Co., 1955), 42. Kennedy quoted in Russell Crandall, *The Salvador Option: The United States in El Salvador 1977-1992* (Cambridge, UK: Cambridge University Press, 2011), 501.

34. National Intelligence Estimate, May 19, 1953, *Foreign Relations of the United States, 1952-1954, The American Republics, Vol. IV*; Daniel Denvir, interview with Greg Grandin, "The United States Has Used Latin America as Its Imperial Laboratory," *Jacobin*, March 23, 2023.

35. Grandin, "The United States Has Used Latin America as Its Imperial Laboratory." The classic study of the coup is Stephen Schlesinger and Stephen Kinzer, *Bitter Fruit: The Untold Story of the American Coup in Guatemala* (1982; repr: Cambridge, MA: Harvard University Press, 2005). See also Nick Cullather, *Secret History: The CIA's Classified Account of Its Operations in Guatemala 1952-1954* (Redwood City, CA: Stanford University Press, 2006).

36. Kirsten Weld, *Paper Cadavers: The Archives of Dictatorship in Guatemala* (Durham, NC: Duke University Press, 2014), 117; Greg Grandin, *The Last Colonial Massacre: Latin America in the Cold War* (Chicago: University of Chicago Press, 2004), 99; Schlesinger and Kinzer, *Bitter Fruit*, 254, 美國的行動對瓜地馬拉及整個地區造成了嚴重且長遠的影響。這場政變「成為該國現代史上的關鍵事件」，其影響包括「地區內的和平改革運動遭到嚴重打擊，獨裁政權的勢力獲得強化甚至鼓勵，許多社運人士開始選擇游擊戰，而非透過選舉來推動改革」。

37. "Did Reagan Finance Genocide in Guatemala?," ABC News, May 14, 2013; "Question-and-Answer Session with Reporters on the President's Trip to Latin America," December 4, 1982, Ronald Reagan Presidential Library and Museum; Keane Bhatt, "This American Life Whitewashes U.S. Crimes in Central America, Wins Peabody Award," *North American Congress on Latin America* blog, July 29, 2013; Lou Cannon, "Reagan Praises Guatemalan Military Leader," *Washington Post*, December 5, 1982; Sibylla Brodzinsky and Jonathan Watts, "Former Guatemalan Dictator Convicted of Genocide and Jailed for 80 Years," *Guardian*, May 10, 2013; Julio Godoy, "Return to Guatemala: Unlike East Europe Fear Without Hope," *Nation* 250, no. 9, March 5, 1990.

38. 確實有許多這類著作存在。參見，例如：David Schmitz, *Thank God They're on Our Side: The United States and Right-Wing Dictatorships, 1921-1965* (Chapel Hill: University of North Carolina Press, 1999); David Schmitz, *The United States and Right-Wing Dictatorships, 1965-1989* (New York: Cambridge University Press, 2006); Stephen G. Rabe, *The Killing Zone: The United States Wages Cold War in Latin America* (New York: Oxford University Press, 2015).

39. Greg Grandin, *Empire's Workshop: Latin America, the United States, and the Rise of the New Imperialism* (New York: Henry Holt, 2007), 4; "Memorandum from the President's Assistant for National Security Affairs (Kissinger) to President Nixon," October 7, 1970; "Conversation Between the President's Assistant for National Security Affairs (Kissinger) and President Nixon," June 11, 1971, *Foreign Relations of the United States, 1969-1976, Documents on American Republics, 1969-1972, Vol. E10*; Stephen G. Rabe, *Kissinger and Latin America: Intervention, Human Rights, and Diplomacy* (Ithaca, NY: Cornell University Press, 2020), 70-73.

40. John Dinges, *The Condor Years: How Pinochet and His Allies Brought Terrorism to Three Continents* (New York: New Press, 2004), 245; J. Patrice McSherry, *Predatory States: Operation Condor and Covert War in Latin America* (Lanham, MD: Rowman and Littlefield, 2005). 在萊特利爾遭暗殺前幾天，亨利・季辛吉撤回了美國原本對皮

諾契特不得進行暗殺行動的警告。“New Docs Show Kissinger Rescinded Warning on Assassinations Days Before Letelier Bombing in DC,” *Democracy Now!*, April 12, 2010. “Memorandum from the Assistant Secretary of State for Inter-American Affairs (Shlaudeman) to Secretary of State Kissinger,” *Foreign Relations of the United States, 1969-1976, Documents on South America, 1973-1976, Vol. E11, Part 2*. 這份備忘錄對「禿鷹行動」表示憂慮，但主要是因為這項行動可能帶來難以收拾的反效果。其指出，美國支持的這些政權與納粹德國之間存在「令人不安的相似之處」，而稱其為法西斯主義，「嚴格來說是準確的」。事實上，這些拉丁美洲國家的軍事菁英所奉行的「國家安全理論」（National Security Doctrine, NSD），其核心思想帶有法西斯色彩，包括：（一）國家至上，個人毫無價值。（二）所有國家都處於持續戰爭狀態，當時的戰線是「共產主義」對抗「自由世界」。（三）只有讓「天生的領導階層」掌控國家，才能有效遏制「顛覆活動」。如需進一步了解歐洲法西斯主義與美國支持的拉丁美洲獨裁政權之間的關聯，包括美國在二戰後因反共立場而與前法西斯分子合作的情況，請參閱：Branko Marcetic, “The CIA's Secret Global War Against the Left,” *Jacobin*, November 30, 2020.

41. Rabe, *The Killing Zone*, xxxix, 148. 史蒂芬・拉貝指出，即使在動盪衝突中，各方勢力都涉及殺戮，但「在每個拉丁美洲國家，獲得美國支持的領導人和安全部隊至少要為百分之九十以上的殺戮行動負責」。

42. Lawrence Pezzullo quoted in William LeoGrande, *Our Own Backyard: The United States in Central America 1977-1992* (Chapel Hill: University of North Carolina Press, 2000), 26. Brzezinski quoted in Robert Pastor, *Not Condemned to Repetition: The United States and Nicaragua* (Boulder, CO: Westview Press, 2018), ebook. See also Morris H. Morley, *Washington, Somoza and the Sandinistas: State and Regime in U.S. Policy Toward Nicaragua 1969-1981* (Cambridge, UK: Cambridge University Press, 2002); Holly Sklar, *Washington's War on Nicaragua* (Boston: South End Press, 1988); Aviva Chomsky, *Central America's Forgotten History: Revolution, Violence, and the Roots of Migration* (Boston: Beacon Press, 2021).

43. Bernard Gwertzman, “Kissinger on Central America: A Call for U.S. Firmness,” *New York Times*, July 19, 1983; “Notice of the Continuation of the National Emergency with Respect to Nicaragua,” April 22, 1986, Ronald Reagan Presidential Library and Museum; “Address to the Nation on the Situation in Nicaragua,” March 16, 1986, Ronald Reagan Presidential Library and Museum.

44. 美國在一九八八年瓊恩颶風（Hurricane Joan）過後拒絕提供災難援助，進一步展現其對尼加拉瓜民眾的漠不關心。（這個決定與一九七二年尼加拉瓜地震後提供的大量援助形成鮮明對比，而那些援助大部分都被蘇慕薩政權侵吞了。）美國在桑定政權時期拒絕提供援助，確保任何援助都不會幫助政府支持其人民，再次將政治目標置於人道關懷之上。"U.S. Accused of Impeding Relief Effort for Nicaragua," *Los Angeles Times*, October 29, 1988.

45. Thomas W. Walker and Christine J. Wade, *Nicaragua: Living in the Shadow of the Eagle* (Boulder, CO: Westview Press, 2011), ebook; Greg Grandin, "Chomsky Listens: Latin America and the Ethics of Solidarity," in *The Cambridge Companion to Chomsky*, ed. James McGilvray (Cambridge, UK: Cambridge University Press, 2017), 295-313.
46. Archbishop Óscar Romero, "Letter to President Carter on Aid to Military in El Salvador," February 17, 1980, United States Conference of Catholic Bishops.
47. "From Madness to Hope: The 12Year War in El Salvador," Report of the Commission on the Truth for El Salvador; Hilary Goodfriend, "30 Years Ago Today in El Salvador, U.S.-Trained Soldiers Murdered 6 Priests in Cold Blood," *Jacobin*, November 16, 2019; "Justice Remains Elusive to Survivors of Salvador's Sumpul River Massacre," Catholic News Service, May 18, 2021; LaFeber, *Inevitable Revolutions*, 250. 一位神父在隔天前往河邊時看到「水面上有大量禿鷹啄食著屍體，多到看起來就像鋪了一層黑色地毯」。關於更多事件背景，參閱：Raymond Bonner, *Weakness and Deceit: U.S. Policy and El Salvador* (New York: Times Books, 1984).
48. Danny Hajek, "'I Miss Them, Always': A Witness Recounts El Salvador's 1989 Jesuit Massacre," NPR, November 11, 2016; Carlos Dada, "The Beatification of Óscar Romero," *New Yorker*, May 19, 2015; Mary McGrory, "Salvador Murder and Resurrection," *Washington Post*, April 14, 1990. McGrory 指出：「薩爾瓦多軍方似乎不擇手段，欲剷除國內具有社會意識的教會工作者，尤其是耶穌會士」，而這一切背後，都有「美國提供的武力支援」。
49. Raymond Bonner, "In Salvador, a U.S.-Trained Unit at War," *New York Times*, July 13, 1981; Tracy Wilkinson, "Notorious Salvadoran Battalion Is Disbanded," *Los Angeles Times*, December 9, 1992; Nelson Rauda and John Washington, "The U.S. Role in the El Mozote Massacre Echoes in Today's Immigration," *Washington Post*, May 12, 2021; Leigh Binford, *The El Mozote Massacre: Human Rights and Global Implications* (Tucson: University of Arizona Press, 2016); Mark Danner, *Massacre at El Mozote: A Parable of the Cold War* (New York: Vintage, 1993); *El Salvador: The Making of U.S. Policy, 1977-1984*, National Security Archive; Dustin Hill, "Commitment Beyond Morality: American Complicity in the Massacre at El Mozote" (master's thesis, Eastern Kentucky University, 2011); John Beverley, "El Salvador," *Social Text* no. 5 (Spring 1982), 67-72; Mark Hertsgaard, *On Bended Knee: The Press and the Reagan Presidency* (New York:

Farrar, Straus and Giroux, 1988). 正如葛雷・格倫丁（Greg Grandin）所解釋，雷根政府曾有計畫打壓關於其中美洲政策造成人道後果的報導：「一九八三年，雷根政府成立了『公共外交辦公室』（Office of Public Diplomacy）。這明顯違反了《國家安全法》，該法禁止對美國公眾進行宣傳與散布虛假資訊。該機構由國防部的心理戰專家負責，並與麥迪遜大道（Madison Avenue）上和共和黨關係密切的廣告公司合作，透過民調與焦點團體研究，以找出最能迎合民意的話術。如果有媒體報導美國支持的薩爾瓦多政權的負面消息，政府的應對策略並不一定是直接駁斥，而是故意製造混亂，讓訊息變得模糊不清，讓大眾無法對事件形成明確看法。」Grandin, "The United States Has Used Latin America as Its Imperial Laboratory."

50. 關於美國訓練侵犯人權者，尤其是在惡名昭彰的「美洲學校」（School of the Americas），可參閱：Lesley Gill, *The School of the Americas: Military Training and Police Violence in the Americas* (Durham, NC: Duke University Press, 2004). Gill的結論直截了當：「那些渴望土地改革、更好的工資、改善醫療與教育，還有基本自決權的普通民眾，被美國支持的政權貼上『共產主義者』的標籤，隨後遭到美國訓練出來的神秘準軍事處決小隊與國家安全部隊的殺害、施以酷刑，甚至下落不明。」

51. Central Intelligence Agency, Directorate of Intelligence, "Intelligence Report: Indonesia 1965— The Coup That Backfired," 1968. 該報告認為，這場政變與後續的大屠殺是「二十世紀最重要的事件之一，甚至比許多獲得更多關注的事件還要重要」，但報告並未說明，為何那些事件能獲得「更多的關注」。Jess Melvin, *The Army and the Indonesian Genocide: Mechanics of Mass Murder* (New York: Routledge, 2018). Melvin強調，根據一九四八年《防止及懲治種族滅絕罪公約》，這場大屠殺已構成種族滅絕行為。

52. Geoffrey B. Robinson, *The Killing Season: A History of the Indonesian Massacres, 1965-66* (Princeton, NJ: Princeton University Press, 2018), 122-23; Vincent Bevins, *The Jakarta Method: Washington's Anticommunist Crusade and the Mass Murder Program That Shaped Our World* (New York: PublicAffairs, 2020), 11. 貝文斯（Bevins）提醒我們：「之所以只能依靠預估數字，是有原因的。因為五十多年來，印尼政府一直拒絕任何試圖調查和記錄當年事件的行動，而國際社會也幾乎沒有人關心過。」

53. "Indonesia: Vengeance with a Smile," *Time*, July 15, 1966; *The Atlantic* is quoted in Isabel Hilton, "Our Bloody Coup in Indonesia," *Guardian*, August 1, 2001; James Reston, "Washington: A Gleam of Light in Asia," *New York Times*, June 19, 1966; 《紐約時報》於一九七〇年報導，蘇哈托向美國保證，他「能夠避免任何嚴重的國有化壓力，或其他針對北美、歐洲或日本投資的攻擊」，Robert Walker, "Indonesia Assures U.S. on Investments," *New York Times*, July 9, 1970.

54. Robinson, *The Killing Season*, 198. Kathy Kadane, "U.S. Officials' Lists Aided Indonesian Bloodbath in '60s," *Washington Post*, May 21, 1990.

55. Reston, "Washington: A Gleam of Light in Asia"; Robinson, *The Killing Season*; Bevins, *The Jakarta Method*. 貝文斯指出：「據我們所知，這至少是歷史上第三次，美國官員向盟友提供共產黨員和疑似共產黨員的名單，以便逮捕並殺害他們。第一次發生在一九五四年的瓜地馬拉，第二次是一九六三年的伊拉克。」"Telegram from the Embassy in Indonesia to the Department of State," April 8, 1958; "Memorandum from the Joint Chiefs of Staff to Secretary of Defense McElroy," April 8, 1958, *Foreign Relations of the United States, 1958-1960, Indonesia, Vol. XVII* (Washington, DC: U.S. Government Printing Office, 1994).

56. Kadane, "U.S. Officials' Lists Aided Indonesian Bloodbath in '60s."

57. Kadane, "U.S. Officials' Lists Aided Indonesian Bloodbath in '60s"; Brad Simpson, "Accomplices in Atrocity," *Inside Indonesia*, July-September 1996; Jaechun Kim, "U.S. Covert Action in Indonesia in the 1960s: Assessing the Motives and Consequences," *Journal of International and Area Studies* 9, no. 2 (2002): 63-85. 事實上，當時的美國國防部長羅伯特．麥納瑪拉曾向國會表示，美國對印尼提供的軍事援助與訓練「已見成效」。他也向總統詹森表示，美國的軍援「鼓勵（印尼）軍方在時機成熟時對共產黨採取行動」。

58. 美國並非唯一需要負責的西方強權。英國協助進行反共宣傳，包括發行通訊刊物鼓勵殺手繼續行動。其中一份英國反共通訊說：「所有形式的共產主義都必須廢除。軍隊開始的工作必須持續並加強。」英國在印尼的「政治作戰統籌」諾曼．雷達威（Norman Reddaway）說：「我很高興大量共產黨員已被處置。」Paul Lashmar, Nicholas Gilby, and James Oliver, "Slaughter in Indonesia: Britain's Secret Propaganda War," *Guardian*, October 17, 2021; "Survivors of 1965 Indonesia Massacres Urge UK to Apologise," *Observer*, October 24, 2021.

59. Daniel Patrick Moynihan, *A Dangerous Place* (Boston: Little, Brown, 1978), 247; Liechty quoted in John Pilger, "The Rape of East Timor," *Fair Observer*, February 25, 2016.

60. "Remarks by President Carter," December 6, 1978, *Foreign Relations of the United States, 1977-1980, Foundations of Foreign Policy, Vol. I* (Washington, DC: U.S. Government Printing Office, 2014); G. Taylor, "'Encirclement and Annihilation': The Indonesian Occupation of East Timor," in R. Gellately and B. Kiernan, eds., *The Specter of Genocide: Mass Murder in Historical Perspective* (Cambridge, UK: Cambridge University Press, 2003), 163-86; Hearings Before the Subcommittee on International Organizations of the Committee on International Relations, House of Representatives,

Ninety-fifth Congress, First Session, June 28 and July 19, 1977.

61. S. Staveteig, "How Many Persons in East Timor Went 'Missing' During the Indonesian Occupation?: Results from Indirect Estimates," IIASA Interim Report, International Institute for Applied Systems Analysis, Laxenburg, Austria, 2007; Clinton Fernandes, *The Independence of East Timor: Multi-Dimensional Perspectives— Occupation, Resistance, and International Political Activism* (Durham, NC: Duke University Press, 2004), 48, 58; John Pilger, *Distant Voices* (New York: Vintage, 1994), 233.

62. 曾親眼目睹一九九一年東帝汶聖塔克魯茲大屠殺（Santa Cruz Massacre）的記者 Allan Nairn 生動描述那場「非常有組織、極為系統性」的攻擊，當時東帝汶人「被子彈撕裂至體無完膚」，直到「現場無一倖存」為止。"Amy Goodman Recounts the East Timor Massacre 15 Years Ago," *Democracy Now!*, November 13, 2006; Krithika Varagur, "Declassified Files Provide Insight into Indonesia's Democratic Transition," Voice of America, July 24, 2018; David E. Sanger, "Real Politics: Why Suharto Is In and Castro Is Out," *New York Times*, October 31, 1995; Jim Mann and Glenn F. Bunting, "Clinton Aided Indonesia Regime," *Los Angeles Times*, October 16, 1996; "U.S. Promoted Close Ties to Indonesian Military as Suharto's Rule Came to an End in Spring 1998," National Security Archive, July 24, 2018.

63. Brian Knowlton, "Albright Nudges Suharto to Resign: 'An Opportunity for Statesmanship,'" *New York Times*, May 21, 1998. 歐布萊特還補充說：「蘇卡諾總統在過去三十年為他的國家做出了很多貢獻。」值得注意的是，她並未呼籲讓東帝汶人民享有自決權。

64. Dan Merica and Jason Hanna, "In Declassified Document, CIA Acknowledges Role in '53 Iran Coup," CNN, August 19, 2013.

65. Roham Alvandi and Mark J. Gasiorowski, "The United States Overthrew Iran's Last Democratic Leader," *Foreign Policy*, October 30, 2019; Tim Weiner, *Legacy of Ashes: The History of the CIA* (New York: Doubleday, 2007), 92.

66. Mostafa T. Zahrani, "The Coup That Changed the Middle East: Mossadeq v. the CIA in Retrospect," *World Policy Journal* 19, no. 2 (2002): 93-99; "Iranian Nuclear Scientists Studied in U.S.," NPR, March 12, 2007.

67. "The Iranian Accord," *New York Times*, August 6, 1954.《紐約時報》曾稱摩薩台為「瘋狂的阿拉伯人」（lunatic Arab）。值得注意的是，伊朗國王掌權後，《紐約時報》的報導口徑出現明顯變化。摩薩台所主導的公投曾被該報批評為「比希特勒或史達林時代的還要荒謬離譜」，但十年後，伊朗國王在「爭議更大」的情況下舉辦的公投，卻因有百分之九十九的支持率，被《紐約時報》稱為「明確證據」，顯示「伊朗人民無疑支持伊朗國王的大膽改革計畫」。即便是國王涉嫌舞弊的選舉，《紐約時報》也同樣熱烈讚揚。Richard W. Cottam, *Iran and the United States: A Cold War Case Study* (Pittsburgh, PA: University of Pittsburgh Press, 1989), 129. See also William A. Dorman and Mansour Farhang, *The U.S. Press and Iran: Foreign Policy and the Journalism of Deference* (Oakland: University of California Press, 1988).

68. Andrew Scott Cooper, "Declassified Diplomacy: Washington's Hesitant Plans for a Military Coup in Pre-Revolution Iran," *Guardian*, February 11, 2015; Ray Takeyh, "The Coup That Wasn't: Jimmy Carter and Iran," *Survival* 64, no. 4 (2022): 137-50; Mahan Abedin, "36 Years On, the U.S. Is Still Struggling to Understand Iran," *Middle East Eye*, February 20, 2015.

69. Gary Milhollin, "Building Saddam Hussein's Bomb," *New York Times*, March 8, 1992. Milhollin 指出，「美國的設備直接流入伊拉克的大規模毀滅性武器計畫中」，而且「我們的官員明知道那些設備就是被送去那裡的」。美國政府「即使知道這些敏感設備很可能會被轉用來製造大規模毀滅性武器，仍然繼續讓它們流向伊拉克的空殼公司」。Gary Milhollin, "Testimony: U.S. Exports to Iraq," Senate Committee on Banking, Housing, and Urban Affairs, October 27, 1992. 此外，一九八九年美方舉辦的一場軍事武器會議，也被認為對伊拉克追求核武器「非常有幫助」。David Albright and Kevin O'Neill, "Iraq's Efforts to Acquire Information About Nuclear Weapons and Nuclear-Related Technologies from the United States," Institute for Science and International Security, November 12, 1999.

70. Farah Pandith, "Extremism Is Riyadh's Top Export," *Foreign Policy*, March 24, 2019; Sudarsan Raghavan, "An Unnatural Disaster: Yemen's Hunger Crisis Is Born of Deliberate Policies, Pursued Primarily by a Saudi-Led Coalition Backed by the United States," *Washington Post*, December 27, 2018.

《華盛頓郵報》指出，「聯軍發動的一萬八千次空襲中，約有三分之一的攻擊目標為非軍事設施，包括工廠、農場、市場、發電廠和糧倉。」Radhya Almutawakel and Abdulrasheed Alfaqih, "Saudi Arabia and the United Arab Emirates Are Starving Yemenis to Death," *Foreign Policy*, November 8, 2019. 阿爾穆塔瓦克（Almutawakel）和阿爾法奇赫（Alfaqih）表示，「如果沒有美國的軍事支持，沙烏地阿拉伯和阿拉伯聯合大公國無法持續對葉門進行轟炸。」Natasha Bertrand and Alex Marquardt, "U.S. Seeks Full Reset with Saudi Arabia, Effectively Moving On from the Murder of Jamal Khashoggi," CNN, June 10, 2022; "The AP Interview: Khashoggi Fiancee Criticizes Biden Visit," Associated Press, July 14, 2022; Ellen Knickmeyer and Matthew Lee, "U.S. Moves to Shield Saudi Crown Prince in Journalist Killing," Associated Press, November

18, 2022.

71. "Iran and Nuclear Weapons Production," Congressional Research Service, March 20, 2024.

72. Martin Van Creveld, "Sharon on the Warpath: Is Israel Planning to Attack Iran?," *International Herald Tribune*, August 21, 2004; Thomas Powers, "Iran: The Threat," *New York Review of Books*, July 17, 2008; "Tehran Accuses Netanyahu of Threatening to Nuke Iran in His UN Speech," *Times of Israel*, September 27, 2023; Ben Norton, "UN Votes 152 to 5 Telling Israel to Get Rid of Its Nuclear Weapons," *Monthly Review*, November 3, 2022.

73. "'Maximum Pressure': U.S. Economic Sanctions Harm Iranians' Right to Health," Human Rights Watch, October 29, 2019; Adam Dubard, "Biden Has Maintained Trump's Failed Sanctions Policy," *The Hill*, June 22, 2023; Michael D. Shear and Farnaz Fassihi, "Iran Releases 5 Americans as U.S. Unfreezes Billions in Oil Revenue for Tehran," *New York Times*, September 18, 2023, 然而，美國政府最終違背協議，仍然凍結伊朗的資金； Nancy Cordes, "U.S. Reaches 'Quiet Understanding' with Qatar Not to Release $6 Billion in Iranian Oil Revenues," CBS News, October 12, 2023.

74. "U.S. State Department: Iran Remains 'World's Worst State Sponsor of Terrorism,'" Radio Free Europe, November 2, 2019; "Country Reports on Terrorism 2020: Iran," U.S. Department of State; "2023 Annual Threat Assessment of the U.S. Intelligence Community," Office of the Director of National Intelligence.

75. 那次攻擊洩露了一千五百萬張銀行金融卡的詳細資訊，影響人數接近全國總人口的五分之一，被稱為「伊朗史上最大規模的金融詐騙案」。《紐約時報》警告，此事件「很可能進一步動搖伊朗本就因美國制裁而陷入困境的經濟」。

76. Thomas Warrick, "U.S.-Iran Tensions: Implications for Homeland Security," Statement to the House Committee on Homeland Security, January 15, 2020; Paul Wagenseil, "Hard-Rocking Cyberattack Said to Strike Iranian Nuclear Plants," NBC News, July 23, 2012; Samore quoted in Edward Lucas, *Cyberphobia: Identity, Trust, Security, and the Internet* (New York: Bloomsbury, 2015), 137-38; David E. Sanger, "Obama Order Sped Up Wave of Cyberattacks Against Iran," *New York Times*, June 1, 2012; Idrees Ali and Phil Stewart, "U.S. Carried Out Secret Cyber Strike on Iran in Wake of Saudi Oil Attack: Officials," Reuters, October 16, 2019. 米夏・葛列尼（Misha Glenny）認為，美國和以色列部署「Stuxnet」惡意軟體標誌著網路軍事化的一個重大且危險的轉折點。他指出，「將病毒安全儲存以備未來使用」與「在和平時期直接部署」之間存在根本差異。「Stuxnet」的出現「正式引爆了新的軍備競賽」，而「所有擁有攻擊性網路戰能

力的國家，如今都可能蠢蠢欲動，因為第一槍已經打響」。Misha Glenny, "A Weapon We Can't Control," *New York Times*, June 24, 2012.

77. Archit Shukla, "The Killing of General Soleimani— A Blatant Violation of International Laws," *Jurist*, April 14, 2020; Nick Cumming-Bruce, "The Killing of Qassim Suleimani Was Unlawful, Says UN Expert," *New York Times*, July 9, 2020; Michael Crowley, "For Some Never Trumpers, Killing of Suleimani Was Finally Something to Like," *New York Times*, January 6, 2020; Mohammed Rasool, "New Call of Duty Starts with 'Assassination of Qassem Soleimani,'" *Vice*, October 24, 2022.

78. Quoted in LaFeber, *Inevitable Revolutions*, 107.

79. "Report by the Special Study Group," 1954, *Foreign Relations of the United States, 1950-1955, The Intelligence Community, 1950-1955* (Washington, DC: U.S. Government Printing Office, 2007); Lars Schoultz, "U.S. Foreign Policy and Human Rights Violations in Latin America: A Comparative Analysis of Foreign Aid Distributions," *Comparative Politics* 13, no. 2 (1981): 149-70.

80. "U.S. Foreign Assistance to the Middle East: Historical Background, Recent Trends, and the FY2022 Request," Congressional Research Service, September 7, 2021; Philippe Nassif and Sara Salama, "Biden's Egypt Problem," *Just Security*, July 19, 2021, 該文指出，美國「持續縱容塞西（Abdel Fattah el-Sisi），對於他在其『異議者的露天監獄』中公然侵犯人權視而不見」。"Egypt: U.S. to Provide Security Assistance Despite Repression," Human Rights Watch, September 15, 2023; Alex Emmons, "State Department Fails to Vet or Monitor Military Aid to Egypt," *Intercept*, May 12, 2016; "The Questionable Legality of Military Aid to Egypt," *New York Times*, August 19, 2015.

81. Nazeeha Saeed and Vivian Nereim, "Mass Hunger Strike in Bahrain Prison Sets Off Rare Protests," *New York Times*, September 6, 2023; Brian Dooley, "Bahrain Faces New Crisis as Prison Protests Escalate," Human Rights First, August 18, 2023.

82. Barak Ravid, "U.S. and Bahrain to Sign Strategic Security and Economic Agreement," *Axios*, September 11, 2023; Vivian Nereim, "U.S. Deepens Security Pledge to Bahrain, an Adversary of Iran," *New York Times*, September 13, 2023; Karen DeYoung, "U.S. Pact with Bahrain Seen as Model for Strengthening Persian Gulf Ties," *Washington Post*, September 13, 2013; Paul R. Pillar, "Is Bahrain a Dry Run for Controversial U.S.-Saudi Pact?," Quincy Institute for Responsible Statecraft, September 18, 2023.

83. "Biden-Harris Administration Strengthens Partnership with Kingdom of Bahrain and Launches 'Comprehensive Security Integration and Prosperity Agreement,'" White House, September 13, 2023.

84. Leila Fadel, "The Family of a Jailed Bahrain Activist Says He Has Resumed a Hunger Strike," NPR, September 14, 2023.
85. Daniel Flatley, "Biden Signs Bipartisan Law Punishing China Over Uyghur Abuse," Bloomberg.com, December 23, 2021; Quint Forgey and Kelly Hooper, "Biden Fist Bump with MBS Triggers Backlash," *Politico*, July 15, 2022.

第二章　東南亞戰爭

1. Anthony Lewis, "Look on My Works . . .," *New York Times*, May 1, 1975; John K. Fairbank, "Assignment for the '70s," presidential address, American Historical Association, New York City, December 29, 1968; Pete Buttigieg, *Shortest Way Home* (New York: Liveright, 2019), ebook; Max Hastings, *Vietnam: An Epic Tragedy, 1945-1975* (New York: Harper Collins, 2018), ebook.
2. Daniel Ellsberg, *Secrets: A Memoir of Vietnam and the Pentagon Papers* (New York: Penguin Books, ebook, 2003).
3. Hồ Chí Minh, "Declaration of Independence of the Democratic Republic of Viet-Nam," in *On Revolution: Selected Writings, 1920-66*, ed. Bernard B. Fall (New York: Frederick A. Praeger, 1967), 143-45.
4. Telegram from Hồ Chí Minh to President Harry Truman, February 28, 1946; Letter from Hồ Chí Minh to President Harry Truman, January 18, 1946.
5. Hastings, *Vietnam;* Murrey Marder, "When Ike Was Asked to Nuke Vietnam," *Washington Post*, August 22, 1982.
6. Michael Schaller, *The American Occupation of Japan* (New York: Oxford University Press, 1987), 151; "The Secretary of State to the Embassy in the United Kingdom," April 4, 1954, *Foreign Relations of the United States, 1952-1954, Indochina, Vol. XIII, Part 1* (Washington, DC: U.S. Government Printing Office, 1982); "Department of State Policy Statement on Indochina, September 27, 1948," *Foreign Relations of the United States, 1948, The Far East and Australasia, Vol. VI* (Washington, DC: U.S. Government Printing Office, 1974).
7. George Kahin, *Intervention: How America Became Involved in Vietnam* (New York: A. A. Knopf, 1986), 89, 60-66; Dwight D. Eisenhower, *The White House Years (1953-1956): Mandate for Change* (Garden City, NY: Doubleday, 1963), 372; Charles Mohr, "Nightmare for Saigon," *New York Times*, October 24, 1966.

8. Christian Appy, *American Reckoning: The Vietnam War and Our National Identity* (New York: Viking, 2015), ebook; Seth Jacobs, *Cold War Mandarin: Ngo Dinh Diem and the Origins of America's War in Vietnam, 1950-1963* (Lanham, MD: Rowman & Littlefield, 2006), 123-25; David Hotham, in *Viet-Nam: The First Five Years*, ed. R. Lindholm (Lansing: Michigan State University Press, 1959), 346.
9. Stanley Karnow, *Vietnam: A History* (London: Guild Publishing, 1985), 255.
10. Interview of General Nguyễn Khánh with German magazine *Stern*, reprinted in *Los Angeles New Advocate*, April 1-15, 1972; Paper "Prepared by the Ambassador in Vietnam (Taylor)," *Foreign Relations of the United States, 1964-1968, Vol. I, Vietnam, 1964* (Washington, DC: U.S. Government Printing Office, 1992).
11. Douglas Pike, *Viet Cong* (Cambridge, MA: MIT Press, 1966), 110; Vann quoted in Eric M. Bergerud, *The Dynamics of Defeat: The Vietnam War in Hau Nghia Province* (Boulder, CO: Westview Press, 1993), ebook.
12. Bernard B. Fall and Marcus G. Raskin, eds., *The Viet-Nam Reader* (New York: Vintage Books, 1965); Bernard B. Fall, *Last Reflections on a War* (Garden City, NY: Doubleday, 1967).

    在《Vietnam Inc.》一書中，菲利普・瓊斯・格里菲斯（Philip Jones Griffiths）記錄了一名飛行員對凝固汽油彈威力的讚嘆：「我們對陶氏（化學）那些幕後人員佩服得很。最初的產品效果不太好——如果那些『小黃種』（gooks）動作快，還能把它刮掉。所以那些技術人員開始加入聚苯乙烯，現在它會像屎黏在毯子上牢牢附著。但後來發現，如果那些傢伙跳進水裡，火就會熄滅，於是他們又加了白磷，這樣燃燒效果更好，甚至能在水下繼續燃燒。而且只要一滴，就能一直燒到骨頭，最後還是會因磷中毒而死。」
13. 「歷史上最狂轟炸機」（Greatest bomber in history）」這個說法最初出現在《華盛頓郵報》，不久之後，美國參議員約翰・藤尼（John V. Tunney，加州民主黨）與法蘭克・摩斯（Frank Moss，猶他州民主黨）也在國會紀錄中引用了這個說法：*Congressional Record-Senate*, April 17, 1972, p. 12817, and April 19, 1972, p. 13455; "Conversation Between President Nixon and His Assistant for National Security Affairs (Kissinger)," April 19, 1972, *Foreign Relations of the United States, 1969-1976, Soviet Union, October 1971-May 1972, Vol. XIV* (Washington, DC: U.S. Government Printing Office, 2006); Appy, *American Reckoning*; Martha Gellhorn, *The Face of War* (New York: Simon & Schuster, 1959), 224.
14. 本段所提的事實來自 Nick Turse, *Kill Anything That Moves: The Real American War in Vietnam* (New York: Metropolitan Books, 2013)，本書多處引用尼克・圖斯這本重要的著作；Truong Nhu Tang, *A Vietcong Memoir: An Inside Account of the Vietnam War and*

Its Aftermath (New York: Vintage, 1986).

15. Quy-Toan Do, "Agent Orange and the Prevalence of Cancer Among the Vietnamese Population 30 Years After the End of the Vietnam War," Policy Research Working Paper no. 5041, World Bank Development Research Group, September 2009; "The U.S. Military and the Herbicide Program in Vietnam," in *Veterans and Agent Orange: Health Effects of Herbicides Used in Vietnam*, Institute of Medicine Committee to Review the Health Effects in Vietnam Veterans of Exposure to Herbicides (Washington, DC: National Academies Press, 1994); Arthur H. Westing, "'Agent Blue' in Vietnam," *New York Times*, July 12, 1971; John Milner, *Vietnam: After the Fire* (Acacia Productions, Channel Four, and Cinema Guild, 1988).
16. Gabriel Kolko, *Vietnam: Anatomy of a Peace* (New York: Routledge, 1997), 2; RAND quoted in Turse, *Kill Anything That Moves*, 95.
17. Guenter Lewy, *America in Vietnam* (New York: Oxford University Press, 1978), 226; Nick Turse, "The Ken Burns Vietnam War Documentary Glosses Over Devastating Civilian Toll," *Intercept*, September 28, 2017.
18. Geoffrey C. Ward and Ken Burns, *The Vietnam War: An Intimate History* (New York: A. A. Knopf, 2017), 153.
19. Lewy, *America in Vietnam*, 180-81; David Gates, "Transition: Westmoreland," *Newsweek*, July 31, 2005.
20. Lewy, *America in Vietnam*, 96. 關於萊衛歷史論述的更全面批判，請參閱：Noam Chomsky, "On the Aggression of South Vietnamese Peasants Against the United States," in *Towards a New Cold War* (New York: Pantheon, 1982), 154-65.
21. Ward and Burns, *The Vietnam War*, 54; Lewy, *America in Vietnam*, 243.
22. Wallace Terry, *Bloods: An Oral History of the Vietnam War by Black Veterans* (New York: Presidio Press, 1984); Turse, *Kill Anything That Moves*, 28.
23. Peter Davis, *Hearts and Minds* (Culver City, CA: Columbia Pictures, 1974); John Mecklin, *Mission in Torment* (Garden City, NY: Doubleday, 1965), 76.
24. Andrew Preston, "How Vietnam Was America's Avoidable War," *New Statesman*, September 19, 2018; Tim O'Brien, *The Things They Carried* (Boston: Houghton Mifflin, 1990).
25. Deborah Nelson, *The War Behind Me: Vietnam Veterans Confront the Truth About U.S. War Crimes* (New York: Basic Books, 2008), 76; Lewy, *America in Vietnam*, 452.
26. Ward and Burns, *The Vietnam War*, 273; Nick Turse, "A My Lai a Month," *The Nation*, November 13, 2008; Turse, *Kill Anything That Moves*, 206.

27. Ward and Burns, *The Vietnam War*, 154.

28. Lewis M. Simons, "The U.S. Promised Ukraine Cluster Bombs. In Laos, They Still Kill Civilians," NPR, July 11, 2023; "War Legacy Issues in Southeast Asia: Unexploded Ordnance," Congressional Research Service, June 3, 2019.

29. Leah Zani, *Bomb Children: Life in the Former Battlefields of Laos* (Durham, NC: Duke University Press, 2019), 19; Joshua Kurlantzick, *A Great Place to Have a War: America in Laos and the Birth of a Military CIA* (New York: Simon & Schuster, 2017), 18.

30. Antonia Bolingbroke-Kent, "'I Don't Want More Children to Suffer What I Did': The 50Year Fight to Clear U.S. Bombs from Laos," *Guardian*, April 27, 2023.

31. Thomas Fuller, "One Woman's Mission to Free Laos from Millions of Unexploded Bombs," *New York Times*, April 5, 2015; Stearns quoted in Kurlantzick, *A Great Place to Have a War*, 179, 指出當時「美軍即使沒有明確的軍事目標」，也照樣投下炸彈，讓飛行員能夠「練習一下」。另一位美方官員還開玩笑說，在暫停轟炸北越期間，「總不能讓那些飛機生鏽吧」；Fred Branfman, *Voices from the Plain of Jars: Life Under an Air War* (Madison: University of Wisconsin Press, 1972). 另參閱：Brett S. Morris, "Laos After the Bombs," *Jacobin*, July 3, 2015.

32. Bolingbroke-Kent, "'I Don't Want More Children to Suffer What I Did.'" 稍微值得一提的是，現在有些農民能靠撿拾未爆彈維生。

33. Elizabeth Becker, "Kissinger Tapes Describe Crises, War and Stark Photos of Abuse," *New York Times*, May 27, 2004; Taylor Owen and Ben Kiernan, "Bombs over Cambodia," *The Walrus*, October 2006.

34. Ben Kiernan, *The Pol Pot Regime: Race, Power, and Genocide in Cambodia Under the Khmer Rouge, 1975-79* (New Haven, CT: Yale University Press, 1998), 16. William Shawcross 在 *Sideshow: Kissinger, Nixon, and the Destruction of Cambodia* (London: Andre Deutsch, 1979) 也提出類似結論；*Sideshow: Kissinger, Nixon, and the Destruction of Cambodia* (London: Andre Deutsch, 1979); Taylor Owen and Ben Kiernan, "Making More Enemies Than We Kill? Calculating U.S. Bomb Tonnages Dropped on Laos and Cambodia, and Weighing Their Implications," *Asia-Pacific Journal: Japan Focus* 13, no. 16 (April 27, 2015).

35. Elizabeth Becker, *When the War Was Over: The Voices of Cambodia's Revolution and Its People* (New York: Simon & Schuster, 1986), 440; Adam Jones, *Genocide: A Comprehensive Introduction* (London: Taylor & Francis, 2010), 302. Adam Jones 指出，「一九八〇年代出現一種奇特現象（anomalous sight），就是曾犯下種族滅絕罪行的共產政權，竟然在華府獲得了最堅定的支持之一。」

36. Don Oberdorfer, "U.S. to Support Pol Pot Regime for UN Seat," *Washington Post*, September 15, 1980; Elizabeth Becker, "Death of Pol Pot: The Diplomacy," *New York Times*, April 17, 1998; Ben Kiernan, *How Pol Pot Came to Power* (London and New York: Verso, 2008), xxix.
37. Shawcross, *Sideshow*, 395; William Shawcross, "Sihanouk's Case," *New York Review of Books*, February 22, 1979. 若要深入了解關於季辛吉的相關內容，請參閱：Nick Turse, "Blood on His Hands," *Intercept*, May 23, 2023; Reed Brody, "Is Henry Kissinger a War Criminal?" *Just Security*, June 27, 2023; René Rojas, Bhaskar Sunkara, and Jonah Walter, eds., *The Good Die Young: The Verdict on Henry Kissinger* (London and New York: Verso, 2024).
38. "Year Zero Author on Justice," *Phnom Penh Post*, April 11, 2013.
39. Christian Appy, *Patriots: The Vietnam War Remembered from All Sides* (New York: Penguin Books, 2003), 126.
40. Elizabeth Becker, "The Secrets and Lies of the Vietnam War, Exposed in One Epic Document," *New York Times*, June 9, 2021.
41. McNaughton quoted in Howard Zinn, *A People's History of the United States* (New York: HarperCollins, 1999), 499. 辛恩在其著作中關於越戰的章節，對理解這場戰爭的背景及反戰運動相當重要；"Conversation Among President Nixon, the Assistant to the President (Haldeman), and the President's Assistant for National Security Affairs (Kissinger)," May 5, 1972, *Foreign Relations of the United States, 1969-1976, Vietnam, January-October 1972, Vol. VIII* (Washington, DC: U.S. Government Printing Office, 1972).
42. William Ehrhart, "A Vietnam Vet," interview by David Hoffman, 1989, YouTube, https://www.youtube.com/watch?v=tixOyiR8B-8.
43. Jimmy Carter, The President's News Conference, March 24, 1977.

第三章　九一一事件與阿富汗的毀滅

1. George W. Bush, "President Bush Addresses the Nation," September 20, 2001; Osama bin Laden, *Messages to the World: The Statements of Osama bin Laden* (London and New York: Verso, 2005), 46-47.
2. "Victims Relive the Terror of Israel Attack on Lebanon," *Deseret News*, April 17, 1997; 美聯社報導指出:「沒有人能確定死了多少人,因為當一百五十五公釐砲彈傾瀉落下時,許多受害者的身體被炸得四分五裂。」Sam F. Ghattas, "A Year Later, Survivors Carry Scars of Qana Massacre," Associated Press, April 16, 1997. 即使過了二十年,這些傷痕依然存在,根據倖存者訪談可見一斑:Federica Marsi, "Two Decades of Pain: Lebanese Village Still Reeling from Israeli 'Massacre,'" *Middle East Eye*, August 1, 2016.
3. "Israel/ Lebanon: Unlawful Killings During Operation 'Grapes of Wrath,'" Amnesty International, July 23, 1996; 人權觀察組織則認定,以色列「在平民密集地區,未加警告就連續發射這種砲彈,已嚴重違反國際人道法的基本原則」。"Operation 'Grapes of Wrath': The Civilian Victims," Human Rights Watch, September 1997; "Qana Dead 'a Bunch of Arabs,'" *Independent*, May 10, 1996. 當時發動攻擊的指揮官納夫塔利·班奈特,後來成為以色列總理。
4. Osama bin Laden, "Letter to America," *Guardian*, November 24, 2002.
5. 參閱:Scott D. Seligman, "The Franklin Prophecy," *Tablet*, August 4, 2021.
6. Peter Waldman et al., "The Moneyed Muslims Behind the Terror," *Wall Street Journal*, September 14, 2001; Peter Waldman and Hugh Pope, "Worlds Apart: Some Muslims Fear War on Terrorism Is Really a War on Them," *Wall Street Journal*, September 21, 2001. 《華爾街日報》指出:「常聽到阿拉伯人與穆斯林感嘆,如果平等與自由在西方這麼重要,那為什麼美國在穆斯林世界中卻沒有為這些價值挺身而出?」阿拉伯報紙《阿拉伯聖城報》(*al-Quds al-Arabi*)雖然也譴責九一一攻擊事件,但仍呼籲美國民眾思考,「為什麼在所有西方國家的大使館、建築和國防設施當中,恐怖攻擊偏偏針對的是美國?」
7. Waldman and Pope, "Worlds Apart"; David Gardner, "The West's Role in Islam's War of Ideas," *Financial Times*, July 8, 2005.
8. Serge Schmemann, "War Zone; What Would 'Victory' Mean?," *New York Times*, September 16, 2001.
9. 或者,更準確來說,這場戰爭其實是重新啟動的。最初的「全球反恐戰爭」是在雷根政府剛上任時宣布的,當時他們以煽動性言詞形容恐怖主義,雷根將其稱為「由邪惡的反文明者散播的瘟疫」,而時任國務卿喬治·舒茲(George Shultz)則形容它是「現代社會倒退回野蠻時代」。然而，這場「反恐戰爭」早已悄悄地從歷史記紀錄中消失。後來它迅速演變成一場殘暴且具破壞性的恐怖戰爭，影響範圍遍及中美洲、南部非洲和中東，並且帶來至今仍未消散的嚴重後果。

10. "Costs of War: Summary of Findings," Watson Institute for International and Public Affairs, Brown University, n.d.

11. "U.S. Tried for Years to Secure Bin Laden," *Orlando Sentinel*, October 29, 2001; Carter Malkasian, *The American War in Afghanistan: A History* (New York: Oxford University Press, 2021), ebook.

12. David B. Ottaway and Joe Stephens, "Diplomats Met with Taliban on Bin Laden," *Washington Post*, October 29, 2001; Mujib Mashal, "Taliban 'Offered bin Laden Trial Before 9/11,'" *Al Jazeera English*, September 11, 2011; John Mueller, "What If the U.S. Didn't Go to War in Afghanistan After 9/11?," Cato Institute, September 3, 2021; Vahid Brown, "The Facade of Allegiance: Bin Ladin's Dubious Pledge to Mullah Omar," *CTC Sentinel* 3, no. 1 (January 2010).

13. John F. Burns, "Pakistan Antiterror Support Avoids Vow of Military Aid," *New York Times*, September 16, 2001; Samina Ahmed, "The United States and Terrorism in Southwest Asia: September 11 and Beyond," *International Security* 26, no. 3 (Winter 2001-2002): 92.

14. Patrick E. Tyler, "Bush Warns 'Taliban Will Pay a Price,'" *New York Times*, October 8, 2001; "Bush Announces Strikes Against Taliban," *Washington Post*, October 7, 2001; Alice Thomas, "Exercise Caution, Experts Say," *Columbus Dispatch*, September 16, 2001; Michael Howard, "What's in a Name? How to Fight Terrorism," *Foreign Affairs*, January/ February 2002; Robert Kagan, "It Wasn't Hubris That Drove America into Afghanistan. It Was Fear," *Washington Post*, August 26, 2021; Dan Balz, Bob Woodward, and Jeff Himmelman, "Afghan Campaign's Blueprint Emerges," *Washington Post*, January 28, 2002; Carlos Lozada, "9/11 Was a Test. The Books of the Last Two Decades Show How America Failed," *Washington Post*, September 3, 2021.

15. Malkasian, *The American War in Afghanistan*, 60-61; Patrick Cockburn, "Who Killed 120 Civilians? The U.S. Says It's Not a Story," *Independent*, May 10, 2009.

16. Rory McCarthy, "New Offer on Bin Laden," *Guardian*, October 16, 2001; Carl Conetta, "Strange Victory: A Critical Appraisal of Operation Enduring Freedom and the Afghanistan War," Project on Defense Alternatives Research Monograph 6, January 30, 2002; "Afghanistan: New Civilian Deaths Due to U.S. Bombing," Human Rights Watch, October 30, 2001; "U.S. Planes Bomb a Red Cross Site," *New York Times*, October 27,

2001; "A Future for the Afghans," *Guardian*, October 16, 2001.

17. Sarah Chayes, "Spinning the War in Afghanistan," *Bulletin of the Atomic Scientists* 62, no. 5 (2006): 54-61.

18. "Pentagon: Afghan Village a 'Legitimate Target,'" CNN, November 2, 2001; Jason Burke, "U.S. Admits Lethal Blunders," *Guardian,* October 13, 2001; Robert Nickelsberg with Jane Perlez, "Survivors Recount Fierce American Raid That Flattened a Village," *New York Times*, November 2, 2001.

19. Barry Bearak, "Leaders of the Old Afghanistan Prepare for the New," *New York Times*, October 25, 2001; Anatol Lieven, "On the Road: Interview with Commander Abdul Haq," Carnegie Endowment for International Peace, October 14, 2001. 阿卜杜勒·哈克表示：「現在，阿富汗人民正因為這些阿拉伯狂熱分子而受苦，但我們都知道，是誰在一九八〇年代將這些阿拉伯人帶到了阿富汗。」哈克指的是在蘇聯占領期間，阿富汗基本教義派極端分子被中央情報局及其在巴基斯坦情報界的盟友招募、武裝並資助，以便對蘇聯軍隊造成最大的傷害。對於雷根政府來說，「唯一的目標」是「削弱蘇聯軍隊，並在國際輿論中辱罵蘇聯」。這場戰爭的直接結果是摧毀了阿富汗，蘇聯撤軍後，雷根政府支持的聖戰分子接管，後果更為慘重。長期結果是二十年的恐怖統治和內戰，參閱：Steve Coll, *Ghost Wars: The Secret History of the CIA, Afghanistan, and bin Laden, from the Soviet Invasion to September 10, 2001* (New York: Penguin Press, 2004).

20. "RAWA Statement on the U.S. Strikes on Afghanistan," Revolutionary Association of the Women of Afghanistan, October 11, 2001, http:// www.rawa.org/ usstrikes.htm.

21. Donald Rumsfeld news conference, October 29, 2001; Leslie Rose, "U.S. Bombing of Afghanistan Not Justified as Self-Defense Under International Law," 59 Guild Prac. 65 (2002); Alfred W. McCoy, "You Must Follow International Law (Unless You're America)," *Nation*, February 24, 2015.

22. Craig Whitlock, *The Afghanistan Papers* (New York: Simon & Schuster, 2021), 28.

23. "Not Inviting Taliban to Bonn Conference Was a Historic Mistake," *South Asia Monitor* (December 31, 2020); Malkasian writes that Rumsfeld "may have even threatened to pull U.S. support if any deal went through."

24. 除非另有註明，所有引用內容均來自：Malkasian, *The American War in Afghanistan*, and Whitlock, *The Afghanistan Papers*.

25. Joel Roberts, "Plans for Iraq Attack Began on 9/11," CBS News, September 4, 2002; Maura Reynolds, "Bush 'Not Concerned' About Bin Laden in '02," *Los Angeles Times*, October 14, 2004.

26. Office of the Secretary of Defense, Donald Rumsfeld "snowflake" to [redacted], Subject:

"Meetings with President," October 21, 2002, 5:50 p.m., National Security Archive.

27. James Risen, "A War's Epitaph," *Intercept*, August 26, 2001; "The United States' Response to Corruption in Afghanistan," Institute of World Politics, May 1, 2018.

28. Rodric Braithwaite, "New Afghan Myths Bode Ill for Western Aims," *Financial Times*, October 15, 2008.

29. "Dexter Filkins on the Fall of Afghanistan," *New Yorker Radio Hour*, August 20, 2021; Patrick Cockburn, "Return to Afghanistan: A Report from Kabul," *London Review of Books*, June 11, 2009.

30. Sarah Chayes, *The Punishment of Virtue: Inside Afghanistan After the Taliban* (New York: Penguin Books, 2007), ebook.

31. Luke Harding, "Afghan Massacre Haunts Pentagon," *Guardian*, September 14, 2002. 白宮面對人權團體要求調查杜斯塔姆駭人屠殺事件的壓力，選擇不予理會。James Risen, "U.S. Inaction Seen After Taliban P.O.W.'s Died," *New York Times*, July 10, 2009; Rod Nordland, "Accused of Rape and Torture, Exiled Afghan Vice President Returns," *New York Times*, July 22, 2018; Joshua Partlow, "Dostum, a Former Warlord Who Was Once America's Man in Afghanistan, May Be Back," *Washington Post*, April 23, 2014; Matthew Rosenberg, "Afghanistan's Vice President Is Barred from Entering U.S.," *New York Times*, April 25, 2016.

32. Hillary Clinton, "The Way Forward in Afghanistan," Testimony Before the Senate Foreign Relations Committee, Washington, DC, June 23, 2011, quoted in Whitlock, *The Afghanistan Papers*.

33. Nick Davies and David Leigh, "Afghanistan War Logs: Massive Leak of Secret Files Exposes Truth of Occupation," *Guardian*, July 25, 2010.

34. Peter Finn, "Staff Sgt. Robert Bales Admits to Killing 16 Afghans," *Washington Post*, June 5, 2013; Ben Doherty, "Ben Roberts-Smith Called Alleged Killing of Unarmed Afghan Teenager 'Beautiful Thing,' Court Hears," *Guardian*, February 11, 2022; "On 3 October 2015, U.S. Airstrikes Destroyed Our Trauma Hospital in Kunduz, Afghanistan, Killing 42 People," Médecins Sans Frontières; Spencer Ackerman, "Doctors Without Borders Airstrike: U.S. Alters Story for Fourth Time in Four Days," *Guardian*, October 6, 2015.

35. Risen, "A War's Epitaph."

36. Risen, "A War's Epitaph"; Scott Shane, "Drone Strikes Reveal Uncomfortable Truth: U.S. Is Often Unsure About Who Will Die," *New York Times*, April 23, 2015; Scott Shane, "Drone Strike Statistics Answer Few Questions, and Raise Many," *New York Times*, July 3,

2016; Ryan Bort, "The U.S. Government Just Killed 30 Innocent People," *Rolling Stone*, September 19, 2019; Peter Finn, "Rise of the Drone: From Calif. Garage to Multibillion-Dollar Defense Industry," *Washington Post*, December 23, 2011；根據「戰爭的代價」（Costs of War）計畫預估，在美國參與期間，阿富汗與巴基斯坦戰區共有約七萬名平民喪生。

37. Gopal cited in Malkasian, *The American War in Afghanistan*, 113.

38. "U.S. Drops Its Biggest Non-Nuclear Bomb on Afghans, Already Traumatized by Decades of War," *Democracy Now!*, April 14, 2017; Alex Emmonds, "'Mother of All Bombs' Never Used Before Due to Civilian Casualty Concerns," *Intercept*, April 13, 2017; U.S. official quoted in Dexter Filkins, "Last Exit from Afghanistan," *New Yorker*, March 1, 2021.

39. "Dexter Filkins on the Fall of Afghanistan," *New Yorker Radio Hour*; Eliza Griswold, "The Afghans America Left Behind," *New Yorker*, December 20, 2021.

40. Matthew Aikins et al., "In U.S. Drone Strike, Evidence Suggests No ISIS Bomb," *New York Times*, September 20, 2021; Eric Schmitt, "No U.S. Troops Will Be Punished for Deadly Kabul Strike, Pentagon Chief Decides," *New York Times*, December 13, 2021.

41. "15 Million Afghans Receive WFP Food Assistance So Far in 2021; Massive Uplift Needed as Economy Disintegrates," World Food Program, December 14, 2021; Saeed Shah, "As Afghanistan Sinks into Destitution, Some Sell Children to Survive," *Wall Street Journal*, October 16, 2021; Sune Engel Rasmussen, "'No Father Wants to Sell His Son's Kidney.' Afghans Pushed to Desperate Measures to Survive," *Wall Street Journal*, April 19, 2022; "Afghanistan: WFP Forced to Cut Food Aid for 2 Million More," *UN News*, September 5, 2023; Mansoor Khosrow, "'Life of Toil': Growing Number of Starving Afghan Families Send Children to Work," Radio Free Europe, May 17, 2023.

42. Ellen Ioanes, "U.S. Policy Is Fueling Afghanistan's Humanitarian Crisis," *Vox*, January 22, 2022; Charlie Savage, "Spurning Demand by the Taliban, Biden Moves to Split $7 Billion in Frozen Afghan Funds," *New York Times*, February 11, 2022; Ruth Pollard, "Joe Biden's $7 Billion Betrayal of Afghanistan," Bloomberg, February 13, 2022.

43. 阿富汗是全球數一數二貧窮的國家，但還不是最貧窮的那個。

44. Quoted in Sima Samar, *Outspoken: My Fight for Freedom and Human Rights in Afghanistan* (Toronto: Random House Canada, 2024), 290-91.

45. Baheer quoted in Pollard, "Joe Biden's $7 Billion Betrayal of Afghanistan"; Lynne O'Donnell, "Afghanistan Still Wants Its Frozen Funds," *Foreign Policy*, July 21, 2022; "The Biden Administration Frees Up $7 Billion in Afghan Assets Frozen in the U.S.,"

NPR, February 14, 2022; Javed Ahmad Kakar, "Biden Extends Freeze on Afghan Central Bank's Assets," *Pajhwok Afghan News*, February 8, 2024.

46. Laurel Miller, "Afghanistan Is in Meltdown, and the U.S. Is Helping to Speed It Up," *New York Times*, January 11, 2022; David Miliband, "The Afghan Economy Is a Falling House of Cards. Here Are 5 Steps to Rebuild It," CNN, January 20, 2022; Mark Weisbrot, "Biden's Sanctions on Afghanistan Threaten to Kill More Civilians Than Two Decades of War," *USA Today*, March 10, 2022.

47. Camilo Montoya-Galvez, "U.S. Is Rejecting over 90% of Afghans Seeking to Enter the Country on Humanitarian Grounds," CBS News, June 20, 2022; Dan De Luce, "Afghans Subject to Stricter Rules Than Ukrainian Refugees, Advocates Say," NBC News, April 29, 2022; Claire Adida et al., "Americans See Afghan and Ukrainian Refugees Very Differently. Why?," *Washington Post*, April 29, 2022; Alice Speri, "The Biden Administration Is Keeping Thousands of Afghans in Limbo Abroad," *Intercept*, September 13, 2023; Moustafa Bayoumi, "They Are 'Civilised' and 'Look Like Us': The Racist Coverage of Ukraine," *Guardian*, March 2, 2022.

48. Miller, "Afghanistan Is in Meltdown, and the U.S. Is Helping to Speed It Up."

49. "Taliban Diplomat Condemns Attacks," CNN, September 12, 2001; Rajiv Chandrasekaran, *Little America: The War Within the War for Afghanistan* (New York: Vintage, 2013), 22; "Human and Budgetary Costs to Date of the U.S. War in Afghanistan, 2001-2022," Costs of War Project, Watson Institute for International and Public Affairs, Brown University; Nitin J. Ticku, "Taliban Says They Condemned 9/11 Terror Attacks in 2001, Were Ready to Cooperate with the U.S.," *Eurasian Times*, September 12, 2021.

50. Howard, "What's in a Name?"

51. Patrick Cockburn, "Wasn't Bin Laden the Reason We Went to War?," *Independent*, May 8, 2011.

52. Patrick Cockburn, *The Age of Jihad* (London and New York: Verso, 2016), ebook. 更多關於阿富汗戰爭的細節與資料來源，請參閱： Scott Horton, *Fool's Errand: Time to End the War in Afghanistan* (independently published, 2017).

第四章　伊拉克：世紀之罪

1. 另一個有資格被稱為世紀罪行的，是美國的氣候政策。

2. Bryan Pietsch, "George W. Bush Called Iraq War 'Unjustified and Brutal.' He Meant Ukraine," *Washington Post*, May 19, 2022; Meredith Clark, "The War Killed 500,000 Iraqis," NBC News, October 16, 2013; "Iraqi Civilians," Costs of War Project, Watson Institute for International and Public Affairs, Brown University. 值得留意的是，傷亡人數的預估值差異極大。
3. Dahr Jamail, "Iraq: War's Legacy of Cancer," *Al Jazeera English*, March 15, 2013; Aaron Rupar, "Red Cross: Iraq Situation Getting Worse," ThinkProgress.com, April 11, 2007; "Iraq Conflict: Crisis of an Orphaned Generation," BBC News, November 28, 2012. 二〇〇五年，伊拉克的大學教師協會（Association of University Lecturers）會長預估，「自二〇〇三年美軍占領伊拉克以來，已有約三百名學者與大學行政人員在一波神秘暗殺行動中喪生」，另有「約兩千人……因擔憂自身安全而逃離該國。」Charles Crain, "Approximately 300 Academics Have Been Killed," *USA Today*, January 17, 2005.《時代》（*Time*）雜誌於二〇〇六年報導了該事件的影響：「這波出逃潮迫使許多大學緊急讓資歷不足的教師直接升任教授，甚至乾脆關閉整個學系。這導致伊拉克學生的教育品質嚴重下降，對國家的未來帶來災難性影響。如今難以想像，但在一九六〇至一九七〇年代，伊拉克的學術水準曾是阿拉伯世界的典範，而現在卻滿目瘡痍。」Aparisim Ghosh, "Baghdad Bulletin: Death Stalks the Campus," *Time*, November 2, 2006.
4. William Kristol, "We Were Right to Fight in Iraq," *USA Today*, May 20, 2015. 二〇〇三年，克里斯托曾表示：「如果我們找不到大規模毀滅性武器，我會感到震驚……，我認為我們一定會找到。如果找不到，某程度上就會削弱戰爭的理由。」然而，當伯尼・桑德斯質問克里斯托是否願意為自己推動這場災難性戰爭道歉時，克里斯托拒絕，並表示他「不喜歡那種帶有史達林風格的道歉要求」。參閱：Jon Schwarz, "Bernie Sanders Asked Bill Kristol to Apologize for Pushing the Iraq War. Guess What Happened Next," *Intercept*, May 28, 2019. Andrew Sullivan, *I Was Wrong* (independently published, 2013), ebook.
5. David Ignatius, "A War of Choice, and One Who Chose It," *Washington Post*, November 2, 2003. 順帶一提，一向自詡理想主義者的保羅・沃佛維茲，曾在雷根政府期間擔任美國駐印尼大使，並利用這個職位協助掩蓋蘇哈托政府侵犯人權的紀錄，避免雷根政府難堪。蘇哈托最終下台後，沃佛維茲在《華爾街日報》撰文表示，現在對這位大開殺戒的獨裁者下定論，還「言之過早」。Paul Wolfowitz, "The Tragedy of Suharto," *Wall Street Journal*, May 27, 1998.
6. "Obama Says His Position on Iraq Is Unchanged," NPR, July 3, 2008. 歐巴馬夫婦與小布希的關係相當融洽，蜜雪兒・歐巴馬曾在《今日秀》（*The Today Show*）中表示：「我真的非常喜歡他。他是個很好的人」、「他是我最要好的損友」。Hannah Yasharoff,

"George W. Bush Thinks It's a 'Problem' That People Can't Understand His Friendship with Michelle Obama," *USA Today*, April 19, 2021.

7. 順便一提，海珊的復興黨最初的崛起得到了美國中央情報局的支持。中情局當時正在協助策劃推翻阿卜杜勒．卡里姆．卡西姆（Abd al-Karim Qasim）民族主義政府，因為卡西姆徵收了英國和美國在伊拉克石油公司的股份。正如歷史學家艾力克．雅各遜（Eric Jacobsen）所解釋的，美國決策者擔心卡西姆會激發該地區其他地方的民族主義起義，破壞「戰後新殖民主義社會秩序」。Eric Jacobsen, "A Coincidence of Interests: Kennedy, U.S. Assistance, and the 1963 Iraqi Ba'th Regime," *Diplomatic History* 37, no. 5 (2013): 1029-59. 中情局當時是積極協助復興黨的政變，還是僅策劃自己的政變，至今仍有爭議，但有證據顯示，政變後，「中情局向持衝鋒槍的伊拉克國民警衛隊（Iraqi National Guardsmen）提供了共產主義者的可疑名單，這些人隨後被逮捕、審問並被草率處決」。我們知道，「至少目前已解密的文件顯示，美方官員當時確實在積極考慮針對卡西姆的各種政變陰謀，並且中情局正在為伊拉克的秘密行動積極培養勢力。」Kenneth Osgood, "Eisenhower and Regime Change in Iraq: The United States and the Iraqi Revolution of 1958," in David Ryan and Patrick Kiely, eds., *America and Iraq: Policy-making, Intervention and Regional Politics* (New York: Routledge, 2008). Brandon Wolfe-Hunnicutt 指出，有「具說服力的證據」顯示美國參與了政變。Brandon Wolfe-Hunnicutt, "Oil Sovereignty, American Foreign Policy, and the 1968 Coups in Iraq," *Diplomacy & Statecraft* 28, no. 2 (2017): 235-53. 另參閱：Richard Sale, "Saddam Key in Early CIA Plot," United Press International, April 10, 2003.

8. Ian Black, "Iran and Iraq Remember War That Cost More Than a Million Lives," *Guardian*, September 23, 2010; "Only thing standing" quoted from Kenneth Pollack, *The Threatening Storm: The Case for Invading Iraq* (New York: Random House, 2002), ebook; Matt Kelley, "U.S. Supplied Germs to Iraq in '80s," Associated Press, October 1, 2002; Julian Borger, "Rumsfeld 'Offered Help to Saddam,'" *Guardian*, December 31, 2002. 美國同時期也對伊朗出售武器，這起事件後來被稱為「伊朗門事件」（Iran-Contra affair）。這種兩面下注的作法，也許正如哈利．杜魯門當年對納粹德國與蘇聯所提出的原則：「如果我們看到德國快贏了，就該幫蘇聯；如果是蘇聯快贏了，就該幫德國，讓他們互相殺得越多越好。」David McCullough, *Truman* (New York: Simon & Schuster, 1992), 262.

9. James Gerstenzang, "U.S. Sinks or Damages 6 Iran Ships in Persian Gulf Clashes: Tehran Strikes Back After Oil Rig Shellings," *Los Angeles Times*, April 19, 1988; International Court of Justice, *Case Concerning Oil Platforms (Islamic Republic of Iran v. United States of America)*, judgment of November 6, 2003. 這起事件在美國幾乎被遺忘，但「至

今仍是伊朗政府長期不信任美國的重要理由之一」。更讓伊朗憤怒的是，美國還授予擊落該客機的艦長「功績勳章」（Legion of Merit）。 Jon Gambrell, "30 Years Later, U.S. Downing of Iran Flight Haunts Relations," Associated Press, July 3, 2018. 一名伊朗教授在二〇二〇年接受國家廣播公司新聞採訪時表示（當時兩架美國戰機與另一架伊朗客機險些發生碰撞），一九八八年的客機擊落事件讓許多伊朗人普遍認為「美國並不在乎無辜百姓的生命」。Amin Hossein Khodadadi and Isobel van Hagen, "Iranian Passenger Flight Incident a Grim Echo of U.S. Downing of Airliner in 1988," NBC News, July 25, 2020. Marty Steinberg, "'Kinder, Gentler,' and Other George HW Bush quotes," CNBC, December 1, 2018.

10. Robert Fisk, *The Great War for Civilization: The Conquest of the Middle East* (New York: A. A. Knopf, 2005), ebook; Julian Borger, "Rumsfeld 'Offered Help to Saddam,'" *Guardian*, December 31, 2022. 朱利安・伯格（Julian Borger）指出，一九八三年，「時任國務卿喬治・舒茲收到情報報告，顯示伊拉克幾乎每天都在使用化學武器」，但短短幾週後，「雷根便簽署了一項機密命令，指示政府『不惜一切合法手段』，確保伊拉克不會輸掉戰爭」。Patrick E. Tyler, "Officers Say U.S. Aided Iraq in War Despite Use of Gas," *New York Times*, August 18, 2002; Shane Harris and Matthew M. Aid, "CIA Files Prove America Helped Saddam as He Gassed Iran," *Foreign Policy*, August 26, 2013.

11. Tyler, "Officers Say U.S. Aided Iraq in War Despite Use of Gas." 據稱，美國從伊拉克提交給聯合國的武器申報報告中刪除了數千頁文件，其中部分內容顯示，「二十四家美國企業以及雷根政府與老布希政府曾非法向薩達姆・海珊政府提供大量大規模毀滅性武器，並訓練其使用」。"U.S. Illegally Removes Pages from Iraq UN Report," ProjectCensored.org, April 29, 2010; "President Bush: Monday 'Moment of Truth' for World on Iraq," White House, Office of the Press Secretary, March 16, 2003.

12. Joost R. Hiltermann, "Halabja: America Didn't Seem to Mind Poison Gas," *New York Times*, January 17, 2003; Peter W. Galbraith, "The True Iraq Appeasers," *New York Times*, September 4, 2006.

13. Steven A. Holmes, "Congress Backs Curbs Against Iraq," *New York Times*, July 28, 1990; John Edward Wilz, "The Making of Mr. Bush's War: A Failure to Learn from History?," *Presidential Studies Quarterly* 25, no. 3 (1995): 525.

14. 關於海珊如何解讀這番話是否意味著美國不會介入，一直存在爭議。肯尼思・波拉克寫道，美國大使實際上「向薩達姆・海珊保證，美國無意介入伊拉克與科威特的爭端，同時也敦促他以和平方式解決問題」。多年後，身陷囹圄的海珊曾質問美國調查人員：「如果你們不希望我出兵，為什麼當初不說？」Steve Coll, *The Achilles Trap: Saddam Hussein, the C.I.A., and the Origins of America's Invasion of Iraq* (New York: Penguin

Press, 2024), 174. 柯爾（Steve Coll）指出，海珊甚至一度認為「老布希可能希望他拿下科威特」，因為他從未掩飾自己的行動計畫，而美國也「沒有發出任何直接且強硬的警告」來阻止他發動攻擊。

15. Elaine Sciolino, "U.S. Gave Iraq Little Reason Not to Mount Kuwait Assault," *New York Times*, September 23, 1990; Pollack, *The Threatening Storm*.

16. R. W. Apple Jr., "Standoff in the Gulf: U.S. 'Nightmare Scenario': Being Finessed by Iraq," *New York Times*, December 19, 1990.

17. William Drozdiak, "Arab Nations Break Silence, Condemn Iraq," *Washington Post*, August 4, 1990; George H. W. Bush, "Remarks to Community Members at Fort Stewart, Georgia," February 1, 1991; "Confrontation in the Gulf; Proposals by Iraqi President: Excerpts from His Address," *New York Times*, August 13, 1990; "Bush Tabbed for 'Nobel War Prize,'" *Greensboro News and Record*, February 26, 1991; *Times of India* cited by William Dalrymple, *Spectator*, February 23, 1991.

18. 正如《奧蘭多前哨報》（*Orlando Sentinel*）於一九九〇年一篇專欄文章所說：「過去十年來，美國一直目睹薩達姆．海珊的侵略與暴行，卻在政策上刻意扶持他，提供糧食、借貸資金、無視他對美國軍艦的攻擊，甚至保護他的資金流動。因此，老布希總統現在解釋我們出兵波斯灣，是因為美國突然出於原則反對伊拉克的侵略，或是突然對他的暴行感到震驚，或是為了『伸張正義與自由』，這樣的說法實在令人難以接受。」Joshua Holland, "The First Iraq War Was Also Sold to the Public Based on a Pack of Lies," BillMoyers.com, June 27, 2014. 若想進一步了解戰爭期間敵人相關的假消息如何輕易傳播，可參閱：Arthur Ponsonby 於一九二八年出版的 *Falsehood in War-Time*，該書雖聚焦於第一次世界大戰，但至今依然極具參考價值。

19. 這句話讓人聯想到越戰時期的背景，以及季辛吉那番遭人非議的言論，應被理解為一種鼓吹種族滅絕的號召，意圖無視交戰規則。

20. "Hussein to 'Get Ass Kicked' in War—Bush," *Los Angeles Times*, December 20, 1990; "Needless Deaths in the Gulf War: Civilian Casualties During the Air Campaign and Violations of the Laws of War," Human Rights Watch, 1991; Noura Boustany, "Bombs Killed Victims as They Slept," *Washington Post*, February 14, 1991; Al Kamen, "Iraqi Factory's Product: Germ Warfare or Milk?," *Washington Post*, February 8, 1991; "No Justice for the Victims of AlAmiriyah," Geneva International Center for Justice, February 13, 2019; Ray Howze, " 'Highway of Death' Still Stands Out for One Gulf War Veteran," *Leaf Chronicle*, February 26, 2016; Patrick Cockburn, "In Middle East Wars It Pays to Be Skeptical," *CounterPunch*, April 23, 2018; Tim Arango, "After 25 Years of U.S. Role in Iraq, Scars Are Too Stubborn to Fade," *New York Times*, February

16, 2016; Eric Schmitt, "U.S. Army Buried Iraqi Soldiers Alive in Gulf War," *New York Times*, September 15, 1991; "Army Tanks Buried Iraqi Soldiers Alive in Trenches," *Deseret News*, September 12, 1991; 率領第一旅發動攻擊的朗・馬加特上校（Col. Lon Maggart）為這種作法辯護：「我知道把人活埋聽起來相當殘忍……但如果我們必須派士兵進入戰壕，靠刺刀逐一清理敵人，那將會更加殘酷。」若想了解這場屠殺如何被媒體忽視，可參閱：Patrick J. loyan, "'What I Saw Was a Bunch of FilledIn Trenches with People's Arms and Legs Sticking Out of Them. For All I Know, We Could Have Killed Thousands,'" *Guardian*, February 14, 2003.

21. Barton Gellman, "Allied Air War Struck Broadly in Iraq: Officials Acknowledge Strategy Went Beyond Purely Military Targets," *Washington Post*, June 23, 1991.

22. Mehdi Hasan, "The Ignored Legacy of George H. W. Bush: War Crimes, Racism, and Obstruction of Justice," *Intercept*, December 1, 2018; George H. W. Bush, "Remarks to Community Members at Fort Stewart, Georgia, February 1, 1991; George H. W. Bush, "Remarks to the American Legislative Exchange Council," March 1, 1991.

23. George H. W. Bush, The President's News Conference on the Persian Gulf Conflict, March 1, 1991.

24. 請注意，當討論美國對獨裁者的支持時，原本的暴行卻被淡化為「罪過」（sins）。因為，若直接承認「無論他犯下多少暴行，他仍是維持穩定的最佳選擇」，會讓美國的立場顯得極其可議。而所謂的「穩定」（stability），其實意思是「屈從於美國利益」。因此，這句話的真正含義是：「無論發生多少恐怖暴行與鎮壓，都不足以讓華府將伊拉克人民的人權置於自身利益之上。」Thomas L. Friedman, "A Rising Sense That Iraq's Hussein Must Go," *New York Times*, July 7, 1991; 在美國大學研究伊拉克反對派團體的Carole O'Leary 聲稱，老布希實際上對反對派說：「你們自己做，我們會幫助你們。」引自：Jason Embry, "Uprising in Iraq May Be Slow Because of U.S. Inaction in 1991," Cox News Service, April 4, 2003; Tim Arango, "A Long-Awaited Apology for Shiites, but the Wounds Run Deep," *New York Times*, November 8, 2011; Alan Cowell, "Kurds Assert Few Outside Iraq Wanted Them to Win," *New York Times*, April 11, 1991.

25. 美國在薩達姆・海珊犯下最嚴重暴行時曾予以支持，這導致當他最終受審時，情況變得更加複雜。為了避免尷尬，法庭特別安排，以阻止薩達姆傳喚證人，例如時任國防部長的唐納・倫斯斐，來作證美國早年與薩達姆政府的合作關係。Neil A. Lewis and David Johnston, "U.S. Team Is Sent to Develop Case in Hussein Trial," *New York Times*, March 7, 2004.

26. 關於這場「自越戰以來，美軍持續時間最長的空襲行動」，可參閱：Chip Gibbons, "When Iraq Was Clinton's War," *Jacobin*, May 6, 2016; Halliday quoted in Anthony

Arnove, ed., *Iraq Under Siege: The Deadly Impact of Sanctions and War* (Boston: South End Press, 2003); H. C. von Sponeck, *A Different Kind of War: The UN Sanctions Regime in Iraq* (Oxford, UK, and New York: Berghahn Books, 2006). 關於經濟制裁對伊拉克兒童死亡率的具體影響，後來有研究質疑當時流傳的統計數據遭到操弄，Tim Dyson and Valeria Cetorelli, "Changing Views on Child Mortality and Economic Sanctions in Iraq: A History of Lies, Damned Lies and Statistics," *British Medical Journal, Global Health*, 2017. 然而，當時美國國務卿瑪德琳・歐布萊特在未質疑五十萬名伊拉克兒童可能因此喪命的說法下，仍公開表示這樣的「代價」是「值得的」。即使後來人們對這項死亡數據可能遭到誇大感到一絲寬慰，也不應因此降低我們的震驚。畢竟，有一位美國高層官員，曾試圖為她明知可能導致大規模兒童死亡的政策辯護。"Madeleine Albright Saying Iraqi Kids' Deaths 'Worth It' Resurfaces," *Newsweek*, March 23, 2022.

27. Yasmin Husein AlJawaheri, *Women in Iraq: The Gender Impact of International Sanctions* (Boulder, CO: Lynne Rienner, 2008); Joy Gordon, *Invisible War: The United States and the Iraq Sanctions* (Cambridge, MA: Harvard University Press, 2010), 2-3, 102; Lisa Blaydes, *State of Repression: Iraq Under Saddam Hussein* (Princeton, NJ: Princeton University Press, 2020), 25.
28. "Comical Ali/Baghdad Bob," KnowYourMeme.com.
29. Thom Shanker, "Rights Group Faults U.S. Over Cluster Bombs," *New York Times*, December 12, 2003; Peter Maass, "Good Kills," *New York Times*, April 20, 2003.
30. 參閱：Ali A. Allawi, *The Occupation of Iraq: Winning the War, Losing the Peace* (New Haven, CT: Yale University Press, 2007).
31. George F. Will, "A Report Overtaken by Reality," *Washington Post*, December 7, 2006.
32. *Winter Soldier: Iraq and Afghanistan: Eyewitness Accounts of the Occupations* (Chicago: Haymarket Books, 2008), ebook.
33. Christian Appy, *American Reckoning* (New York: Penguin Books, 2015), 309. 當時的國防部長倫斯斐否認所發生的事情是酷刑，他表示那是「虐待，我認為嚴格來說與酷刑不一樣」，"U.S. Avoiding 'Torture' to Describe Soldiers' Actions," CBC News, May 14, 2004. 儘管小布希政府試圖否認或淡化這些罪行，美國部分右派人士卻公然為這些行為辯護。電台名嘴拉許・林堡（Rush Limbaugh）表示，那些「天天被敵軍攻擊」的士兵應該可以「找點樂子」來「釋放情緒」，而另一名保守派主持人麥可・薩維奇（Michael Savage）則說，他希望那些酷刑手段更殘忍：「我倒希望看到有人把炸藥塞進他們身上的孔洞……。我們需要更多羞辱手段，而不是更少。」Andrew Sullivan, "Limbaugh on Torture: A Recap," DailyDish.com, July 28, 2009; Nicole Casta and Shant Mesrobian, "Savage Nation: It's Not Just Rush; Talk Radio Host Michael Savage: 'I Commend'

Prisoner Abuse; 'We Need More,'" MediaMatters.org, May 13, 2004; 至於那些在阿布賈里布監獄遭受美軍酷刑的伊拉克受害者，至今從未獲得司法平反，請參閱：Elise Swain, "Iraqis Tortured by the U.S. in Abu Ghraib Never Got Justice," *Intercept*, March 17, 2023.

34. Mike Hoyt and John Palattella, eds., *Reporting Iraq: An Oral History of the War by the Journalists Who Covered It* (Hoboken, NJ: Melville House, 2007), 21, 62, 65-66. 翻譯員 Ali Fadhil 回憶，他曾不得不安撫兩名年輕的美國士兵，因為他們在聽到穆斯林每天的祈禱聲時感到驚慌，誤以為那是叛軍起義、要攻擊美軍的信號。

35. Hoyt and Palattella, *Reporting Iraq*, 65-66; Jason Burke, *The 9/11 Wars* (New York: Penguin Books, 2012), ebook.

36. Ali Fadhil, "City of Ghosts," *Guardian*, January 11, 2005.

37. Joe Carr, "A Drive Through Devastated Fallujah," *National Catholic Reporter*, June 17, 2005.

38. 例如在二〇〇三年，一輛美軍坦克朝一家所有國際媒體記者下榻的巴格達飯店開火，導致兩名記者喪生。Giles Tremlett, "Tank Captain Admits Firing on Media Hotel," *Guardian*, April 23, 2003.

39. 正如一位路透社遇難記者的同事所說，這段對話聽起來「就像小孩在打電動時會講的話」。（「看看那些死掉的混蛋」、「漂亮」）美軍一再對記者死亡的情況說謊，並試圖隱瞞其行為。Paul Daley, "'All Lies': How the U.S. Military Covered Up Gunning Down Two Journalists in Iraq," *Guardian*, June 14, 2020.

40. Remarks by the Vice President to the Veterans of Foreign Wars 103rd National Convention, White House, August 26, 2002; 美國國務院政策規劃主任理查・哈斯（Richard Haass）坦言：「我們其實並不確切知道威脅的真實程度。」引自：Bob Roberts and Richard Wallace, "Blair: I Have No Idea What Saddam's Up To," *Mirror*, September 9, 2002.

41. Zinni quoted in David Corn, "'Hubris': New Documentary Reexamines the Iraq War 'Hoax,'" *Mother Jones*, February 16, 2013. 所謂的「唐寧街備忘錄」（Downing Street memos）顯示，「英國高層官員認為小布希總統其實早在向美國民眾宣布前近一年，就已決定要入侵伊拉克。」根據《星期日泰晤士報》（*Sunday Times*）記者麥可・史密斯（Michael Smith）的轉述，備忘錄內容顯示英國政府官員的結論是：「對海珊的指控證據很薄弱⋯⋯，政權更迭在國際法下是不合法的，所以我們得去聯合國搞一個最後通牒——這不是為了避免戰爭，而是要找個藉口讓戰爭看起來合法⋯⋯，我們完全沒為戰後作準備，也沒有人知道戰爭結束後的伊拉克會變成什麼樣子。」Joseph Cirincione, "The Media and the Downing Street Memos," Carnegie Endowment for International

Peace, June 21, 2005; Richard Clarke, *Against All Enemies: Inside America's War on Terror* (New York: Free Press, 2004), ebook.

42. 值得注意的是，雖然人們常說在伊拉克沒有發現大規模毀滅性武器，但嚴格來說並不正確。事實上，的確發現了一些一九九一年之前遺棄的化學武器庫存。然而，布希政府試圖隱瞞這些發現，因為這些武器「骯髒、生鏽且嚴重腐蝕」，顯然已「廢棄許久」。儘管如此，這些武器仍對美軍士兵與伊拉克警察造成嚴重傷害，而且，美軍「沒有確保其部隊所發現的化學武器去向，讓大量庫存未受管控，並且在倉促處理時，未警告伊拉克人或外國部隊，便直接在露天引爆化學武器」。對於這些發現的保密，「導致那些執行高風險任務的士兵，無法獲得適當的醫療照護與正式承認」。布希政府不願公開這些發現的原因之一，是因為「在六起軍隊遭化學武器傷害的事件中，有五起涉及的彈藥，由美國設計，在歐洲製造，並由西方企業協助伊拉克建立生產線填充化學劑」。C. J. Chivers, "The Secret Casualties of Iraq's Abandoned Chemical Weapons," *New York Times*, October 14, 2014.

43. Barton Gellman and Walter Pincus, "Depiction of Threat Outgrew Supporting Evidence," *Washington Post*, August 10, 2003. 唯一指控伊拉克擁有大規模毀滅性武器的報告，早在一九九〇年代初期就已發布，且其內容提到的核武計畫，當時已確定遭到摧毀。事實上，國際原子能總署當時的結論是：「沒有任何跡象顯示伊拉克恢復核武發展……，也沒有與核武相關的違禁行為跡象。」參閱："In a Chief Inspector's Words: 'A Substantial Measure of Disarmament,'" *New York Times*, March 8, 2003. 國際原子能總署發言人於二〇〇三年表示：「我們從未發布過那樣的報告……，如果有人告訴你，他們現在了解伊拉克的核武情況，但事實上已經四年沒有進行核查，那麼他們是在誤導你，因為根本沒有確鑿證據。」—— Mehdi Hasan, "Blair: Truth and Lies," *Guardian*, January 29, 2010. 上述報導記錄了英國首相東尼・布萊爾一連串公然的欺瞞行為，例如他曾堅稱伊拉克確實擁有活躍的武器計畫（「確鑿無疑」），但這一說法與英國情報機構的結論（「零散且片段的證據」）完全矛盾。布萊爾後來雖然表達過某種程度的悔意，但仍聲稱「沒有謊言，沒有欺騙」，然而，這句話本身就是另一個謊言。"Tony Blair: 'I Express More Sorrow, Regret and Apology Than You Can Ever Believe,'" *Guardian*, July 6, 2016. "Powell '01: WMDs Not 'Significant,'" CBS News, September 28, 2003. 時任美國國務卿的鮑威爾曾在二〇〇一年表示，伊拉克的大規模毀滅性武器並非「重大威脅」，但他在二〇〇三年向聯合國安理會發表演講時卻稱：「當前局勢的嚴峻程度，與伊拉克大規模毀滅性武器對世界構成的威脅同樣嚴峻。現在，讓我來談談這些致命的武器計畫，並解釋它們為何對該地區和全球構成真實且迫在眉睫的危險。」他後來堅稱：「我從未改變我的評估」，但事實並非如此。"Lies and More Lies," *Outlook India*, February 3, 2022. 在這場戰爭中，幾乎沒有人討論，即便獨裁政權擁有大規模毀滅性武器，是否就能成為對該國人民發動戰爭、帶來苦難的正當理由。而更少有人公開討論，為何海珊不能擁有大規模毀滅性武器，但美國，一個曾多次對平民使用這類武器的國家（包括在越南使用化學武器，以及在日本投下核彈），卻能夠擁有。有意思的是，小布希說過這樣的話：「多年來，海珊不惜大費周章、投入巨額資金，並冒極大風險來建造與維持大規模毀滅性武器。但為什麼？唯一可能的解釋，唯一可能的用途，就是用來支配、恫嚇或攻擊他人。」如果擁有這類武器的唯一目的就是支配、恫嚇與攻擊，那麼，人們不禁要問：為何美國擁有的數量遠超海珊政權？但這個問題，卻從未在美國媒體上公開討論過。

44. "In Their Own Words: Iraq's 'Imminent' Threat," Center for American Progress, 2004; "Iraq on the Record: The Bush Administration's Public Statements on Iraq," U.S. House of Representatives Committee on Government Reform, March 16, 2004; Jeffrey Lewis, "Rumsfeld on the Imminent Threat from Iraq," Arms Control Wonk, March 18, 2004; 美國媒體 Vox 的記者 Dylan Matthews 舉出了更多具體且誇張失實的例子，請參閱：Dylan Matthews, "No, Really, George W. Bush Lied About WMDs," *Vox*, July 9, 2016; Barton Gellman and Walter Pincus, "Depiction of Threat Outgrew Supporting Evidence," *Washington Post*, August 9, 2003.

45. "Official's Key Report on Iraq Is Faulted: 'Dubious' Intelligence Fueled Push for War," *Washington Post*, February 9, 2007. 一份機密的「總統每日簡報」（President's Daily Brief）於二○○一年九月二十一日向小布希報告：「幾乎沒有可信的證據顯示伊拉克與蓋達組織有重要合作關係。」儘管如此，接下來一年半的時間裡，他卻一再宣稱相反的說法，因為他知道公眾只會聽見他的聲音，但看不到這些情報報告的內容。

46. Joseph Cirincione, "Let's Go to the Videotape," Carnegie Endowment for International Peace, March 22, 2006; "Communication from the President of the United States Transmitting a Report Consistent with the War Powers Resolution That He Directed U.S. Armed Forces, Operating with Other Coalition Forces, to Commence Combat Operations on March 19, 2003, Against Iraq," March 21, 2003; "President Bush Announces Major Combat Operations in Iraq Have Ended," Office of the Press Secretary, White House, May 1, 2003.

47. Pollack, *The Threatening Storm*, xxi.

48. Mattathias Schwartz, "Secret 9/11 Memo Reveals Bush Rewriting the History of the 9/11 Attacks and the Warnings He'd Tuned Out," *Business Insider*, November 30, 2022; "O'Neill: Bush Planned Iraq Invasion Before 9/11," CNN, January 10, 2004; letter to William J. Clinton, Project for the New American Century, January 26, 1998.

49. 當戰爭的理由從防範威脅轉變成為伊拉克人民提供服務時，人權觀察組織的肯．羅斯

（Ken Roth）詳細說明了為何這場戰爭，即便假設這並非虛假的藉口，也不符合將軍事行動視為「人道干預」所需的標準。“War in Iraq, Not a Humanitarian Intervention,” Human Rights Watch, January 25, 2004. 儘管從未找到大規模毀滅性武器，小布希仍然撒謊，堅稱：「我們找到了大規模毀滅性武器。我們找到了生物實驗室。」然而，之後在白宮記者晚宴上，小布希參與了一場諷刺短劇，拿這件事來開玩笑。表演中，小布希在白宮四處遊走，說著「那些大規模毀滅性武器一定在這裡的某個地方」，或者「也許藏在這下面」。考慮到因這場欺騙而慘死的眾多人，一些人認為這段表演「低級沒品，極為不當」。參見：David Teather, “Bush Jokes About Search for WMD, But It's No Laughing Matter for Critics,” *Guardian*, March 26, 2004. 關於「唯一問題」，請參閱：“President George Bush Discusses Iraq in National Press Conference,” Office of the Press Secretary, March 6, 2003; Augustus Richard Norton, “The United States in the Middle East: Grand Plans, Grand Ayatollahs and Dark Alleys,” Middle East Policy Council, September 5, 2004.

50. Walter Pincus, “Skepticism About U.S. Deep, Iraq Poll Shows,” *Washington Post*, November 12, 2003; “Poll: U.S. Are Occupiers, Not Liberators,” *Al Jazeera English*, May 20, 2004; Tom Hayden, “What Iraqis Really Think About the Occupation,” *Nation*, October 11, 2005; Jane Arraf, “Iraqi Parliament Votes to Expel U.S. Troops, Trump Threatens Sanctions,” NPR, January 6, 2020.
51. Don van Natta, Jr., “U.S. Recruits a Rough Ally to Be a Jailer,” *New York Times*, May 1, 2005; Matt Bivens, “Uzbekistan's Human Rights Problem,” *Nation*, November 12, 2001.
52. Alison Langley, “Readying Relief for Iraqis,” *New York Times*, February 17, 2003; Kenneth H. Bacon, “Iraq: The Humanitarian Challenge,” *Bulletin of the Atomic Scientists*, January 1, 2003; Ed Vulliamy, Burhan Wazir, and Gaby Hinsliff, “Aid Groups Warn of Disaster in Iraq,” *Guardian*, December 22, 2002.
53. “Powell to UN: Butt Out,” *New York Post*, March 27, 2003; Peter W. Galbraith, *The End of Iraq: How American Incompetence Created a War Without End* (New York: Simon & Schuster, 2007), 142; Walter Gibbs, “Scowcroft Urges Wide Role for the UN in Postwar Iraq,” *New York Times*, April 9, 2003.
54. David Rohde, “Iraqis Were Set to Vote, but U.S. Wielded a Veto,” *New York Times*, June 19, 2003.
55. John D. Colgan, “Oil, Conflict, and U.S. National Interests,” *International Security*, October 2013; 關於石油在美國決定對伊拉克開戰一事中所扮演的角色，有一篇較為中立的探討，請參閱：John S. Duffield, “Oil and the Decision to Invade Iraq,” in Jane K. Cramer and A. Trevor Thrall, eds., *Why Did the United States Invade Iraq?* (New York:

Routledge, 2012); "Address by President Carter on the State of the Union Before a Joint Session of Congress," January 23, 1980.

56. "Bush Says Iraqi Aggression Threatens 'Our Way of Life,'" *New York Times*, August 16, 1990; "Bush: Out of These Troubled Times, a New World Order," *Washington Post*, September 12, 1990. 老布希表示，除了關乎原則的問題外，「重要的經濟利益也受到威脅。伊拉克本身掌控全球約百分之十的已探明石油儲量，伊拉克加上科威特則控制了兩倍之多。如果伊拉克被允許吞併科威特，它將擁有足夠的經濟與軍事實力，再加上其傲慢態度，足以威脅並脅迫鄰國——而這些鄰國掌握著世界上絕大多數剩餘的石油儲量。」Address Before a Joint Session of the Congress on the Persian Gulf Crisis and the Federal Budget Deficit," September 11, 1990; John Abizaid, "Courting Disaster: The Fight for Oil, Water and a Healthy Planet," panel discussion, Stanford University, October 13, 2007; Richard Haass, *War of Necessity, War of Choice: A Memoir of Two Iraq Wars* (New York: Simon & Schuster, 2009), ebook. 哈斯表示，這個事實「並不支持伊拉克戰爭是為了石油的說法」，因為「美國對該地區石油的關注是出於戰略考量……而非為了獲取經濟利益」。然而，這種關注本質上是「戰略性」的，並不影響戰爭是否與石油有關的問題。

57. 然而，佛朗姆也回憶起曾見過艾哈邁德·查拉比（Ahmed Chalabi）和迪克·錢尼。「他和錢尼長時間待在一起，思考著建立一個親西方的伊拉克的可能性——額外的石油來源，作為美國的替代方案，擺脫對局勢不穩的沙烏地阿拉伯的依賴。」—— Jillian Rayfield, "David Frum on Iraq: There Was No WH Debate," *Salon*, March 19, 2013.

58. Pollack, *The Threatening Storm*, 152, 272.

59. Michael Moore, "Six Years Ago, Chuck Hagel Told the Truth About Iraq," *HuffPost*, January 5, 2013; Peter Beaumont and Joanna Walters, "Greenspan Admits Iraq Was About Oil, as Deaths Put at 1.2m," *Guardian*, September 16, 2007; Clarke, *Against All Enemies*.

60. Kim Cobb, "Writer Says Bush Talked About War in 1999," *Houston Chronicle*, November 1, 2004.

61. Scott McClellan, "George W. Bush, the Great Pretender," *Sunday Times*, June 1, 2008.

62. Monica Prasad, "Republicans Play Dirty Because Republican Policies Are Unpopular," *Economic Sociology* 21, no. 2 (March 2020); Richard Perle, "Thank God for the Death of the UN," *Guardian*, March 20, 2003; Roger Owen, "War by Example," *AlAhram Weekly*, April 3-9, 2003; "Interview: Richard Perle," PBS, *Frontline*.

63. 引自：Thomas Ricks, *Fiasco: The American Military Adventure in Iraq, 2003-2005* (New York: Penguin Books, 2006), 87.

64. Riverbend, *Baghdad Burning: Girl Blog from Iraq* (New York: Feminist Press at the City University of New York, 2005), 251; Kim Sengupta, "How the Iraq War Unleashed Jihad and the Rise of Isis," *Independent*, March 20, 2023. 發動這場戰爭的人從未承認自己讓世界變得更不安全。唐納・倫斯斐在回憶錄中仍堅稱，「清除薩達姆・海珊殘暴的政權，創造更加穩定與安全的世界。」

65. Ben Terris, "George W. Bush's Wars Are Now Over. He Retreated a While Ago," *Washington Post*, September 1, 2021; Peter Schjeldahl, "George W. Bush's Painted Atonements," *New Yorker*, March 3, 2017; Jonathan Alter 在《紐約時報》上發表的一篇書評中，也表現出同樣寬容的態度，文章標題為「對布希的懷舊過譽了，但他的畫冊倒是實至名歸」（Bush Nostalgia Is Overrated, but His Book of Paintings Is Not），他認為小布希是「一位具感染力、技法令人意外成熟的畫家」。而導演麥可・摩爾（Michael Moore）則冷嘲熱諷：「只有在美國，戰爭罪犯可以搖身一變，成為新版的鮑伯・魯斯（Bob Ross）。」

66. 希恩是堅定反戰的倡議者，但遭到右翼媒體的惡意抹黑。她也批評歐巴馬，稱他是「白宮裡的戰爭罪犯」。Stephen L. Carter, "Cindy Sheehan Antiwar Activism Continues Despite Being Used by the Democrats," *Daily Beast*, May 16, 2011; Anna Iovine, "The Iraqi Man Who Threw His Shoes at George W. Bush Is a Twitter Hero for Today's Protesters," *Mashable*, June 4, 2020.

67. Robert D. McFadden, "Donald H. Rumsfeld, Defense Secretary During Iraq War, Is Dead at 88," *New York Times*, June 30, 2021; Eric Schmitt, "Colin Powell, Who Shaped U.S. National Security, Dies at 84," *New York Times*, October 18, 2021. 當然，更精確的標題應該是：「克林・鮑爾，以謊言替反人類罪行辯護者，享壽八十四歲。」（Colin Powell, Whose Falsehoods Justified a Major Crime Against Humanity, Dies at 84.）Benjamin Hart, "Paul Bremer Is Alive and Well and Teaching Skiing in Vermont," *New York*, March 2003; Emily Cochrane, "The Cheneys, Once Despised by the Left, Are Welcomed Warmly by Democrats at a January 6 Observance," *New York Times*, January 6, 2022.

68. Jonathan Snyder, "USS *Fallujah*: Future Navy Amphibious Assault Ship Will Honor Marine Battles in Iraq," *Stars and Stripes*, December 14, 2022; Nabil Salih, "U.S. Empire's Legacy: Fallujah and Football Played in a Graveyard," *Al Jazeera English*, January 5, 2023.

69. Peter Bergen and Paul Cruickshank, "The Iraq Effect: War Has Increased Terrorism Sevenfold Worldwide," *Mother Jones*, March 1, 2007; "Declassified Key Judgments of the National Intelligence Estimate on Global Terrorism," *New York Times*, September 27,

2006; Carter Malkasian, *The American War in Afghanistan: A History* (New York: Oxford University Press, 2021), 79.

70. J. M. Berger, *Jihad Joe: Americans Who Go to War in the Name of Islam* (Lincoln, NE: Potomac Books/Nebraska Press, 2011), 351. 二〇一〇年，一名三十歲的巴基斯坦裔美國人在時報廣場企圖引爆汽車炸彈，他表示「動機是反對美國在穆斯林世界的政策」，並指責美國人「對世界其他地方的人死亡無動於衷」。當被問到他如何合理化可能傷害平民時，他回應道：「無人機轟炸阿富汗和伊拉克時……，他們殺害婦女、殺害兒童、殺害所有人。這就是戰爭……，我是在回應美國恐嚇穆斯林國家和人民的部分……我在報復這些攻擊。」《紐約時報》報導稱，儘管這名男子「在西方社會生活優渥」，但他對美國外交政策的不滿在九一一事件後逐漸加深。其他策劃襲擊的人也表達過類似的觀點。納吉布拉·扎齊（Najibullah Zazi），一名阿富汗裔美國人，曾計劃在二〇〇九年炸毀紐約地鐵，他坦言：「這是因為我對美國在阿富汗所作所為的憤怒。」理查·里德（Richard Reid）也提出類似的說法，這名「鞋子炸彈客」曾在二〇〇一年十二月企圖炸毀美國航空班機，他表示自己轉而採取暴力是因為美國政府的外交政策，他認為，外交政策導致了從越南到南非，再到阿富汗和巴勒斯坦等世界各地成千上萬的穆斯林和被壓迫的人民被殺害。

胡德堡槍擊案（Fort Hood shooting）的槍手納達爾·哈桑（Nidal Hasan），則公開且強烈反對美國在伊拉克和阿富汗的戰爭，甚至製作了一份簡報，標題為「為何反恐戰爭就是針對伊斯蘭的戰爭」（Why the War on Terror Is a War on Islam）。「內褲炸彈客」烏瑪·法魯克·阿卜杜勒穆塔拉布（Umar Farouk Abdulmutallab）表示，他的行動是對美國支持以色列的報復，並且針對美國在加薩封鎖期間殺害無辜巴勒斯坦穆斯林平民的行為，同時也是對美軍在葉門、伊拉克、索馬利亞、阿富汗等地殺害無辜婦女、兒童和非戰鬥人員的報復。波士頓馬拉松爆炸案的倖存嫌犯告訴調查人員，他與兄長發動攻擊的原因是美國對伊拉克和阿富汗的戰爭。激進教士安瓦爾·奧拉基（Anwar Al-Awlaki）曾透過演講煽動對美國的暴力行為。他本身是美國公民，出生於新墨西哥州，曾是喬治華盛頓大學的博士生。然而，他在二〇一一年遭歐巴馬政府以法外處決（extrajudicial execution）的方式擊斃。奧拉基曾表示：「隨著美國入侵伊拉克，以及持續對穆斯林的侵略，我無法忍受同時以穆斯林身分在美國生活，最終我得出結論，對抗美國的聖戰不只是我的義務，也是所有穆斯林的義務。」

第五章　美國、以色列與巴勒斯坦

1. Noam Chomsky, "Palestine 2012— Gaza and the UN Resolution," Chomsky.info, 2012.

2. Ronald Reagan, "Remarks at the Welcoming Ceremony for Prime Minister Menachem Begin of Israel," September 9, 1981; Crossman quoted in Amy Kaplan, *Our American Israel: The Story of an Entangled Alliance* (Cambridge, MA: Harvard University Press, 2018), ebook.
3. Avi Shlaim, "Britain and the Arab-Israeli War of 1948," *Journal of Palestine Studies* 16, no. 4 (1987): 70; "Paper Prepared by the National Security Council Planning Board," July 29, 1958, *Foreign Relations of the United States, 1958-1960, Near East Region; Iraq; Iran; Arabian Peninsula, Vol. XII* (Washington, DC: U.S. Government Printing Office, 1956).
4. 拜登曾明確表示：「如果以色列不存在，美國將不得不創造一個以色列來保護自身在該地區的利益。」M. Muhannad Ayyash, "Biden Says the U.S. Would Have to Invent an Israel if It Didn't Exist. Why?," TheConversation.com, July 24, 2023; Henry Jackson, *Congressional Record*, May 21, 1973, S9446.
5. 本章節中所有受害者的引言均摘自：Maram Humaid, "'Blood, Body Parts, Screams': Gaza Reels After Israeli Strikes," *Al Jazeera English*, August 7, 2022.
6. 參閱，例如：Andrew Carey and Abeer Salman, "More Than 40 People Killed in Gaza in Weekend of Violence," CNN, August 7, 2022. 該文章提到大量加薩居民的死亡，以及隨之而來的人道危機，包括燃料短缺、水處理設施關閉，以及家庭缺乏電力。然而，以色列對加薩的封鎖卻未被討論。
7. 截至二〇二〇年，以色列空軍擁有三百二十四架戰鬥機和對地攻擊機，全部來自美國，其中包含：八十三架波音 F-15 戰鬥機、二百二十四架洛克希德馬丁 F-16 戰機、十六架洛克希德馬丁 F-35 戰機。Salih Booker and William D. Hartung, "Israel's Military, Made in the USA," *Nation*, May 21, 2021.
8. Fawaz Turki, *The Disinherited: Journal of a Palestinian Exile* (New York: Monthly Review Press, 1972), ebook.
9. 伊斯雷爾・贊格威爾（Israel Zangwill）在一九〇一年曾提出一句著名的口號：「給無地之民一塊無人之地。」然而，他後來承認：「巴勒斯坦本來就已有人居住。耶路撒冷省的人口密度已經是美國的兩倍。」因此，贊格威爾得出結論：「我們必須做好準備，要麼像我們的祖先那樣，用武力驅逐已經居住在這裡的阿拉伯部落，要麼努力解決龐大的外來人口問題——這些人大多是穆斯林，且數百年來一直瞧不起我們。」他進一步表示：「讓這片土地同時成為兩個民族的國家是愚蠢至極的⋯⋯，我們必須為猶太人或他們的鄰居另尋他處。」—— Nur Masalha, *Expulsion of the Palestinians: The Concept of "Transfer" in Zionist Political Thought, 1882-1948,* (Beirut, Lebanon: Institute for Palestine Studies, 1992), 6, 10; Smilansky 之語引自：Benny Morris, *Righteous Victims:*

A History of the Zionist-Arab Conflict, 1881-1999 (New York: A. A. Knopf, 1999), 42. 班尼・莫里斯指出，「猶太復國主義的領袖與屯墾者」大多「設法忽視阿拉伯人的存在」，通常只是不提他們。他認為，這部分源於「歐洲殖民者對當地原住民的習慣性忽視」，部分是為了迴避所謂的「阿拉伯問題」所帶來的現實挑戰，另一方面則是為了避免對擴張行動的「道德懷疑」產生「罪惡感」。*Kol Kitve Ahad Ha'am* (Tel Aviv: Hotsaat Dvir, 1947), 23, 引自：Rashid Khalidi, "Palestinian Peasant Resistance to Zionism Before World War I," in Edward W. Said and Christopher Hitchens, eds., *Blaming the Victims: Spurious Scholarship and the Palestinian Question* (London and New York: Verso, 1988), 216.

10. Hillel Zeitlin, "Hamashber" ("The Crisis"), *HaZman* 3 (July-September 1905), 引自：Anita Shapira, *Land and Power: The Zionist Resort to Force, 1881-1948* (Redwood City, CA: Stanford University Press, 1999), 46; Yitzhak Epstein, "She'ela Ne'elama" ("A Hidden Question"), *HaShilo'ah* 17 (November-April 1907/8), 引自：Shapira; letter from Yusuf Diya Pasha alKhalidi, Pera, Istanbul to Chief Rabbi Zadok Kahn, March 1, 1899, Central Zionist Archives, H1\197 [Herzl Papers], 引自：Rashid Khalidi, *The Hundred Years' War on Palestine* (New York: Metropolitan Books, 2020), 10; Theodor Herzl, *Complete Diary*, ed. Raphael Patai, trans. Harry Zohn (New York: Herzl Press and T. Yoseloff, 1960), 1:88; Edward W. Said, *The Question of Palestine* (New York: Vintage, 1980), 13.
11. Vladimir Jabotinsky, "The Iron Wall," trans. L. Brenner, 1923.
12. Weizmann quoted in Ann Moseley Lesch, "The Palestine Arab Nationalist Movement Under the Mandate," in William B. Quandt, Fuad Jabber, and Ann Mosely Lesch, eds., *The Politics of Palestinian Nationalism* (Berkeley: University of California Press, 1973), 12; Joseph Weitz, *My Diary and Letters to the Children* (Masada: Ramat Gan, 1965), 2:181-82, 引自：Said, *The Question of Palestine*, 100; Morris, *Righteous Victims*, 654.
13. E. L. Woodward and R. Butler, eds., *Documents on British Foreign Policy, 1919-1939*, first series, 1919-1929 (London: Her Majesty's Stationery Office, 1952), 340-48, quoted in Khalidi, *The Hundred Years' War on Palestine*, 47; Michael Cohen, *Churchill and the Jews 1900-1948* (New York: Routledge, 2003), 62-63; Isaiah Friedman, *The Question of Palestine: 1914-1918: British-Jewish-Arab Relations* (New York: Schocken Books, 1973), 7.
14. The King-Crane Commission Report, August 28, 1919.
15. 參閱：Masalha, *Expulsion of the Palestinians*; Protocol of the Meeting of the Jewish Agency Executive with the Political Committee of the Zionist Actions Committee (June

2, 1938), CZA, 引自：Benny Morris, "Refabricating 1948," *Journal of Palestine Studies* 27, no. 2 (Winter, 1998), 86; Benny Morris, article in *Haaretz*, May 9, 1989, 引自：Masalha, "A Critique of Benny Morris," *Journal of Palestine Studies* 21, no. 1 (Autumn 1991), 92; in "Refabricating 1948," 班尼・莫里斯指出有「大量證據」顯示「這場運動（指錫安主義運動）的大多數領導人」支持人口轉移（即種族清洗）。此外，也可參閱：Benny Morris, *The Birth of the Palestinian Refugee Problem Revisited* (Cambridge, UK: Cambridge University Press, 2004)，其第二章有深入討論。

16. Vincent Sheean, *Personal History* (New York: Doubleday, Doran & Co., 1935, sections reprinted in Walid Khalidi, ed., *From Haven to Conquest* [Institute for Palestine Studies, Beirut, 1971]). Theodor Herzl, *The Jewish State* (New York: American Zionist Emergency Council, 1946), 15; 赫茲爾也曾預期這個國家會成為「歐洲在亞洲的一道防線」。Amira Hass, "Barak's Jargon Is Identical to That of Gush Emunim," *Haaretz*, December 21, 1999; Said, *The Question of Palestine*, 8.

17. 相反地，阿拉伯最高委員會主張建立一個獨立的巴勒斯坦，「保障所有合法的猶太人和其他少數族群的權利，並維護英國的合理利益」，引自：Sumantra Bose, *Contested Lands: Israel-Palestine, Kashmir, Bosnia, Cyprus, and Sri Lanka* (Cambridge, MA: Harvard University Press, 2007), 223-24.

18. Special issue of *Filastin* (May 19, 1914), 1, 引自：Khalidi, *The Hundred Years' War on Palestine*, 34; Abba Eban, *Personal Witness: Israel Through My Eyes* (New York: Putnam, 1992), 49-50.

19. Morris, *Righteous Victims*, 136-37; Rashid Khalidi, interview with *Current Affairs*, July-August 2022; "The Case Against a Jewish State in Palestine: Albert Hourani's Statement to the Anglo-American Committee of Enquiry of 1946," *Journal of Palestine Studies* 35, no. 1 (2005-2006), 80-90. 關於早期錫安主義的擴張特質，以及巴勒斯坦阿拉伯人擔心分治計畫只是「進一步擴張的墊腳石」的理由，可參閱：Jerome Slater, *Mythologies Without End: The U.S., Israel, and the Arab-Israeli Conflict, 1917-2020* (New York: Oxford University Press, 2020) 書中第三章的討論。

20. 一直有人試圖將巴勒斯坦人的離開說成自願的，但這種說法站不住腳。班尼・莫里斯指出：「最主要的原因……是猶太武裝部隊對阿拉伯村莊和城鎮的攻擊，以及當地居民對這些攻擊的恐懼造成的，再加上驅逐、暴行及其傳聞。此外，一九四八年六月，以色列內閣做出了一項重要決定，禁止難民回歸。」結果導致巴勒斯坦人「遭受沉重打擊，約七十萬人被迫流亡，另有十五萬人留在以色列統治之下」。即便有些巴勒斯坦人確實是自願逃離，也很難理解為何這能成為禁止他們返回家園或索回財產的正當理由。大衛・班古里昂在一九四八年曾表示：「必須不惜一切代價阻止難民回歸」，並強調：「我們應該極力阻撓他們回來。……戰後我也贊成不允許他們再次出現。」—— Yoav Gelber, *Palestine 1948: War, Escape, and the Emergence of the Palestinian Refugee Problem* (Liverpool, UK: Liverpool University Press, 2006), 283.

21. 摩西·夏里特的話引自：Mark Tessler, *A History of the Israeli-Palestinian Conflict* (Bloomington: Indiana University Press, 2009), 298;「塵埃般的人類」（human dust）一詞見於：Avi Shlaim, *Collusion Across the Jordan: King Abdullah, the Zionist Movement, and the Partition of Palestine* (Oxford: Clarendon Press, 1988), 491.

22. Ari Shavit, "Interview with Ehud Barak," *Haaretz*, February 2, 2001; David Ben-Gurion, "Speech at the Mapai Political Committee," June 7, 1938, 引自：Simha Flapan, *Zionism and the Palestinians* (New York: Harper & Row, 1979), 141-42. 班古里昂也曾說：「如果我是阿拉伯領導人，我絕對不會和以色列簽任何協議。可以理解，畢竟我們奪走了他們的國家。沒錯，上帝把這塊土地應許給我們，但那跟他們有什麼關係？我們的上帝不是他們的。過去有反猶太主義、納粹、希特勒和奧斯維辛集中營，但那是他們的錯嗎？他們只看到一件事：我們來了，然後奪走了他們的國家。他們為什麼要接受這一切？」quoted by Nahum Goldmann in *Le Paradoxe Juif* (*The Jewish Paradox*) (New York: Grosset & Dunlap, 1978), 121.

23. Frank Giles, "Golda Meir: 'Who Can Blame Israel,'" *Sunday Times*, June 15, 1969, 12. 有人甚至捏造證據，聲稱以色列建國時居住在巴勒斯坦的阿拉伯人是近來才移入的移民。請參閱：Norman G. Finkelstein, "A Land Without a People: Joan Peters' 'Wilderness' Image," in *Image and Reality of the Israel-Palestine Conflict* (London and New York: Verso, 2003). 一種常見說法是，即使巴勒斯坦人當時住在這片土地上，他們並沒有「巴勒斯坦民族認同」（Palestinian identity）」（言下之意是，他們因此沒有民族自決的權利）。諷刺的是，錫安主義運動本身就是一個企圖建構新民族認同的計畫，而不只是為既有民族爭取土地而已。梅納罕·比金的相關發言，見於以色列報紙 *Yediot Aharanot*（一九六九年十月十七日），轉引自：Slater, *Mythologies Without End*, 108.

24. "Israel's Occupation: 50 Years of Dispossession," Amnesty International, June 7, 2017.

25. Eqbal Ahmad, "Pioneering in the Nuclear Age: An Essay on Israel and the Palestinians," in Carollee Bengelsdorf, Margaret Cerullo, and Yogesh Chandrani, eds., *The Selected Writings of Eqbal Ahmad* (Pakistan: Oxford University Press, 2006), 313; Morris, *Righteous Victims*, 341. 以色列占領之下巴勒斯坦人日常生活的經歷，可參閱：Nathan Thrall, *A Day in the Life of Abed Salama* (New York: Metropolitan Books, 2023).

26. 這次撤離並非出於善意，也不是對巴勒斯坦自治的承認。當時負責談判與執行該計畫的道夫·魏斯格拉斯，是時任以色列總理艾里爾·夏隆的親信，他在接受《國土報》訪問時坦言了這項決策背後的算計：「撤離計畫的真正意義，是凍結和平進程。而當這個進程被凍結，就能阻止巴勒斯坦國的建立，避免涉及難民問題、邊界問題和耶路撒冷的討論。實際上，所謂的巴勒斯坦國及其相關議題，已被無限期排除在我們的議程之外。而且這一切都是經過合法授權與正式批准的。有美國總統的支持，並獲得參眾兩院的認可……。這項撤離就像是防腐劑，提供足夠的甲醛，確保以巴之間的政治進程無法推進。」加薩的封鎖持續存在意味著，即便以色列已撤出軍隊，聯合國仍將加薩視為被占領地。以色列記者吉迪昂·李維指出，真正關鍵的問題不在於以色列究竟是透過內部還是外部駐軍來控制加薩，而是以色列的行動如何影響當地的生活條件：「占領者選擇從外部進行控制，或許對他們而言更方便，但這並不能改變被占領者無法忍受的生活環境。」Gideon Levy, *The Punishment of Gaza* (London and New York: Verso, 2010).

27. "Gaza in 2020: A Liveable Place?," United Nations Relief and Works Agency for Palestine Refugees in the Near East, 2012. 就連英國保守派首相大衛·卡麥隆（David Cameron）都曾形容加薩地帶是個「如同監獄般的地方」，Nicholas Watt and Harriet Sherwood, "David Cameron: Israeli Blockade Has Turned Gaza Strip into a 'Prison Camp,'" *Guardian*, July 27, 2010. 以色列人權組織貝塞林在二〇〇五年表示，加薩已變成「一座巨大的監獄」，並指出以色列的政策「將許多基本人權——包括行動自由、家庭生活、健康、教育與工作的權利——降格為以色列提供極有限的『人道恩惠』」，"One Big Prison: Freedom of Movement to and from the Gaza Strip," B'Tselem.org, 2005; Weisglass 之語引自：Conal Urquhart, "Gaza on Brink of Implosion as Aid Cut-Off Starts to Bite," *Guardian*, April 15, 2006.

28. Juan Cole, "Top 10 Myths About Israel's Attack on Gaza," *Arab American News*, November 23, 2012. Cole cites "Gaza's Children: Falling Behind, the Effect of the Blockade on Child Health in Gaza," Save the Children, 2012; "Trapped: The Impact of 15 Years of Blockade on the Mental Health of Gaza's Children," Save the Children, 2022; "Gaza Children Living in 'Hell on Earth,' UN Chief Says, Urging Immediate End to Fighting," UN News, May 20, 2021; Rajaie Batniji, "Searching for Dignity," *Lancet* 380, issue 9840 (August 4, 2012): 466-67.

29. Suzanne Goldenberg, "U.S. Plotted to Overthrow Hamas After Election Victory," *Guardian,* March 3, 2008; Levy, *The Punishment of Gaza*. 希拉蕊曾表示，美國當初不該允許巴勒斯坦舉行選舉，除非能夠掌控結果。她說：「如果我們要推動選舉，就應該確保我們能夠決定誰會勝出。」"Recording Released of Clinton Suggesting Rigging 2006 Palestinian Election," *Jerusalem Post*, October 29, 2016. 關於「鑄鉛行動」期間所使用的極端暴力，可參考："Breaking the Silence: Soldiers' Testimonies from Operation Cast Lead, Gaza, 2009"。該報告記錄了白磷彈在人口密集區的使用、大規模摧毀與以色列軍隊無直接威脅的建築物，以及寬鬆的交戰規則，導致大量無辜平民傷亡，其中

包括所謂「瘋狂的」火力投入。另參閱：Norman G. Finkelstein, *Gaza: An Inquest into Its Martyrdom* (Berkeley: University of California Press, 2018). 如欲進一步了解這段期間的情況，並補足其中的資訊缺口，可參閱：Noam Chomsky, "Ceasefires in Which Violations Never Cease: What's Next for Israel, Hamas, and Gaza?," TomDispatch, September 9, 2014; Noam Chomsky, "Guillotining Gaza," InformationClearingHouse.info, July 30, 2007; Noam Chomsky, interview by Solomon Eppel and Tushar Khadloya, "Contradictions in U.S. Foreign Policy," *Brown Journal of World Affairs* 14, no. 2 (Spring/Summer 2008): 229-39.

30. Sara Roy, "A Deliberate Cruelty: Rendering Gaza Unviable," Said Memorial Lecture, 2012; 另參閱：Sara Roy, *Unsilencing Gaza: Reflections on Resistance* (London: Pluto Press, 2021).

31. "Desmond Tutu: Israel Guilty of Apartheid in Treatment of Palestinians," *Jerusalem Post*, March 10, 2014; Hirsh Goodman, *Let Me Create a Paradise, God Said to Himself: A Journey of Conscience from Johannesburg to Jerusalem* (New York: PublicAffairs, 2009), 78; Hirsh Goodman 在其著作中回憶了班古里昂在一九六七年一次廣播演講的內容；"In 1976 Interview, Rabin Likens Settler Ideologues to 'Cancer,' Warns of 'Apartheid,'" *Times of Israel*, September 25, 2015. "Olmert Warns of 'End of Israel,'" BBC News, November 29, 2007. 在以色列法定邊界內，阿拉伯裔以色列人確實面臨嚴重的歧視，但尚未達到種族隔離的程度。然而，有些人誤將此作為證據，來主張以色列並未實施種族隔離政策。

32. Tom Perry, "Israel Is Imposing 'Apartheid Regime' on Palestinians, UN Agency Says," *Independent*, March 16, 2017; Mehdi Hasan, "Top Israelis Have Warned of Apartheid, so Why the Outrage at a UN Report?," *Intercept*, March 22, 2017.

33. "A Threshold Crossed: Israeli Authorities and the Crimes of Apartheid and Persecution," Human Rights Watch, April 27, 2021.

34. "Israel's Apartheid Against Palestinians: A Look into Decades of Oppression and Domination," Amnesty International, February 2022; "A Regime of Jewish Supremacy from the Jordan River to the Mediterranean Sea: This Is Apartheid," B'Tselem.org, January 12, 2021.

35. 請留意，國際上普遍要求巴勒斯坦人承認以色列擁有「存在權」（right to exist），但並沒有人要求以色列承認巴勒斯坦的「存在權」。此外，要求巴勒斯坦人，或者任何人，接受以色列的「存在權」，等於是賦予以色列一項國際體系中沒有任何國家享有的特殊待遇。國家可以獲得國際承認，但沒有任何國家被賦予「存在權」。對於以色列而言，這樣的要求等同於要巴勒斯坦人承認驅逐他們的行為具有正當性。這就好比要求墨西哥承認美國有權在透過征服奪取的半個墨西哥領土上建立國家。然而，墨西哥人民並不接受這樣的說法，也不應該接受。世界上幾乎所有國界都是透過戰爭或征服而形成的，雖然這些邊界被國際社會承認，但並不代表被驅逐的一方必須承認這種占領行為的合法性。

36. 「猶太和撒瑪利亞地區」，以色列對其占領的巴勒斯坦約旦河西岸所訂定的正式名稱。

37. Israeli Government Election Plan, Jerusalem, May 14, 1989, 由以色列駐美國大使館發布的正式文本，收錄於 the *Journal of Palestine Studies* XIX, no. I (Autumn 1989): 145-48; Yitzhak Rabin, "Speech to Knesset on Ratification of Oslo Peace Accords," October 5, 1995; Liel Leibovitz, "Fibi Netanyahu," *Tablet*, July 15, 2010. 尼塔雅胡在不知情的狀況下被錄音，內容透露了他的策略：「選舉前，有人問我是否會遵守（《奧斯陸協議》），我說會，但……我要以對我有利的方式詮釋協議，好讓我能終結迅速倒向一九六七年邊界的趨勢。我們是怎麼做到的？沒有人明確界定『軍事區』的範圍。而在我看來，軍事區就是安全區，整個約旦河谷就是軍事區。如果有異議，就讓他們來爭論吧。」在錄音檔內，尼塔雅胡還表示，對付巴勒斯坦人的方式就是「痛擊他們，不只一次，而是反覆痛擊，讓他們痛得無法忍受」。Michael Hirsh and Colum Lynch, "The Long Game of Benjamin Netanyahu," *Foreign Policy*, April 9, 2019; ；尼塔雅胡立場的那段引言，為 Michael Hirsh 與 Colum Lynch 的轉述內容；"Netanyahu: No Palestinian State on My Watch," *Times of Israel*, March 16, 2015. 他還說：「我從未同意回到一九六七年的邊界，從未同意承認巴勒斯坦難民的回歸權，也從未同意放棄我們在約旦河谷的存在，絕不會同意。」"Netanyahu Agreed to Withdraw to '67 Lines, Document Confirms," *Haaretz*, March 8, 2015. "Likud—Platform," 1999; 聯合黨綱領承諾，「若巴勒斯坦單方面宣布建國」，將採取「嚴厲措施」應對。Ron Pundak, "From Oslo to Taba: What Went Wrong?," *Survival* 43, no. 3 (Autumn 2001), 33; David Matz, "Why Did Taba End? (Part 2)," *Palestine-Israel Journal* 2, no. 3 (2003); 在塔巴談判的最後記者會上，雙方發表聯合聲明，表示：「我們從未如此接近達成協議，因此，我們一致認為，隨著以色列選舉後談判的恢復，仍然有可能彌合剩餘的分歧。」

38. Reuven Pedatzur, "No One Is Blameless," *Haaretz*, February 25, 2005.

39. Greg Myre, "4 Israeli ExSecurity Chiefs Denounce Sharon's Hard Line," *New York Times*, November 15, 2003; Joel Greenberg, "Yeshayahu Leibowitz, 91, Iconoclastic Israeli Thinker," *New York Times*, August 19, 1994.

40. Moshe Gorali, "'The Lines Between Good and Evil Have Blurred,'" *Haaretz*, March 31, 2004; Morris, *Righteous Victims*, 342. Eldar and Zartel 引自：Reuven Pedatzur, review of Akiva Eldar and Idit Zartel, *Adonei Ha'aretz* (*Lords of the Land*), *Ha'aretz*, February 21, 2005.

41. "U.S. Foreign Aid to Israel," Congressional Research Service, February 18, 2022; Josh Ruebner, Salih Booker, and Zaha Hassan, "Bringing Assistance to Israel in Line with Rights and U.S. Laws," Carnegie Endowment for International Peace, May 12, 2021.
42. 《紐約時報》曾用那句話來形容亞西爾・阿拉法特（Yasser Arafat）。
43. Jacob Magin, "UN Panel Votes 163–5 in Support of Palestinian Statehood, End of Occupation," *Times of Israel*, November 20, 2020.
44. Elaine Sciolino, "Self-Appointed Israeli and Palestinian Negotiators Offer a Plan for Middle East Peace," *New York Times*, December 2, 2003; "From Oslo to Taba: What Went Wrong?," 41; Aaron David Miller, *The Much Too Promised Land: America's Elusive Search for Arab-Israeli Peace* (New York: Bantam Books, 2008), 243. 二〇〇五年，米勒坦承：「許多參與以阿和平進程的美國官員，包括我自己，過去的角色更像是以色列的律師，不但一味迎合、配合以色列，還犧牲了促成和平談判的機會。」Aaron David Miller, "Israel's Lawyer," *Washington Post*, May 23, 2005. John Crowley, "Israel Rejects Arab Peace Initiative," *Telegraph*, March 29, 2007; Barak Ravid, "Netanyahu: Israel Will Never Accept Arab Peace Initiative as Basis for Talks with Palestinians," *Haaretz*, June 13, 2016.
45. Shlomo Shamir, "United States Vetoes Anti-Israel Security Council Resolution," *Haaretz*, March 26, 2004.
46. Barack Obama, Speech to AIPAC, March 4, 2012; Ben Rhodes, *The World as It Is: A Memoir of the Obama White House* (New York: Random House, 2018), 162-63; Jeffrey Goldberg, "Obama to Iran and Israel: 'As President of the United States, I Don't Bluff,'" *Atlantic*, March 2, 2012.
47. Adam Entous, "The Maps of Israeli Settlements That Shocked Barack Obama," *New Yorker*, June 11, 2018; Natasha Mozgovaya, "Lieberman Praises Obama's UN General Assembly Speech," *Haaretz*, September 21, 2011, 引自：Rashid Khalidi, *Brokers of Deceit* (Boston: Beacon Press, 2014), 145. 關於李伯曼種族主義背景，請參閱：Samah Salaime, "This Election, Lieberman's Racism Is Going Mainstream," *+972 Magazine*, January 17, 2015; David Gardner, "Israeli Hardliners Sense an Opportunity in Donald Trump's Victory," *Financial Times*, December 7, 2016.
48. "Greenlighting De Facto Annexation: A Summary of Trump's Impact on the Settlements," Peace Now, September 11, 2020; Slater, *Mythologies Without End*, 595.
49. Slater, *Mythologies Without End*, 338; "Kushner: Palestinians Showing They Aren't Ready for Statehood," *Times of Israel*, January 29, 2020; Jonathan Swan, "Kushner Uncertain Palestinians Are Capable of Governing Themselves," *Axios*, June 2, 2019. 值得注意的是，

庫許納認為「歐巴馬試圖打壓以色列，並把一切都給巴勒斯坦人」，這種說法顯示出川普政府打算給巴勒斯坦的東西有多少，因為實際上歐巴馬政府根本沒有給巴勒斯坦任何好處。Adam Entous, "Donald Trump's New World Order," *New Yorker*, June 11, 2018.

50. Alexander Ward, Nahal Toosi, and Jonathan Lemire, "The One Word Biden Won't Say in Israel," *Politico*, July 13, 2022.

51. 請注意，以色列能夠在加薩設立「禁行區」（no-go zones），破壞了其「不占領該地區」的說法。聯合國人道事務協調廳（UN Office for the Coordination of Humanitarian Affairs, UNOCHA）指出，以色列透過實彈射擊、夷為平地、破壞財產、逮捕民眾以及沒收設備等手段，在加薩內部強制執行這些「限制進入區域」（Access Restricted Areas）。詳見："2015 Overview: Movement and Access Restrictions," UNOCHA.

52. "Report of the Independent International Commission of Inquiry on the Protests in the Occupied Palestinian Territory," United Nations Human Rights Council, 2019, 11.

53. Rosie Perper, "120 Countries Voted to Condemn Israel for Using 'Excessive' Force in Gaza Clashes That Killed over 100 People," *Business Insider*, June 13, 2018; Report of the Independent International Commission of Inquiry.

54. Noa Landau, "UN Council: Israel Intentionally Shot Children and Journalists in Gaza," *Haaretz*, February 28, 2019.

55. Isabel Kershner and David M. Halbfinger, "Israelis Reflect on Gaza: 'I Hope at Least That Each Bullet Was Justified,'" *New York Times*, May 15, 2018; Declan Walsh and Isabel Kershner, "After Deadly Protests, Gazans Ask: What Was Accomplished?," *New York Times*, May 18, 2018; Shmuel Rosner, "Israel Needs to Protect Its Borders. By Whatever Means Necessary," *New York Times*, May 18, 2018. For a full analysis of the arguments made in the oped, see Nathan J. Robinson, "Propaganda 101: How to Defend a Massacre," *Current Affairs*, May 21, 2018.

56. "UN General Assembly Urges Greater Protection for Palestinians, Deplores Israel's 'Excessive' Use of Force," *UN News*, June 13, 2018.

57. 賓夕法尼亞州的民主黨參議員約翰・費特曼（John Fetterman）表示：「每當我有機會支持加強以色列的安全、深化美國與以色列的關係時，我都會全力以赴。」二〇二一年，美國民主社會主義者協會（Democratic Socialists of America, DSA）的成員曾考慮將眾議員賈馬爾・鮑曼（Jamaal Bowman，DSA 成員）開除，原因是他投票支持繼續提供以色列軍事援助。然而，即便如此，親以色列團體「Pro-Israel America」的負責人仍表示，鮑曼在以色列問題上「不值得信任」，並支持「充滿仇恨的」議程。

58. Bret Stephens, "Ilhan Omar Knows Exactly What She Is Doing," *New York Times*, March 7, 2019; Liam Quinn, "Meghan McCain Slams Rep. Ilhan Omar's 'Blatantly Anti-Semitic

Rhetoric' Amid Bitter Twitter Spat," Fox News, March 8, 2019; Kevin D. Williamson, "Anti-Semitism's Collaborators," *National Review*, March 6, 2019.

59. 作家塔納哈希・科茨（Ta-Nehisi Coates）在造訪被占領區後，也有類似的體悟，意識到這場常被描述為複雜的衝突，其實相當簡單。他表示：「我想，最讓我震驚的是，在所有我讀過關於以色列與巴勒斯坦衝突的評論或報導文章中，總是會出現一個詞，那就是『複雜性』（complexity）。……我原本以為，這是一個難以分辨對錯、難以理解其中道德問題、難以釐清衝突脈絡的情勢。但我抵達當地，立刻就明白了這裡發生的事情……。而且，我必須說，這讓我感到無比熟悉。再一次，我來到一片土地，在這裡，你的行動自由受限，你的投票權受限，你的用水權受限，你的居住權受限，而這一切都是基於族裔的限制。……。所以，最讓我震驚的，是這場衝突其實一點都不複雜。」

60. "The Perle-Chomsky debate," Ohio State University, 1988.

61. "Israeli Forces Open Fire to Stop People Returning to North Gaza," *Al Jazeera English*, November 24, 2023.

62. Maayan Lubell et al., "Israel Vows 'Mighty Vengeance' After Surprise Attack," Reuters, October 7, 2023; "Gaza: 3,195 Children Killed in Three Weeks Surpasses Annual Number of Children Killed in Conflict Zones Since 2019," Save the Children International, October 29, 2023; Nicholas Kristof, "So Many Child Deaths in Gaza, and for What?," *New York Times*, December 6, 2023; Allegra Goodwin, et al., "Infants Found Dead and Decomposing in Evacuated Hospital ICU in Gaza," CNN, December 8, 2023. 以色列國防軍曾向撤離的醫療人員承諾，會派救護車來接走那些嬰兒，但最後卻沒有履行承諾。

63. "'Are You Seriously Asking Me About Palestinian Civilians?': ExIsraeli PM," *TRT World*, October 2023.

64. Yuval Abraham, "'A Mass Assassination Factory': Inside Israel's Calculated Bombing of Gaza," *+972 Magazine*, November 30, 2023; Yuval Abraham, "'Lavender': The AI Machine Directing Israel's Bombing Spree in Gaza," *+972 Magazine*, April 3, 2024. 有大量具體案例顯示以色列攻擊民用基礎設施，沒有明顯軍事目的，可參見：例如 "Gaza: Israeli Strike Killing 106 Civilians an Apparent War Crime," Human Rights Watch, April 4, 2024.

65. John Paul Rathbone, "Military Briefing: The Israeli Bombs Raining on Gaza," *Financial Times*, December 5, 2023; Julian Borger, "Civilians Make Up 61% of Gaza Deaths from Airstrikes, Israeli Study Finds," *Guardian*, December 9, 2023; "'Pallywood Propaganda': Pro-Israeli Accounts Online Accuse Palestinians of Staging Their Suffering," France 24, November 21, 2023. Omar Shakir, "While a Fire Rages in Gaza, the West Bank

Smolders," Human Rights Watch, November 22, 2023.

66. Ryan Grim, "Netanyahu's Goal for Gaza: 'Thin' Population 'to a Minimum,'" *Intercept*, December 3, 2023; Aurora Almendral and Yasmine Salam, "A Forced Exodus from Gaza to Egypt? Israeli 'Concept Paper' Fuels Outrage," NBC News, November 2, 2023; "PM Warns Ministers to Pipe Down After Comments on New 'Nakba' and Nuking Gaza," *Times of Israel*, November 12, 2023; "Israel's Unfolding Crime of Genocide of the Palestinian People & U.S. Failure to Prevent and Complicity in Genocide," Center for Constitutional Rights, October 8, 2023; Neil Vigdor, "Republican Congressman Says of Gaza: 'It Should Be Like Nagasaki and Hiroshima,'" *New York Times*, March 31, 2024. 類似言論層出不窮。更多相關內容，可參閱：Nathan J. Robinson, "My Date with Destiny," *Current Affairs*, March 28, 2024.

67. "Former Israel General Says 'Severe Epidemics' in Gaza Would Help Israel Win the War," *Middle East Eye*, November 21, 2023; Gretchen Stenger, "Infectious Disease Specialist with UVA Health Explains Effects of Water Crisis in Gaza," CBS19 News, April 1, 2024.

68. Mitchell McCluskey and Richard Allen Greene, "Israel Military Says 2 Civilians Killed for Every Hamas Militant Is a 'Tremendously Positive' Ratio Given Combat Challenges," CNN, December 6, 2023; Yaniv Kubovich, "Israel Created 'Kill Zones' in Gaza. Anyone Who Crosses into Them Is Shot," *Haaretz*, March 31, 2024; @DavidKlion, Twitter (X) post, December 22, 2023, https://x.com/DavidKlion/status/1738387640817197241.

69. Steve Holland and Jeff Mason, "U.S. Not Drawing Red Lines for Israel, White House Says," Reuters, October 27, 2023, 後來拜登修正了這項說法，表示如果以色列進攻拉法（Rafah），就等於跨越「紅線」。然而，以色列最終仍對拉法發動攻勢，而美國則否認這構成「越線」；Benjamin Q. Huỳnh et al., "No Evidence of Inflated Mortality Reporting from the Gaza Ministry of Health," *Lancet*, vol. 403, 10421 (2024): 23-24; "U.S. State Dept Human Rights Officer Latest to Resign in Gaza Protest," *Al Jazeera English*, March 27, 2024; Maria Abi-Habib et al., "More Than 500 U.S. Officials Sign Letter Protesting Biden's Israel Policy," *New York Times*, November 14, 2023.

70. "'Please Stop This War Against Us': Gaza Doctor Begs for World's Help as Hunger & Disease Spread," *Democracy Now!*, April 4, 2024; Irfan Galarian, "I'm an American Doctor Who Went to Gaza. What I Saw Wasn't War— It Was Annihilation," *Los Angeles Times*, February 16, 2024; Jason Burke, "UNICEF Official Tells of 'Utter Annihilation' After Travelling Length of Gaza," *Guardian*, March 22, 2024.

71. Alexander Ward, Adam Cancryn, and Jonathan Lemire, "Biden Admin Officials See

Proof Their Strategy Is Working in Hostage Deal," *Politico,* November 21, 2023; Emily Rauhala, "U.S. Backs Israel Before UN Court as Biden-Netanyahu Tension Simmers," *Washington Post*, February 21, 2024.

72. John Hudson, "U.S. Approved More Bombs to Israel on Day of World Central Kitchen Strikes," *Washington Post*, April 4, 2024; Isaac Chotiner, "Biden's Increasingly Contradictory Israel Policy," *New Yorker*, April 2, 2024. 目前針對十月七日事件後續局勢最具參考價值的書籍是：Jamie Stern-Weiner, ed., *Deluge: Gaza and Israel from Crisis to Cataclysm* (New York and London: OR Books, 2024).

第六章　巨大的中國威脅

1. Trump Twitter Archive; *The Situation Room with Wolf Blitzer*, CNN, January 20, 2011; Hui Feng, "Trump Took a Sledgehammer to U.S.-China Relations. This Won't Be an Easy Fix, Even If Biden Wins," TheConversation.org, October 19, 2020; Barbara Plett Usher, "Why U.S.-China Relations Are at Their Lowest Point in Decades," BBC, July 24, 2020; Adam Shaw, "Pompeo Says Chinese Threat 'Inside the Gates' Amid Rising Fears About Risk to U.S. Data, Economic Security," Fox News, July 9, 2022; Stephen K. Bannon, "We're in an Economic War with China. It's Futile to Compromise," *Washington Post*, May 6, 2019; Christopher Wray, "The Threat Posed by the Chinese Government and the Chinese Communist Party to the Economic and National Security of the United States," Hudson Institute, Washington, DC, July 7, 2020.
2. "Attorney General William P. Barr Delivers Remarks on China Policy at the Gerald R. Ford Presidential Museum," Office of Public Affairs, U.S. Department of Justice, July 16, 2020.
3. "National Security Strategy of the United States of America," December 2017.
4. "U.S. Strategic Framework for the Indo-Pacific," National Archives (declassified 2021).
5. Edward Wong et al., "Joe Biden's China Journey," *New York Times*, October 6, 2021; Nahal Toosi, "Biden Ad Exposes a Rift over China on the Left," *Politico*, April 23, 2020; Joe Leahy and Demetri Sevastopulo, "China Hits Out at U.S. After Joe Biden Calls Xi Jinping a 'Dictator,'" *Financial Times*, June 21, 2023; Joseph R. Biden Jr., "Why America Must Lead Again," *Foreign Affairs*, March/April 2020.
6. Jennifer Conrad, "A Year In, Biden's China Policy Looks a Lot Like Trump's," *Wired*, December 30, 2021; Gavin Bade, "'A Sea Change': Biden Reverses Decades of Chinese Trade Policy," *Politico*, December 26, 2022; Michael Schuman, "China Will Get

Stronger," *Atlantic*, January/February 2024; Didi Tang and Ken Moritsugu, "China Sees Two 'Bowls of Poison' in Biden and Trump and Ponders Who Is the Lesser of Two Evils," Associated Press, January 29, 2024.

7. Michael Hirsh, "The Big, Quiet Issue Biden and Xi Are Avoiding," *Politico*, November 14, 2023; Ivana Saraci, "Blinken: China Poses 'Most Serious, Long-Term Challenge' to World Order," *Axios*, May 26, 2022; "Fact Sheet: 2022 National Defense Strategy," Department of Defense; Van Jackson, "America Is Turning Asia into a Powder Keg," *Foreign Affairs*, October 22, 2021; Edward Wong, "On U.S. Foreign Policy, the New Boss Acts a Lot Like the Old One," *New York Times*, July 24, 2022; "Fact Sheet: Advancing the Rebalance to Asia and the Pacific," Office of the Press Secretary, White House, November 16, 2015; "Obama Tells Asia U.S. 'Here to Stay' as a Pacific Power," *Guardian*, November 16, 2011.

8. 關於更多背景資訊，參閱：Robert P. Newman, *Owen Lattimore and the "Loss" of China* (Berkeley: University of California Press, 1992).

9. Michael T. Klare, "Welcome to the New Cold War," *Nation*, January 14, 2022; Demetri Sevastopulo, "Joe Biden Announces U.S., UK and Australia CoOperation on Hypersonic Weapons," *Financial Times*, April 5, 2022; "U.S. Dept. of Defense, Military and Security Developments Involving the People's Republic of China 2021," USC U.S.-China Institute, November 2, 2021.

10. Deb Riechmann, "U.S. Intelligence Director Says China Is Top Threat to America," AP News, December 30, 2020; "Safeguarding Our Future: Protecting Government and Business Leaders at the U.S. State and Local Level from People's Republic of China (PRC) Influence Operations," National Counterintelligence and Security Center, July 2022; Burgess Everett, "Schumer Presses Trump to Label China a Currency Manipulator," *Politico*, January 24, 2017; "Attorney General William P. Barr Delivers Remarks on China Policy at the Gerald R. Ford Presidential Museum," July 16, 2020.

11. Deborah Brautigam and Meg Rithmire, "The Chinese 'Debt Trap' Is a Myth," *Atlantic*, February 6, 2021.

12. 請參閱：Rob Larson, "The IMF's Bottomless Bottom-Line Cruelty," *Current Affairs*, February 2, 2022.

13. Paul Wiseman, "In Trade Wars of 200 Years Ago, the Pirates Were Americans," Associated Press, March 28, 2019. "Trade Secrets: Intellectual Piracy and the Origins of American Industrial Power," Working Knowledge, Harvard Business School, June 21, 2004; Jack Goldsmith, "Does the U.S. Still Interfere in Foreign Elections?," Project-

Syndicate.org, October 28, 2020. 另一個例子是，美國經常指責其他國家發動網路輿論戰。然而，在新冠疫情期間，五角大廈曾試圖透過網路刻意散布反疫苗假訊息，破壞中國的國際疫苗推廣行動，甚至試圖加劇疫情，以削弱中國的影響力。Chris Bing and Joel Schectman, "Pentagon Ran Secret Anti-Vax Campaign to Undermine China During Pandemic," Reuters, June 14, 2024.

14. Kyle Haynes, "Would China Be a Benign Hegemon?," *Diplomat*, June 2, 2017; HaJoon Chang, *Kicking Away the Ladder: Development Strategy in Historical Perspective* (London: Anthem Press, 2002).
15. "Statement by PJ Keating," September 28, 2021.
16. Cobus van Staden, "Fears of a Chinese Naval Base in West Africa Are Overblown," *Foreign Policy*, March 3, 2022; Phelim Kine, "U.S. Turns the Screws on Solomon Islands to Counter China," *Politico*, April 28, 2022.
17. "We Shouldn't Underestimate the Incredible Danger Posed by the Taiwan Crisis," interview with Lyle Goldstein, *Jacobin*, August 6, 2022.
18. "U.S. Poses Most Serious Long-Term Challenge to International Order: Spokesperson," *Xinhua*, May 31, 2022.
19. Chris Buckley, "After China's Military Spectacle, Options Narrow for Winning Over Taiwan," *New York Times*, August 7, 2022.
20. Nathaniel Sher, "Why We Shouldn't Declare Taiwan an Independent Country," Quincy Institute for Responsible Statecraft, October 9, 2023.
21. Kyle Mizokami, "The U.S. Military 'Failed Miserably' in a Fake Battle over Taiwan," *Popular Mechanics*, August 2, 2021.
22. Kathrin Hille and Demetri Sevastopulo, "Taiwan: Preparing for a Potential Chinese Invasion," *Financial Times*, June 6, 2022; Kathrin Hille and Demetri Sevastopulo, "U.S. Accused of Undermining Taiwan Defences by Focusing on 'Dday' Scenario," *Financial Times*, May 17, 2022; Richard C. Bush, "What the Historic MaXi Meeting Could Mean for Cross-Strait Relations," Brookings Institution, November 9, 2015.
23. Chris Horton, "Taiwan's Status Is a Geopolitical Absurdity," *Atlantic*, July 8, 2019.
24. Jack Detsch, "The U.S. Is Getting Taiwan Ready to Fight on the Beaches," *Foreign Policy*, November 8, 2021; Christina Lu, "Biden Vows to Defend Taiwan," *Foreign Policy*, May 24, 2022; Ben Burgis, "Nancy Pelosi Is Rolling the Dice on World War III," *Jacobin*, August 4, 2022.
25. Chris Buckley and Steven Lee Myers, "'Starting a Fire': U.S. and China Enter Dangerous Territory over Taiwan," *New York Times*, October 9, 2021.

26. Paul Godwin, "Asia's Dangerous Security Dilemma," *Current History* 109, no. 728 (September 2010), 264-66; Stephen Walt, "Does Anyone Still Understand the 'Security Dilemma'?," Quincy Institute for Responsible Statecraft, July 26, 2022; Roger Cohen, "In Submarine Deal with Australia, U.S. Counters China but Enrages France," *New York Times*, September 16, 2021; Stavros Atlamazoglu, "The U.S. Navy Is Training for War in the South China Sea," *1945*, July 18, 2022; Takahashi Kosuke, "U.S.-Led RIMPAC, World's Largest Maritime Exercise, Starts Without China or Taiwan," *Diplomat*, July 1, 2022; Stavros Atlamazoglu, "What Is RIMPAC 2022? Simple: A Warning to China," *1945*, July 18, 2022.
27. Hal Brands, "Containment Can Work Against China, Too," *Wall Street Journal*, December 3, 2021; S.2226—National Defense Authorization Act for Fiscal Year 2024; Alexa Fee, "Romney Calls for a Change of Course Concerning China," *Daily Caller*, February 16, 2012; Jackie Calmes, "Trans-Pacific Partnership Text Released, Waving Green Flag for Debate," *New York Times*, November 5, 2015.
28. M. Taylor Fravel, "China's Misunderstood Nuclear Expansion," *Foreign Affairs*, November 10, 2023.
29. John Mearsheimer, "The Rise of China Will Not Be Peaceful at All," *Australian*, November 18, 2005.
30. Richard Stone, "'National Pride Is at Stake.' Russia, China, United States Race to Build Hypersonic Weapons," *Science*, January 8, 2020; Peter Martin, "Kissinger Warns Biden of U.S.-China Catastrophe on Scale of WWI," November 16, 2020.
31. Gordon Corera, "China: MI5 and FBI Heads Warn of 'Immense' Threat," BBC, July 7, 2022; Tom Mitchell, "China Blasts 'Extremely Dangerous' U.S. Policy at High-Level Talks," *Financial Times*, July 25, 2021; John Kuo Wei Tchen and Dylan Yeats, eds., *Yellow Peril! An Archive of Anti-Asian Fear* (London and New York: Verso, 2014).
32. Cindy Wang and Isabel Reynolds, "China Likely Fired Missiles over Taiwan in High-Risk Milestone," Bloomberg, August 3, 2022; Stuart Lau, "China Suspends Climate Talks with U.S.," *Politico*, August 5, 2022.

第七章　北約與俄羅斯：冷戰結束後的發展

1. Strobe Talbott, introduction, in John Norris, *Collision Course: NATO, Russia, and Kosovo* (Westport, CT: Praeger, 2005).

2. J. de Hoop Scheffer, AP/Novum, *Trouw* (Netherlands), June 29, 2007.
3. Kennan 引自：Thomas L. Friedman, "Now a Word from X," *New York Times*, May 2, 1998; Richard Sakwa, *Frontline Ukraine* (London: I. B. Tauris & Co., 2015), 4.
4. Charles A. Kupchan, "Expand NATO—and Split Europe," *New York Times*, November 27, 1994; Michael Mandelbaum, "Preserving the New Peace: The Case Against NATO Expansion," *Foreign Affairs*, May/June 1995; Ted Galen Carpenter, "Ignored Warnings: How NATO Expansion Led to the Current Ukraine Tragedy," Cato Institute, February 24, 2022. 卡本特（Ted Galen Carpenter）在當時就警告：「要向東擴張北約，而不被俄羅斯視為敵對行動，極為困難。即便是最保守的擴張計畫，也會將北約勢力推進到前蘇聯的邊界，而較具野心的計畫，則幾乎會讓俄羅斯聯邦四面受敵……。這種擴張將是對俄羅斯毫無必要的挑釁。」
5. "'We're Fundamentally at War': Rep. Moulton Says U.S. in Proxy War with Russia," *Democracy Now!*, May 9, 2022; Susan B. Glasser, "What If We're Already Fighting the Third World War with Russia?," *New Yorker*, September 29, 2022.
6. 這是比爾・柯林頓親自對下令轟炸的動機所做的說明。"Clinton's Statements on Kosovo," *Washington Post*, June 1, 1999.
7. "A Cash-Starved Peace in Kosovo," *New York Times*, March 7, 2000; Javier Solana, "NATO's Success in Kosovo," *Foreign Affairs*, November/December 1999; Samantha Power, *"A Problem from Hell": America and the Age of Genocide* (New York: Basic Books, 2002), ebook.
8. Michael Mandelbaum, "A Perfect Failure: NATO's War Against Yugoslavia," *Foreign Affairs* 78, no. 5 (1999): 2-8.
9. Christopher Layne and Benjamin Schwarz, "Was It a Mistake?," *Washington Post*, March 26, 2000.
10. Wesley Clark, *Waging Modern War* (New York: PublicAffairs, 2001), 171; Elaine Sciolino and Ethan Bronner, "Crisis in the Balkans: The Road to War," *New York Times*, April 18, 1999; Jeremy Hammond, "Syria and Lessons Unlearned from the U.S./NATO Bombing of Kosovo," *Foreign Policy Journal*, September 6, 2013; "Kosovo: Civilian Deaths in the NATO Air Campaign," Human Rights Watch, February 1, 2000. 中國駐聯合國大使敘述北約轟炸中國駐南斯拉夫大使館的事件是「野蠻行徑」，並指其「嚴重違反《聯合國憲章》、國際法及國際關係準則」，同時「違反了《日內瓦公約》」。北約對於公車遭炸事件的責任提出質疑，稱相關報導是「蓄意曲解」，並聲稱沒有證據顯示該事件與北約有關。然而，人權觀察組織取得更多證據，顯示北約應對該事件負責，並將罹難者計入北約轟炸行動的平民傷亡名單。《洛杉磯時報》記者保羅・華森（Paul

Watson）詳述了公車遭轟炸事件的慘烈情況：「納達（Nada）是四十三名倖存者之一，她躺在佩奇（Peć）主要醫院的一間病房內，房內全是受傷的婦女和孩童。其中，一名約四歲的金髮女孩也在治療中。納達和母親原本正在籌畫婚禮，但這一切如今似乎遙不可及。一塊彈片像刀子般切斷了納達的脊椎，佩奇醫院院長 Miodrag Jasovic 判斷，這名女孩再次行走的機會是零……。二十五歲的公車乘客 Sladjana Prascevic 認為搭公車遇到北約攻擊的可能性幾乎不存在，因此事發當下，她一開始還以為是遭到科索沃解放軍（Kosovo Liberation Army）的伏擊……。當時納達癱瘓在地且渾身是血，人群陷入恐慌，爭相逃離。她母親驚慌失措地緊抓住女兒的雙手，將她拖出公車，經過乘客、警察和士兵的屍體。接著，目擊者表示，一架北約戰機投下了一枚集束彈，釋放出數十顆小炸彈，爆炸後彈片四散，並在柏油路面上炸出棒球大小的坑洞。其中一枚未爆的黃色炸彈罐，掉落在距離一名身穿藍色迷彩的警察屍體僅幾英尺，隨時可能爆炸，該名警察仰躺倒地，死在公車更後方的區域。鉚接在集束彈母彈圓形零件上的一塊金屬標籤，掉落在馬路中央，上面標示了炸彈的來源與型號資訊。金屬標籤上寫著：「感應器近炸引信 FZU 39/B（Sensor proximity FZU 39/ B）」批號為 MN89F005-010，零件編號為 77757-10。該炸彈由美國製造，生產商標示為 Magnavox。根據 Matanovic 和其他目擊者的說法，就在納達的母親拖著她走向附近的森林時，沿路的集束炸彈突然爆炸，震驚的倖存者紛紛逃入更深處的樹林中。警察和士兵隨後抵達現場，將傷者送往醫院。下午三點十五分左右，一小群記者抵達事故現場時，警察正在將最後幾具屍體裝上卡車。」—— Paul Watson, "NATO Bombs Kill 17 More Civilians," *Los Angeles Times*, May 4, 1999.

11. Thomas L. Friedman, "Stop the Music," *New York Times*, April 23, 1999.
12. "No Justice for the Victims of NATO Bombings," Amnesty International, April 23, 2009; "Serb Media Battles NATO with Scenes of Destruction," CNN, April 9, 1999; Richard Norton-Taylor, "Serb TV Station Was Legitimate Target, Says Blair," *Guardian*, April 23, 1999.
13. Bradley Graham, "Report Says NATO Bombing Killed 500 Civilians in Yugoslavia," *Washington Post*, February 7, 2000.
14. Susan Sontag, "Why Are We in Kosovo?," *New York Times*, May 2, 1999; *The Kosovo Report*, The Independent International Commission on Kosovo (New York: Oxford University Press, 2000).
15. Michael MccGwire, "Why Did We Bomb Belgrade?," *International Affairs* (Royal Academy of International Affairs, London), 76.1 (January 2000); "Bombing of Yugoslavia Awakens AntiU.S. Feeling Around World," *Washington Post*, May 18, 1999.《華盛頓郵報》指出，全球對北約行動的反對聲浪非常普遍，遍及拉丁美洲、亞洲與非洲，「從

報紙社論、民意調查、群眾抗議、網路言論到街頭塗鴉」，都可以看見這種反應。Anthony Sampson, "Mandela Accuses 'Policeman' Britain," *Guardian*, April 4, 2000.

16. 同樣地，英國首相東尼・布萊爾也曾將「北約的公信力」列為關鍵問題，認為「我們非贏不可」；"Moral Combat: NATO at War," BBC Two, March 12, 2000.

17. 引述皆出自於：Norris, *Collision Course*. 請注意，該書的序言由時任美國總統柯林頓的副國務卿史特普・塔爾博特撰寫。

18. Patrick Wintour, "War Strategy Ridiculed," *Guardian*, July 20, 2000.

19. 葉爾欽之語轉引自：Norris; "Yeltsin Sees War Threat in NATO Enlargement," *Monitor* 1, no. 91, September 8, 1995.

20. 歐布萊特之語引自：Galen Carpenter; Strobe Talbott, "Why NATO Should Grow," *New York Review of Books*, August 10, 1995.

21. Paul Taylor, "Ukraine: NATO's Original Sin," *Politico*, November 23, 2021; Branko Marcetic, "Diplomatic Cables Show Russia Saw NATO Expansion as a Red Line," American Committee for U.S.-Russia Accord, January 16, 2023.

22. 根據美國國家安全檔案館的紀錄，英國政府曾給予類似的保證：「根據英國駐莫斯科大使的日記記載，直到一九九一年三月，英國首相約翰・梅傑（John Major）仍親自向戈巴契夫保證：『我們無意強化北約。』隨後，當蘇聯國防部長德米特里・亞佐夫元帥（Marshal Dmitri Yazov）詢問梅傑，東歐國家領導人對加入北約表達興趣時，梅傑回應：『這種事絕不會發生。』」詳見："NATO Expansion: What Gorbachev Heard," National Security Archive, December 12, 2017. Robert M. Gates, *Duty: Memoirs of a Secretary at War* (New York: Vintage, 2015), 157. 一九九八年至二〇〇〇年，任職美國駐烏克蘭大使的史蒂文・皮佛（Steven Pifer）也提出類似看法：「那真是個大錯⋯⋯。這讓俄羅斯氣炸了。它在烏克蘭與喬治亞引發了過高的期待，但那些期待最後都落空了。」

23. Horace Campbell and Ali A. Mazrui, *Global NATO and the Catastrophic Failure in Libya* (New York: New York University Press, 2013); Ian Martin, *All Necessary Measures? The United Nations and International Intervention in Libya* (London: Hurst, 2022); Joe Dyke, "NATO Killed Civilians in Libya. It's Time to Admit It," *Foreign Policy*, March 20, 2021.

24. "This Man Predicted Russia-Ukraine War in 2015: The West Is Leading Ukraine Down the Primrose Path," *India Times*, February 27, 2022; Shane Harris et al., "Road to War: U.S. Struggled to Convince Allies, and Zelensky, of Risk of Invasion," *Washington Post*, August 16, 2022.

25. "On Launching a Special Military Operation in Ukraine," Address by the President of

the Russian Federation, February 24, 2022.

26. Thomas L. Friedman, "This Is Putin's War. But America and NATO Aren't Innocent Bystanders," *New York Times*, February 21, 2022. 早在一九九六年，湯瑪斯・佛里曼就曾批評北約擴張是「冷戰後最欠缺遠見的計畫」。Noor Ibrahim, "Biden Tells Putin Where to Shove His 'Red Lines,'" *Daily Beast*, December 7, 2021.

27. Anatol Lieven, "Ukraine: The Most Dangerous Problem in the World," *Nation*, November 15, 2021.

28. Jack F. Matlock, Jr., "I Was There: NATO and the Origins of the Ukraine Crisis," Quincy Institute for Responsible Statecraft, February 15, 2022.

29. Michael Schwirtz, "NATO Signals Support for Ukraine in Face of Threat from Russia," *New York Times*, December 16, 2021; Samuel Charap, "NATO Honesty on Ukraine Could Avert Conflict with Russia," *Financial Times*, January 13, 2022.

30. John R. Deni, "The Strategic Case for Risking War in Ukraine," *Wall Street Journal*, December 22, 2021.

31. Interview with Zbigniew Brzezinski, *Le Nouvel Observateur* (France), January 15-21, 1998, 76.

32. 引自：Andrew Van Wagner, "Stopping the Killing," *Join Andrew* Substack, January 19, 2023.

33. Alexander Ward, "Tell Us How the Ukraine War Ends," *Politico*, March 1, 2022; Daniel W. Drezner, "What Is the Plan Behind Sanctioning Russia?," *Washington Post*, April 25, 2022; Natasha Bertrand et al., "Austin's Assertion That U.S. Wants to 'Weaken' Russia Underlines Biden Strategy Shift," CNN, April 26, 2022.

34. Congressional Progressive Caucus letter, October 24, 2022; Alexander Ward et al., "House Progressives Retract Russia-Diplomacy Letter amid Dem Firestorm," *Politico*, October 25, 2022; Michael Birnbaum and Missy Ryan, "NATO Says Ukraine to Decide on Peace Deal with Russia—Within Limits," *Washington Post*, April 5, 2022.

35. Peter Baker, "Top U.S. General Urges Diplomacy in Ukraine While Biden Advisers Resist," *New York Times*, November 10, 2022; Kylie Atwood and Oren Liebermann, "Biden Admin Divided over Path Ahead for Ukraine as Top U.S. General Milley Pushes for Diplomacy," CNN, November 11, 2022.

36. Yasmeen Serhan, "Why Germany Agonized over Sending Tanks to Ukraine," *Time*, January 25, 2023; "Germany Is Refusing to Send Tanks to Ukraine. Biden Cannot Let This Stand," *Washington Post*, January 21, 2023.

37. Graham E. Fuller, "Washington Denies Reality of 'Spheres of Influence'—a New

Pinnacle of Hypocrisy," Graham E. Fuller's blog, February 6, 2022; Fiona Harrigan, "Don't Kick Russian Students Out of the U.S.," *Reason*, March 1, 2022; Jim Lobe, "Networks Covered the War in Ukraine More Than the U.S. Invasion of Iraq," Quincy Institute for Responsible Statecraft, April 9, 2022. 事實上，許多媒體人毫不掩飾地對歐洲受害者表現出更多同情，其中一位哥倫比亞廣播公司記者甚至表示：「你知道，這是一個相對文明、相對像歐洲——我必須小心選字——的城市（基輔），你想不到這裡會發生這種事，也不希望它發生。」H. A. Hellyer, "Coverage of Ukraine Has Exposed Long-Standing Racist Biases in Western Media," *Washington Post*, February 28, 2022.

38. Timothy Ash, "It's Costing Peanuts for the U.S. to Defeat Russia," Center for European Policy Analysis, November 18, 2022; Dennis Romboy, "Mitt Romney Says U.S. Support of Ukraine Is Good for Americans," *Deseret News*, January 26, 2023.
39. Samuel Charap and Miranda Piebe, "Avoiding a Long War: U.S. Policy and the Trajectory of the Russia-Ukraine Conflict," RAND Research & Commentary, January 25, 2023.
40. Alistair MacDonald and Daniel Michaels, "BAE, U.S. in Talks to Restart M777 Howitzer Production After Ukraine Success," *Wall Street Journal*, October 9, 2022; Eric Lipton et al., "Military Spending Surges, Creating New Boom for Arms Makers," *New York Times*, December 18, 2022; David Ignatius, "The West Feels Gloomy About Ukraine. Here's Why It Shouldn't," *Washington Post*, July 18, 2023; Taras Kuzio, "The West Reaps Multiple Benefits from Backing Ukraine Against Russia," Atlantic Council, January 12, 2023. 烏克蘭國防部長甚至公開表示，烏克蘭戰場是西方武器的理想「測試場」, Roman Olearchyk, "Military Briefing: Ukraine Provides Ideal 'Testing Ground' for Western Weaponry," *Financial Times*, July 5, 2023.
41. Eliot A. Cohen, "Western Aid to Ukraine Is Still Not Enough," *Atlantic*, January 17, 2023; Eliot A. Cohen, "Cut the Baloney Realism," *Atlantic*, November 21, 2023; Eliot A. Cohen, "Let's Use Chicago Rules to Beat Russia," *Atlantic*, July 6, 2023; Aaron Maté, "U.S. Fighting Russia 'to the Last Ukrainian': Veteran U.S. Diplomat," TheGrayzone.com, March 24, 2022; Aaron Maté, "U.S., UK Sabotaged Peace Deal Because They 'Don't Care About Ukraine': Fmr. NATO Adviser," TheGrayzone.com, September 27, 2022; Branko Marcetic, "Ukraine's Tragedies: A 'Good Deal' for Some War Supporters," Quincy Institute for Responsible Statecraft, February 26, 2025.
42. Barbara Moens et al., "Europe Accuses U.S. of Profiting from War," *Politico*, November 24, 2022; "Ukraine Crisis: List of Countries That Have Imposed Sanctions on Russia," BusinessToday.in, February 23, 2022; Howard W. French, "Why Ukraine Is Not a

Priority for the Global South," *Foreign Policy*, September 19, 2022.

43. Sakwa, *Frontline Ukraine*; Oli Brown et al., "The Consequences of Russia's War on Ukraine for Climate Action, Food Supply and Energy Security," Chatham House, September 13, 2023.
44. 關於常見批評的詳細回應，可參見：Noam Chomsky, "The Ukraine War: Chomsky Responds," CounterPunch.org, June 3, 2022. 關於質疑美國立場是否代表不尊重烏克蘭自主性的討論，可參見：Branko Marcetic, "Free Agents?," *New Left Review*, November 23, 2023.
45. "Head of Ukraine's Leading Party Claims Russia Proposed 'Peace' in Exchange for Neutrality," *Ukrainska Pravda*, November 24, 2023; Robert Semonsen, "Former Israeli PM: West Blocked Russo-Ukraine Peace Deal," *European Conservative*, February 7, 2023; Catherine Belton, "Russia Will Stop 'in a Moment' if Ukraine Meets Terms—Kremlin," Reuters, March 7, 2022; Anton Troianovski, "Putin Quietly Signals He Is Open to a Cease-Fire in Ukraine," *New York Times*, December 23, 2023; "Putin Says Russia Does Not Reject Talks with Ukraine," Reuters, July 29, 2023; Ben Aris, "Lavrov Confirms Ukraine War Peace Deal Reached Last April, but Then Abandoned," Intellinews, September 27, 2023; "Russia Has Shown No Interest in Negotiations to End War Despite Putin's Words, U.S. Officials Say," Radio Free Europe, December 23, 2022; Kaitlin Lewis, "Russia Offered to End War if Ukraine Dropped NATO Bid: Kyiv Official," *Newsweek*, November 27, 2023; "Blinken: 'Kiev Willing to Negotiate if Russia Shows Interest in a Diplomatic Solution,'" *Agenzia Nova*, September 11, 2023.
46. Helene Cooper et al., "Troop Deaths and Injuries in Ukraine War Near 500,000, U.S. Officials Say," *New York Times*, August 18, 2023; Erin Snodgrass, "The Average Age of Ukrainian Soldier Is Older Than 40 as the Country Grapples with Personnel Problems," *Business Insider*, November 6, 2023.
47. Oliver Milman, "How the Gas Industry Capitalized on the Ukraine War to Change Biden Policy," *Guardian*, September 22, 2022; Tom Fairless, "How War in Europe Boosts the U.S. Economy," *Wall Street Journal*, February 18, 2024.
48. James Mattis, "National Defense Strategy and Nuclear Posture Review," Committee on Armed Services, U.S. House of Representatives, February 6, 2018.

第八章　核威脅與氣候災難

1. Alvin Powell, "Pinker Explains the Long Peace," *Harvard Gazette*, March 30, 2012;

Steven Pinker, *The Better Angels of Our Nature: Why Violence Has Declined* (New York: Viking, 2011); 保羅・湯瑪斯・錢柏林（Paul Thomas Chamberlain）指出，「從二戰結束到一九九〇年，全球各地的暴力衝突共奪走超過兩千萬條人命。換算下來，平均每天有超過一千兩百人死於各類戰爭，長達四十五年，其中大多數是平民。以純數字來看，這等同於每天發生超過三起美萊村大屠殺（My Lai Massacre），持續四十五年。而幾乎所有這些死亡都已被世人遺忘。」Paul Thomas Chamberlain, *The Cold War's Killing Fields: Rethinking the Long Peace* (New York: Harper, 2018)。如需更詳細的對平克的批判性回應，可參見：Edward S. Herman and David Peterson, *Reality Denial: Steven Pinker's Apologetics for Western-Imperial Violence*, Znetwork.org, July 24, 2012, and Nathan J. Robinson, "The World's Most Annoying Man," *Current Affairs*, May 29, 2019.

2. 舉例來說，僅僅計算吉姆克勞（Jim Crow）時期美國南方發生的私刑案件數量，並不能準確反映整個制度的暴力程度，因為私刑的威脅無所不在。這就像只將真正開槍擊中的案件計入武裝搶劫統計一樣，忽略了暴力本身的恐嚇效應。
3. 關於對日本進行燃燒彈轟炸的恐怖景象，以及對其正當性的分析，可參見：Edwin P. Hoyt, *Inferno: The Fire Bombing of Japan, March 9-August 15, 1945* (Montebello, NY: Madison Books, 2000).
4. 參閱：Greg Mitchell, "The Great Hiroshima CoverUp—and the Greatest Movie Never Made," *Asia-Pacific Journal* 9, no. 21 (August 2011). 葛瑞格・米歇爾（Greg Mitchell）記錄了美國政府如何壓制最具震撼力的原子彈受害者影像，並引用美軍拍攝團隊的一位導演的話：「（美國官員）想要把這些影像埋藏起來……他們害怕，因為畫面過於駭人……它顯示了原子彈對男人、女人和孩童的影響……他們不希望這些影像曝光，因為他們對自己的罪行感到內疚——同時，他們也在研發新的核武器。」這些影像最終得以曝光，多虧了日本反核運動人士的努力。
5. J. Robert Oppenheimer, *Atom and Void: Essays on Science and Community* (Princeton, NJ: Princeton University Press, 2014), 141; Harold P. Green, "The Oppenheimer Case: A Study in the Abuse of Law," *Bulletin of the Atomic Scientists* 33, no. 7 (September 1977): 12; Holcomb B. Noble, "Joseph Rotblat, 96, Dies; Resisted Nuclear Weapons," *New York Times*, September 2, 2005.
6. Mainau Declaration, 5th Lindau Nobel Laureate Meeting, July 15, 1955; "The Russell-Einstein Manifesto," Atomic Heritage Foundation, July 9, 1955.
7. "Nuclear Weapons," United Nations Office for Disarmament Affairs. Address by the Soviet Representative (Gromyko) to the United Nations Atomic Energy Commission, June 19, 1946, in *Documents on Disarmament, Vol. 1* (Washington, DC: United States Arms Control and Disarmament Agency, 1960), 19-21.

8. Michio Kaku and Daniel Axelrod, in *To Win a Nuclear War: The Pentagon's Secret War Plans* (Boston: South End Press, 1999), 30; Henry Stimson, diary entries, May 14-15, 1945.
9. Lawrence S. Wittner, *One World or None: A History of the World Nuclear Disarmament Movement Through 1953* (Redwood City, CA: Stanford University Press, 1993), 79.
10. Marion Lloyd, "Soviets Close to Using ABomb in 1962 Crisis, Forum Is Told," *Boston Globe*, October 13, 2002.
11. Christian Appy, *American Reckoning* (New York: Penguin Books, 2015), 76.
12. 另參閱：Sheldon M. Stern, *The Cuban Missile Crisis in American Memory: Myths versus Reality* (Redwood City, CA: Stanford University Press, 2012); Noam Chomsky, "Cuban Missile Crisis: How the U.S. Played Russian Roulette with Nuclear War," *Guardian*, October 15, 2012.
13. "President Reagan's Plan to Deploy 572 Intermediate Range Missiles," United Press International, September 13, 1983; Ewa Pieta, "The Red Button and the Man Who Saved the World" (Ithaca, NY: Log In Productions, 2006), documentary.
14. George Lee Butler, "General Lee Butler Addresses the Canadian Network Against Nuclear Weapons," Nuclear Age Peace Foundation, March 11, 1999; Daniel Ellsberg, *The Doomsday Machine: Confessions of a Nuclear War Planner* (New York: Bloomsbury, 2017), ebook. 艾茲柏格指出，美國過去及當前的核戰計畫「極度瘋狂且不道德，其毀滅性幾乎無法估量、難以想像，並且帶有刻意的大規模殺戮性質。」他認為，「無論是任何利益、任何事業、任何原則，無論是出於榮譽、義務、威望，或是為了維持現有聯盟中的領導地位……，都沒有理由為這種風險辯護，因為它可能導致人類及其他動物在這顆星球上的近乎滅絕。」
15. 更多相關事件可參閱：Eric Schlosser, *Command and Control: Nuclear Weapons, the Damascus Accident, and the Illusion of* Safety (New York: Penguin Books, 2013). 另參閱："Accidental Nuclear War: A Timeline of Close Calls," Future of Life Institute, February 23, 2016.
16. "Essentials of Post-Cold War Deterrence," STRATCOM, 1995.
17. Alex Emmons, "Obama's Russian Rationale for $1 Trillion Nuke Plan Signals New Arms Race," *Intercept*, February 23, 2016; Hans M. Kristensen, "How U.S. Nuclear Force Modernization Is Undermining Strategic Stability," *Bulletin of the Atomic Scientists*, March 1, 2017.
18. 2022 Nuclear Posture Review, Department of Defense; David A. Koplow, "Parsing Good Faith: Has the United States Violated Article VI of the Nuclear Non-Proliferation

Treaty," *Wisconsin Law Review* 301 (1993).

19. Liu Zhen, "China Warns U.S. Nuclear Policy Will Fuel Arms Race and Threaten Peace," *South China Morning Post*, October 28, 2022.

20. Lawrence S. Wittner, *Confronting the Bomb: A Short History of the World Nuclear Disarmament Movement* (Redwood City, CA: Stanford University Press, 2009), 79; "Memorandum of Discussion at the 277th Meeting of the National Security Council," February 27, 1956, *Foreign Relations of the United States, 1955-1957, National Security Policy, Vol. XIX* (Washington, DC: U.S. Government Printing Office, 1990).

21. Wittner, *Confronting the Bomb*, 166.

22. "The Women Who Took on the British Government's Nuclear Programme," Imperial War Museum, London.

23. Elaine Scarry, *Thermonuclear Monarchy: Choosing Between Democracy and Doom* (New York: W. W. Norton, 2014); George Lee Butler, "The Risks of Nuclear Deterrence: From Superpowers to Rogue Leaders," National Press Club, February 2, 1998.

24. Lisbeth Gronlund et al., "An Expert Proposal: How to Limit Presidential Authority to Order the Use of Nuclear Weapons," *Bulletin of the Atomic Scientists*, January 8, 2021; Anthony Summers, *The Arrogance of Power: The Secret World of Richard Nixon* (New York: Penguin Books, 2001). Summers還引述一位季辛吉助理的話，他曾在另一個場合聽到喝醉的尼克森對季辛吉說：「亨利，我們得用核彈轟了他們。」尼克森本人也承認，他曾考慮在越戰中使用核武。"Nixon Proposed Using ABomb in Vietnam War," Associated Press, March 1, 2002. 外界經常形容尼克森信奉他所謂的「狂人理論」，透過表現出極端不理性的行為來恐嚇對手，使其相信自己可能不計一切代價施加毀滅性暴力。（他曾表示：「我希望北越相信，我已經到了為阻止戰爭會**不擇手段**的地步」），包括讓外界認為他隨時可能「按下核武按鈕」，甚至不惜進行種族滅絕式攻擊。事實上，解密文件顯示，這種瘋狂並非只是虛張聲勢，美國政府確實認真考慮過對北越目標進行核毀滅。參見："Nixon White House Considered Nuclear Options Against North Vietnam, Declassified Documents Reveal," National Security Archive, July 31, 2006. 無論如何，正如黎德壽（Le Duc Tho）曾對季辛吉所說，越南早已承受了相當於數百顆原子彈的轟炸。這種瘋狂行為已經不只是恐嚇或外交手段，而是當時的官方政策。

25. William Perry, interviewed on PBS. "75 Years After Hiroshima, Should U.S. President Have Authority to Launch Nuclear Attack?," PBS *Newshour*, August 5, 2020; Julian Borger, "ExIntelligence Chief: Trump's Access to Nuclear Codes Is 'Pretty Damn Scary,'" *Guardian*, August 23, 2017.

26. William J. Perry and Tom Z. Collina, *The Button: The New Nuclear Arms Race and*

Presidential Power from Truman to Trump (Dallas, TX: BenBella Books, 2020); Garrett M. Graff, "The Madman and the Bomb," *Politico*, August 11, 2017.

27. "Netanyahu Thanks U.S. for Blocking Push for Middle East Nuclear Arms Ban," *Guardian*, May 23, 2015; "Public Opinion in Iran and America on Key International Issues," WorldPublicOpinion.org, Program on International Policy Attitudes, January 24, 2007; "Iranian Public Opinion Under 'Maximum Pressure,'" Center for International & Security Studies, University of Maryland, October 16, 2019. 此外，過去幾年來，以色列公眾也曾多次表態支持建立中東無核武區，參見：Michael Felsen, "Finding the Way to Helsinki," *Jerusalem Post*, December 13, 2012.

28. "No First Use FAQs," Global Zero; "Treaty on the Prohibition of Nuclear Weapons (TPNW)," entered into force January 22, 2021, Nuclear Threat Initiative.

29. James M. Acton, "The U.S. Exit from the Anti-Ballistic Missile Treaty Has Fueled a New Arms Race," Carnegie Endowment for International Peace, December 13, 2021; Paul Meyer, "Is There Any Fizz Left in the Fissban? Prospects for a Fissile Material Cutoff Treaty," Arms Control Association, 2007; Kingston Reif, "Biden Continues Trump Nuclear Funding," *Arms Control Today*, July/August 2021.

30. Mohamed ElBaradei, "Towards a Safer World," *Economist*, October 16, 2003; Jimmy Carter, "Saving Nonproliferation," *Washington Post*, March 27, 2005.

31. Harry S. Truman, "Annual Message to the Congress on the State of the Union," January 7, 1953; Robert S. McNamara, "Apocalypse Soon," *Foreign Policy*, October 21, 2009; Julian Borger, "Nuclear Weapons Risk Greater Than in Cold War, Says ExPentagon Chief," *Guardian*, January 7, 2016; Sam Nunn, "The Cold War's Nuclear Legacy Has Lasted Too Long," *Financial Times*, December 5, 2004; Michael MccGwire, "Shifting the Paradigm," *International Affairs* 78, no. 1 (2002).

32. Alexandra Topping, "Heatwave Led to London Firefighters' Busiest Day Since Second World War," *Guardian*, July 20, 2022; Aspen Pflughoeft, "'Busiest Day Since World War II' Sends Firefighters Rushing to 1,100 Fires in London," *Miami Herald*, July 20, 2022; "Fire Which Swept Through Village 'Like a Scene from the Blitz,'" Says Resident," *Independent*, July 20, 2022.

33. Claire M. Belcher et al., *UK Wildfires and Their Climate Challenges*, University of Exeter Global Systems Institute, 2021. 研究指出，由於氣候變遷，未來幾十年間，英國的氣溫將升高，降雨減少，空氣濕度降低，且風力增強，這些因素將導致野火風險大幅上升。

34. "Up to 4 Million Children in Pakistan Still Living Next to Stagnant and Contaminated Floodwater," UNICEF, January 9, 2023; "Devastating Floods in Pakistan," UNICEF,

2023; Leo Sands, "Pakistan Floods: One Third of Country Is Under Water—Minister," BBC News, August 29, 2022; "'It Was Just the Perfect Storm for Malaria'—Pakistan Responds to Surge in Cases Following the 2022 Floods," World Health Organization, April 18, 2023.

35. John Schwartz, "A Million Years of Data Confirms: Monsoons Are Likely to Get Worse," *New York Times*, June 4, 2021; Benji Jones, "How Melting Glaciers Fueled Pakistan's Fatal Floods," *Vox*, August 30, 2022.

36. Damian Carrington, "Climate Crisis: 11,000 Scientists Warn of 'Untold Suffering,'" *Guardian*, November 5, 2019.

37. Henry Fountain, "Climate Change Is Accelerating, Bringing World 'Dangerously Close' to Irreversible Change," *New York Times*, December 4, 2019; Jason P. Dinh, "Climate Scientists Fear the 'Uncharted Territory' Earth Has Entered," Atmos, November 13, 2023; Raymond Pierrehumbert, "There Is No Plan B for Dealing with the Climate Crisis," *Bulletin of the Atomic Scientists* 75, no. 5 (2019): 215-21; Ammar Frangoul, "'We're on a 'Highway to Climate Hell,' UN Chief Guterres Says, Calling for a Global Phase-Out of Coal," CNBC, November 7, 2022; Oded Carmeli, "'The Sea Will Get as Hot as a Jacuzzi': What Life in Israel Will Be Like in 2100," *Haaretz*, August 17, 2019.

38. Cristian Román-Palacios and John J. Wiens, "Recent Responses to Climate Change Reveal the Drivers of Species Extinction and Survival," *PNAS*, 2020; Betsy Mason, "Spiders Might Be Quietly Disappearing," *Atlantic*, October 28, 2023; Chi Xu et al., "Future of the Human Climate Niche," *PNAS*, 2019.

39. Timothy M. Lenton, "Climate Tipping Points—Too Risky to Bet Against," *Nature*, November 27, 2019; Oana A. Dumitru, "Constraints on Global Mean Sea Level During Pliocene Warmth," *Nature*, August 30, 2019; William J. Ripple et al., "The 2023 State of the Climate Report: Entering Uncharted Territory," *BioScience*, October 24, 2023; Jeremy Lent, "What Will It Really Take to Avoid Collapse?," *Patterns of Meaning*, December 19, 2017.

40. Hannah Ritchie and Max Roser, "Pakistan: CO2 Country Profile," Our World in Data; Jason Hickel, "Degrowth," in *The Climate Book* by Greta Thunberg (New York: Penguin Books, 2022), 310.

41. "Richest 1% Emit as Much Planet-Heating Pollution as Two-Thirds of Humanity," Oxfam, November 19, 2023; "Global Carbon Inequality," World Inequality Report, 2022; Solomon Hsiang, "Warming and Inequality," in *The Climate Book*.

42. Laurie Parsons, *Carbon Colonialism: How Rich Countries Export Climate Breakdown*

(Manchester, UK: Manchester University Press, 2023); 另參閱：Jag Bhalla, "We Can't Have Climate Justice Without Ending Computational Colonialism," *Current Affairs*, February 4, 2023.

43. 參閱：https://fossilfueltreaty.org/.

44. Robert Pollin, "How to Pay for a Zero Emissions Economy," *American Prospect*, December 5, 2019; 另參閱：Noam Chomsky and Robert Pollin, *Climate Crisis and the Global Green New Deal* (London and New York: Verso, 2020).

45. Lisa Friedman, "Trump Rule Would Exclude Climate Change in Infrastructure Planning," *New York Times*, January 3, 2020; Juliet Eilperin et al., "Trump Administration Sees a 7-Degree Rise in Global Temperatures by 2100," *Washington Post*, September 28, 2019.

46. Maxime Joselow, "Bills in Red States Punish Climate-Conscious Businesses," *Washington Post*, June 1, 2022; Saul Elbein, "Documents Reveal How Fossil Fuel Industry Created, Pushed Anti-ESG Campaign," *Hill*, May 18, 2023.

47. Branko Marcetic, "The Democrats Are Climate Deniers," *Jacobin*, January 28, 2019; "Remarks by the President on American-Made Energy," March 22, 2012, Office of the Press Secretary, White House; "Barack Obama's Remarks in St. Paul," *New York Times*, June 3, 2008; George Monbiot, "If You Want to Know Who's to Blame for Copenhagen, Look to the U.S. Senate," *Guardian*, December 21, 2009; Mark Hertsgaard, "The Ugly Truth About Obama's 'Copenhagen Accord,'" *Vanity Fair*, December 21, 2009; Robert Rapier, "The Irony of President Obama's Oil Legacy," *Forbes*, January 15, 2016; Nathan J. Robinson, "We Now Know the Full Extent of Obama's Disastrous Apathy Toward the Climate Crisis," *Current Affairs*, June 5, 2023.

48. Chris Cillizza, "Nancy Pelosi Just Threw Some Serious Shade at Alexandria Ocasio-Cortez's 'Green New Deal,'" CNN, February 8, 2019; Lois Beckett, "You Didn't Vote for Me': Senator Dianne Feinstein Responds to Young Green Activists," *Guardian*, February 23, 2019.

49. Nathan J. Robinson, "Exxon Admits Capitalism Created the Climate Crisis," *Current Affairs*, July 5, 2021; 另參閱：Kate Aronoff, *Overheated: How Capitalism Broke the Planet—and How We Fight Back* (New York: Bold Type Books, 2021).

50. Sammy Westfall, "Why Has It Been So Hard to Get Fossil Fuels Mentioned in UN Climate Deals?," *Washington Post*, November 10, 2021; Ruth Michaelson, "'Explosion' in Number of Fossil Fuel Lobbyists at Cop27 Climate Summit," *Guardian*, November 10, 2022; Hiroko Tabuchi, "Files Suggest Climate Summit's Leader Is Using Event to

Promote Fossil Fuels," *New York Times*, November 28, 2023; Julia Conley, "Outrage After Kerry Backs UAE Oil Exec as President of UN Climate Summit," Common Dreams, January 16, 2023; Peter Kalmus, "The Climate Summit Is a Sick Joke. You Should Be Angry and Afraid," *Newsweek*, December 1, 2023.

51. Kelsey Vlamis, "Despite Biden Climate Change Pledges and Conservative Complaints About a War on Energy, the U.S. Is on Pace for Record Oil and Gas Production in 2023," *Business Insider*, November 29, 2023.

52. Kejal Vyas, "Global Conflicts Stir Sleeping Energy Giant in South America," *Wall Street Journal*, December 21, 2023; Vlamis, "Despite Biden Climate Change Pledges and Conservative Complaints About a War on Energy."

53. Clifford Krauss, "Surging U.S. Oil Production Brings Down Prices and Raises Climate Fears," *New York Times*, December 1, 2023; Rachel Frazin and Zack Budryk, "Biden's First-Ever UN Climate Summit Snub Carries Symbolic Weight," *Hill*, November 28, 2023; Timothy Puko and Katy Stech Ferek, "Climate Bill Is Boon for Fossil-Fuel Sector," *Wall Street Journal*, July 28, 2022; James Bikales, "Biden's Latest China Crackdown Puts His EV Ambitions at Risk," *Politico*, December 1, 2023; 參閱：Nathan J. Robinson, "Can a 'Boon for the Fossil Fuel Sector' Really Be Called a Climate Bill?," *Current Affairs*, July 29, 2022; Oliver Milman and Nina Lakhani, "Biden Backtracks on Climate Plans and 'Walks Tightrope' to Court Both Young Voters and Moderates," *Guardian*, March 8, 2024.

54. Jim Takersley and Lisa Friedman, "Biden's Absence at Climate Summit Highlights His Fossil Fuel Conundrum," *New York Times*, November 27, 2023; Seth Borenstein, "U.S. Oil Production Hits All-Time High, Conflicting with Efforts to Cut Heat-Trapping Pollution," Associated Press, October 20, 2023; Nathan J. Robinson, "A Climate Scientist on Why the Global Climate Summit Is a Disaster and a 'Sick Joke,'" *Current Affairs*, December 8, 2023.

55. 參閱：Nathan J. Robinson, "Turning Down the Money," *Current Affairs*, May 16, 2019; Robert Sanders, "In Media Coverage of Climate Change, Where Are the Facts?," *Berkeley News*, September 19, 2019.

56. 參閱：Nathan J. Robinson, "The Media's Climate Coverage Is Indefensible," *Current Affairs*, January 5, 2019; Simon Romero and Giulia Heyward, "Colorado Wildfire Inquiry Focuses on Christian Sect," *New York Times*, January 3, 2022; Sam Brasch, "Why a Fire Scientist Sees Climate Fingerprints on the Suburban Boulder County Fires," *CPR News*, January 3, 2022.

57. Fiona Harvey, "Scientists Deliver 'Final Warning' on Climate Crisis: Act Now or It's Too Late," *Guardian*, March 20, 2023; Sarah Kaplan, "World Is on Brink of Catastrophic Warming, UN Climate Change Report Says," *Washington Post*, March 20, 2023.

第九章　外交政策的國內根源

1. Hans Morgenthau, "Defining the National Interest—Again: Old Superstitions, New Realities," *New Republic*, January 22, 1977.
2. "Americans Continue to Say the U.S. Should Stay Impartial in Israeli-Palestinian Conflict," Chicago Council on Global Affairs, February 28, 2024; Brendan Rascius, "Should U.S. Keep Arming Israel? Poll Finds Most Americans Want Weapon Shipments to Stop," *Miami Herald*, March 12, 2024.
3. David Shribman, "Poll Finds a Lack of Public Support for Latin Policy," *New York Times*, April 29, 1984; Anthony Leiserowitz, "International Public Opinion, Perception, and Understanding of Global Climate Change," Yale Program on Climate Change Communication, July 17, 2009; "Growing Public Support for U.S. Ties with Cuba—and an End to the Trade Embargo," Pew Research Center, July 21, 2015; Nomaan Merchant and Hannah Fingerhut, "Democrats and Republicans Are Skeptical of U.S. Spying Practices, an APNORC Poll Finds," Associated Press, June 8, 2023; "Voters Want the U.S. to Call for a Permanent Ceasefire in Gaza and to Prioritize Diplomacy," DataforProgress.org, December 5, 2023.
4. "Jeffrey Sachs w/John Mearsheimer— a Missed Opportunity for Peace," YouTube, November 16, 2023.
5. "Jeffrey Sachs w/John Mearsheimer— a Missed Opportunity for Peace."
6. 引自：Christian Appy, *American Reckoning* (New York: Penguin Books, 2015).
7. Benjamin I. Page and Marshall M. Bouton, *The Foreign Policy Disconnect: What Americans Want from Our Leaders but Don't Get* (Chicago: University of Chicago Press, 2006).
8. Carroll Doherty and Jocelyn Kiley, "A Look Back at How Fear and False Beliefs Bolstered U.S. Public Support for War in Iraq," Pew Research Center, March 14, 2023.
9. Alex Koppelman, "You Don't Care What the American People Think?," *Salon*, March 19, 2008.
10. "The CIA's Secret Quest for Mind Control: Torture, LSD and a 'Poisoner in Chief,'"

NPR's *Fresh Air*, September 9, 2019; "The U.S. Has a History of Testing Biological Weapons on the Public—Were Infected Ticks Used Too?," TheConversation.com, July 22, 2019; George Lardner, "Army Report Details Germ War Exercise in N.Y. Subway in '66," *Washington Post*, April 21, 1980; "How the U.S. Government Exposed Thousands of Americans to Lethal Bacteria to Test Biological Warfare," *Democracy Now!*, July 13, 2005; John Hendren, "Cold War Bioweapon Tests Included California," *Los Angeles Times*, October 10, 2002; Andrew Prokop, "Read the Letter the FBI Sent MLK to Try to Convince Him to Kill Himself," *Vox*, January 15, 2018; 另參閱：Tim Weiner, *Enemies: A History of the FBI* (New York: Random House, 2013).

11. Bernard Gwertzman, "Kissinger on Central America: A Call for U.S. Firmness," *New York Times*, July 19, 1983.
12. Lawrence R. Jacobs and Benjamin I. Page, "Who Influences U.S. Foreign Policy?," *American Political Science Review* 99, no. 1 (2005): 107-23.
13. Thomas Ferguson, *Golden Rule: The Investment Theory of Party Competition and the Logic of Money-Driven Political Systems* (Chicago: University of Chicago Press, 1995); 另請參閱：Martin Gilens, *Affluence and Influence: Economic Inequality and Political Power in America* (Princeton, NJ: Princeton University Press, 2014); Benjamin Page and Martin Gilens, *Democracy in America? What Has Gone Wrong and What We Can Do About It* (Chicago: University of Chicago Press, 2017); Larry Bartels, *Unequal Democracy: The Political Economy of the New Gilded Age* (Princeton, NJ: Princeton University Press, 2018).
14. Robert Weissman, "Americans Widely Reject Proposals for More Pentagon Spending—so Should Congress," DataforProgress.org, June 7, 2022.
15. Richard J. Barnet, *The Economy of Death* (New York: Atheneum, 1969), 9.
16. Edward K. Hall, "Remarks on Public Relations of Utility Companies," Telephone Society of New England, reprinted in *Public Service*, March 1910.
17. Thomas E. Mann and Norman Jay Ornstein, "Finding the Common Good in an Era of Dysfunctional Governance," *Daedalus* (Spring 2013).
18. 關於「自由貿易」的迷思，可參閱：Noam Chomsky, *Profit over People: Neoliberalism and the Global Order* (New York: Seven Stories Press, 1999).
19. 參閱：Noam Chomsky, "Reinhold Niebuhr," *Grand Street* 6, no. 2 (Winter 1987).
20. Edward Bernays, *Propaganda* (New York: Horace Liveright, 1928).
21. Walter Lippmann, *The Phantom Public* (New York: Harcourt, Brace and Company, 1925).

22. 關於這個委員會的相關內容，可參閱：Holly Sklar, ed., *Trilateralism* (Boston: South End Press, 1980).
23. Kevin D. Williamson, "Election 2024: You Asked for It, America," *Wall Street Journal*, December 15, 2023.
24. 范登柏格之語引自：Walter LaFeber et al., *The American Century* (New York: Taylor & Francis, 2015), 227; summary of conversation between the vice president and Fidel Castro, April 19, 1959.
25. H. Bruce Franklin 在 *War Stars: The Superweapon and the American Imagination* 一書中指出，通俗文學中常見的一大主題是：人類即將遭受某個強大可怕的敵人摧毀，但在最後關頭，超級英雄或超級武器挺身而出，拯救世界。
26. Larry Bartels, "Ethnic Antagonism Erodes Republicans' Commitment to Democracy," *PNAS*, August 31, 2020; Daniel A. Cox, "After the Ballots Are Counted: Conspiracies, Political Violence, and American Exceptionalism," American Enterprise Institute, February 11, 2021.
27. Dwight D. Eisenhower, "The Chance for Peace," speech before the American Society of Newspaper Editors, April 16, 1953.
28. William Hartung, "Biden's New Whopping $886B Defense Budget Request," Quincy Institute for Responsible Statecraft, March 10, 2023.

第十章　國際法與「以規則為基礎的國際秩序」

1. "Panama Sets National Holiday for Victims of 1989 U.S. Invasion," Associated Press, March 31, 2022; Jeff Cohen and Mark Cook, "How Television Sold the Panama Invasion," FAIR, January 1, 1990; Belén Fernández, "The Truth Behind U.S.' Operation Just Cause in Panama," *Al Jazeera English*, January 31, 2016; 有關這場入侵行動的完整背景，可參閱：Noam Chomsky, *Deterring Democracy* (New York: Hill and Wang, 1992).
2. Thomas Powers, "Panama: Our Dangerous Liaison," New York Times, February 18, 1990.
3. Don Shannon, "UN Assembly Condemns U.S. Invasion," *Los Angeles Times*, December 30, 1989; Carl T. Bogus, "The Invasion of Panama and the Rule of Law," *International Lawyer* 26, no. 3 (1992): 781-87; George H. W. Bush, "Address to Nation on Panama Invasion," December 20, 1989.

4. Howard Friel and Richard Falk, *The Record of the Paper: How the 'New York Times' Misreports U.S. Foreign Policy* (London and New York: Verso, 2004), ebook.
5. International Court of Justice Reports, 1949, 35.
6. "Adopting Annual Resolution, Delegates in General Assembly Urge Immediate Repeal of Embargo on Cuba, Especially amid Mounting Global Food, Fuel Crises," United Nations, November 3, 2022.
7. Stuart Taylor, Jr., "Nicaragua Takes Case Against U.S. to World Court," *New York Times*, April 10, 1984.
8. "Countries Opposed to Signing a U.S. Bilateral Immunity Agreement (BIA): U.S. Aid Lost in FY04 & FY05 and Threatened in FY06," Coalition for the International Criminal Court, November 2006; David A. Koplow, "Indisputable Violations: What Happens When the United States Unambiguously Breaches a Treaty?," *Fletcher Forum of World Affairs* 37, no. 1 (Winter 2013); Steven Mufson and Alan Sipress, "UN Funds in Crossfire over Court," *Washington Post*, August 15, 2001; "U.S.: 'Hague Invasion Act' Becomes Law," Human Rights Watch, 2002.
9. Christopher J. Dodd and John B. Bellinger III, "How the U.S. Can Support a War Crimes Investigation into Russia," *Washington Post*, April 5, 2022.
10. Noam Chomsky, Amy Goodman, and Jeremy Scahill, "The Truth About America's Secret, Dirty Wars," panel discussion, Harvard University, April 27, 2013.
11. "Cluster Munitions: Background and Issues for Congress," Congressional Research Service, March 20, 2024; 參閱："U.S.: Commit to Joining Cluster Munitions Ban," Human Rights Watch, September 15, 2021, 人權觀察組織指出：「美國在全球各地使用集束彈的紀錄相當可怕。」Tom Fawthorp, "The Curse of Cluster Bombs," Institute for Policy Studies, September 30, 2011; "U.S. Amends UN Ambassador's Condemnation of Russia's Use of Cluster Bombs," *Democracy Now!*, March 10, 2022.
12. "U.S. Against 180+: Washington the Solo Dissenter to Biological Weapons Verification Regime in Intl Community," *Global Times*, April 8, 2022; "International Criminal Court: U.S. Efforts to Obtain Impunity for Genocide, Crimes Against Humanity and War Crimes," Amnesty International, September 1, 2002; Samantha Power, "The United States and Genocide Prevention: No Justice Without Risk," *Brown Journal of World Affairs* 6, no. 1 (1999): 19-31.
13. Sam Pope Brewer, "U.S., in First Veto in U.N., Backs Britain on Rhodesia," *New York Times*, March 18, 1970; Edith M. Lederer, "U.S. Vetoes UN Resolution Condemning All Violence Against Civilians in Israel-Hamas War," AP News, October 18, 2023.

14. David Kaye, "Stealth Multilateralism," *Foreign Affairs*, September/October 2013.
15. 儘管有這些法律保障，美國國內的司法系統仍然大幅偏向檢方。美國政府對關塔那摩囚犯的指控之薄弱可見一斑，因為這些案件甚至無法在國內法院審理。可參閱：Stephen Bright and James Kwak, *The Fear of Too Much Justice: Race, Poverty, and the Persistence of Inequality in the Criminal Courts* (New York: New Press, 2023).
16. Marian Wang, "What Exactly Is the War Powers Act and Is Obama Really Violating It?," *ProPublica*, June 17, 2011.
17. Jo Becker and Scott Shane, "Secret 'Kill List' Proves a Test of Obama's Principles and Will," *New York Times*, May 29, 2012.
18. "The United States Must Stop Providing Weapons Used to Repress Colombia's Protests," Amnesty International, May 20, 2021; "Colombia Panel's Report Is a Step Toward Mending a Civil War's Scars," *New York Times*, June 28, 2022; Stephen Zunes, "The United States and the Kurds: A Brief History," *Common Dreams*, October 25, 2007; Michelle Ciarrocca, "U.S. Arms for Turkish Abuses," *Mother Jones*, November 17, 1999.
19. "Meeks Leads Letter Urging Administration Not to Certify Certain Foreign Military Financing for Egypt," House Foreign Affairs Committee, August 10, 2023; Michael Crowley and Vivian Yee, "Choosing Security over Rights, U.S. Approves $235 Million in Egypt Aid," *New York Times*, September 14, 2023. 令人難以置信的是，《紐約時報》提醒讀者，「美國每年提供給埃及剩餘的九億八千萬美元軍事援助，並不受人權條件限制。」這表示，拜登政府當時並未被要求**完全撤回**援助，而只是**暫停那些依法須符合人權標準的部分資金**而已。
20. "NSA Surveillance Exposed by Snowden Was Illegal, Court Rules Seven Years On," *Guardian*, September 3, 2020. 朱利安・亞桑奇（Julian Assange）的案件同樣引發爭議，他創立的「維基解密」曾揭露多起美軍戰爭罪行。可參閱：Noam Chomsky and Alice Walker, "Julian Assange Is Not on Trial for His Personality—but Here's How the U.S. Government Made You Focus on It," *Independent*, September 9, 2020; Chomsky, Goodman, and Scahill, "The Truth About America's Secret, Dirty Wars."
21. Nina Tannenwald, *The Nuclear Taboo: The United States and the Non-Use of Nuclear Weapons Since 1945* (New York: Cambridge University Press, 2007), 80.
22. Blaine Harden, "The U.S. War Crime North Korea Won't Forget," *Washington Post*, March 24, 2015; Max Fisher, "Americans Have Forgotten What We Did to North Korea," *Vox*, August 3, 2015; "Strategic Air Warfare: An Interview with Generals Curtis E. LeMay, Leon W. Johnson, David A. Burchinal, and Jack J. Catton," Richard H. Kohn and Joseph P. Harahan, eds., Office of Air Force History, Washington, DC, 1988.

23. David Coleman, ed., National Security Archive Electronic Briefing Book No. 513, National Security Archive, April 28, 2015.

24. Ishaan Tharoor, "The Bengali Blood on Henry Kissinger's Hands," *Washington Post*, December 1, 2023; 另參閱：Gary J. Bass, *The Blood Telegram: Nixon, Kissinger, and a Forgotten Genocide* (New York: A. A. Knopf, 2013).

25. Dana Milbank, "1975 East Timor Invasion Got U.S. GoAhead," *Washington Post*, December 6, 2001; David F. Schmitz, *The United States and Right-Wing Dictatorships 1965-1989* (New York: Cambridge University Press, 2006), 129-30; Gerald R. Ford, "Letter to the Chairman and Members of the Senate Select Committee to Study Governmental Operations with Respect to Intelligence Activities," November 4, 1975.

26. 美國在聯合國安理會以十一比一的投票結果中，唯一投下否決票，阻止了一項譴責入侵格瑞那達的決議案。Richard Bernstein, "U.S. Vetoes UN Resolution 'Deploring' Grenada Invasion," *New York Times*, October 29, 1983. 關於雷根政府一九八六年轟炸利比亞的事件，可參閱：Noam Chomsky et al., "The First Prime Time Bombing in History," *MERIP Middle East Report* 140 (986): 12-14; 據報導，雷根的中情局局長威廉・卡西（William Casey）也曾策劃一起在貝魯特（Beirut）發動的汽車炸彈攻擊，造成八十人喪命，"Interview: Bob Woodward," PBS *Frontline*, September 2001; Robert Windrem, "U.S. Government Considered Nelson Mandela a Terrorist Until 2008," NBC News, December 7, 2013.

27. John Lancaster and Barton Gellman, "U.S. Calls Baghdad Raid a Qualified Success," *Washington Post*, June 28, 1993; Dino Kritsiotis, "The Legality of the 1993 U.S. Missile Strike on Iraq and the Right of Self-Defence in International Law," *International and Comparative Law Quarterly* 45, no. 1 (1996): 162-77; Marc Lacey, "Sudan Says, 'Say Sorry,' but U.S. Won't," *New York Times*, October 20, 2005.

28. "Bringing George W. Bush to Justice: International Obligations of States to Which Former U.S. President George W. Bush May Travel," Amnesty International, 2011; 值得留意，這份報告記錄了美國總統涉及的嚴重國際罪行，但美國媒體卻完全沒有報導。

29. "Getting Away with Torture: The Bush Administration and Mistreatment of Detainees," Human Rights Watch, July 12, 2011; David Hicks, *Guantanamo: My Journey* (New York: Random House, 2010), ebook.

30. Christopher Hitchens, "Believe Me, It's Torture," *Vanity Fair*, July 2, 2008; 參閱：Carol Rosenberg, "What the C.I.A.'s Torture Program Looked Like to the Tortured," *New York Times*, December 4, 2019.

31. 歐巴馬的支持者將此歸咎於國會，但白宮本身並未積極推動關閉該監獄。一位白宮官員曾對《紐約時報》表示，他們的態度是：「我們為什麼要浪費政治資本在拘留犯身上？又不會有人因為關閉關塔那摩監獄而感謝我們。」Connie Bruck, "Why Obama Has Failed to Close Guantánamo," *New Yorker*, July 25, 2016.

32. Josh Gerstein, "Obama: We Tortured Some Folks," *Politico*, August 2, 2014; David Johnston and Charlie Savage, "Obama Reluctant to Look into Bush Programs," *New York Times*, January 11, 2009; Murtaza Hussain, "Report to UN Calls Bullshit on Obama's Look Forward, Not Backwards Approach to Torture," *Intercept*, October 30, 2014.
33. "Malala to Obama: Drone Strikes 'Fueling Terrorism,'" CNN, October 12, 2013; "Living Under Drones: Death, Injury, and Trauma to Civilians," Stanford International Human Rights and Conflict Resolution Clinic/NYU Global Justice Clinic, September 2012; "Yemeni Man Brings the Horror of Drone Strikes Home to U.S. Senate," *Independent*, April 24, 2013. 值得注意的是，歐巴馬政府曾施壓葉門政府，要求其持續監禁一名揭露無人機攻擊影響的記者，詳見："Prominent Yemeni Journalist Lands in Jail; U.S. Wants Him to Stay There," *World*, April 6, 2012.
34. Karen McVeigh, "Drone Strikes: Tears in Congress as Pakistani Family Tells of Mother's Death," *Guardian*, October 29, 2013; Matthew Byrne, "Drone Skies," *Current Affairs*, June 22, 2022.
35. Tim Dickinson, "Trump Claims—and Celebrates—Extrajudicial Killing of Antifa Activist," *Rolling Stone*, October 15, 2020; Stephanie Nebehay, "UN Expert Deems U.S. Drone Strike on Iran's Soleimani an 'Unlawful' Killing," Reuters, July 6, 2020.
36. Mark Weisbrot and Jeffrey Sachs, "Economic Sanctions as Collective Punishment: The Case of Venezuela," Center for Economic and Policy Research, April 2019.
37. Mike Pompeo, *Never Give an Inch: Fighting for the America I Love* (New York: Broadside Books, 2023), ebook.
38. Adil Ahmad Haque, "Biden's First Strike and the International Law of Self-Defense," JustSecurity.org, February 26, 2021; William Partlett, "Does It Matter That Strikes Against Syria Violate International Law?," *Pursuit*, April 16, 2018; Julia Conley, "Biden's Expansion of Title 42 Violates International Law: UN," Common Dreams, January 6, 2023.
39. Stephen M. Walt, "Some Rules of Global Politics Matter More Than Others," *Foreign Policy*, March 27, 2023; Dominic Tierney, "What 'All Options Are on the Table' with Iran Actually Means," *Atlantic*, August 10, 2012.
40. Michael Byers, *War Law: Understanding International Law and Armed Conflict* (New

York: Grove, 2007).

41. 關於聯合國安全理事會在制度上的不公平問題，可參閱：Julian Borger et al., "Vetoed! What's Wrong with the UN Security Council—and How It Could Do Better," *Guardian*, September 23, 2015.

第十一章　神話如何捏造？

1. George Orwell, "The Freedom of the Press," *Times Literary Supplement*, September 15, 1972; Orwell Foundation.
2. Jo Ann Boydston, ed., *John Dewey: The Later Works*, Vol. 2, from *Common Sense*, November 1935.
3. Matthew Yglesias, *One Billion Americans: The Case for Thinking Bigger* (New York: Portfolio/Penguin, 2020). 由於這個前提在美國國內普遍沒有爭議，伊格雷西亞斯將其視為事實，並由此得出一個離奇的結論：美國應該致力於將人口增至「十億人」，以避免淪為中國的「小跟班」。
4. Anthony DiMaggio, *Mass Media, Mass Propaganda: Understanding the News in the "War on Terror"* (Lanham, MD: Rowman & Littlefield, 2008); Bob Herbert, "Dangerous Incompetence," *New York Times*, June 30, 2005; "A Failed Presidency," *Los Angeles Times*, November 1, 2004; *Crossfire*, CNN, October 19, 2004.
5. "To Save the Future," *New York Times*, April 5, 1975.
6. Julian E. Zelizer, "Why U.S. Presidents Really Go to War," *Foreign Policy*, September 10, 2023.
7. "Is There a Chance in Nicaragua?," *Washington Post*, March 14, 1986.
8. Hena Ashraf, "Narrow Afghan Debate on Cable's 'Liberal' Channel," FAIR, May 1, 2011; *The Rachel Maddow Show*, MSNBC, July 15, 2010, transcript.
9. Nicholas D. Kristof, "Saving the Iraqi Children," *New York Times*, November 27, 2004.
10. "U.S. Media's 5 Most Popular Revisionist Tropes About the Iraq and Vietnam Wars," *Citations Needed*, May 10, 2023.
11. Haley Britzky and Natasha Bertrand, "U.S. Kills 5 Iran-Backed Militia Members in Drone Strike in Iraq," CNN, December 4, 2023. 關於海地的具體情況，可參閱：Noam Chomsky, introduction, in Paul Farmer, *The Uses of Haiti* (Monroe, ME: Common Courage Press, 1994); Noam Chomsky and Paul Farmer, "The Uses of Haiti," MIT Technology and Culture Forum, 2004; Cécile Accilien, "U.S. Media Have Distorted

Narratives on Haiti Since 1804. It's Still Happening," Truthout.org, September 29, 2021.

12. 恐怖主義也被定義為：「使用或威脅使用的舉動，旨在影響政府或國際政府組織，或恐嚇公眾或特定群眾；其目的是推動政治、宗教、種族或意識形態相關的訴求，並涉及或導致以下情形：對個人施加嚴重暴力；對財產造成重大損害；威脅個人生命；對公眾健康與安全構成嚴重風險；或嚴重干擾或破壞電子系統。」UK Terrorism Act, 2000.

13. 最終，美方提出的條件與先前無異，這讓季辛吉的一名助手得出結論：「我們轟炸北越，結果卻是讓他們接受我們的讓步。」

14. "Hospital Deaths," *New York Times*, December 24, 1972; Brad Lendon, "'Like Walking on Missiles': U.S. Airman Recalls the Horror of the Vietnam 'Christmas Bombings' 50 Years On," CNN, December 17, 2022.

15. "State Sponsors of Terrorism," U.S. Department of State; Ryan Grim, "State Department Stuns Congress, Saying Biden Is Not Even Reviewing Trump's Terror Designation of Cuba," *Intercept*, July 6, 2020; Mariakarla Nodarse Venancio and Alex Bare, "The Human Cost of Cuba's Inclusion on the State Sponsor of Terrorism List," Washington Office on Latin America, March 28, 2023.

16. "Russia's Terror Bombing Will Fail if NATO Helps Ukraine Withstand It," *Washington Post*, October 10, 2022.

17. Avishay Artsy, "Israeli Settler Violence Against Palestinians in the West Bank, Briefly Explained," *Vox*, December 2, 2023; Michael Kinsley, "Down the Memory Hole with the Contras," *Wall Street Journal*, March 26, 1987.

18. John F. Burns, "Ringleader of '85 Achille Lauro Hijacking Says Killing Wasn't His Fault," *New York Times*, November 8, 2002. 殺害克林霍夫的兇手表示，他刻意選擇了一名「行動不便者」，以此傳達訊息：「我們不會對任何人手下留情，就像美國向以色列提供武器時，從不考慮以色列會殺害我們的婦女和兒童一樣。」儘管有人指出，以色列的坦克輾過行動不便者只是疏忽，而非蓄意所為，兇手顯然對這個說法無動於衷。Justin Huggler and Phil Reeves, "Why Israel Dreads a Full Investigation," *Arab News*, April 28, 2002.

19. In *Root Causes of Terrorism: Myths, Realities, and Ways Forward*, ed. Tore Bjorgo (New York: Routledge, 2005), 208-9.

20. 馬羅之語引自 DiMaggio, *Mass Media, Mass Propaganda*, 183; Harper Lambert, "CBS Reporter Calls Ukraine 'Relatively Civilized' as Opposed to Iraq and Afghanistan, Outrage Ensues," TheWrap.com, February 26, 2022.

21. 更詳細的案例研究，可參閱：Edward S. Herman and Noam Chomsky, *Manufacturing Consent: The Political Economy of Mass Media* (New York: Pantheon, 2002).

22. Steve Rendell and Tara Broughel, "Amplifying Officials, Squelching Dissent," FAIR, May 1, 2003.
23. Adam Johnson, "On 50th Anniversary of Israeli Occupation, Palestinian Opinions Largely Ignored," FAIR, June 7, 2017; Conor Smyth, "For Cable News, a Palestinian Life Is Not the Same as an Israeli Life," FAIR, November 17, 2023; Gregory Shupak, "When They Don't Ignore, U.S. Media Often Disparage Palestinians' Right of Return," FAIR, March 20, 2019.
24. Gregory Shupak, "To U.S. Papers, Iranian Weapons Far More Newsworthy Than Those Made in USA," FAIR, January 27, 2023.
25. Adam Johnson, " 'Renouncing Violence' Is a Demand Made Almost Exclusively of Muslims," FAIR, March 29, 2019.
26. Joshua Cho, "Chinese 'Imperialism' in Hong Kong Concerns U.S. Media; Puerto Rican, Palestinian Colonies, Not So Much," FAIR, July 24, 2020.
27. Bryce Greene, "NPR Devotes Almost Two Hours to Afghanistan over Two Weeks—and 30 Seconds to U.S. Starving Afghans," FAIR, September 2, 2022; Julie Hollar, "Biden's Multi-Billion Afghan Theft Gets Scant Mention on TV News," FAIR, February 15, 2022.
28. Adam Johnson, "Out of 26 Major Editorials on Trump's Syria Strikes, Zero Opposed," FAIR, April 18, 2018; Adam Johnson, "Few to No Anti-Bombing Voices as Trump Prepares to Escalate Syria War," FAIR, April 13, 2018; *The New York Times* headline was later changed after being ridiculed; Margaret Sullivan, "The Media Loved Trump's Show of Military Might. Are We Really Doing This Again?," *Washington Post*, April 8, 2017.
29. Ben Norton, "MSNBC Ignores Catastrophic U.S.-Backed War in Yemen, Finds Russia 5000% More Newsworthy," FAIR, January 8, 2018.
30. Matthew Kimball, "To Corporate Media, an Exercise Bike Ad Is More Newsworthy Than 3/4 of a Trillion for the Pentagon," FAIR, December 19, 2019.
31. 參閱：例如，Damien Dave, "U.S. Pursues Defense Partnership with India to Deter Chinese Aggression," *New York Times*, October 17, 2023; Edward Wong and Steven Lee Myers, "Officials Push U.S.-China Relations Toward Point of No Return," *New York Times*, July 25, 2020.
32. Nathan J. Robinson, "Why This Foreign Policy Expert Thinks Americans Dangerously Misunderstand China," *Current Affairs*, May 16, 2023.
33. Natalie Khazaal, "Bias Hiding in Plain Sight: Decades of Analyses Suggest U.S. Media Skews Anti-Palestinian," TheConversation.com, February 29, 2024; Adam Johnson and Othman Ali, "Coverage of Gaza War in *The New York Times* and Other Major

Newspapers Heavily Favored Israel, Analysis Shows," *Intercept*, January 9, 2024; "Off the Charts: Accuracy in Reporting of Israel/Palestine," IfAmericansKnew.org, 2004; Laura Albast and Cat Knarr, "How Media Coverage Whitewashes Israeli State Violence Against Palestinians," *Washington Post*, April 28, 2022; 更多關於這類主流假設的實例，可參閱：Norman Solomon, *War Made Easy: How Presidents and Pundits Keep Spinning Us to Death* (Nashville, TN: Turner, 2005), and Norman Solomon, *War Made Invisible: How America Hides the Human Toll of Its Military Machine* (New York: New Press, 2023).

34. 喬治・歐威爾提出的「雙重思想」（doublethink）概念：「自由即奴役」——同時持有兩種相互矛盾的觀點，明知彼此矛盾，卻仍堅信兩者皆為真，……遺忘必要遺忘的事物，當需要時又能重新記起，然後再迅速將其遺忘。小布希的一句名言恰好說明了這個概念：「我只想讓大家知道，當我們談論戰爭時，其實我們是在談論和平。」

35. James Chace, "How 'Moral' Can We Get?," *New York Times*, May 22, 1977.

36. Alan MacLeod, "Russia Has 'Oligarchs,' the U.S. Has 'Businessmen,'" FAIR, September 14, 2019; Alan MacLeod, "Dictator: Media Code for 'Government We Don't Like,'" FAIR, April 11, 2019.

37. Edward Herman, *The Real Terror Network* (Boston: South End Press, 1982), 139.

38. "Some Critical Media Voices Face Censorship," FAIR, April 3, 2003; Chris Hedges, *The Greatest Evil Is War* (New York: Seven Stories Press, 2022), ebook. 本書的兩位作者都親身經歷過這種類型的企業審查。杭士基與愛德華・赫曼合著的《反革命暴力》（*Counterrevolutionary Violence*）在一九七三年遭到出版商取消出版並銷毀，原因是一名高層主管認為該書「惡意攻擊受人尊敬的美國人」。此外，奈森・羅賓森因發表一則帶有諷刺意味的推文，批評美國對以色列的軍事援助，而被《衛報》解聘，無法繼續擔任政治專欄作家。

39. John Plunkett, "CNN Star Reporter Attacks War Coverage," *Guardian*, September 16, 2003; Eric Alterman, "The Buck Stops Where?," Center for American Progress, September 29, 2005.

40. Interview with Dan Rather, *Larry King Live*, CNN, April 14, 2003.

41. Michael Massing, "Now They Tell Us," *New York Review of Books*, February 26, 2004.

42. 例如，在二〇二三年十一月，微軟國家廣播公司取消了梅迪・哈桑（Mehdi Hasan）的節目，他是該頻道對美國支持以色列政策最直言不諱的批評者之一。Erum Salam, "Dismay as Mehdi Hasan's MSNBC and Peacock news show cancelled," *Guardian*, November 30, 2023; Glenn Greenwald, "The Spirit of Judy Miller Is Alive and Well at the *NYT*, and It Does Great Damage," *Intercept*, July 21, 2015; Julie Hollar, "Afghanistan

Withdrawal: Sundays with the Military Industrial Complex," FAIR, October 20, 2021.

43. David Hume, "Of the First Principles of Government," in *Essays, Moral, Political, and Literary*, Hume Texts Online.

44. Harold Pinter, "Art, Truth & Politics," Nobel Literature Prize Lecture, 2005.

45. 關於如何改革新聞業，使其更加民主、更好地為社會公益服務，可參見：Victor Pickard, *Democracy Without Journalism? Confronting the Misinformation Society* (New York: Oxford University Press, 2019); Victor Pickard, *America's Battle for Media Democracy: The Triumph of Corporate Libertarianism and the Future of Media Reform* (New York: Cambridge University Press, 2015); Robert W. McChesney, "Rejuvenating American Journalism: Some Tentative Policy Proposals," presentation to Workshop on Journalism, Federal Trade Commission, Washington, DC, March 10, 2010.

結論　霸權還是存活？

1. "Introducing Our Special Issue on America at War," *Smithsonian*, January 2019; "U.S. Periods of War and Dates of Recent Conflicts," Congressional Research Service, February 5, 2024; letter from George Washington to Lafayette, August 15, 1786; Barack Obama, "State of the Union Address," Washington, DC, January 12, 2016. 美國的領土擴張過程充滿血腥與暴力。當時的英國殖民者對自己的行動毫不懷疑。湯瑪斯・貝利（Thomas Bailey）在其撰寫的一部美國外交史著作中提到，殖民者自信滿滿地執行他們的任務：「砍伐樹木，消滅印地安人。」美國獨立戰爭英雄亨利・諾克斯（Henry Knox）將軍——美國獨立後首任戰爭部長——描述了當時針對美洲原住民的殘酷行動。他指出，在美國人口最稠密的地區，原住民幾乎被徹底消滅，而這種毀滅的方式「比墨西哥與秘魯的征服者對待當地原住民還要殘酷」，可見其殘忍程度更甚。喬治・華盛頓曾將原住民比喻為狼，認為他們是有著人形的野蠻人，是必須被驅逐到荒野的「野獸」。對美國人而言，華盛頓是「國父」，但對易洛魁族（Iroquois）而言，他則是「城鎮摧毀者」（town destroyer）——這個稱號是因為在美國獨立戰爭尚未結束時，華盛頓就對易洛魁族發動毀滅性的軍事行動。華盛頓曾在給一名將領的命令中明確表示：「我們的首要目標，是徹底摧毀並蹂躪他們的聚落，並俘虜盡可能多的各年齡層與性別的原住民。重要的是，要摧毀他們田裡的作物，並阻止他們再種植新的農作物。」華盛頓認為，「徹底摧毀他們的聚落」是戰略上的必要手段，因為「我們未來的安全……將建立在原住民的恐懼之上」。事實上，塞內卡族（Seneca）酋長康普蘭特（Cornplanter）曾告訴華盛頓：「當你的軍隊進入六族聯盟（Six Nations）的領地時，我們便稱你為『城鎮摧毀者』，至今，每當你的名字被提起，我們的婦女仍會驚恐地回頭張望，臉色發白，而孩童會顫抖地緊抱住母親的脖子。」

2. Bertrand Russell, Nobel Lecture, December 11, 1950; on the conquest of the Americas, David E. Stannard, *American Holocaust* (New York: Oxford University Press, 1993).
3. Thomas Carothers, "The Reagan Years" in A. Lowenthal, ed., *Exporting Democracy* (Baltimore, MD: Johns Hopkins University Press, 1991). 另參閱其 *In the Name of Democracy* (Berkeley: University of California Press, 1991).
4. Robert Pastor, *Not Condemned to Repetition: The United States and Nicaragua* (Boulder, CO: Westview Press, 2018), ebook.
5. 參閱：Nathan J. Robinson, "The Great American World War II Story," *Current Affairs*, January/ February 2022; John W. Dower, *War Without Mercy: Race & Power in the Pacific War* (New York: W. W. Norton, 1986); David Fedman and Cary Karacas, "A Cartographic Fade to Black: Mapping the Destruction of Urban Japan During World War II," *Journal of Historical Geography* 38 (2012): 306-28; Edwin P. Hoyt, *Inferno: The Fire Bombing of Japan, March 9-August 15, 1945* (Montebello, NY: Madison Books, 2000); Telford Taylor, *Nuremberg and Vietnam* (Chicago: Quadrangle Books, 1970); A. C. Grayling, *Among the Dead Cities: The History and Moral Legacy of the WWII Bombing of Civilians in Germany and Japan* (London: Walker Books, 2006).
6. Edward Wong, "On U.S. Foreign Policy, the New Boss Acts a Lot Like the Old One," *New York Times*, July 24, 2022.
7. 的確，納粹軍醫孟格勒（Josef Mengele）在折磨、殺害雙胞胎時，似乎已說服自己，這是一種正當的科學研究。他曾對朋友表示：「不利用奧斯維辛集中營（Auschwitz）提供的雙胞胎研究機會，才是一種罪過、一種犯罪……也是極度不負責任的行為。」Robert Jay Lifton, "Who Made This Man? Mengele," *New York Times*, July 21, 1985.
8. John C. Calhoun, "On the Reception of Abolition Petitions," February 6, 1837, in *The Senate, 178-1989: Classic Speeches, 1830-1993*, Robert C. Byrd, ed., U.S. Government Printing Office, 1988.
9. Samuel P. Huntington, "The Lonely Superpower," *Foreign Affairs* 78, no. 2 (1999): 35-49; Robert Jervis, "Weapons Without Purpose? Nuclear Strategy in the Post-Cold War Era," *Foreign Affairs* 80, no. 4 (2001): 143-48.
10. Review of the U.S. Department of Defense Air, Space, and Supporting Information Systems Science and Technology Program (Washington, DC: National Academies Press, 2001); Dave Lawler, "U.S. Spent More on Military in 2022 Than Next 10 Countries Combined," *Axios*, April 24, 2023; 聯合國大會「以一百七十五票贊成、零票反對、兩票

棄權（以色列與美國）通過決議草案《防範外太空軍備競賽》（*Prevention of an Arms Race in Outer Space*）；Sa'id Mosteshar, "Space Law and Weapons in Space," *Planetary Science*, 2019.

11. 參閱：Norman Ware, *The Industrial Worker, 1840-1860: The Reaction of American Industrial Society to the Advance of the Industrial Revolution* (Chicago: Ivan R. Dee, 1990); David Milton, *The Politics of U.S. Labor: From the Great Depression to the New Deal* (New York: Monthly Review Press, 1982).

12. 關於那些對霍華德・辛恩激烈反彈的情況，可參閱： David Detmer, *Zinnophobia: The Battle over History in Education, Politics, and Scholarship* (Winchester, UK: Zero Books, 2018); Nicole Gaudiano, "Trump Creates 1776 Commission to Promote 'Patriotic Education,'" *Politico*, November 2, 2020; Caleb Ecarma, "From Florida to Oklahoma, PragerU's Propaganda Project Isn't Slowing Down," *Vanity Fair*, September 6, 2023. 另參閱：Nathan J. Robinson, "Why Critical Race Theory Should Be Taught in Schools," *Current Affairs*, July 27, 2021.

13. Tim Adams, "'A Beautiful Outpouring of Rage': Did Britain's Biggest Ever Protest Change the World?," *Guardian*, February 11, 2023.

14. Chiara Eisner, "The U.S. Military Trained Him. Then He Helped Murder Berta Cáceres," *Guardian*, December 21, 2021.

15. 參　閱：Noam Chomsky, "The Revolutionary Pacifism of A. J. Muste," in *American Power and the New Mandarins* (New York: Pantheon, 1969).

16. "It Is Still 90 Seconds to Midnight, 2024 Doomsday Clock Statement," *Bulletin of the Atomic Scientists*, January 23, 2024.

17. "Economy Remains the Public's Top Policy Priority; COVID19 Concerns Decline Again," Pew Research Center, February 6, 2023.

名詞索引

9/11 / 九一一
7, 16-17, 49, 99, 101-104, 107, 113-114, 128, 130-131, 133, 139, 229, 244, 302, 320
Allende, Salvador / 阿言德
49-50, 281
Al-Qaeda / 蓋達組織
104-106, 113, 130-131, 244, 316
American idealism / 美國理想主義
45, 265
American exceptionalism / 美國例外論
33, 45
anti-Semitism / 反猶太主義
100, 149, 324
Argentina / 阿根廷
64
Augustine / 奧古斯丁
239, 253
Balfour Declaration / 《貝爾福宣言》
146
bin Laden, Osama / 奧薩瑪・賓拉登
99-101, 103-105, 107, 115, 139, 162
Blair, Tony / 東尼・布萊爾
182, 315, 338
British Guiana / 英屬蓋亞那
11, 53-55, 264
Brzezinski, Zbigniew / 布里辛斯基
64, 94, 188-189
Cambodia / 柬埔寨
16, 86-87, 93-94, 97, 221, 242, 279
carbon colonialism / 碳殖民主義
20, 212
Castro, Fidel / 卡斯楚
56-60, 71, 229, 267, 281, 283, 285
Chiang, Kai-shek / 蔣介石
172
Chirac, Jacques / 席哈克
185
Churchill, Winston / 邱吉爾
37, 84, 146
Congo / 剛果
54, 243, 279, 284
Cuban Missile Crisis / 古巴飛彈危機
35, 200
"democracy enhancement" project / 「促進民主」計畫
264
Dewey, John / 約翰・杜威
225, 249
Donbas region / 頓巴斯地區
18, 188
East Timor / 東帝汶
11, 16, 69, 70-72, 221, 242-243, 293
Einstein, Albert / 阿爾伯特・愛因斯坦
199
Fairbank, John King / 費正清
81
Fermi Paradox / 費米悖論
273
Gaza / 加薩
16-17, 79, 141, 143, 150-152, 157-160, 162-166, 238, 247, 254, 280, 320-321, 325, 329

Global South / 全球南方
59, 192, 211, 271
Gorbachev, Mikhail / 戈巴契夫
186, 207, 338
Guatemala / 瓜地馬拉
56, 61-63, 67, 242, 264, 279, 288, 292
Gulf War / 波斯灣戰爭
8, 13, 15-16, 23, 123-125, 130, 134, 243
Hamas / 哈瑪斯
141, 151, 160, 162-164, 221, 238, 280
Hume, David / 大衛・休謨
261
Huntington, Samuel / 塞繆爾・杭亭頓
32, 228, 267
Hussein, Saddam / 薩達姆・海珊
17, 73-74, 107, 118-127, 129-136, 233, 239, 309-312, 314, 316, 319
Islamic State / 伊斯蘭國
137
Kennan, George / 喬治・肯楠
37-38, 50-51, 77-78, 179-180, 282
Khrushchev, Nikita / 赫魯雪夫
200-201
Kissinger, Henry / 亨利・季辛吉
11, 49-50, 63-65, 93-94, 96, 175, 177, 205, 223, 242, 253, 276, 278, 281, 288, 301, 311, 344, 357
Kissingerian realism / 季辛吉式現實主義
265
Kyoto Protocol / 《京都議定書》
100, 221, 237, 268
Laos / 寮國
16, 55, 86-87, 92-93, 97, 221, 242, 253
Mafia Doctrine / 黑手黨教條
34, 43
Mandela, Nelson / 曼德拉
183, 243
Mao, Zedong / 毛澤東
266
manufacturing consent / 製造共識
45
Mearsheimer, John / 約翰・米爾斯海默
176, 186, 222
Merkel, Angela / 梅克爾
185
military-industrial complex / 軍事工業複合體
20, 260
Mosaddegh, Mohammad / 穆罕默德・摩薩台
72-73, 242, 293
Minsk II agreement / 《新明斯克協議》
18, 188, 193
Netanyahu, Benjamin / 班傑明・尼塔雅胡
75, 154, 157, 163, 207, 327
Ngô Đình Diệm / 吳廷琰
42, 82, 84-85
Nuremberg / 紐倫堡
9, 234, 241, 265
Operation Cast Lead / 鑄鉛行動
151
Oppenheimer, J. Robert / 羅伯特・奧本海默
199
Orwell, George / 喬治・歐威爾
35, 70, 239, 249, 258, 359
Oslo Accords / 《奧斯陸協議》
152, 154, 327
Pahlavi, Reza / 禮薩・巴勒維國王
72-73, 142, 243
Pallywood / 巴萊塢
163
Pelosi, Nancy / 南希・裴洛西
19, 141, 174, 177, 214
Pinochet, Augusto / 皮諾契特
49-50, 63, 133, 243, 288-289

Pompeo, Mike／麥克・龐培歐
75, 167, 246-247, 282
promoting democracy ／推動民主
233
Putin, Vladimir ／普丁
18, 36, 52, 187, 189-191, 193-194, 236, 246, 251, 254, 266
Republic of China, ROC ／中華民國
13, 172-173
revolutionary pacifism ／革命的和平主義
272
Robespierre, Maximilien ／羅伯斯庇爾
31
rogue state ／流氓國家
238, 267
Rubio, Marco／馬可・盧比歐
40-41
Russell, Bertrand ／伯特蘭・羅素
199, 263
Said, Edward／愛德華・薩依德
9, 31, 147
Salvador ／薩爾瓦多
56, 61, 65-67, 235, 256, 290-291
Six-Day War ／六日戰爭
142
Smith, Adam／亞當・斯密
34, 39, 224, 226, 259
Somoza ／蘇慕薩
42, 64-65, 243, 264, 289
Sontag, Susan ／蘇珊・桑塔格
183
Suharto ／蘇哈托
16, 67-72, 133
Taliban／塔利班
17, 103-115, 136, 244
Taba negotiations ／塔巴談判
154, 327
Taiwan ／臺灣
7, 11-16, 18-22, 171-174
Treaty on the Non-Proliferation of Nuclear Weapons, NPT ／《核不擴散條約》
74, 203, 205, 207-208
Ukraine ／烏克蘭
18, 30, 40, 114, 180, 185-195, 236-237, 246-247, 251, 254, 258, 266, 338, 340-341
unpeople, unperson ／非人
35, 272, 277
weapons of mass destruction, WMDs ／大規模毀滅性武器
17, 76, 100, 114, 121, 125, 129-130, 132, 135, 268, 294, 308, 310, 315-317
What we say goes ／我們說了算
54, 122, 233
WikiLeaks ／維基解密
8, 110, 185, 353
Wilsonian idealism ／威爾遜式理想主義
33, 265
Xi, Jinping ／習近平
168
Yeltsin, Boris ／葉爾欽
184-185
Zionism ／猶太復國主義
17, 141-142, 144-149

諾姆・杭士基中譯著作列表

林宗宏（譯），《語言與責任》（書林出版，1999 年）。英文原著：Noam Chomsky, *Language and Responsibility: Based on Conversations with Mitsou Ronat* (Pantheon, 1979).

愛德華・赫曼（合著），沈聿德（譯），《製造共識：媒體政治經濟學》（野人文化，2021 年）。英文原著：Edward S. Herman and Noam Chomsky, *Manufacturing Consent: The Political Economy of the Mass Media* (Pantheon Books, 1988).

林祐聖、葉欣怡（譯），《恐怖主義文化》（弘智文化，2003 年）。英文原著：Noam Chomsky, *The Culture of Terrorism* (Pluto Press, 1988).

江麗美（譯），《媒體操控》（麥田出版，2003 年）。英文原著：Noam Chomsky, *Media Control: The Spectacular Achievements of Propaganda* (Seven Stories Press, 2002).

林祐聖（譯），《流氓國家》（正中書局，2002 年）。英文原著：Noam Chomsky, *Rogue States: The Rule of Force in World Affairs* (South End Press, 2000).

丁連財（譯），《9-11》（大塊文化，2001 年）。英文原著：Noam Chomsky, *9-11* (Seven Stories Press, 2001).

李振昌（譯），《海盜與皇帝：真實世界中的國際恐怖主義》（立緒文化，2004年）。英文原著：Noam Chomsky, *Pirates and Emperors, Old and New: International Terrorism in the Real World* (Pluto Press, 2002).

吳凱琳（譯），《論自然與語言：杭士基語言學講演錄》（商周出版，2004 年）。英文原著：Noam Chomsky, *On Nature and Language* (Cambridge University Press, 2002).

王菲菲（譯），《權力與恐怖：後 9-11 演講與訪談錄》（商周出版，2003 年）。英文原著：Noam Chomsky, *Power and Terror: Post-9/11 Talks and Interviews* (Seven Stories Press, 2003).

謝佩妏（譯），《失敗的國家：濫用權力與侵犯民主》（左岸文化，2008 年）。英文原著：Noam Chomsky, *Failed States: The Abuse of Power and the Assault on Democracy* (Metropolitan Books, 2006).

巴薩米安（合著）、李中文（譯），《美國說了算：談論世局變化中的美國強權》（博雅書屋，2010 年）。英文原著：Noam Chomsky and David Barsamian, *What We Say Goes: Conversations on U.S. Power in a Changing World* (Metropolitan Books, 2007).

林添貴（譯），《誰統治世界？》（時報出版，2018 年）。英文原著：Noam Chomsky, *Who Rules the World?* (Metropolitan Books, 2016).

陳珮榆（譯），《美國理想主義的神話：美國外交政策如何危害我們的世界？》（廣場出版，2025 年）。英文原著：Noam Chomsky and Nathan J. Robinson, *The Myth of American Idealism: How U.S. Foreign Policy Endangers the World* (Penguin Press, 2024).

僅列出繁體中文版的著作，依英文原作出版時序排序。

THE WAR
大戰略
09

美國理想主義的神話：美國外交政策如何危害我們的世界？

The Myth of American Idealism: How U.S. Foreign Policy Endangers the World

作者	諾姆・杭士基（Noam Chomsky）、奈森・羅賓森（Nathan J. Robinson）
譯者	陳珮榆
責任編輯	官子程
特約編輯	蘇逸婷
書封設計	鄭宇斌
內頁構成	謝青秀
總編輯	簡欣彥
出版	廣場出版／遠足文化事業股份有限公司
發行	遠足文化事業股份有限公司（讀書共和國出版集團）
地址	231 新北市新店區民權路 108-2 號 9 樓
電話	02-22181417
傳真	02-22181009
客服專線	0800-221029
法律顧問	華洋法律事務所　蘇文生律師
印刷	中原造像股份有限公司
初版	2025 年 9 月
定價	600 元
ISBN	978-626-7647-15-8（平裝）
	978-626-7647-13-4（EPUB）
	978-626-7647-14-1（PDF）

廣場 FB

讀者回函

國家圖書館出版品預行編目(CIP)資料

美國理想主義的神話：美國外交政策如何危害我們的世界？/ 諾姆．杭士基 (Noam Chomsky), 奈森．羅賓森 (Nathan J. Robinson) 著；陳珮榆譯．-- 初版．-- 新北市：遠足文化事業股份有限公司廣場出版：遠足文化事業股份有限公司發行, 2025.09
面；　公分．--（大戰略；9)
譯自：The myth of American idealism : how U.S. foreign policy endangers the world.
ISBN 978-626-7647-15-8(平裝)

1.CST: 美國外交政策 2.CST: 地緣政治 3.CST: 理想主義

578.52　　114010372